U0919282

ZHONGGUOJINGJINIANBAO

● 曹子坚 李雪慧 刘 佳 李成全 编选

兰州大学出版社

图书在版编目（CIP）数据

中国经济年报 : 2014年版 / 曹子坚等编选. -- 兰州 : 兰州大学出版社, 2015.1
ISBN 978-7-311-04688-0

Ⅰ. ①中… Ⅱ. ①曹… Ⅲ. ①中国经济－2014－年报 Ⅳ. ①F12-54

中国版本图书馆CIP数据核字(2015)第033091号

责任编辑　王永强
装帧设计　张友乾

书　　名　中国经济年报·2014年版
作　　者　曹子坚　李雪慧　刘　佳　李成全　编选
出版发行　兰州大学出版社　（地址:兰州市天水南路222号　730000）
电　　话　0931-8912613(总编办公室)　0931-8617156(营销中心)
　　　　　0931-8914298(读者服务部)
网　　址　http://www.onbook.com.cn
电子信箱　press@lzu.edu.cn
印　　刷　兰州奥林印刷有限责任公司
开　　本　787 mm×1092 mm　1/16
印　　张　21
字　　数　430千
版　　次　2015年2月第1版
印　　次　2015年2月第1次印刷
书　　号　ISBN 978-7-311-04688-0
定　　价　38.00元

出版说明

2014年，是中国全面深化改革的元年，是大改革与大调整拉开序幕的一年，也是宏观经济沿着新常态轨迹持续发展的一年。这一年，中央政府着力优化"顶层设计"，直面"改革深水区"的利益调整，坚持"要从群众最期盼的领域改起，从制约经济社会发展最突出的问题改起，从社会各界能够达成共识的环节改起"，推出了一系列大刀阔斧的"破冰"之举，令整个社会看到民族复兴的希望。简政放权，预算法大修，打虎拍蝇，依法治国，户籍改革，土地经营权流转，单独二孩，文化立法，高考改革，美丽中国……改革作为当代中国最鲜明的特色，已成为世界认知中国的关键词。2015年是全面完成"十二五"规划的收官之年，是全面深化改革的关键之年，也是全面推进依法治国的开局之年。我们清楚地认识到，要实现全面深化改革的宏伟目标，必须深化行政体制改革，切实转变政府职能，建设法治政府和服务型政府，破除制约经济社会发展的体制机制瓶颈。坚持以提高经济发展质量和效益为中心，主动适应经济发展新常态，保持经济运行在合理区间，把转方式调结构放到更加重要位置，突出创新驱动，强化风险防控，加强民生保障和环境保护，发挥好改革和各类政策的合力，让当前的改革，"呈现出全面播种、次第开花的生动景象"，促进经济持续健康发展和社会和谐稳定。

时代造就了年报，年报记录着时代。"中国年报"系列丛书秉持"浓缩信息精华，关注改革发展，梳理学术脉络，传播思想文化"的宗旨，采用专题结构形式，荟萃年度国内公开发表的有关中国经济、政治、文化、社会、教育、生态和世界政治经济领域的高水平研究成果，以集中审视读者所关注的各领域重大课题及其变化趋势，年年给读者提供系统而又丰富的信息资料和深入研究的参考坐标。在年复一年的积累中,“中国年报”系列丛书以鲜明的纪实风格、系统的文化内容和一流的编印质量,日渐成为具有强大信息辐射力的文化精品,在学界、书界和读者中产生了良好的影响。

2014年版“中国年报”系列丛书一如既往关注年度内中国和世界经济、政治、文化、社会、教育、生态领域的主要事件、主要观点、主要政策和主要举措,试图较为系统地梳理各领域的基本现状和发展趋势。2014年版“中国年报”丛书共七种,分别是:《中国经济年报》,由曹子坚等编选;《中国政治年报》,由沙勇忠等编选;《中国文化年报》,由李君才等编选;《中国社会年报》,由陈文江等编选;《中国教育年报》,由王根顺等编选;《中国生态年报》,由丁文广等编选;《世界政治经济年报》,由张新平等编选。

收入丛书的文章是编者从2013年至2014年国内公开出版发行的数千种报刊中精选出来的。这些文章的作者,既有国内著名的专家学者,也有崭露头角的青年才俊;既有高层决策者,也有普通老百姓;既有外国知名人士,也有港澳社会贤达。被选入丛书的文章,并不一定能完全代表各位作者在有关领域所取得的最高成就,或许也不能完全反映年度内知识界对相关问题的权威阐释,但它们都传递了对这些问题的最新思考,都是视角独特、观点新颖、论证有力并具有很强可读性的好文章。

为了使文章内容更加洗练,观点更加突出,避免背景介绍方面的重复现象,编者对部分文章做了删节或摘要,有的甚至对标题也做了改动,在此恳请原文作者的谅解。因为编者和作者的目的是一致的:传播知识,服务读者。

为表示对作者创造性劳动的尊重,我们将向文、图作者奉寄转载稿酬,恳请作者与我们联系,告知您的通讯地址。尤其是所采用的少量图片、漫画,由于原报刊上未能注明摄影、创作者,希望这些摄影家、漫画家也能与我们联系。同时,为了提高“年报系列”丛书的内容质量,扩大选稿范围,真诚欢迎学者、专家及各阶层读者为我们荐稿,一经选用,即付酬致谢。我们的联系方式是:

地址:甘肃省兰州市天水南路222号

邮编:730000

电话(兼传真):0931-8912613

E-mail:press@lzu.edu.cn

兰州大学出版社

2014年12月

目录

导论：改革牵引中国经济

● 中国经济扫描 / 002
● 加快从经济大国走向经济强国 / 010

中国改革深水突围

改革闯关，凝聚共识再进发

● 展望中国经济新一轮改革大计 / 016
● 在广度和深度上推进市场化改革 / 018

地权改革：土地制度之困

● 地租均享：土地制度的核心问题 / 024
● 集体土地入市，谁说了算？ / 028
● 从多地试点看农村土地确权 / 032

混合所有制改革：经济发展新动力

● 混合所有制经济有效推动中国经济健康发展 / 037
● 『混合所有制经济』若干问题辨析 / 039
● 积极发展混合所有制经济 / 043

价格改革：完善市场定价机制

● 把握时机，推进重点领域价格改革 / 049
● 发改委推阶梯气价，能源阶梯计价时代来临 / 051
● 水价改革须破难题——水务企业真穷还是哭穷 / 053

『三农』与城镇化：让农村与城市靠得更近

把脉新型城镇化

● 推动城乡协调发展须实现思维转向 / 058
● 正确处理新型城镇化中的六大关系 / 061
● 新型城镇化制度创新的着力点 / 064

新型城镇化探路

● 多地新型城镇化探路区域协调发展 / 068
● 中国新型城镇化低碳路径 / 072
● 城镇化，既要大厦也要文化 / 076

农业：前景在何方？

● 坚定不移走中国特色农业现代化道路 / 081
● 『百年目标』下的农业前景 / 085

目录

- 寻找农业生产内生动力 / 089

土地流转：给老百姓真实惠

- 准确把握土地流转需要坚持的基本原则 / 094
- 土地如何『转』起来：保障国家粮食安全的根本在耕地 / 099
- 土地流转好处多，既要积极推进又要谨慎而行 / 101

中国区域经济新格局

一路一带：共迎发展新机遇

- 『一带一路』构想的战略意义 / 105
- 『一带一路』共创共享发展新机遇 / 107
- 『一带一路』走向共同繁荣 / 110

长江中游城市群：『抱团』崛起

- 城市群：未来城镇化的主平台 / 113
- 长江经济带：新棋局如何打开？ / 119
- 2014区域发展：长江中游城市群『抱团』/ 123

京津冀一体化：打造世界级城市群

- 京津冀协同发展　谋划区域发展新棋局 / 128
- 京津冀一体化：打破『一亩三分地』还需迈过几道坎？ / 130
- 京津冀如何一体化？ / 132

产业：改革需要新的战略思路

中国制造业：危在旦夕，自救刻不容缓

- 中国制造业的未来 / 136
- 制造业拐点来临尚待观察 / 140
- 『中国制造』走向『网购中国』/ 142

文化产业掀改革大潮

- 资本钟情哪类文化产业项目 / 145
- 文化创意产业：开放创造更多机会 / 147
- 打造与科技融合的文化产业升级版 / 149

能源：安全与和谐发展之路

- 能源改革新任务：取消或简化前置审批 / 153
- 我国替代能源的现实选择 / 154

目录

●安全=效率，能源领域从革新转身革命 / 157

银发产业有望变金色商机

●银发产业，新的经济增长点 / 162
●中国开发老龄产业的战略思路 / 164

金融改革：任重道远

诚信金融，惠及你我

●『融洽会』热点：让普惠金融日益融洽 / 167
●六措施加强金融服务『三农』应不脱农、多惠农 / 170

影子银行：是天使，还是魔鬼

●影子银行，怎样使好双刃剑 / 173
●市场化手段治理影子银行 / 176
●中国影子银行的监管思考 / 177

民营银行：有望推动金融市场化

●民营银行看上去很美 / 181
●民营银行改写金融格局 / 184
●认清民营银行改革的重点与实质 / 188

互联网：造就大众创新时代

互联网金融风暴

●网贷，互联网的『坏小孩』/ 191
●『互联网金融』频打监管擦边球 / 193

宝宝军团，震撼来袭

●余额宝们来袭 / 198
●理财人该把什么『宝宝』抱回家 / 202
●余额宝们寄生根基何在 / 205

大数据如此多娇

●大数据发威对老鼠仓零容忍 / 209
●大数据时代中国『破障』/ 211
●大数据的商业未来：几率就是机遇 / 213

房地产改革新征途

共有产权房试水

●共有产权　住有所居新杠杆 / 217

●警惕共有产权房沦为少数人盛宴 不宜全面推广 / 218
●共有产权房重要的是产权明晰 / 220
●『共有产权房』再探索 / 221

楼市限购政策『松绑』来临

●楼市『放开限购』会否引发骨牌效应 / 225
●房地产转折点已到 限购政策应借势调整 / 226
●地方限购松绑『只做不说』 部分城市现回暖迹象 / 229

以房养老靠谱吗？

●『以房养老』如何养 / 232
●以房养老落地操作阻力多:传统观念制约 门槛过高 / 235
●『以房养老』难成养老主流模式 / 238

目录

对外经济：以开放的主动赢得经济发展的主动

中国经济『超美』：冷静看待世界第一

●世行报告：按购买力平价计算中国经济世界第一 / 241
●评论称需冷静看待中国经济『超美』 富民是正题 / 243
●如何看待中国GDP屡被『世界第一』 / 246

FTA竞争：上演亚太版『三国演义』

●亚太FTA竞争，中国如何应对 / 250
●推进亚太FTA建设中国必有担当 / 254
●中韩FTA改变亚太地缘经济格局 / 256

『大单』下的国际合作

●中俄天然气大单，意味着什么？ / 259
●『世纪大单』开启能源布局新版图 / 261
●中英300亿美元大单意味深长 / 265

企业与企业家：传统与创新

传统企业的互联网转型

●转型互联网：传统企业的救命稻草 / 268
●互联网再造传统企业：创新者的机遇与窘境 / 270
●传统企业转型互联网的十大死法 / 274
●2014传统企业转型互联网的十大考验 / 279

目录

『全球第一募』阿里巴巴传奇

- 阿里巴巴上市：『全球第一募』到底会有多大？/ 284
- 阿里巴巴上市：一个时代的终结，还是开始？/ 285
- 阿里上市之后 / 288

邵逸夫：贵在坚持

- 热心公益　爱国爱港：邵逸夫三大传奇写人生 / 293
- 邵逸夫的企业家精神在于『坚持』/ 294
- 时代需要更多的『邵逸夫』/ 295

转型中国：寻找中国的企业家精神

- 中国企业家需要『黄牛』精神 / 298
- 中国企业家需要『匠人精神』/ 301
- 企业家精神需要公平市场熏陶 / 302

经济学与经济学家：改革理论

新自由主义与中国改革

- 新自由主义的经济『成绩单』/ 305
- 警惕新自由主义思潮误导我国改革开放 / 309
- 经济与经济学家：改革理论 / 314

缅怀改革理论开拓者：于光远

- 于光远：改革理论的开拓者——缅怀经济学泰斗于光远 / 315
- 一代宗师于光远：斯人已逝　其志光远 / 320
- 纪念于光远，把握改革大时代的脉搏 / 323

导论:改革牵引中国经济

2014年是全面深化改革的起步之年,重启的改革征程备受瞩目。改革开放三十多年来,中国发生了翻天覆地的变化,它必然能将中国带向国家强大、人民富裕幸福的光明未来,并逐步有效缓解并消除各种社会矛盾。十八届三中全会明确了改革方向,这将指引中国的前进道路,让一个越来越开放的中国在世界舞台上展现它的风姿。

中国经济扫描

扫描一:中国经济发展的新起点新目标

经过30多年改革开放,中国经济已进入新起点。

从国内生产总值的规模看,到2012年末实现了年均9.8%左右的持续高速增长,GDP总量比改革开放初期的1978年增长了24倍左右(按不变价),达到51.9万亿元人民币,按汇率法折算达到8万多亿美元,占全球GDP比重从改革开放初期的1%略强上升为10.4%左右,从1978年的世界排序第十位跃居为世界第二位,中国经济总量进入21世纪先后超越了西班牙、意大利、法国、英国、德国等,到2010年超越日本成为仅次于美国的世界第二大经济体(美国为第一位,2011年美国GDP总量为15.1万亿美元,占当年全球比重的23%)。

从人均GDP水平看,到2012年末实现了年均8.7%左右的高速提升,人均GDP水平比1978年提高了17倍左右(按不变价),超过了3.8万元人民币,按汇率法折算达到5800美元以上,从1978年的低收入水平进入当代上中等收入水平,按照世界银行的划分标准,中国人均GDP水平从1998年实现了由低收入国向下中等收入国的转变,自2010年起实现了由下中等收入国向上中等收入国的突破。

从经济结构演进看:就农业现代化而言,中国农业劳动力就业比重从1978年的70.5%(当代低收入国平均为72%左右)降至目前的36%左右(当代上中等收入国平均为30%左右),基本实现了从贫困状态向上中等收入水平的提升。

就工业化而言,与当代标准工业化国家相比,中国工业化实现程度从1978年的工业化初期提高到60%以上,其中上海、北京、天津、江苏、广东等5省市已基本实现了工业化,辽宁、山东、浙江、福建等4省也已实现了90%左右。

就城镇化而言,已从1978年的不足20%上升为目前的51.3%左右,虽然还不及发达国家水平,但业已进入通常所说的城镇化加速期(30%～70%区间)。

就信息化而言，以现代信息技术支持的现代服务业获得了显著成长，第三产业的产值比重从1978年的23.9%上升至2011年的43.3%，就业比重由12.2%上升为34.6%，虽然与发达国家有显著差距（高收入国第三产业产值和就业比重2010年分别为73.4%和70%），甚至低于当代中等收入国的平均水平（中等收入国的平均水平分别为67.5%和50%左右），但提升的速度是迅猛的。

总之，经过30多年的发展，中国经济在20世纪末实现了初步小康，完成了由低收入向下中等收入水平的转变，在21世纪初期的10年里，进一步实现了由下中等收入向上中等收入水平的提升，从量（GDP水平）和质（经济结构）两方面，实现了由低收入贫困状态向当代上中等收入水平的成长，形成了经济发展的新基础和新起点。

在新起点基础上，中国经济发展有了新目标。

经济规模的倍增和持续增长目标。若中国经济自2010年至2020年10年间能保持年均7.2%左右的增长速度，那么，到2020年中国经济总量能较2010年翻一番，达到90万亿人民币（按2010年不变价），按现在的汇率折算，达到15万亿美元左右，接近美国2011年的总量。

从理论上来说，中国经济2010年至2020年潜在的自然增长率能够稳定在年均7%～8%之间，从实际进展来看，2011年中国经济增长9.2%，2012年增长7.7%，2013年增长7.7%，也就是说在已经过去的近三年里，中国实际增长率均高于实现2020年倍增目标所要求的平均增长率（7.2%），因此，若实现倍增目标的时间表不变，仍以2020年为准，则在今后的7年里实际增长率只要不低于7%即可，考虑到世界金融危机对近几年中国经济的影响及其今后的逐步缓解，中国经济在今后7年中实现年均7%以上的增长率是完全可能的。或者说，到2020年比2010年经济总量翻一番的目标有可能提前实现，事实上，中国经济增长的2010年较2000年翻一番的目标，就提前了三年，在2007年实现的。

如果2020年实现较2010年经济翻番增长目标，按目前汇率折算达到美国现阶段的15万亿美元以上，此后的10年里中国经济年均增速降至6%左右（据经验，中国经济平均增速现阶段每隔10年大约下降1～2个百分点），世界经济，包括美国经济恢复到2008年金融危机之前的增长水平，那么，在2020年至2030年间中国经济总规模会超越美国，成为世界第一大经济体，如果考虑到人民币升值等因素，有预测在2023年中国经济总量就有望超越美国。

人均GDP水平的提升及向高收入阶段的穿越。如果中国经济保持7.2%以上的增长率，实现倍增目标，同时人口自然增长率保持在前几年的平均水平（5‰以下），那么，到2020年中国经济即可实现人均GDP水平较2010年翻一番，达到6万元人民币以上（按2010年不变价），按目前的汇率折算，将达到1.25万美元左右，超过世界银行2012年最新确定的当代高收入国家的起点水平（12476美元）。

据世界银行统计，到2012年年末，人均GDP水平达到12476美元以上的高收入国家共有70个，上中等收入国（人均GDP 4056至12475美元）共有54个，下中等收入

国(人均GDP 1026至4055美元)也是54个,低收入国(人均GDP 1025美元以下)共36个,其中70个高收入国家虽然是在不同年代实现的向当时的高收入阶段的历史穿越,但从绝对用时来看,平均用了12～13年的时间实现了由上中等收入向高收入阶段的跨越,其中20个人口大国(人口规模在1000万人以上)平均用了11～12年的时间,如果中国经济实现2020年人均GDP比2010年翻一番目标,意味着中国用10年时间实现了从上中等收入向高收入阶段的穿越,在此基础上,再用30年左右的时间,到2050年前后,中国人均GDP的水平有望赶上一般发达国家的水平。

经济结构的演变及现代化目标的实现。在四个方面实现经济结构性改变:

一是农业现代化,在提高农业劳动生产率的基础上,到2020年,使农业劳动力就业比重由现在的36%降至15%左右,达到或接近当代高收入国家的平均水平(10%),以目前中国农业劳动力就业比重年均下降2～3个百分点的速度,实现这一目标是可能的。

二是实现新型工业化,即在现在工业化进程已达2/3的基础上,到2020年基本实现工业化。

三是城镇化率达到或接近当代高收入国家的起点水平,从现在的53%左右提高到70%左右,以目前年均约2个百分点的速度,到2020年达到这一水平是可能的。

四是提高信息化水平,使信息化与农业现代化、新型工业化和城镇化目标实现进程融为一体,相互促进,同时,使以现代信息技术支持的现代服务业显著提升,包括现代生产性服务业、现代生活性服务业,以及围绕市场机制发育和完善所需要的交易活动服务业,如金融业、物流及贸易等,使第三产业的比重达到或接近当代高收入国家的平均水平(70%以上),在工业化、城镇化、农业现代化进入加速期,同时市场化不断深入的条件下,到2020年实现这一目标是可能的。也就是说,到2020年,中国经济实现全面小康目标,不仅从人均GDP水平上,而且从经济质态,即经济结构上,实现从上中等收入阶段向高收入阶段的穿越。到本世纪中叶,则从人均GDP水平和经济结构上,实现现代化,赶上一般发达国家水平。

扫描二:中国经济条件的新变化

供给方面的变化。经济发展进入到上中等收入阶段之后,生产能力显著扩张的同时,国民经济的成本相应上升。或者说,在生产(供给)方面各种要素成本显著提高,相对于以往,国民经济的核心竞争力及主要优势发生了根本性的变化,包括土地、劳动、能源、原材料、生态环境等方方面面的价格大幅上升,以往主要依靠要素成本低的优势,参与国际竞争,主要依靠要素投入量不断扩大,拉动经济高速增长的增长方式难以继续维系,必须转变经济增长模式,从主要依靠要素投入量扩大转变为主要依靠效率(包括要素效率和全要素效率)提高拉动经济增长。

否则,从短期看,经济增长会严重失衡,快速上升的要素成本严重束缚增长速度的提高,使增长乏力,加剧失业和萧条;低下的效率消化不掉大幅上升的成本,形成严重的成本推动的通货膨胀,进而形成"滞胀"。从长期看,经济增长难以持续,主要依

靠要素投入量扩张拉动增长的模式，进入上中等收入阶段，伴随总供给规模的扩大，必然会受到资源、环境、土地、劳动、能源、淡水等诸多要素的有限性和稀缺性的强力约束。

中国经济伴随规模的显著扩张，土地、能源、淡水等资源约束越来越强烈；伴随人口红利的逐渐减弱，劳动力的工资水平及社会保障和福利水平上升的趋势越来越明显；伴随对生态文明要求的提高，为保护生态环境所需要的投入越来越大，这些都会极大地提升国民经济成本，为适应这种供给方面的变化，必须努力转变经济增长模式。

新时期30多年的高速增长中，中国经济一方面依靠“以经济建设为中心”的基本原则，动员大量的要素投入到经济生活这一中心领域，带动着经济迅速扩张，另一方面，在规模扩张的同时，也伴随有要素效率的提高，因而与克鲁格曼所批评的“东亚泡沫”国家单纯依靠要素投入量扩大而无效率提升的增长方式有所区别，特别是自上世纪90年代中期之后，效率对增长的贡献逐渐增加，全要素生产率对经济增长的贡献率自1995年至1997年年均超过20%，1997至2002年提高到年均28.5%，2002至2007年则上升到38.4%。

但总的来说，中国经济增长中的效率改善滞后于经济增长速度。以劳动生产率为例，尽管中国现在工业化进程总体已经达到当代标准工业化国家的2/3(以产业结构高度值H为1，代表实现工业化，中国现在H值已达0.666)，据中国国家统计局测算，中国工业化已实现60%以上，进入了工业化加速的后期，但第一产业的劳动生产率水平只达到当代标准工业化国家的14.7%，第二产业的劳动生产率水平只达到46.2%，只有第三产业劳动生产率达到了当代标准工业化国家的平均水平，实体产业的劳动生产率水平与工业化进展程度远不匹配，表明经济增长仍主要依靠要素投入量的扩张。

而与之相对应的是，劳动要素成本(劳动报酬)加速上升。据测算，1992年至2010年，中国年均劳动报酬增长率达到14.5%(按现行价计，若剔除价格因素，实际增长会低些)，其中第一产业从业人员报酬年均增长18.1%居首位，第二产业次之年均增长11.6%，第二产业为11.1%，劳动报酬进入加速增长期，而劳动生产率，特别是实体产业劳动生产率远远滞后于工业化进展阶段应当达到的水平，从而使劳动报酬的增长缺乏充分的劳动生产率提升的基础。这种要素成本上升缺乏要素效率提高的相应支持的格局，必然会严重影响中国经济增长的均衡性和可持续性，迫切要求加快转变经济增长方式，以效率提升为主替代要素投入量扩张为主。

需求方面的变化。总体上，进入上中等收入阶段后，伴随生产的发展和市场约束的逐渐增强，经济短缺状态逐渐克服，对经济均衡增长的主要威胁从需求膨胀转变为需求不足。

一是投资需求不足。在低水平扩张阶段，投资增长更多地受资本积累量的约束，常常出现的是投资需求相对于资本积累能力而言，资本短缺，需求膨胀，较少受到技

术水平和产业结构的约束，进入到上中等收入阶段，低水平大规模扩张阶段已经过去，继续扩张必然会导致低水平的重复投资，形成严重的产能过剩，尽管国民收入水平提高，储蓄增加，但能否保持投资需求持续增长，关键取决于创新能力，尤其是自主创新能力，否则在资本市场上大量的资本难以找到有效的投资机会，创新力低，产业结构难以升级，没有新产品新技术开发，就没有新的有效的投资机会，即使有资本也实现不了投资，中国现阶段投资需求增长缺乏可持续性的关键正在于此。

虽然近年来中国固定资产投资增长较高，自2008年至2012年5年中，年均固定资产投资增长率始终在20%以上（名义增长率），剔除价格因素也始终在两位数以上，但重要的在于政府在其中起了相当强的作用，包括中央和各级地方政府，相应地市场力量不足，大企业，特别是国有大型和特大型企业，由于垄断等多种原因，技术创新力普遍缺乏，即使直接和间接融资渠道通畅，也难以寻找到新的投资机会，在原有技术和产业结构不变的条件下，扩大投资即为低水平的重复，形成泡沫式的产能过剩，中国现阶段的产能过剩，已从一般的工业消费品逐渐蔓延到工业原材料，包括粗钢、水泥、铝、多晶硅等，有些已不是相对过剩，而是绝对过剩，甚至一些新兴产业，如风能设备生产等，也已出现产能过剩现象，这就使得缺乏自主创新力的国有企业投资需求信心不足。中小企业，尤其是民营中小企业，一方面自主创新能力薄弱，另一方面，外部要素市场发育不完善，特别是金融市场化滞后，使之既缺乏有效的投资机会，又缺乏有效的融资渠道，即使有投资项目，也往往需要依靠“民间借贷”，融资成本居高不下。

由此，便形成中国现阶段大、中、小企业投资需求乏力的矛盾，经济增长中的投资需求不得不在相当大的程度上依靠政府，而政府的投资能力是难以有效和持续的，政府投资缺乏市场硬约束便难有竞争性效率；财政赤字对中央政府的投资会产生约束，中国自2009年财政赤字占GDP比重2.8%以来，始终保持着较高赤字，形成通货膨胀的重大压力；地方政府的债务风险业已引起中国社会多方面关注，2011年经审计地方政府融资平台形成的债务已近11万亿元人民币。

二是消费需求不足。在低收入阶段消费需求旺盛，甚至需要防止“早熟消费”，即消费水平提升快于生产发展水平，进入到上中等收入阶段，情况可能发生逆转。国民收入虽然提高了，但国民收入分配是否合理成为消费需求增长能否与国民经济增长相适应的关键。

中国国民收入的分配存在两个方面的问题需要调整，首先是宏观方面，国民收入在政府、企业、居民三者间分配，即分解为税收、资本盈余、居民收入，中国长时期中税收增速最快，30多年来平均年增18%以上（按现行价），其次是资本盈余，居民收入增速最慢，长期低于GDP增速，从而使居民收入占GDP比重持续下降，据统计自1998年至2008年10年间下降约10个百分点，这是中国经济增长为何长期过于依赖投资拉动，而消费需求对增长拉动不足的重要原因，因为只有居民收入才主要形成消费支出，而政府和资本所得则主要形成投资支出。

其次是微观方面，由于城乡差距，产业间不均衡等多种发展原因，由于初次分配

制度及再分配制度等方面的体制性原因，中国现阶段居民间收入差距较大，据中国国家统计局2013年1月公布的测算结果，近10年来，中国居民收入差距的基尼系数均超过通常所说的警戒线水准，2008年之后虽有所降低，但仍在警戒线水平之上（0.4以上），居民收入差距扩大，无疑会降低全社会消费倾向，从而加剧消费需求的相对（甚至可能绝对）不足，投资需求和消费需求不足，在出口需求受挫，世界经济出现周期性衰退的状况下，就使中国经济面临增长乏力的危险。中国政府和企业，如何从适应以往的短缺经济向适应内需不足的经济转变，是十分重要的挑战。

三是出口需求对经济增长的作用发生变化，作用程度逐渐减弱，经济增长越来越依靠内需。上世纪90年代和本世纪2008年金融危机发生之前，出口需求对中国经济增长起着重要的作用，年均出口需求增长在20%以上，相应地对当年经济增长贡献通常在2个百分点以上，金融危机之后，一方面世界经济增长放慢，2009年甚至出现全球负增长，贸易保护主义抬头，使中国出口增长受到严重影响，当年中国出口需求增长跌为-16%以上；另一方面，中国经济进入上中等收入阶段（2010年起），已成为世界第一大出口国，若无结构升级，仍然主要依赖要素成本低作为在国际市场上的核心竞争力已不再可能，中国经济的出口需求年均增长率回落到个位数恐将成为常态，事实上2012年中国7.8%的经济增长中，净出口的贡献已降至-2.2个百分点，中国经济增长必须更加注重以内需拉动为主。

怎样才能适应新发展阶段上出现的新变化，是对中国经济发展的严峻挑战，适应上述发展条件的变化，中国经济就能够把握新机遇，实现全面小康进而实现现代化目标，即实现向高收入阶段的跨越进而赶上发达国家经济发展水平，否则，就可能滞留在所谓"中等收入陷阱"。

扫描三：中国经济失衡的新特点

自2010年中国经济进入上中等收入阶段，同时又恰从反金融危机全面刺激经济的政策择机退出以来，中国经济增长失衡出现了新特点，通货膨胀压力巨大，同时经济增长需求动力不足（经济"下行"）双重风险并存。

从1978年以来，中国经济增长失衡几经变化，第一阶段是1978至1988年，总量失衡的主要特点是短缺经济下的需求膨胀，1984年、1988年连续发生两次严重的通胀，1988年通胀率达到18.8%；第二阶段是1989至1991年，失衡的主要特点是增速放缓，失业率攀升；第三阶段是1992至1998年，失衡的主要特点是需求膨胀，尤其是投资需求增长过快，1994年通胀率高达24.1%；第四阶段是1999至2002年，失衡的主要特点是受1997年亚洲金融危机影响，经济增速放慢，物价指数连续3年出现负数；第五阶段是2003至2007年，失衡的主要特点是投资需求过热消费需求疲软，投资和消费领域出现反方向失衡；第六阶段是2008至2010年，失衡的主要特点是受2008年世界金融危机冲击，内需不足进一步突显，增长速度下降；第七阶段是2010年底至今，失衡的突出特点是通货膨胀和增速放缓（"下行"）双重风险并存。

总体上说，在2010年之前的不同阶段上，中国经济总量失衡的方向是清晰的，除个别时期（如2003至2007年，出现过投资和消费两个领域失衡方向不一致）外，在总量上，不同时期，或者是需求膨胀，或者是需求疲软，进而宏观经济的主要风险或者是通货膨胀，或者是增速放缓，宏观经济政策的基本方向或者是适度紧缩，或者是扩大内需。而现阶段双重风险并存，宏观经济政策方向便难以统一，因为缓解通胀和推动增长所要求的宏观经济政策方向是相反的，因而治理通胀的紧缩需求政策可能加剧经济下行，刺激经济增长的政策又可能加剧通胀。

经济增长放缓（“下行”）态势明显，从2011年至2012年连续7个季度增速下降，比2008年世界金融危机发生时中国经济曾出现的连续5个季度增速下降的时间还久。究其原因，首要的是内需增长不足，而内需疲软的根本原因在于结构性矛盾：由于自主创新力不够，产业结构升级迟缓导致投资需求不足，缺乏有效的投资机会；由于国民收入分配结构不合理，消费比重和消费倾向下降，导致消费需求疲软，难以与国民经济增长相适应。而提高自主创新能力，实现产业结构升级，改善国民收入分配结构，提高其公平和效率，均需要做出较长期的努力。

通货膨胀压力增大，虽然从消费品价格（CPI）指数看并不很高，2012年以来年通胀率均在3%以下，但成因特殊，从现象上看，现阶段中国通胀压力主要由于流通中货币（M2）存量过大，自2008年下半年采取“更加积极的财政政策和适度宽松的货币政策”之后，为刺激经济增长，向经济中注入了大量货币，到2012年底流通中的货币（M2）存量已超过百万亿，到2013年6月底仍超过92万亿，而2012年末我国GDP总量为51.9万亿，货币存量远超出GDP与货币存量的正常比（0.8:1），这些货币经过一定的时滞期，会逐渐传导到CPI上来，现阶段正是承受由此而来的通胀压力逐渐上升的时期。

但进一步分析，中国现阶段通胀的压力主要来自经济结构性矛盾，一是效率与要素成本提升间的结构性矛盾，效率提升滞后于成本上升，形成严重的成本推动型通胀压力，据测算，目前中国通胀压力需求拉上和成本推进所起的作用大体各占50%；二是进口结构特点形成国际输入的通胀压力，作为第二大进口国（2013年可能成为第一大进口国），中国进口产品多为国际市场价格上升幅度显著的产品，包括石油、铁矿砂以及大豆等大宗产品等；三是国际收支结构性失衡，外汇储备持续增加，到2013年6月已超出3.5万亿美元，由此形成大量的“外汇占款”，在中国现阶段流通中的货币存量中，首要的因素便是“外汇占款”，即结（售）汇时支付的基础货币。应对这种结构性矛盾所形成的通胀压力，要求宏观经济调控方式必须发生深刻的转变。

经济失衡的新特点，要求新的宏观经济政策，为适应经济下行与通胀双重风险并存的矛盾要求，中国在宏观经济管理方式上，从注重需求管理向同时强调供给管理转变；在财政政策与货币政策的组合方式上从反危机时期的全面扩张向“松紧搭配”反方向组合转变，即积极的（扩张性的）财政政策与稳健的（从紧的）货币政策组合；在财政政策上从全面扩张向扩张性的财政支出政策与稳健的财政收入政策相结合方向转

变;在货币政策上从主要运用货币数量工具(货币供应量)向同时注重货币价格工具(利率)转变。以降低在宏观失衡双重风险下的宏观政策选择的风险。

扫描四:中国经济成长的新途径

宏观政策的调整能够缓解短期的总量失衡,但中国经济短期失衡和长期不可持续的主要威胁,来自深层次的经济结构性矛盾,而要从根本上缓解和有效控制这些结构性矛盾,跨越"中等收入陷阱"的根本途径在于转变发展方式。

发展方式转变的基本内容在于经济结构的战略性调整,包括产业结构、市场组织结构、技术结构、投资与消费结构、国民收入分配结构、进出口结构、城乡结构等等,怎样实现发展方式的转变,根本动力在于创新驱动,效率提高是创新的函数,结构演进又是效率提高的函数,创新首先是技术创新,而技术创新的基础又在于人力资本的积累,人力资本的积累应快于同期经济增速才可能支持实现可持续发展要求的自主创新力的提高。

如果中国经济在本世纪中叶赶上一般发达国家,根据世界银行1970至2009年面板数据,估计第三产业占比与高教人口占比的关系,相应受过高等教育的人口占比应达到79%左右,每年平均需增长2.9%,估计届时中国人力资本存量将是现阶段的16倍左右,人力资本存量年均增长率要达到6.7%左右。

制度重于技术,具有活力和竞争性,同时又具有序和公正性的制度安排,是提升技术创新能力的前提。在中国现阶段的制度创新,即是通过深化改革开放,培育和完善社会主义市场经济体制,经过30多年的改革开放,中国已基本建立起了社会主义市场经济制度,但社会经济发展的新目标、新变化、新失衡要求必须深化改革,进一步完善社会主义市场经济机制。

首先,改革的关键已从初期的企业改革转变为政府与市场的相互关系的调整,包括政府、市场、企业间的相互关系,尤其是政府职能的转变和机制的改革,包括宏观调控方式、财税体制和财政政策、货币体制和货币政策、中央与地方政府的相互关系等,成为深化改革的关键。

其次,国有企业改革的重心已从治理结构调整(承包制、股份制等)转变为核心竞争力的培育,技术创新的关键在于培育创新主体,创新是政府与企业的共同行为,但应以企业为主体,尤其是以大企业为主体,现阶段中国大企业是以国有企业为主,国有企业的行为在多大程度上受市场硬约束,多大程度上服从政府行政约束?在国有企业控制国民经济命脉的条件下,如何在制度上对其形成反垄断约束?

其三,在所有制结构上,已从国有制占绝对优势演变为国有、民营、三资等多种混合结构状态。据第二次经济普查数据,中国规模以上的工业企业实收资本中,国家资本占19.6%,集体资本占2.1%,法人资本占30.5%,个人资本占23.9%,外商资本占23.9%;各种企业本身的产权也已大都多元化,即使是国有企业也已产权多元化,规模以上的国有控股工业企业中,国家资本占50.6%,集体资本占0.4%,法人资本占

42.3%,个人资本占2.7%,外商资本占4%;在外资企业中,真正外商资本也只占76%,其余为法人资本和国家、集体及个人资本;在私营工业企业实收资本中,个人资本占67%,其余为法人资本(31%)和国家、集体及外商资本,如何在制度上保证不同所有制的企业间平等竞争成为突出的问题。

其四,在市场体系的构建上,主要任务已从商品市场化,包括投资品和消费品,转变为要素市场化,包括土地、劳动、资本、专利、环境资源等市场体系的培育。

其五,在市场化的难点上,已从克服传统计划经济阻力拓展市场作用范围,转变为完善市场经济秩序,提升市场质量,包括市场竞争的主体秩序(产权制度)、交易秩序(价格制度)、法治秩序和道德秩序等。

其六,在二元经济状态下,市场化进程的推进方式,已从城乡分别展开改革,转变为城乡统筹、城乡互动的整体改革,在这种整体推进中,土地、劳动、资本等要素市场化的深入和完善显得极为重要。

只有通过深化改革推动制度创新,以制度创新推动技术创新,在创新基础上驱动经济结构升级和战略性调整,进而实现发展方式的转变,才是中国经济实现新的历史跨越和可持续发展的根本途径。

(刘伟.前线.2014,4)

加快从经济大国走向经济强国

——深入学习习近平同志的经济战略思想

党的十八大以来,习近平同志提出了实现中华民族伟大复兴的中国梦和"加快从经济大国走向经济强国"的战略要求。当前,我国正处于全面建成小康社会、努力实现中华民族伟大复兴中国梦的重要战略机遇期,我们要深刻学习领会习近平同志的经济战略思想,把握机遇、科学发展、深化改革、扩大开放,为实现中国梦奠定坚实的经济基础。

把握机遇，努力实现建设经济强国的战略目标

习近平同志在参观“复兴之路”展览时说：“我坚信，到中国共产党成立100年时全面建成小康社会的目标一定能实现，到新中国成立100年时建成富强民主文明和谐的社会主义现代化国家的目标一定能实现，中华民族伟大复兴的梦想一定能实现。”实现中华民族伟大复兴的中国梦，从经济战略角度看，就是要在全面建成小康社会的基础上，加快从经济大国走向经济强国。

加快从经济大国走向经济强国，是实现“两个一百年”奋斗目标的战略要求。建设经济强国是“两个一百年”奋斗目标在经济建设领域的具体化，这个目标彰显了党带领全国人民走向全面小康、走向中华民族伟大复兴的坚定意志和决心。当前，我国经济总量已跃居世界第二位，成为名副其实的经济大国，但还不是经济强国。站在新的历史起点上，加快从经济大国走向经济强国，是实现“两个一百年”奋斗目标的战略要求，是习近平同志经济战略思想的集中体现。

加快从经济大国走向经济强国，是对历史经验与教训的深刻总结。近代以来，中华民族历经磨难。18世纪中叶以后，英国进入工业化时代，而当时的中国还处在农业社会和闭关锁国之中，康乾盛世也不过是“落日的辉煌”。1840年，英国依托产业革命带来的坚船利炮打开了中国国门，中国开始沦为半殖民地半封建社会。落后就要挨打，教训极为沉痛。唯有加快发展，依靠强大的经济实力，才能走向复兴，真正屹立于世界民族之林。这是历史规律使然。

加快从经济大国走向经济强国，是跨越中等收入陷阱的必然选择。国际经验表明，进入中等收入发展阶段的经济体，有些能够实现跨越并逐步进入高收入阶段，而相当一部分却迟迟不能完成这个跨越，落入了中等收入陷阱。2013年，我国人均国内生产总值超过6000美元，按照世界银行标准，已进入上中等收入国家行列。2013年11月，习近平同志在会见21世纪理事会北京会议外方代表时表示，我们对中国经济保持持续健康发展抱有信心。中国不会落入所谓中等收入国家陷阱。这样的信心来自于我们正在努力建设经济强国，着力解决技术创新不足、产业转型升级缓慢、城乡区域发展不平衡、收入差距拉大等问题，并初见成效。

科学发展，牢牢把握解决我国所有问题的关键

习近平同志指出，我们要牢牢抓好执政兴国的第一要务，始终代表中国先进生产力的发展要求，坚持以经济建设为中心，在经济不断发展的基础上，协调推进政治建设、文化建设、社会建设、生态文明建设以及其他各方面建设。纵观世界近现代史，发展始终是实现经济战略目标的决定性力量。作为一个拥有13亿多人口的发展中大国，发展始终是解决中国所有问题的关键。

保持经济合理增长，不简单以生产总值论英雄。习近平同志指出，要全面认识持续健康发展和生产总值增长的关系，防止把发展简单化为增加生产总值，一味以生产

总值排名比高低、论英雄。我们要辩证处理好生产总值和经济发展的关系，既不能不要生产总值，也不能唯生产总值，而是要通过完善宏观调控、完善经济发展成果、考核评价体系等举措，使我国经济增长稳定在中高速水平，使经济运行在合理区间。

转变经济发展方式，不断优化经济结构。习近平同志指出，加快推进经济结构战略性调整是大势所趋，刻不容缓。当前，我国需求结构、城乡结构、区域结构等存在明显失衡，内需外需不平衡、工业比重过高且附加值较低、服务业发展相对滞后、城乡发展不平衡、资源要素投入与生产率提高不平衡等问题十分突出。我们必须进一步增强经济结构调整的内在动力，积极应对外部压力，加快转变经济发展方式，推动经济转型升级。

提高经济增长质量和效益，实现没有水分的增长。习近平同志强调，增长必须是实实在在和没有水分的增长，是有效益、有质量、可持续的增长。长期以来，我国经济增长主要依靠外需和投资拉动，形成了高投入、高消耗、高污染、低产出的粗放型经济增长方式，不仅造成资源的极大浪费和环境的严重污染，而且极易受到国际市场波动的影响。这就要求我们，一方面加快实施创新驱动发展战略，敏锐把握世界科技创新趋势，以全球视野谋划和推动创新；另一方面坚持绿色发展，在生态环境容量和资源承载力约束下，增强发展的可持续性，提高经济增长的质量和效益。

防控经济风险，保障经济安全运行。当前，从国际看，国际金融危机的深层次影响不断显现，新兴市场国家经济增速普遍下滑，世界经济步入低速增长新常态；从国内看，经济下行风险、产能过剩风险、地方政府债务风险、流动性风险等已影响经济稳定运行。面对诸多风险挑战，我们要按照习近平同志的要求，未雨绸缪，加强研判，精心施策，做到稳中求好、稳中求优。

深化改革，努力在推动重要领域和关键环节的改革上取得突破

全面深化改革是习近平同志经济战略思想的重要组成部分。我们要以经济体制改革为重点，处理好政府和市场的关系，在重要领域和关键环节的改革上取得突破性进展，加强改革的系统性、整体性和协同性，把改革开放事业继续推向前进。

坚持和完善基本经济制度，积极发展混合所有制经济。习近平同志指出，坚持和完善公有制为主体、多种所有制经济共同发展的基本经济制度，关系巩固和发展中国特色社会主义制度的重要支柱。我国要实现由经济大国向经济强国的历史性转变，就必须坚持和完善基本经济制度，充分发挥各种所有制经济的比较优势，积极发展混合所有制经济，推动国有企业完善现代企业制度，支持非公有制经济健康发展，激发各种所有制经济的活力和创造力。

加快完善现代市场体系，发挥市场在资源配置中的决定性作用。习近平同志指出，市场决定资源配置是市场经济的一般规律。进一步理顺政府和市场关系，使市场在资源配置中起决定性作用，对于激发市场内在动力和活力、加快建设经济强国具有重要意义。我们要坚持社会主义市场经济改革方向，从广度和深度上推进市场化改

革，减少政府对资源的直接配置，减少政府对微观经济活动的直接干预。建立公平开放透明的市场规则，进一步完善现代市场体系，充分发挥市场在形成价格中的作用。

加快转变政府职能，更好发挥政府作用。习近平同志强调，科学的宏观调控，有效的政府治理，是发挥社会主义市场经济体制优势的内在要求。市场要在资源配置中起决定性作用和更好发挥政府作用，政府不是退出、不作为，而是政府和市场各就其位。更好发挥政府作用，要求转变政府职能，深化行政体制改革，创新行政管理方式，健全宏观调控体系，加强市场监管，加强和优化公共服务，促进社会公平正义和社会稳定，促进共同富裕。

抓好财税改革重头戏，健全现代财政制度。习近平同志指出，财政是国家治理的基础和重要支柱，科学的财税体制是优化资源配置、维护市场统一、促进社会公平、实现国家长治久安的制度保障。通过实施全面规范、公开透明的预算制度，促进阳光财政和阳光政府建设。深化税收制度改革，完善地方税体系，建立事权和支出责任相适应的制度，促进转移支付制度规范化、法治化。

健全城乡一体化体制机制，积极稳妥扎实推进城镇化。习近平同志指出，城乡发展不平衡不协调，是我国经济社会发展存在的突出矛盾，是全面建成小康社会、加快推进社会主义现代化必须解决的重大问题。我国农业基础仍然薄弱，城乡之间在居民收入、基础设施建设、就业教育医疗等方面存在明显差距。这就需要进一步加快构建新型农业经营体系，维护国家粮食安全，推进城乡要素平等交换和公共资源均衡配置，积极完善城镇化健康发展体制机制，加快构建以工促农、以城带乡、工农互惠、城乡一体的新型工农和城乡关系。

扩大开放，搭建国际合作共赢和全面开放的战略平台

习近平同志指出，要善于把握和平、发展、合作、共赢的国际大势，善于把握富强、民主、文明、和谐的国内大势，统筹好国内国际两个大局，在时代前进潮流中把握主动、赢得发展。

统筹两个大局，主动参与全球经济治理。习近平同志指出，随着国力不断增强，中国将在力所能及的范围内承担更多国际责任和义务，为人类和平与发展的崇高事业作出更大贡献。今后一段时间，我国将以更加积极主动的姿态，放宽外商投资市场准入，进一步实施“走出去”战略，为推动世界持久和平、共同繁荣作出新贡献。

突出多元开放，建设全方位开放型经济。习近平同志指出，我们将统筹双边、多边、区域次区域开放合作，加快实施自由贸易区战略，推动同周边国家互联互通。我国对外开放正发展成为沿海、内陆、沿边等多元开放体系，对外合作正发展成为包括区域、双边、多边等多元合作体系，如与东盟等的区域性经济合作，与新西兰、新加坡、智利等国的双边经济合作，以及大湄公河次区域经济合作、大图们江流域次区域合作等。我国正在充分利用经济、外交、人文等各种途径，逐步建设全方位开放型经济。

推进制度创新，推动自由贸易区建设。习近平同志指出，各方在开展自由贸易区

建设时要秉持开放、包容、透明的原则,尤其对发展水平不同的经济体要体现灵活性,使各经济体在一体化路径上有更多选择。2014年5月,习近平同志到上海自由贸易区考察,积极推动自由贸易区建设。建设上海自由贸易区,是促进全球资源在我国合理配置、进一步提升我国开放型经济水平的重要举措。

实施新一轮扩大开放,推动"一带一路"建设。习近平同志提出共同建设"丝绸之路经济带"和"21世纪海上丝绸之路"的战略构想后,引起国际社会广泛关注。这是实施新一轮扩大开放的重要举措,也是营造有利周边环境的重要举措,必将促进相关国家合作共赢、互惠互利。

(陈宝生.人民日报.2014.10.15)

中国改革深水突围

改革闯关，凝聚共识再进发

“敢于啃硬骨头，敢于涉险滩，既勇于冲破思想观念的障碍，又勇于突破利益固化的藩篱。”

——习近平

展望中国经济新一轮改革大计

打造中国经济升级版，新一届中央领导集体全力推进调整经济结构、转变发展方式的改革开放，都是在探索以市场化为核心的经济改革。经济金融要进行市场化改革，首先政府就要先行至少是配合进行市场化改革。政府应该也可以通过宏观经济调控、政策法规来规范市场

中国共产党第十八届三中全会即将于下月在京召开，国人和世人都翘望中共及中国改革史上又一个里程碑到来。

此次中共十八届三全会的召开，正值中国经济结构调整和发展方式转型的关键时期，或谓确保中国经济可持续健康稳定增速发展的历史紧要关头。

习近平在印尼巴厘岛出席亚太经合组织工商领导人峰会发表演讲指出：中国经济已进入新的发展阶段，正在进行深刻的方式转变和结构调整。中国要前进，就要全面深化改革开放。中国改革已进入攻坚期和深水区，需要解决的问题格外艰巨，都是难啃的硬骨头。这个时候就要一鼓作气。畏葸不前不仅不能前进，而且可能前功尽弃。

关于中国如何进一步深化改革开放，国内国际众说纷纭。讨论中国如何深化改革开放，需要历史地、现实地、客观地、科学地、综合地、辩证地分析、研究、探讨当前及中近期中国改革开放的国内外经济政治社会环境及可能的变化趋势，以及中国改革开放进程既有的历史经验和教训及其不可逆转的趋势和承继性，还有现阶段改革开放的方向目标、宗旨任务、领域对象、政策措施。唯有如此，才能科学地制定全面深化改革开放的总体方案和具体的路线图。从2013年习近平APEC峰会的讲话、李克强出席大连2013年夏季达沃斯论坛的致辞来看，已对上述中国经济如何全面深化改革开放的相关问题，有了清醒的认识和把握，酝酿了大致的总体改革方案和蓝图。

对中国全面深化改革开放面临的国内外环境和形势，习近平强调，中国对国内需求下滑、产能过剩、地方债务、影子银行等问题和挑战保持清醒的认识，对外部环境可能带来的冲击高度关注，正在采取稳妥应对措施，防患于未然。他同时指出，虽然当

前世界经济艰难曲折，但亚太经济保持良好的势头，中国经济面是好的，经济增速有所放缓是主动调整的结果。中国经济稳定增长保持在合理区间和目标内。正因为如此，习近平对中国经济发展前景充满信心，对亚太经济发展前景充满信心。

关于中国改革开放总体方案和领域，习近平表示：中国正在制定全面深化改革的总体方案，总的是要统筹推进经济、政治、文化、社会、生态文明建设等领域的改革，通过改革为经济发展增添新动力。我们将实行更加积极主动的开放战略，完善互利共赢、多元平衡、安全高效的开放性经济体系。

关于中国改革开放的方向目标，各方面争论较多，中国国家昌盛、民族兴旺的总体方向和目标是实现民富、国强、军壮的伟大民族复兴的中国梦。基于此的全面深化改革开放的方向和目标，是实行经济市场化、政治民主化、文化多元化、社会和谐化、生态文明化的改革开放。

应该说，中国现在实行的社会主义市场经济，并非完全意义上的市场经济，继续推行经济市场化改革，才可能从根本上实现结构调整和发展方式转变。

中国改革开放30多年来取得了伟大、空前的辉煌成就，成为了世界第二大经济体，但中国经济由于转型转制一直未能有突破性进展，出现了不稳定性、不确定性、不平衡性、不可持续性的严重问题，现已到了紧要关口。这也正是说了喊了20多年调整经济结构、转变发展方式，仍然不尽人意的缘故所在。

追赶中国梦，打造中国经济升级版，新一届中央领导集体全力推进调整经济结构、转变发展方式的改革开放，都是在探索以市场化为核心的经济改革。经济金融要进行市场化改革，首先政府就要先行至少是配合进行市场化改革。政府应该也可以通过宏观经济调控、政策法规来规范市场。现在是到了从中央政府到地方政府都必须进行市场化改革，真正进行政经分开、政企分开的市场化改革的时机了，到了真正着手改革和建设为市场服务的政府即服务型政府的时机了。

可喜的是，新一届政府为此进行了大刀阔斧的行政体制改革，至今已取消和下放了诸多项行政审批事项，简政放权，减轻了对企业和市场的约束和管制。

李克强在夏季达沃斯论坛和多个场合都强调，各项改革措施都以激活市场为目标，进一步剔除经济体制中残留的双轨制。通过改革政府、约束政府，留给市场更大的空间来激活市场活力，这有助于释放改革红利，有助于促进结构优化，有助于发挥市场机制的作用。当然，这仅仅是良好的开头，还有待更加深入深化全面的体制改革。这或将在下月召开的十八届三中全会有新政策新举措出台。

通过可复制、可推广的中国上海自由贸易试验区挂牌开张发出积极示范信号，国人和世人或将看到下月召开的十八届三中全会可能在全面深化经济体制改革方面打下强力推进市场化改革的里程碑印记。

（蒯辙元.中华工商时报.2013.10.23）

在广度和深度上推进市场化改革

党的十八届三中全会通过的《中共中央关于全面深化改革若干重大问题的决定》(以下简称《决定》)提出,要发挥经济体制改革的牵引作用,在广度和深度上继续推进市场化改革。经济体制改革是全面深化改革的重点,核心问题是处理好政府与市场的关系,使市场在配置资源中起决定性作用和更好发挥政府作用。市场起决定性作用是前提,它与在广度和深度上推进市场化改革的要求是完全一致的,在深化经济体制改革的新理念和新举措上也必然存在逻辑一致性。

坚持和完善基本经济制度

坚持和完善基本经济制度,《决定》有两个新提法,鲜明提出"两个都是"和"两个不可侵犯"。"两个都是":公有制经济和非公有制经济都是社会主义市场经济体制的根基,都是我国经济社会发展的重要基础。强调发挥好国有经济的主导作用,增强活力、控制力和影响力的同时,大力发展非公经济,增强活力和创造力。因为没有非公经济的活力和创造力,国有经济很难有内在动力和外在压力;国有经济没有活力,就谈不上发挥控制力和影响力。"两个不可侵犯":公有制经济财产权不可侵犯,非公有制经济财产权同样不可侵犯,使各种所有制经济能够平等使用各种生产要素。

发展混合所有制经济,《决定》提出了几种渠道,具体包括国有资本改造允许民营资本参与,允许民营资本发起设立混合所有制经济,这里股权限制的问题自然不会存在。我认为,不需要国有资本控股的企业可以完全退出,应当允许民间资本控股。对于中长期战略性投资,民资或是不能或者不愿意进入(比如技术资本门槛很高,回报率很低),就只能靠国有经济。这几种方式给混合所有制经济提供了不同的选择路径。

以管理资本为主改革国有资产管理体制,提高国有资本上交比率。深化国有经济改革,最终是要实现国有资本的合理配置,提高配置效率。《决定》要求以管理资本

为重点，进一步完善国有资本管理体制，提出建立两类公司，一是国有资本运营公司，二是把现有的国有经济改造成投资公司，进一步体现了对国有经济实行有所为和有所不为、有进有退的战略性调整。提高国有资本收益上交比率，是发挥其控制力和影响力的重要途径。目前，国有资本收益上交比率较低，根据不同情况分为不同档次，从0到20%不等。《决定》要求到2020年，国有资本收益上交比率将提高至30%，更多地用于改善和保障民生。这体现了对国有经济的更高要求。

建立完善现代市场体系

从整个市场体系的建设来看，亮点主要有三个：

实行负面清单制度。这是借鉴和简化外资管理目录的做法。改革前，商务部颁布的外商投资管理目录分为禁止类、鼓励类、限制类，审批流程繁琐，改革后仅保留禁止类清单，除禁止类项目以外均可自由进入。对于市场主体来说，法不禁止即为自由，就是禁止性法律之外的都可以参与，体现了要素自由流动、平等交换的市场规则。

完善主要由市场决定价格的机制。主要指垄断性、基础性产品定价的市场化改革。如果没有市场决定价格的机制，那么调结构、转方式、产业升级等目标都无法实现。改革举措是实行网运分离，放开竞争性环节的定价，货运、客运、电厂竞争性上网。电力网、铁路网等自然垄断环节仍需政府定价，但要加强透明度和社会监督。《决定》中提到，资源产品价格改革的方向是：反映资源稀缺性、市场供求、环境损失成本和治理环境收益。过去计划经济将价格压低，没有正确反映这些因素，基础价格信息扭曲，也不收取资源环境税费，结果是环境恶化，甚至造成社会财产分布严重不公平。通过价格改革，将外部成本转化为企业成本，形成经济转型的内在动力。

建立城乡统一的建设用地市场。《决定》明确提出对城乡建设用地要实行同等入市、同权和同价。这对农村集体经营性建设土地的平等交换、体现其真实价值打开了大门。

完善金融市场体系的主要亮点包括：

金融机构加强竞争和市场化。《决定》提出，允许具备条件的民间资本依法发起设立中小银行等金融机构，这是金融体制改革实质性的突破。改革举措还有提高直接融资的比重、实行股票发行注册制度、发展普惠金融、鼓励金融创新等等。目前，民营企业面临最大的问题就是融资难，其症结在于没有多层次资本市场、普惠性金融体系和金融机构。鉴于现实信息不对称、道德风险等问题，银行更倾向于有政府背景的基础设施项目贷款。而现有面向小微企业金融没有竞争，金融机构也就没有积极性。因此，迫切需要多主体的金融机构、多层次资本市场、多元化的金融创新，来解决这个问题。

推进资金价格形成机制的市场化。这是市场配置金融资源、提高资本配置效率的基础信号，目前贷款利率已经放开。《决定》提出，要完善人民币汇率市场化形成机制，加快推进利率市场化，健全反映市场供求关系的国债收益率曲线。这意味着人民

币对外比价、存贷款和债券的价格形成机制都由市场决定。

《决定》还提出，推动资本市场双向开放，有序提高跨境资本和金融交易工具可兑换程度，建立健全宏观审慎管理框架下的外债和资本流动管理体系，加快实现人民币资本项下可兑换。

建立存款保险制度，完善金融机构市场化退出机制。这是《决定》对金融市场竞争提出的保障性制度建设。各个商业银行要跟上《决定》关于金融改革的部署，明确改革方向，加紧调整内部经营模式和管理模式。比如，过去银行金融资源的配置太单一，以利差为收入来源将无以为继，迫切需要增加中间业务收入，那如何发展中间服务业务？这就需要搞好流程再造、发展技术咨询和风险评估、探索经营模式创新等。又比如，直接融资占比增加，大企业借贷需求下降，原有的经营模式也将无法延续，这些都是制度变革带来的挑战，需要我们主动迎接，化为机遇。

加快科技体制改革的亮点包括：《决定》强调要健全技术创新的市场导向机制，发挥市场对技术研发方向、路线选择、要素价格、各类创新要素配置的导向作用。打破行政主导和部门分割，建立主要由市场决定技术创新项目和经费分配、评价成果的机制。还提出促进科技成果资本化、产业化。这些改革部署突出了市场在配置资源中的决定性作用。

加快政府职能转变

《决定》对加快政府职能转变的部署，主要有四个亮点：

进一步改革投资审批制，确立企业投资主体地位。《决定》要求，除关系国家安全、生态安全、重大生产力布局、重大公益领域、战略性资源开发等少数项目外，一律放开由企业依法自主决策。强化节能、节电、节水、环境技术安全等市场准入监管。也就是说，以行政审批、部门倾斜为特征的投资管理和产业政策，要转向主要注重社会公益性的市场准入监管；政府要尽量减少事前审批，加强事中、事后的监管。从银行贷款角度看，银行需要更多关注产业的市场准入标准，自己把好关。

完善发展成果考核评价体系。《决定》要求，加快建立国家统一的经济核算制度，编制全国统一的资产负债表，建立全社会房产信用基础数据统一平台，推动数据共享。这些改革措施将为房产税改革、个人所得税由综合和分项结合的征收、以及银行解决信息不对称问题奠定基础。

最大限度减少中央政府对微观事物的管理。市场机制能有效调节经济活动，一律取消审批，对保留的行政审批事项要规范管理、提高效率。这个举措的针对性很强，对政府而言，应牢固树立“法不授权即为禁止”的依法行政理念，还要加强法律监督和舆论监督，以防政府随意设置或恢复行政审批事项。

对事业单位进行去行政化改革，逐步取消学校、科研院所、医院等单位的行政级别。长期以来，事业单位和其他非行政领域有一种行政化倾向，思想方式、行为方式和资源配置方式被行政级别扭曲，“官本位”严重侵蚀专业精神和专业能力，按照专业

化规律进行治理的能力萎缩。推行去行政化改革,对于理顺政府和市场关系,具有实质性的意义。

深化财税体制改革

改进国家预算管理的新举措有:清理规范重点支出同财政收支的增幅、或者同GDP挂钩的事项,一般不采取挂钩方式。同时,建立财政转移支付同农民工市民化程度挂钩机制。农民工市场化程度越高,地方得到的财政转移支付越多。这有利于实现以人为本、以人为核心的城镇化,这是财政预算制度的一大新突破。

建立事权和支出责任相适应的制度。过去多年一直争论中央地方财权、财力与事权如何相匹配,这次《决定》明确提出中央和地方按照事权划分相应承担和分担支出责任,适当增加中央的事权和支出责任,清理规范专项转移支付制度和项目,逐步取消竞争性领域专项和地方配套资金。同时提出,进一步理顺中央和地方收入划分。这对于理顺中央和地方的事权、收支责任和利益关系,减轻地方的支出负担,端正地方政府行为,都会产生深刻的影响。

完善税收制度的新举措包括:完善地方税体系,逐步提高直接税比重。我国现行税收制度以流转税或间接税占大头,这主要受制于我国经济发展水平。流转税或间接税最大的问题,一是企业成本最终会转稼给消费者,导致税负机制不公平;二是容易引起政府干预生产投资过程,不利于节能降耗减排、调整结构。这就需要构造合理的地方税体系,增加直接税(主要包括消费税、财产税和所得税)比重。随着经济发展水平提高,直接税将发挥更大的作用。

健全城乡一体化发展体制和机制

农地改革新举措在《决定》中有两个突破:一是赋予农民对承包地占有、使用、收益、流转及承包经营权抵押、担保权能,允许农民以承包经营权入股,发展农业产业化经营;二是保障农户宅基地用益物权,改革完善农村宅基地制度,选择若干试点,慎重稳妥推进农民住房财产权抵押、担保和转让。城乡一体化发展方面,最容易产生误解的就是农地改革问题,很多人误认为未来宅基地可以自由买卖。事实上,农村集体土地包括农户宅基地只允许用益物权的转让,具体包括抵押、担保、承包和租赁等,不允许集体土地所有权的私有化。目前,小产权房“转正”、土地所有权私有化行为都是非法的,违反了土地用途管制和规划法等。但是小产权房已有大量居民住在里面,应当认真研究并找到妥善的解决办法。

农地改革首先需要做好确权工作,明确农村集体林地、山地、宅基地、承包耕地等非建设用地的权益,以及建设性经营用地的权属,才能为下一步的合规流转打好基础。

加快户籍制度改革。我国户籍制度改革最大的问题是公共服务及其相关基础设施能否跟上,以及是否有足够产业吸纳就业。《决定》提出,全面放开建制镇和小城市

落户限制，有序放开中等城市落户限制，合理确定大城市落户条件，严格控制特大城市人口规模。这是符合实际的，与城市化总体规划也是一致的。

允许地方发债。一直以来，中央和地方的财政收入大体对半，但地方的支出比重高达85%，需要给地方行使公共服务职能开一些创收"正门"，才能堵住"邪门"。《决定》提出允许地方政府通过发债等多种方式拓宽城市建设融资渠道，地方债试点将逐步扩大，还要研究建立城市基础设施和住宅建设的政策性金融机构，地方建设融资会有正规的新渠道。

目前，金融资源在城市和农村农业之间的配置是很不均衡的。在促进城乡要素平等交换和金融资源合理配置过程当中，金融机构应加大保障农村存款主要用于农业农村。这是《决定》对金融机构提出的明确要求。

构建开放型经济新体制的主要亮点

我国实行对外开放30多年，主动加入经济全球化进程，着眼国际国内两个市场配置资源，发挥比较优势，以开放促改革、促发展，迅速发展成为全球第二大经济体、第一出口大国和第二贸易大国。同时，我国传统低成本竞争优势逐步削弱，贸易和经济发展方式转型升级压力越来越大，国际环境也在发生新的变化。因此，《决定》要求，必须构建开放型经济新体制，促进国际国内要素有序自由流动、资源高效配置、市场深度融合，加快培育参与和引领国际经济合作新优势。

新举措主要有：在放宽投资准入方面，推进金融、教育、文化、服务有序开放，放开育幼养老、建筑设计、会计审计、商贸物流、电子商务等领域外资准入限制，进一步放开一般制造业。扩大企业和个人对外投资，允许创新方式走出去开展绿地投资、并购投资、证券投资、联合投资等。在区域开放合作方面，提出以周边为基础加快实施自由贸易区战略，扩大内陆沿边开放，建立开发性金融机构，推进丝绸之路经济带、海上丝绸之路建设，形成全方位开放新格局。这些新举措不仅是构建开放型经济新体制的必然要求，对我国金融机构的改革和转型也必将带来深刻影响，既要在金融体制和金融服务方面加快创新，又要注意防范金融扩大开放后面临的新风险，有许多新问题还需在改革实践中研究和探索解决。

（卢中原.前线.2014，2）

中国改革深水突围

地权改革:土地制度之困

到各地确权现场看一看,就会发现人民群众对于土地改革的基本诉求各不相同,他们要的可能不是舆论和一些学者所言说的那种"权利",他们要的恰恰是现有的土地制度赋予、但现实中没有得到完全落实的土地权利。坚持农村土地集体所有权,赋予农民法律意义上的完整地权——对承包地占有、使用、收益、流转及承包经营的抵押、担保权益。

地租均享:土地制度的核心问题

对于土地制度,很多人缺乏准确、深刻、简洁的概念体系进行分析,也不理解土地制度的核心问题是什么。迄今为止,私有制、国有制优劣的高度意识形态化的争论还在进行,实际上,这对概念本身就是很不准确很不清晰的,在二者之间非此即彼的论调除了激发意气之争,对中国当下土地问题的讨论甚至会有误导的作用。

愚蠢的问题只能得到愚蠢的答案。本文以为,土地制度由对土地的财产权利和政府的土地政策构成。土地制度的核心问题是地租的公平分配与土地的合理利用,土地政策与土地权利的安排如何影响地租分配与土地利用,要在各种情势之下具体地考察。

土地制度的核心概念与问题

就人对土地的财产权利而言,所有权的概念意义不大。所有权不是源头,也不是起始点。同使用权、承包权等权利相比,所有权甚至没有必要特别强调。现实中不存在、理论上也不应该存在绝对的权利,所有权和使用权的区别不是本质意义上的而只是类别意义上的。在英美普通法里面,所有权的重要性没有被特别强调,因为具体的财产权利才是重要的。在法律意义上人们拥有的不是土地,只是土地上的财产权利,这反映的是人与人的关系,而不是人与物之间的关系。

讨论土地问题,我们需要注重具体的财产权利。应该看到,无论是所有权、70年的土地使用权、一两年的租赁权,甚至可以从某块土地上通过的权利,都可以说没有本质的区别。具体的财产权利产生了什么样的利益,土地上财产权利的安排对于地租分配和土地利用的影响,才是问题的关键。早年放露天电影的时候,在地上画个圈“占座”,晚上就有权利坐在那里,这就是为习惯所尊重的、时效为一个晚上的使用权或者优先占用权,这也可以视为一种对土地的财产权利。

亨利·乔治把地租(土地收益)作为其思想的核心,形成了地租社会化理论。他用

“外壳”与“核仁”来比喻土地与收益，反对僵化地从土地占有的形式来理解土地所有制。他说：“如果我们取得了核仁，可以让他们据有外壳。没有必要充公土地，只有必要充公地租。”

我一向反对对“国有”进行财产权利的理解，无论是国有企业还是国有土地。“国有”在涉及外国人时不是财产权利的问题，而是主权或政府特权问题；土地是中国人民的共同财产，它的意义在于对外国人的排斥，即外国人在获得土地权利上或享有土地收益上不能同中国人平等。宗族所有、集体所有、单位所有、个人所有等等才具有财产权利的意义，因为这些所有制形式都对其他国民具有排斥性。

土地政策的内容包括土地权利税、用途管制、土地利用规划、建设用地指标等等。土地政策可以最深刻地影响土地的市场价值和地租归属。如果北京三环内的一块土地被限制只能从事农业生产，那么其权利者的收益也很有限。

地租是仅仅因为拥有土地上的权利就能够给权利人所带来的收益。地租由于土地的相对稀缺性产生，既可以由人地比例，也可以由于土地被人为垄断的程度决定（即使地广人稀也可以因为大地产制产生高额地租）。农业土地与城市土地的地租非常不一样，城市土地的地租差别也可以极度悬殊，这是因为地租由土壤肥瘠、区位位置等因素决定的。构成土地制度的政策和法律可以深刻影响地租分配的结果。

土地制度安排的历史考察

中国历朝历代所最注重的，莫过于土地制度。

战国之前的时代，中国实行的是典型的封建土地制度。历代言封建不言井田，不谓真言封建，因为封建既是政治制度也是经济制度，两个方面不可分割。在封建社会，阶层是凝固的，出身决定了一个人的地位，身份决定一个人对于土地的权利。不过，领主所获地租不完全是私人性的，可以说主要是公共财政性质的，因为属民给领主所交的地租是财政和军费来源。

大一统始于秦。关于奠定了强秦之基的商鞅变法，过去史学界有个标准的论点，即商鞅“坏井田，开阡陌”，推行了土地私有制。如今史学界仍坚持此种说法的人怕已不多，因为根据上世纪70年代以来的考古发现，可以明确知道秦朝实行的是严格的国家授地制，而不是什么“土地自由买卖”。可以说均田制是由秦朝最早施行的制度；到了北周隋唐时代，实行的也是均田制。均田制是政府按人丁或劳力平均分配土地，增人增地，减人减地。均田制大致保证地租在社会成员当中的共享。

私人地主制或自由土地制度在安史之乱后定型，此为中国历史一大分期。封建制确有其不平等的一面，但一旦领主丧失了其公共职能（地方行政、军事）而变为纯粹的地主—如法国大革命前的情况那样——社会就更不稳定。从地租的公平分配的角度，甚至可以说封建土地制度都比私人地主制好，因为地租的共享与分享至少可以保证社会比较稳定。历代变乱的原因除了政府暴政腐败，还有土地的集中，即社会成员地租享有的巨大差距。

族田制是族田地租在宗族成员当中均享和共享的制度，是范仲淹创造的。宋仁宗皇祐二年（1050年），范仲淹在苏州长洲、吴县置田10余顷，将每年所得租米供给各房族人做衣食、婚嫁和丧葬之用，始称“义庄”。明代中叶以来，在长江以南，尤其是福建和广东的许多地方，宗族、寺庙、会社等组织占有的土地逐渐超出了私人地主及自耕农所占土地，成为当地最为重要的土地所有者。冯桂芬说：“千百族有义庄，即千百族无穷民。”章学诚称，创建义庄可以“补王政所穷”。用一句话来概括，就是追求地租在社会成员中公平分配。

比较俄国的村社与中国的族田，前者强调成员的同等份地，后者是成员对族田地租的分享，最直接形式是每个宗族成员均分族田地租（实物或货币）。族田在实践中的操作形式比较复杂，比如成员租种要减免地租额，族人还享受族田地租提供的族内公共服务：祭祖赛神、修桥补路、教育、赈济孤寡等。

中国共产党领导土地革命在开始阶段只是实现了均地小农，实现了大致的临时的地租均享；农业集体化才算完成制度创新，建立了村社土地制度。集体化的意义在于根本消灭了私人对于地租的竞争性获取，实现村社成员对于村社地租的均享。

再看看美国的实践。1862年5月林肯签署的《宅地法》规定，凡一家之长或年满21岁、从未参加叛乱之合众国民众，在宣誓获得土地是为了垦殖目的并缴纳10美元费用后，均可登记领取总数不超过160英亩（960亩）的宅地，登记人在宅地上居住并耕种满5年，就可获得土地执照而成为该宅地的所有者。从1862年至1900年，至少有60万个美国家庭从中得到好处。据统计，依据《宅地法》及其补充法令，联邦政府到1950年有2.5亿英亩土地授予移民。美国处理土地问题的办法，是国家先控制了大片土地再公平地分给国民私有。美国因为地广人稀及工业化进程已经开始等特殊历史条件，这个措施已经能够保障农地地租在社会成员中大致均享，佃农阶层不会出现。

地租均享的极端重要性

所谓地租公平分配就是地租在社会成员中均享与共享。地租分配的问题是土地制度的根本，没有做好这一点，一定要出大事情。法国革命、俄国革命、中国革命、尼泊尔普拉昌达的革命，其中的阶级斗争都是非常残酷的，这是不以人的意志为转移的。

中国革命的胜利，一是靠中国共产党这种新型组织，二就是靠土地革命。蒋介石在台湾能立足，也是因为他用赎买方式进行了平均地权的土地改革。土地是从事一切其它活动的前提，一旦少数人垄断地租，社会矛盾就会非常激烈。

土地制度是社会激励机制的重要组成部分。一个社会如果激励人们去占有和掠取地租，这个社会很容易陷入锁死的发展困局中，因为掠取地租的努力是为了剥夺他人，打个比方来说，就是要通过骑到他人头上而不是造汽车的办法来走路。如果社会上出现了一批这样的人，那么社会矛盾就会变成是你死我活性质的。中国皇朝时代一个重要的问题是兴衰的周期律，为什么会这样呢？有很多人说因为没有民主，但我们不仅要注意到皇朝时代的政治体制，也要注意它的经济制度。我认为，政治体制在

其中的作用很小,欧洲和日本封建制度就没有这个周期率,我们要看到中国的土地食利资本主义与兴衰治乱周期之间的关系。

一旦陷入土地食利的恶性资本主义,经济发展就不会导致劳动者剩余的增加,即普通劳动者恩格尔系数的降低,也就无从扩展内需。中国典型的土地食利资本主义发展了千余年,在近代没有走向工业化,是合乎逻辑的。如果没有近代的共产主义革命,就还是不能打破这个困局。中国共产党领导的土地革命和农业集体化彻底打破了这个发展陷阱,消灭了攒钱买地的"攒"字,这是中国工业化和经济成长的根本前提。当然,集体化之后的失误是另外一个问题,特别是忽视农业生产的特点,村社共耕或者集体农业生产体制导致的低效率。

不应该混淆的是,限制地租的集中,削弱掠取地租的动机,并非限制土地的集中使用,也并非削弱在土地上追求有效利用的动机。

土地制度的问题出在哪

中国的土地制度在名义上是国有制和集体所有制,但在实际运行中却出现土地级差地租为少数人占有(用亨利·乔治的话语来说,是弃掉了核仁,只要外壳),在某些地方甚至形成以掠取和占有地租为中心的一种激励机制,此为近十几年来社会矛盾的主因。在此,简要地对中国土地的地租均享与合理利用问题进行一点分类别的讨论。

首先以草原的利用为例。中国的草原占地广阔,草原必须在大范围内进行游牧才能有效利用,而且必须配合相应的社会机制,对成员的放牧行为进行严格管理。历史上,牧民们的养畜规模、冷暖季草场的放牧时限、轮牧转场的时间等都由部落统一部署,违者将受到部落习惯法的严惩。这种整体管理机制是建立在草场的部落所有制的基础上。建国后,人民公社的体制刚好符合上述要求,因此成就了牧区的黄金年代。但将草场分到各户后,就根本上破坏了游牧的可能性。牧户定居后,定居点和饮水区附近人畜活动频繁,在以户为单位划定的草场上,放牧半径极度缩小,牲畜吃踩频繁,造成草地超载和过度放牧,导致定居点和水源区周围往往成为草场退化、沙化最严重的地区,而牧民则陷于贫困。针对这样的现状,中国牧区应该建设横跨适度地域范围的牧社组织,恢复游牧方式,同时赋予牧社组织成员平等额度的牧权,通过放牧额度的交易可以进一步实现草原的有效利用。

我国大陆农村实行的是村社土地制度或集体所有土地制度,相比日、韩、台湾地区的土地私有制与限田制度的结合,该制度实际上更具优势,能够保障地租的均享和实现土地有效利用。村社土地制度保证农地地租在村社成员中的均享,这就要求"增人必增份,减人必减份","份"就是村社土地地租的份额;或者如李昌平所说的,多占地成员与少占地成员之间需结平衡账。目前条件下,需要弱化的是村社成员的承包权,强化其享有地租的权利,村社应有从事土地出租、收取地租和在成员中分配地租工作的机制。这个模式可以不通过土地流转,而是通过筛选最佳租地农户的方式实现土地更合理的利用,因为农民集体会有足够的动力考虑土地的有效率利用,从事土

地整理和土地配套设施建设，追求地租的最大化。这个模式下，土地整理、土地配套设施建设和农业生产的主体分别为村社和农户，既可以解决土地细碎化问题，也可以通过精耕细作发展劳动密集型的适度规模农户经营。

谈到我国的城市土地制度，很多人在批评土地财政，但城市土地制度的问题不是土地财政造成的，而是土地财政不彻底不全面造成的——没有对于私人投资土地获利的可能性“赶尽杀绝”，没有对于土地增值收益“颗粒归仓”，归于公共财政。目前的城市土地制度尚欠缺土地权利税（房产税），包括地上权利的保有税、权利转让的利得税（至少80%）、权利继承遗产税、权利赠与的赠与税。土地权利税的意义一个是实现地租在社会成员之间的公平分配，共享均享，另一个是资源的有效配置。一个人能够住在什么地方，取决于他当下的财富创造能力，那么，中等收入者通过住房市场拥有中等住房就不应当是什么困难的事情。土地权利税事实上将导致不动产价值的重估，导致房产丧失其大部分投资属性。

发展公租房的思路是不错的，但公租房建设不能代替土地权利税的作用。新加坡的保障房体系一般被认为是成功的，但新加坡可以视为是个大村社，其保障房逻辑和按成员权分配宅基地的中国村社类似，只有新加坡这种城市共和国才宜采用这种制度。中国是大国，非农土地的地租分配问题更加复杂，还是应该主要靠税收的办法，实现“均占地价、增值归公”。在这个问题上，政府应该理直气壮抑制和消灭土地食利者。与此同时，房产税不能成为完全地方性的税种，要基于城市性质和全国、全省、全地区分享。

以上所说，仅属简要列举，目的在于阐明一种思考土地问题的方式。

（刘海波.南风窗.2013，25）

集体土地入市，谁说了算？

土地改革牵一发而动全身，十八届三中全会为新一轮土地改革政策定下基调。从新一轮土地改革政策的导向看，在土地改革上的确有一些新的提法和突破，《决定》

强调，要建立城乡统一的建设用地市场，农村土地流转预期也趋于升温。但就政策的基调而言，总体还是以稳妥为主。

新土改“稳”字诀

首先，《决定》中说“建立城乡统一的建设用地市场”，与十七届三中全会“逐步建立城乡统一的建设用地市场”的提法相比，释放了动作要进一步加快的信号。《决定》还提出将实行集体经营性建设用地与国有土地“三同”（同地、同价、同权），而非此前强调的“享有平等权益”，这无疑又是一大进步。在此背后是我国土地要素市场还很不完善，土地要素市场在城乡之间发展不平衡、不统一，尤其是集体建设用地过去基本被排斥在土地市场之外。虽有上一届三中全会提出的政策框架，但城乡统一的土地市场在过去5年中并没有什么进展，怎么“统一”，由谁来“统一”始终没有一个清晰的说法。

其次，规定“符合规划和用途管制前提下”又给新土改打下一个大问号。土地管制本身没什么问题，这基本上是国际惯例，但究竟哪些符合规划和用途管制，现实中如何来进行确定，这需要在后续的实施细则中给出明确的解释。何况对农村土地流转用途管制的政策一直存在，但现实中土地规划比较随意更改，地方政府联合农村集体组织总是通过各种“创新”手段来进行规避等现象，使农村土地用途管制有时形同虚设，小产权房屡禁屡建无疑是最好的现实案例。此外，政策只是放开“集体经营性建设用地”，并没将宅基地、耕地等包括进来，且哪些属于“经营性”建设用地也亟待进一步厘清。

第三，明确“缩小征地范围，规范征地程序，完善对被征地农民合理、规范、多元保障机制”，这实质上是剑指当前不合理的土地征用制度，有助于限制政府的征地权力。但目前政策只是有了一个大方向，农村土地承包“长久不变”难以解决农村土地产权在法律与现实之间的悖论。实际上，在农村集体用地只能依靠国家征用这一手段转为国有土地这一单向的模式下，谁都想打土地的主意，各种借“开发”之名征用农村集体土地。据国家信访局统计，群体性上访事件60%与土地有关，其中征地补偿纠纷占到土地纠纷的84.7%，每年因为征地拆迁引发的纠纷在400万件左右。

城乡土地统一之困

建立城乡统一的建设用地市场是大方向，这早已形成共识，但现实中却始终是“干打雷不下雨”，其背后就在于“城乡统一土地市场”是一个涉及土地法律和政策的调整，涉及土地收益分配格局调整，涉及经济发展模式的转型，涉及中央政府与地方政府财税事权关系的调整等各个层面，所牵涉的相关利益群体非常多，情况错综复杂，往往导致强势利益集团阻碍土地改革或绑架决策。建立城乡统一的土地市场，现实中至少遭遇三大困境。

一是二元产权之困。过去农村土地改革一直是围绕土地使用权做文章，从“15

年不变”到“30年不变”，再到“长期不变”和“长久不变”，始终未能解决“农村土地所有权主体比较抽象、虚化，集体所有人与代理人之间权限不清晰”的困境，造成农民对土地在实际中很大程度上处于无权的状态。不可否认，相关的政策和法律制度越来越朝着强化产权保护和农村土地市场化的方向演进。土地确权较好避开了土地公有化和私有化的问题，但土地国家所有和集体所有的二元体制依然会存在，农民和集体之间在集体土地的财产权利如何界定还将是个问题。土改新政并不能改变“二元土地产权”的制度格局，恐怕短期内也就很难真正动摇城乡分治的土地市场。

二是法律政策之困。土地二元产权之困和城乡土地分治，跟现行法律政策分不开。《宪法》第10条明确规定，城市的土地属于国家所有；农村和城市郊区的土地，除由法律规定属于国家所有的以外，属于集体所有；宅基地和自留地、自留山，属于集体所有。《土地管理法》从2008年就开始修订，在《宪法》相关规定没有修改的情况下，下位法《土地管理法》的修改必然会受到限制。农村土地流转相关政策的出台同样是难度极大。据报道，国土资源部在决定启动农村集体经营性建设用地使用权流转试点之前，曾于2010年、2012年就酝酿制定具体政策指导意见，但由于主要内容对现有土地法律法规都有所突破，最终未能出炉。还有争议多年的小产权房问题，就与现行法律政策相违背，基本上陷入一个死局。

三是利益分配之困。集体建设用地不经征地而直接进入土地市场，必然打破政府对建设用地的垄断，会使土地利益分配格局发生巨大变化。现实情况是，农民在土地利益分配上处于明显弱势，地方政府未能脱离“卖地财政”的框框，“要地不要人”的模式难以终结。例如，“嘉兴模式”2010年得到了国土部的认可，被确定为8个地级市试点之一。据悉，嘉兴土改是以政府巨额财政投入作为保证的。根据测算，嘉兴市土地改革中每搬迁一户，政府就要支付高达三四十万元的直接和间接投入。但2009年国务院发展研究中心通过对嘉兴市的调查发现，“宅基地换房产”的实质仍是低成本占用农民宅基地，大做“土地财政”的文章。以嘉兴市嘉善县姚庄镇为例，计入农户购买公寓房补助、农户拆迁补助和奖励，政府投资公司支付给公寓房置换农户的人均安置成本约4万元，支付给自建公寓房的人均安置费用约2.5万元。按照标准公寓房和联排式公寓房各占50%计算，政府投资公司支付的安置总成本约为6亿元。姚庄镇新增建设用地3626亩，根据嘉善县2008年公布的姚庄镇基准地价估算，该镇土地出让收益约为9.5亿至12.5亿元，结余收益约3.5亿至6.5亿元，极大地激励了地方政府“宅基地换房产”的热情。同样地，以成都、重庆等地在城乡统筹中实施的“地票”模式也面临很大争议。利益分配之困同样体现在城郊农民与非城郊农民的差异上。由于级差地租的原因，距离城市、交通线越近，土地越值钱，反之则不值钱。

“三同”入市影响几何

尽管挑战和困境不少，毕竟《决定》对集体经营性建设用地“三同”入市在稳妥的基础上开了一个口子，各地围绕农村土地流转开始风生水起。安徽成为十八届三中

全会后新一轮土改探路的地方先锋，11月12日公布的《安徽省人民政府关于深化农村综合改革示范试点工作的指导意见》强调，建立多元统一的农村土地市场。作为安徽省唯一的统筹城乡土地使用制度综合改革试点县，宁国不仅成立了省内首个城乡统一的土地产权交易市场，还通过"产权折现抵资入股"、"产权入股股份合作"等运作模式，组建了农民土地股份合作社，创新打造"土地变股权、农民当股东"的试点模式。海南也不甘落后。据悉，海南省国土环境资源厅研究制定的《海南省农民集体建设用地管理办法》近期已上报海南省政府审议。实际上，集体建设用地入市已进行了多年试点，重庆、天津、成都、昆山、嘉兴、苏州等城市都在农村集体建设用地流转模式上做了一些探索，"土地换股权"、"土地承包权换社保"、"宅基地换房产"、"土地流转信托"等模式可谓五花八门，但至今仍只是停留在试点阶段，并未能在更大范围内进一步推广。

那么，此次集体经营性建设用地的"三同"入市究竟影响几何呢？由于目前政策只是一个大方向，并没有具体细节，其实影响尚不太好说。但推测一下的话，可能出现两种完全不同的影响。第一种情况是，集体经营性建设用地大量入市，有助于打破目前政府垄断一级土地的格局，促进土地供给主体的多元化，增加了土地市场的供给量，与政府供地形成竞争，自然会有助于土地市场价格的下跌，进而会影响房地产市场。同时，由于集体经营性建设用地征地可以直接入市，政府征地将趋于减少，而土地交易将会趋于增多，有利于保障农民的土地财产权，增加农民的财产性收入。

而第二种情况是，集体经营性建设用地虽然能入市，但一方面集体经营性建设用地不经政府之手，村集体或农民获得的土地收益会更高，低价卖地的意愿可能会降低，这会影响集体经营性建设用地入市的数量。另一方面，集体经营性建设用地入市的前提是"符合规划和用途管制前提下"，为了减轻对政府土地财政和房地产市场的影响，政府可能会严格规划控制土地的供应，能够进入到土地交易中心挂牌出让的集体经营性建设用地会有多少，最终又有多少数量能够入市，还是政府说了算。如此，集体经营性建设用地入市的结果可能就是"有地的、有权的、有资本的会赚得盘满钵满"。

新一届政府大力推进新型城镇化，而新型城镇化的"新"关键在于"人的城镇化"。因此，建立城乡统一的建设用地市场，必须跳出土地看土地改革，不能仅局限于土地本身，更要考虑依附于土地上的人。因此，城乡建设用地入市"三同"，不能只就土地谈土地，还要考虑土地背后的户籍制度、财税制度、政府与市场的关系等等，才能将中国这一片复杂的土地处理好。如此，中国经济转型也才能真正从"土地城镇化"走向"人的城镇化"。

(陈和午.南风窗.2013,25)

从多地试点看农村土地确权

中国已开始向城市支持农村、工业反哺农业的城乡一体化阶段迈进。城乡一体化包括两层含义:第一是输血,即公共财政资源的均衡配置;第二是造血,即生产要素自由流动。很多人认为农村劳动力已经市场化了,接下来应该让土地也流转起来。

十八届三中全会通过的《决定》为接下来的土地改革确定了基础原则,即稳定基本土地制度,放活土地使用权,鼓励土地作为生产要素自由流动。以此为方向推进改革的重要条件是土地"确权",即清晰规定谁拥有土地,及拥有何种土地权利。

现实到底怎么样?让我们来看看各地试点农村土地确权的情况吧。

理解"确权"

土地确权是在基本土地制度确定后,从技术上把每一宗土地的权利义务明晰地分配到每个权利主体的过程,其最基本含义是"确权、登记、颁证"。

当前进行的土地确权是新中国成立以来规模最大的。2013年的中央一号文件提出,在5年时间基本完成农村土地承包经营权确权,并加快包括农村宅基地在内的农村集体土地所有权和建设用地使用权地籍调查。

因为确权是土地流转的前提,所以舆论的期待非常高,例如经济学家厉以宁就将土地确权称为是"启动农村改革最重要的环节"。关于土地确权的主流观点几乎可以说是一系列的理论推演:确权之后就可以充分保护农民利益、促进城乡一体化、农民可以获得更多的财产性收入和自由进城的可能性等,好像土地一旦可以流转,农民的收入就上去了。

此类关于土地确权的讨论未免"浪漫主义"了。稍微有点历史学、经济学常识的人都知道,土地本身不意味着什么,它仅仅是土地所有者分配劳动果实的一个凭借,大部分国家都实行土地私有制,土地可以自由流转,但不是每个国家都发展起来,反而"失败国家"不在少数。

另外，现实远要比理论复杂。对于确权，大多数农民是陌生的，农民秉持的观念是“确权就是分地”。到各地确权现场看一看，就会发现人民群众对于土地改革的基本诉求各不相同，他们要的可能不是舆论和一些学者所言说的那种“权利”，他们要的恰恰是现有的土地制度赋予、但现实中没有得到完全落实的土地权利。

走向公平的地权

十七届三中全会提出“赋予农民长久不变的承包经营权”，土地确权应确认二轮延包后的农民土地权利。成都最早提出以产权制度改革来推进城乡一体化。2007年6月，成都被国务院批准设立“全国统筹城乡综合配套改革试验区”，2008年成都开始以产权制度改革的方式推进“农村市场化”，核心是实现“还权赋能”。“权”是农民完整的财产权利，“能”则是农民作为市场经济主体把握自身发展和命运的能力。

政策设计者设想，“确权是基础，流转是目标”，只有土地流转起来，才能把“僵死的资产”变“资本”。吊诡的是，政策设计者关心的是确权之后土地将会流转起来，增加农民收入，但大多数农民最关心的依然是承包地的权利，以及这个权利如何通过确权得到保证。

从2008年到2010年的3年改革过程中，村社内部的公平逻辑终于压倒了“市场化改革”的逻辑。从成都市印发的《农村产权制度改革手册》中，开始的“不打乱重来”到2010年被代之多数农民主张的起点公平原则，修改为“确权方案由社员大会讨论制定，充分尊重群众意愿，只要群众要求调就调”。

成都大学吴建瓴教授专门跟踪调查确权，他认为，“是长久不变、是产权改革倒逼调整土地，本来你今天调出的土地明天还可以调回，若长久不变之后，就是‘准私有’。”吴建瓴质疑，“怎么固化？1998年到2008年已经10年了，不调田就是让这些人(指一些无地农民)失业，你怎么能让这么多农民失业？”

成都市委政研室的调研结果显示，等待分田的人有9%，约有50万人。政府为了顺利推进改革，遂放弃当初“固化产权”的政策设计，尊重群众调平土地再确权的愿望。土地再一次作为一种保障而不是财产的基本属性，修正了政策设计者的最初设想。

温铁军先生说过，“新中国以来历次土地改革都是以地权在村社内部平均分配为结果”，成都的确权改革再次印证了这个判断。平均地权就是今日成都平原农民的心态，也是全国多数地区农村农民的心态——要推行长久不变，那么就请先再分配一次土地吧。

以成都“产改第一村”都江堰鹤鸣村为例，1981年鹤鸣村第一轮土地承包之后，就再没有打乱重分过土地，只是每年小调整，调节户与户之间的土地分配差异。小调整办法有两种，一是把组里留下的机动地调给新增人口，二是“排队”等待退出土地的农户，一般是死了人的农户。在成都平原上的一些村社，在二轮延包之后甚至连小调整都不再有了。

因为这一次确权之后土地承包权就长久不变了，因此农民强烈地要求“起点公

平”,村组干部也认为要“调平了再长久不变”。当然并不是绝对平均,鹤鸣村各个村民小组有不同的调地方式,例如鹤鸣村11组实行“多5分地不退,少5分地不补”,9组实行的是“人与人之间的差别不超过一分”,“保证每户都有地,地多地少是另外一回事”。

调整土地是村社的传统,有多余的土地不退出来被认为是不道德的。当地村组干部对需要退地的农户做工作,通常都要打比方讲道理。10组组长罗雨经常说:“这家3口人吃5碗饭,那家3口人吃1碗饭,吃5碗饭的那家总得分两碗过来吧!”5组组长周凤春这样解释:“活着的人要吃饭,死了的人把田退出来,是常理。”普通农民认为调平土地是吃饭问题,“政府规定了农业户口都要分到土地,这是上面的政策,大家都要吃个饭”。

在湖北鄂州农村,在上世纪八九十年代有5年调整一次土地的惯例,二轮延包之后不再调整土地;2012年上级要求土地确权,农民告诉我们,村里大多数人要求重新确定集体经济组织成员和调平土地。

在村社内部平均地权是各地大多数农民的诉求,这来源于土改以来社会主义土地制度赋予他们的权利。“增人不增地,减人不减地”的土地试验是由刘守英等人1980年代在贵州湄潭主持搞的改革尝试,目前,当地农民强烈希望土地调整。调查数据显示:93%的农民同意按人口进行土地再分配,认为“嫁入村里的人口和新出生的孩子应分得土地”的人分别有89%和90%。从农民满意的角度看,湄潭试验已经完全失败。

走向有保障的地权

土地确权具有保护农民土地权的重要功能,一方面免于地方政府的侵害,另一方面免于“强势群体”的侵害——这个“强势群体”包括干部、富人、混混等。农民仅仅拿到土地证是不够的,持续性的权利保障需要强大的国家力量能够介入到基层农村。

港村是武汉附近的大农业村,有1万余亩土地,3000多口人,2012年地方政府决定该村作为确权改革试点。2012年3月地方发文要求确权,但在半年内确权没有什么进展。

没有进展的原因是村里有200亩机动地被“强势群体”长期占用。大多数群众要求先解决历史遗留问题再谈确权。

第一村民小组组长张楚清是刚新选出来的,希望借机把土地收回来,但不幸的是,第一次开群众大会张楚清就与村内的“强势群体”发生了冲突,确权不得不告一段落。村里的老党员余顺生深有体会:“上面要支持正义主持公道,不然哪个出来说呢?……起码要有一个工作队介入,工作队做完工作可以走,而我们还要长期生活在一起,得罪人不好。”

在浙江的湄村,同样是集体土地为“强势群体”侵占。调研中老百姓反映最多的是宅基地分配问题。由于1990年代开始,村级组织对宅基地实行拍卖政策,谁有钱

谁得到宅基地，导致有的有钱人占宅基地达到3000平方米以上，没有钱的则还居住在几十平方米的低矮房屋内。宅基地权利是法律赋予农民的基本权利，保障居者有其屋，却由于很早就实行市场拍卖导致分配极为不平均。

现有的土地制度下，农民的地权得不到保障并不是由于土地制度本身的因素，而是由于法律赋予农民的土地权利得不到国家强有力的保护，因此导致了弱势农民、穷困农民的权利被侵害。通过确权明确农村集体土地产权属性，并为权利提供保护，是当前土地改革的当务之急。

走向有效率的地权

土地有两个属性，一是不可移动的地域属性，二是农产品生产的资源属性。城郊农民普遍希望通过确权对土地（包括宅基地和农地）拥有更大的权利，以期在征地拆迁中获得更高补偿；但城郊农民终归是农民中的一小部分，90%以上的农民还是要依靠农业生活，他们需要集体调整地块以利于更有效率地进行农业生产，比如土地扩大规模、土地连片、公共品供给充足等。

细碎化土地不便耕作，一些地区的农民按照农业生产要求自发进行了土地制度创新。安徽繁昌县的平镇在土地确权中发明了“虚拟确权”。2012年，平镇申请到了土地整理项目，把细碎化农田改造成“田成块、路相连、渠相通、林成网、旱能灌、涝能排，适应机械化耕作”的现代农田格局。在这种条件下，如果沿袭传统土地分配办法再搞确权，按照肥瘦远近搭配，给一家一户分五六块乃至数十块承包地，那么土地整理就白干了。

现实倒逼出了确权机制的创新。繁昌县农委遂采取了“虚拟确权”的办法，照当地干部的话来说，“土地是分给你种的，但是土地不是你的”，“确权不确界”。由“虚拟确权”而形成的是集体所有权、承包权和经营权“三权分离”的农地产权结构。

在这种确权方式下，农户如果想种地就参与分地，如果不想种地就把土地委托给村社流转出去。为了满足农民变动的土地流转意愿，村社还决定，每隔5年重新集结一次各户的土地流转意愿。“虚拟确权”建立在集体所有制基础上，它把经营权充分放活，从而有利于经营主体。农户不再对某一具体地块拥有权利，而是对一定数量的土地拥有权利。

这一确权方式与农民传统观念是有张力的，一个没有“具体”边界的抽象权利数量，是否为农民所理解？

无论如何，这种确权方式的创新为兼顾公平和效率提供了可能性。

（夏柱智 .南风窗. 2013,25）

中国改革深水突围

混合所有制改革:经济发展新动力

自十四届三中全会《决定》中首次提出混合所有经济概念迄今已有20年历史,十五大、十六大报告也都提出促进混合所有制经济的发展。这些年我国混合所有制经济也已经取得了巨大发展,但在我国进入全面深化改革的新时期,发展混合所有制经济作为重大的改革方针再次被提出,这表明发展混合所有制经济的意义十分重大。

混合所有制经济有效推动中国经济健康发展

经过30多年的改革开放，我们从“公有制为主体、多种所有制经济共同发展”到“混合所有制经济是基本经济制度的重要实现形式”，是对中国特色社会主义基本经济制度认识的进一步发展。混合所有制经济对生产力的发展和经济社会的进步均发挥着极为重要的作用。

从宏观来看，混合所有制经济实现了资源的优化配置，增加了政府财政收入，推动了中国经济快速健康发展。

第一，混合所有制经济摆脱了所有制单一的弊端，实行资本主体多元化，把公有和非公有优势集合起来，刺激了多层次生产力的启动和发展。国有资本、集体资本、非公有资本等交叉持股、相互融合的混合所有制经济，是基本经济制度的重要实现形式。

第二，混合所有制经济是资产重组、资源有效配置的重要载体。混合所有制经济的最大优势，在于实现了资本的社会化。它们在日益成熟和壮大过程中，所具有的经济实力和积累起来的组织资本，不仅有效地利用了自有资源，且通过兼并重组，输出组织资本，在更大范围内实现了资源的有效配置。

第三，混合所有制经济不仅推动经济快速增长，也为税收增加作出了巨大贡献。实践表明，股份制企业税收是各类型企业中推动我国税收收入快速增长的最重要动力。

第四，随着混合所有制经济的发展壮大，其在提供大量就业机会、吸纳社会剩余劳动力的同时，也起到了发掘人力资源，并使之充分发挥能力的作用。混合所有制经济在一定程度上缓解了中国的失业问题以及由此带来的社会矛盾。

第五，混合所有制形式可以更好地发掘人力资源，补充单纯国有经济与单纯民营、私营经济的不足，进一步解放了生产力，特别是实行了经营者和业务骨干参股的企业所有制形式，能够更有效地建立起企业激励与约束机制。它还实际地推进了产

权主体的社会化转变，使更多劳动者成为中等收入群体，有利于兼顾“效率”与“公平”。

从微观来看，混合所有制经济不仅通过多元化投资、规模经营、高效的资本运作等方式提高了企业的经济效益和竞争能力，还推动了国有企业完善现代企业制度。

首先，混合所有制经济实现了规模经营，提高了企业经济效益。不同成分在不同层次上的联合组成的混合型企业，发挥了各种人财物优势，能够迅速组织高技术、高效益的新项目，从而形成规模集团。混合所有制经济由于产权明晰、权责分明，摆脱了单一公有制的束缚，有了企业经营自主权，企业活动的范围扩大了，在利益驱动下，积极性也大大提高。

其次，混合所有制经济增强了企业内部资本周转，提高了企业竞争力。不同所有制主体通过混合所有制这一组织形式结合在一起，形成利益共享、风险共担、优势互补的经济联合体，增强了企业内部资本运作力度。对其中的公有经济成分来说，国家可以用较少财力驾驭较多资本运作，容易达到高投入、高产出、高效益。

再次，混合所有制经济聚集了民间闲散资金，提高了企业融资能力。实践证明，打破国家、集体、外资、私营、个体经济之间的鸿沟，建立社会筹资的多元化混合经济体系，是广纳资金、优势互补、资产重组、优化配置的最佳形式。它可以跨地区、跨部门吸纳社会闲散资金壮大企业实力，解决企业资金不足问题，形成风险共担、利益共享的经济实体。

最后，混合所有制能够有效破解许多长期困扰国企发展的问题。国有企业、民营企业各有所长。通过多种所有制的共同发展，最终实现“国民共进”、“公平竞争”，打造具有国际竞争力的中国大企业。在社会主义市场经济条件下，混合所有制是实现多元投资主体，形成以法人治理结构为核心的、股权多元化的现代企业的有效组织形式。实践证明，发展混合所有制经济，不仅促进了国有企业向国有资本的有效转化，促进了国有资产的资本化运作，还可以塑造合格的市场经济微观主体和市场竞争主体，使国有企业在内部管理运营时能更好地与市场接轨。

（葛扬.社会科学报.2014.5.28）

“混合所有制经济”若干问题辨析

十八届三中全会以来,“混合所有制经济”概念备受关注,各种解读引发了热烈的讨论,各种声音又不同程度地对呼之欲出的新一轮企业产权改革施以影响。有六个核心和焦点问题值得关注。

其一,对混合所有制存在两种理解

当前对混合所有制经济存在广义和狭义两种理解。广义的理解认为,混合所有制经济既可以是公有资本与非公有资本的融合,也可以是国有资本与集体资本的融合,或者是私营资本与外国资本的融合;狭义的理解则把混合所有制经济界定为公有资本与非公有资本的融合。

仅从《中共中央关于全面深化改革若干重大问题的决定》(以下简称《决定》)中“国有资本、集体资本、非公有资本等交叉持股、相互融合”这句阐释来看,广义的理解也有其依据;但联系上下文关于完善基本经济制度的论述,将混合所有制经济界定为公有资本与非公有资本的交叉持股和相互融合应当更符合《决定》本意,这样更能直接体现坚持和完善基本经济制度的用意,也更利于促进多种所有制经济的共同发展。

其二,“混合所有制”会不会取代“公有制”“私有制”

按照通常的理解,混合所有制经济可以从宏观和微观两个层面来分析:宏观层面的混合所有制经济可以理解为一个国家经济结构中不同所有制的构成和比重,在宏观层面上推进混合所有制经济的发展,就是要在坚持公有制主体地位的同时,支持、鼓励和引导非公有制经济的发展;微观层面的混合所有制经济主要指企业内部不同所有制属性的资本构成,在微观层面上推进混合所有制经济的发展,就是要发展混合所有制企业,其实质是调整企业的产权结构。

应该说,这种解释在学理上是能够讲得通的。不过,我们当前所说的“混合所有

制”,还是主要就微观层面而言。“发展混合所有制经济”的提法首次出现在1999年十五届四中全会《中共中央关于国有企业改革和发展若干重大问题的决定》,并与国有企业的股份制改革相联系。从十八届三中全会通过的《决定》来看,进一步提出“国有资本、集体资本、非公有资本等交叉持股、相互融合的混合所有制经济,是基本经济制度的重要实现形式”。所谓所有制的实现形式,是经济关系实现的具体形式,主要是指资产或资本的组织形式和经营方式,同一所有制经济可以有不同的实现形式,一种具体实现形式中又可以容纳不同所有制经济。因此,这里的“混合所有制”,着重在企业层面尤其是在推进国有企业改革的语境下展开,是为了巩固公有制的主体地位、发挥国有经济的主导作用、同时引导非公有制经济健康发展。相对于股份制是侧重于企业资本组织形式中产权来源的多元化,混合所有制要求不仅投资主体多元,而且投资主体的所有制属性也是多元的。

其三,混合所有制究竟是谁“混合”谁

非常明显,从当前舆论的解读和各地的实施来看,主张混合所有制经济是特指私营资本参与国有企业改革,混合所有制作为国企改革路径,非公有资本(其中主要是民营资本)是其“团结”对象,进而将混合所有制定义为“国企向民企敞开大门”;实践层面上,中石化宣布要对自己的优质资产油品销售领域引进投资,重庆计划5年内8成以上竞争类国企实现混合所有制,相当一部分会全部退出,此类事例不胜枚举。也有部分学者提出,《决定》提出的“交叉持股”至少是双向的,国有资本参股非公有制企业也是混合所有制。他们强调,只有发展公有资本控股的混合经济,巩固和加强公有制的主体地位,才是混合所有制发展的正确方向。

混合所有制是谁“混合”谁?如上文已经提到的,“发展混合所有制经济”的提法的确是与国有企业改革相联系的,混合所有制是在经历了放权让利、经营承包制等改革方法后,在股份制改革基础上进一步深化推进国有企业改革的主要途径。不过,国企改革是为了更好地适应市场经济、为了做大做强,不能为了混合而混合、削足适履。混合的途径不仅包括非公有资本进入到国有资本控制的行业和领域,也应包括国有资本进入到民营资本和外国资本所控制的行业和领域。

还有一些人以《决定》中“鼓励发展非公有资本控股的混合所有制企业”的提法为依据,认为这是鼓励非公有资本进入国有企业并控股。实际上,这句话并不意味着只有国有企业让出控股权这一种可能——它完全可以是由非公有资本持有全部股份的企业,在引入国有资本或集体资本后发展成为混合所有制企业,并仍由非公有资本控股。不过,这倒是涉及了下一个重要的问题,即混合所有制企业控股权之争。对混合所有制的这些担忧都与控股权和控制力有关。

其四,混合所有制对于民营企业来说是馅饼还是陷阱

当前,对“混合所有制”主要有两方面的疑虑:一是会不会成为“国退民进”和国资

流失的通道，另一方面是不是为民营企业设置了“陷阱”或“骗局”。就民营企业的疑虑来说，有媒体将混合所有制渲染为“如果民企响应政府号召，参与国企改革，很可能是‘羊入虎口’”，“很多国企让民营企业进来，就是为他们承担负债，企业还是由国资和政府控制”，还有一批民营企业家公开表示，如果不能取得控股权，就不会参与国企改革。

对于这样的呼声，首先需要明确的是，对于民营企业和民营企业家的正当权益必须依法给予有效保障。然而，把获得国有企业的控股权作为参与国企混合所有制改革的价码，否则就认为国企没有“诚意”，也是没有理由的。目前国务院国资委履行出资人职责的中央企业，资产动辄上万亿元，我国的民营企业还难以有实力一举控股，即使是组织共同资金也需要假以时日。更何况，国企总体上并不缺少资金，引进“战略投资者”的重点不在于“投资”，而是在于“战略”，而要执掌处于资本密集与技术密集产业的大型国有企业，作为对企业战略决策发挥关键影响力的控股股东，绝非仅凭拥有大量资本就能够胜任，一些混合所有制改革教训已成前车之鉴。

至于混合所有制究竟是馅饼还是陷阱，从《决定》来看，鼓励非公有制企业参与国有企业改革的用意是十分明确的，这不仅是对非公有资本的重视，而且是为了进一步鼓励、引导非公有制经济的发展；从具体的实施来看，各地推进混合所有制经济的细则正在进一步减少民营资本参与国有企业改革的限制，民营企业的发展环境是愈益宽松的。馅饼还是陷阱，这最终还要取决于民营企业自身素质，如果不顾实际情况盲目参与国企改革或改制，或者抱着投机的想法而对企业长远发展缺乏考量，或者仍然在家族制的管理格局中故步自封，不允许国企参股、不允许其他民企参股，同样无法通过混合所有制来实现发展。

其五，混合所有制是不是国有企业改革的良方

在“混合所有制”的概念被热炒之后，有人担心这是“国退民进”的先声，也有人担心在融合的过程中会出现国有资产流失的后果。可以理解，30多年来的国企改革，几经反复中的确经历了国有资产流失之痛。正因如此，习近平总书记在2014年3月9日参加十二届全国人大二次会议安徽代表团审议时指出，要吸取过去国企改革经验和教训，不能在一片改革声浪中把国有资产变成牟取暴利的机会。另外，从当前混合所有制之争的嘈杂声中，也不难看出上述担心并不是空穴来风。例如，有媒体提出，唯有国企退出竞争性领域，才能表明政府之诚意，消除企业家们的戒心。正因为这类言论随处可见，并对实践产生了一定影响，一些人担心搞运动式地推进混合所有制经济可能会冲击公有制的主体地位。

不过，只要坚持正确的方向，混合所有制经济完全可以实现《决定》中提出的“有利于国有资本放大功能、保值增值、提高竞争力，有利于各种所有制资本取长补短、相互促进、共同发展”之期待。如果将混合所有制经济的发展看成是公有制经济和非公有制经济之间此消彼长、你进我退的“零和博弈”，也不符合《决定》对混合所有制经济的定位和厚望。

需要补充的是,国有企业改革是一项系统工程,各个企业又有自己的具体实际,我们不应该将混合所有制当成国企改革与发展的万能药方和唯一手段,正如当年破除"一股就灵"的迷信一样,今天也需要走出"一混就灵"的误区。

其六,混合所有制企业如何运营管理

企业的运营管理方式,这个问题看起来不像"进""退"之争那样关系全局,但正如习近平总书记所说,"发展混合所有制经济,基本政策已明确,关键是细则,成败也在细则",以上一系列争论的社会影响和走向最终要通过细则来实现,要通过混合所有制企业实际运营管理的各个细节来落实。这其中涉及许多具体问题,以下略举一二。

在混合产权的前提下,如何对国有资产进行有效监管?有观点认为,搞了混合所有制以后,企业自然就具备了最有效的法人治理结构,而如果法人治理结构好的话,企业根本就不需要什么"婆婆",这显然是将混合所有制企业过于理想化了。时下,尽管旗下拥有不少以上市公司为代表的多元投资主体的子公司,但国有企业特别是央企的母公司还基本上是单一股权模式(113家中央企业中,仅有8家央企已在母公司层面做到多元投资主体)。随着混合所有制在更大范围实现,随着一部分国有企业改组为国有资本投资公司,这样一种现象会越来越普遍、越来越复杂:在国有经济成分首次与其他所有制经济成分相融合时,企业中国有产权与非国有产权的界限是明确的;但当这类混合所有制企业作为投资主体再次投资时,新形成的产权就变得不易明确区分其所有制性质。经过多个层次的投资组合,对国有资本监管机构来说,其面对的纯粹的国有产权将越来越少,而变成各种类型、不同层面的"混合产权"。在这种情况下,如何考核国有企业的业绩,监管机构怎样既避免管理"越位"、又不"缺位"是个新课题。

为了适应上述新变化,《决定》相应地提出要"完善国有资产管理体制,以管资本为主加强国有资产监管"。有人据此认为,"以后可能国有企业的形式不会存在,而是以国有资本的形式体现出来。"但是,公有制的主体地位、国有经济的主导作用和控制力影响力,最后就只是抽象成以国有资本的数量和所处领域来衡量吗?毋庸讳言,以管资本为主能够简化宏观国有资本管理,并且有利于进一步推进国有企业的政企分开和规范治理,增强微观经济主体活力。然而,若是由此走向另一个极端,只抓资本不抓企业,则会陷入只见物不见人、将所有制等同于所有权的认识误区,忽视了公有制企业在发展社会主义生产关系方面的重要作用。长此以往,不仅对国有企业所寄予的"承担社会责任"等期望成为一句空话,企业内部劳动关系和分配关系无异于私有制企业,就连国有资产保值增值也将成为空中楼阁。

总之,作为新一轮国企改革的最大亮点,发展混合所有制经济已如在弦之箭,势在必发,唯有走出各种似是而非的迷思,才可能保证其正确的前进方向,唯有方向明确精准,才可能取得预定效果。

(沈聪.前线.2014,7)

积极发展混合所有制经济

党的十八届三中全会通过的《中共中央关于全面深化改革若干重大问题的决定》(以下简称《决定》),第一次明确提出了"积极发展混合所有制经济"的改革新思路。那么,什么是混合所有制?《决定》中提出的混合所有制具有什么新的涵义?中央提出"积极发展混合所有制经济"的意义是什么?在此过程中需要坚持什么原则,从而使这一改革沿着健康的道路发展?这些问题都值得研究和探讨。

"积极发展混合所有制经济"的深意

一般来说,混合所有制是指不同的所有者或性质不同的所有权相结合或融合而形成的一种所有制形式。所有制的性质或形态可以从宏观和微观两个方面来理解。

从宏观上说,所有制指整个社会经济的所有制性质和结构。例如,资本主义社会存在的是以资本主义私有制为主体的所有制结构,社会主义社会存在的是以公有制为主体的所有制结构。我国自改革开放以来,已经形成了公有制为主体、多种所有制经济共同发展的基本经济制度。从一定意义上来说,我国经济目前在总体上就是一种混合所有制经济。

从微观上说,所有制指微观经济组织即企业的所有制性质和结构。从企业所有制的发展史来看,最初出现的是单一的个人或家庭所有制,这是一种典型的私有制。从19世纪六七十年代起,在欧美各主要资本主义国家开始大量出现股份公司,在所有制上它是一种典型的混合所有制。不同于私人资本和私人企业,股份资本是一种"社会资本",股份公司是一种"社会企业"。

就我国的实际情况来看,上个世纪90年代的国有企业改革明确将建立现代企业制度即股份公司作为改革目标。经过二十多年的改革和发展,目前我国国有企业绝大多数通过改制都采取了股份公司的形式,其中一批国有企业成为上市公司。同时,一大批私营企业也相继成为上市公司。因而从总体上来看,除一些中小企业和全部

微小企业(严格来说个体户还不是企业)仍然是典型的私有制企业之外,我国绝大多数企业已经具有混合所有制的性质和特点。

那么,《决定》提出“积极发展混合所有制经济”,其特殊的涵义是什么呢?要正确理解这个问题,必须结合当前中国经济的实际状况来分析。从一定意义上来说,中国改革开放三十多年以来的经济快速发展,是由公有制经济特别是国有企业和非公有制经济的共同发展来驱动的。所以,十八大报告以及十八届三中全会《决定》重申了两个“毫不动摇”的原则。但是,众所周知,2008年国际金融危机的爆发,使中国经济发展的外部环境变得恶劣。其中,非公有制经济由于规模、技术水平、管理能力等各方面的制约,其发展变得尤为艰难。正是在这样的背景下,一些人认为,中国非公有制经济的发展受到了公有制经济特别是国有企业由于垄断而形成的挤压,只有通过国有企业私有化进而打破国有企业的垄断,中国的非公有制经济才能获得发展。这种主张当然是错误的。但是,我们必须承认,一方面,国有企业在某些方面确实还存在不应有的垄断现象,国有企业的经营管理效率从总体上来说也有待进一步提高;另一方面,在新的条件下,如何进一步促进非公有制经济的健康发展,也是必须解决的重大现实问题。因此,如何真正进一步实现公有制经济和非公有制经济的共同发展,就成为一个亟待解决的全新课题。正是在上述大背景下,《决定》提出了通过“国有资本、集体资本、非公有资本等交叉持股、相互融合”以及“实行企业员工持股,形成资本所有者和劳动者利益共同体”的发展混合所有制的具体方式和思路。

可见,《决定》提出的混合所有制主要是指我国公有制经济与非公有制经济以及劳动者之间的融合,而不是一般意义上的混合所有制,并且把发展混合所有制看作是中国特色社会主义“基本经济制度的重要实现形式”。与以往将公有制经济和非公有制经济分开理解和对待的思路、与把公有制经济与非公有制经济绝对对立起来的观点相比,《决定》的这一改革思路无疑具有创新性,是一种改革的“新思路”。

同时,在我国近些年的经济实践中,事实上已经存在不少公有制经济特别是国有企业与非公有制企业合作与混合发展的成功案例,《决定》提出的改革新思路旨在使这些成功经验得到更为广泛的推广与运用。

正如《决定》明确指出的那样,积极发展混合所有制经济,目的和意义在于实现“国有资本放大功能、保值增值、提高竞争力”和“各种所有制资本取长补短、相互促进、共同发展”。具体而言,从国有企业角度看,通过适当发展混合所有制经济,可以进一步实现股权多元化,使国有企业的治理结构得到进一步完善,市场化程度得到进一步提高,经营管理效率得到进一步提升,国有经济活力、控制力和影响力得到进一步增强。从非公有制经济角度看,通过与国有企业发展混合所有制经济,可以实现非公有制企业的股权多元化和治理结构现代化,真正建立现代企业制度。同时通过发展混合所有制经济这个途径,非公有制企业可以进入过去无力或无法进入的某些经营领域,扩大企业经营和发展空间。总之,实现公有制经济和非公有制经济的双赢,是发展混合所有制经济的目的和目标所在。

在实践中应坚持的基本原则

自《决定》公布以来,社会上流行着一些不正确的解读和错误观点。例如,有的人认为积极发展混合所有制经济必然导致国有资产大规模流失甚至导致国有企业的完全私有化,对发展混合所有制持完全否定的态度;有的人认为积极发展混合所有制经济是新时期国有企业改革的方向,必须把所有国有企业最终都变成混合所有制企业;等等。出现这些错误解读说明,当下非常有必要把思想认识统一到《决定》的精神实质上来。这是关系能否使改革沿着正确方向发展的重大问题。

其实,仔细研读《决定》,我们会发现,它不仅提出了发展混合所有制经济的基本内容和方式,而且明确规定了发展混合所有制经济必须坚持的基本原则,即两个"毫不动摇":一是"毫不动摇巩固和发展公有制经济,坚持公有制主体地位,发挥国有经济主导作用,不断增强国有经济活力、控制力、影响力";二是"毫不动摇鼓励、支持、引导非公有制经济发展,激发非公有制经济活力和创造力"。因此,无论是通过混合所有制的形式导致国有资产流失甚至国有经济萎缩和名存实亡,还是在发展混合所有制的过程中导致非公有制经济名不副实或者权益受损,都是错误的,不符合中央精神的。

当然,我们必须承认,如何使两个"毫不动摇"的原则在积极发展混合所有制经济的实践中真正得到贯彻和落实,是一个复杂的问题。因为毕竟公有制经济与非公有制经济是两种性质不同的经济形态,具有不同的目标函数。具体来说,国有企业不仅追求经济效益,而且要承担更多的社会和政治职能;相对而言,非公有制企业则以追求经济效益为主。国有企业与非公有制企业在性质、职能、目标等各方面的天然差别,必然在一定程度上导致彼此合作与股份融合发生一些分歧和矛盾,如果处理不好,就可能出现双损的结局,甚至国有企业的主体地位被颠覆。因此,为了使混合所有制经济的发展沿着正确的轨道和方向稳步推进,一方面,各级国资委必须按照《决定》精神,尽快出台相关政策要求和实施规则,使国有企业在发展混合所有制经济的过程中有章可循、有规可依,避免出现各行其是、一哄而上的现象;另一方面,无论是国有企业还是非公有制企业,在发展混合所有制经济的过程中,必须坚持实事求是、一切从实际出发的原则,避免一哄而起、一哄而散、半途而废。

分类实施发展混合所有制经济

实践表明,根据国有企业的功能定位进行分类改革是一条十分有效的经验。因为国有企业以及各种行业本身存在巨大的差别,发展混合所有制经济必须分类实施,而不能搞一刀切。

人们常常把国有企业划分为竞争性国有企业和公益性国有企业两大类,这对于积极发展混合所有制经济是远远不够的。事实上,国有企业分布在很不相同的行业,分别具有各种不同的特点和地位,发展混合所有制经济必须根据行业的不同特点分别制定不同的改革思路。只有这样,才能保证混合所有制经济沿着健康的轨道和方向发展。

其一，竞争性行业。竞争性行业又可以划分为一般性竞争行业和战略性竞争行业。一般性竞争行业提供的是一般性生活用品和生活服务，例如家电产品、纺织服装、普通商业服务等。一般性竞争行业的特点是行业进入门槛低、竞争激烈。一般性竞争行业的波动和市场震荡一般不会对经济和社会产生很大的冲击。发达国家的经济发展史表明，总体上，在一般性竞争行业中，非国有企业比国有企业更具有市场竞争的优势。从长期的趋势看，国有企业应该尽可能减少在一般性竞争行业中的规模。存在于一般性竞争行业中的国有企业可以通过发展混合所有制经济的方式，更多地让非国有资本和企业来经营。

战略性竞争行业的主要特点是体现国家的工业技术水平、行业进入门槛高、规模经济明显，如钢铁、汽车、化工、电子、造船等。在这类行业中的企业虽然以营利为主要目标，但也负有发展民族经济和保障国家经济安全的任务。对于这个行业，我们必须维持国有资本和企业的支配性地位，同时大力引导和鼓励非公有经济成分参与，提高本行业的企业参与数量，加强市场竞争，通过产业结构的调整和升级淘汰落后产能，提高行业整体技术水平和创新能力。分布在战略性竞争行业中的国有企业，发展混合所有制经济具有巨大空间。因为即使是这类战略性行业，由于其生产、研发、营销等业务内容繁多，完全可以将核心业务与非核心业务进行分类，以确定哪些必须坚持国有企业控制、哪些可以通过混合所有制经济的方式与非公有制企业共享。

其二，战略性资源产业。战略性资源是国民经济的命脉，主要有石油、天然气、有色金属和稀土、煤炭等。对战略性资源的开发、利用，必须由国家通过国有企业来主导。但是，这类产业同样存在核心业务与非核心业务的区别。在国家产业政策的规范下，可以充分利用和引导非公有制经济成分参与非核心业务的股份合作，通过发展混合所有制经济，一方面大量引进各种社会资本，壮大资本规模；另一方面使非国有企业甚至外资企业在这类产业中获得一定的发展空间。必须注意的是，在这类产业中发展混合所有制经济，必须坚持和加强国有经济的控制力，合理进行产业规划和布局。在引入非公有制经济成分和企业进入战略性资源产业的过程中，必须防止反客为主、国有企业的核心地位被蚕食的倾向。因为否定国有企业在这类产业中的控制地位，是根本错误的。

其三，战略性高技术产业。战略性高技术产业不同于一般性高技术产业，其主要特点是需要巨额的开发资本、技术和产品往往与国家的经济和军事安全具有密切联系，例如航天航空工业、核工业、基础电子等。在这类产业中的企业一般不以追求利润为主要目标，而是抢占技术制高点，提高国家在战略性领域的国际竞争力。毫无疑问，在战略性高技术产业中，国有企业必须发挥主体和主导作用。当然，这类产业的发展也可以通过发展混合所有制经济的方式，在一些配套和非核心技术环节引进非国有企业参与，以提高整体的经营管理效率。

其四，管制性垄断产业。在我国，这类产业以电信行业最为典型。管制性垄断产业的形成，一般是由于国家管制造成的。管制性垄断的产生主要源于国家安全、公共

利益等方面的客观需要。从我国实际看,在一定时期内实行管制性垄断具有必要性,但管制性垄断也存在一些弊端,最主要的是由于垄断而产生的价格高和服务差等方面的问题。这类产业的改革方向应该是,在保持国有资本在关键领域的控制力前提下,通过发展混合所有制经济的方式,在一些非核心业务环节允许非公有资本进入,加强市场竞争,提高产业整体效率和服务质量。

其五,自然垄断产业。自然垄断产业的特点在于其业务具有必须严格统一的运营与管理的内在要求,而不可能分而治之、充分竞争,属于这类产业的有邮政、电网、铁路、港口、机场等。当然,自然垄断产业在许多环节上也不是不可以引入多家企业(包括非国有企业)进行竞争,真正必须由国有企业独家垄断的环节也应尽可能减少。一些并不具有自然垄断性的业务仍然可以大力发展混合所有制经济,通过市场竞争提高行业的整体效率和效益。

其六,公用事业,以城市供水、供暖、供气最为典型。公用事业往往也具有自然垄断性,在这类行业中的企业不应以营利为首要目标,而要更多地承担社会公共义务,不能为追求利润而损害公共利益。在我国,目前公用事业也多由国有企业和单位经营,这有其必要性和必然性。但是,在政府管制的条件下,通过发展混合所有制经济的形式,非国有资本和企业也可以进入公用事业的有关配套环节,以提高行业整体运营效率,同时使进入该行业的非国有资本和企业获得适度利润。

其七,非营利行业、敏感性产业和高社会风险行业等。非营利行业以医疗、教育最为典型。目前,我国已形成了国有医疗和教育为主、民办医疗和学校共同发展的格局。非营利行业必须坚持国有为主体和主导的基本原则,不能借发展混合所有制经济之机,全面市场化和私有化。

敏感性行业以新闻和文化出版业较为典型。经过多年的改革和发展,我国新闻和文化出版业已经形成了国家管制与市场有机结合的发展模式。一些文化出版企业已经成功上市。在敏感性行业的非敏感性业务环节,可以进一步大力发展混合所有制经济,充分发挥市场机制的作用,提高行业的整体国际竞争力。

高社会风险行业以金融业最为典型。此类行业不仅关系国家安全和国民经济命脉,而且个别企业的风险会迅速波及蔓延到行业,产生连锁性的社会风险。所以,必须坚持金融国有为主的原则,坚决抵制金融私有化的错误观点和主张,同时对这类行业实行严格的监管,不能借发展混合所有制经济之机,使我国国有金融制度和体系被逐步瓦解。

以上分析表明,不同产业和行业在我国经济与社会发展中的功能、地位和特点是各不相同的,因此,我们必须从各个产业和行业的实际出发,在坚持两个“毫不动摇”的基本原则下,在适合的领域和业务范围内大力发展混合所有制经济,而在不适合的领域、行业和业务范围中,则必须坚持国有为主体和主导的原则。同时,即使是在适合发展混合所有制经济的领域,也必须坚持公平、公正、公开的原则,防止国有资产流失和经济腐败的滋生。

(邱海平.前线.2014,4)

中国改革深水突围

价格改革:完善市场定价机制

十八届三中全会决定提出,完善主要由市场决定价格的机制,凡是能由市场形成价格的都交给市场,政府不进行不当干预。推进水、石油、天然气、电力、交通、电信等领域价格改革。今年以来,相关部门一直在推进相关价格改革,出台了民用天然气、水、盐、铁路货运、电信资费等领域的改革措施。

把握时机，推进重点领域价格改革

目前价格形势总体平稳，2013年全年CPI同比涨幅为2.6%，2014年1月至4月CPI同比涨幅为2.2%，4月当月CPI仅为1.8%，降至18个月以来的最低点。同期，PPI同比跌幅也有所扩大。因而，当前是全面推进各领域价格改革的有利时机，尤其是价格扭曲较为严重、改革需求极为迫切、调价方案已酝酿多时、调价负面影响可防可控的重点领域，要把握好时机，积极稳妥推进。

推进价格改革的总体方向及重点领域

十八届三中全会《决定》已明确政府价格改革方向是完善主要由市场决定价格的机制。凡是市场自身能根据供需关系形成价格，都应交给市场，政府不进行不当干预。按照这一要求，应大幅缩小政府定价范围，主要限定在重要公用事业、公益性服务、网络型自然垄断环节，重点推进资源性产品和交通、电信、药品、医疗服务价格改革，放开竞争性环节价格，减少具体定价种类，精简具体定价项目。

一是深化资源性产品价格改革。以天然气、电力、水等资源性产品为重点，统筹协调生产者、经营者、消费者、上下游产业的利益关系，健全完善反映市场供求、资源稀缺程度、生态环境损害和修复成本的价格形成机制。政府价格监管应主要限定在自然垄断环节，如输配电网、天然气管网等。价格监管的基础是成本监管，需结合不同行业特征，探索建立定价成本监管规则，定期评估审核管网运营企业定价成本，并向社会公布结果。

二是推进交通运输领域价格改革。铁路、民航的基础设施网络具有自然垄断性质，需要政府进行价格监管，而增值服务和延伸服务环节如果竞争充分的话，完全不需要政府干预。现阶段，铁路客、货运等总体上暂不具备完全放开价格条件的竞争性环节，可建立与可替代性产品（如公路运输）的市场价格相挂钩的联动机制，作为过渡办法制定反映市场供求、竞争情况的标杆价格。

三是完善药品及医疗服务价格改革。应建立反映医药和医疗资源稀缺性、体现药品和医疗服务真实价值的市场价格形成机制。我国正在完善全民医保体系，药品价格体制也应由市场交易价格管制向医保支付价管理转变，建立以管理医保支付价为核心的市场价格形成机制，建立基于专家审议和利益相关方协商的药价价格决策机制。结合公立医院改革，加快调整医疗服务价格，积极推进医疗服务定价方式改革，不断完善医疗服务管理体制。

推进价格改革的制度机制建设

一是建立健全居民阶梯价格制度。鉴于我国目前收入分配差距较大，出于保障民生，减少价格改革对居民基本生活影响，同时鼓励节约使用的考虑，应区分基本需求和非基本需求，保持基本需求部分价格相对稳定，合理控制不同阶梯加价幅度。阶梯电、水、气价都应遵循这一原则。

二是生产领域实行差别化价格政策。现阶段存在大量具有负外部性的环境问题，如跨流域水污染、大范围雾霾等。需要积极发挥价格机制在环保方面的作用，进一步完善脱硫脱硝除尘等环保电价和可再生能源电价附加政策，在"两高一资"行业加快推行差别化价格政策，合理提高定额外用水、电价格，开展工业用电、水阶梯价格试点，推行差别化排污收费和垃圾处理收费政策。

三是加强竞争性市场体系建设。实现主要由市场决定价格的机制，基本前提是有竞争性市场，在没有形成竞争性市场前全面放开价格，可能会给拥有市场支配地位的垄断厂商滥用市场支配力打开方便之门，也不利于消费者权益保护。为此，应在网络型垄断行业的可竞争性环节大力推进竞争性市场体系建设，坚持价格放开与完善竞争政策及其执行同步。

推进价格改革相关配套制度建设

价格改革是个一项复杂的系统工程，垄断行业、收入分配、财税、金融等领域改革尚未完全到位，制约价格改革的体制机制矛盾依然较多，很多时候不能指望价格改革一并解决所有体制问题，而需要全面深化体制改革为价格改革提供更大空间。

一是切实推动产权制度改革。资源性产品定价问题本质上是产权问题，资源越稀缺，产权制度安排对相应价格改革的制约越明显，需要进一步推动产权改革，从而为价格改革提供更多可突破的路径。二是理顺收入分配关系。资源性产品价格和交通、电信、医疗等服务价格是社会各阶层利益交汇的敏感点，实质上也是收入再分配的重要形式，不仅要讲经济理性，更要讲决策艺术，必须审慎权衡改革的速度、力度与社会对改革的可接受程度，合理分担改革成本、分配改革收益，力争使重点领域价格改革成为社会的稳定器和可持续发展的助推器。三是完善社保标准与物价联动机制。公用事业和服务类价格改革可能会对普通居民尤其是低收入群体产生较大影响。需要健全完善社会救助和保障标准与物价上涨挂钩的联动机制，努力化解价格

改革对低收入居民基本生活的影响。

全面评估价格改革的影响

任何一项价格改革都应把握力度和节奏，应当按照调价方案的成熟和稳妥程度，充分酝酿、分期推进，以避免政策性新涨价影响集中爆发，从而给稳定物价总水平带来不确定性影响。

应完善基础统计工作、推动CPI按收入分层编制的同时，使得CPI分层编制标准更加多样化，尽快建立全国收入分层CPI的规范统计制度，以有助于更加准确地评估价格改革对中低收入人群的影响。

物价管理部门应积极回应社会对价格改革的关切，通过媒体渠道正面宣传价格改革的程序、方案以及改革影响，妥善应对突发负面舆情。严格执行价格听证制度，争取更多民众的理解与支持。

（郭丽岩.中国改革报.2014.5.26）

发改委推阶梯气价，能源阶梯计价时代来临

继阶梯电价实施之后，国家发改委决定在全国范围内推行居民阶梯气价政策。2015年底前，所有已通气城市建立起居民生活用气阶梯价格制度。

日前，发改委下发《关于建立健全居民生活用气阶梯价格制度的指导意见》。这一价格制度的本意是，将用气量划分为若干阶梯，实行不同的价格。对于基本生活用气需求，实行相对较低价格；对超出基本生活用气需求的部分，提高价格。

简而言之，用气量越大，超过基本用气需求的部分，气价将越高。21世纪经济报道记者获悉，阶梯价格政策早在2011年就开始研究，2012年7月阶梯电价率先实施。为不增加居民用气负担，发改委推出阶梯气价改革相对谨慎。

业内专家认为，在当前天然气供需偏紧的形势下，阶梯气价有利于调节资源供需，但需要对分档气量、气价、计价周期等做好安排，避免阶梯气价改革成为变

相涨价。

民用气交叉补贴

为什么实施阶梯气价改革？

国家发改委负责人解释，长期以来我国对居民用气实行低价政策，交叉补贴带来资源过高消费，影响天然气生产和进口企业积极性。

一方面，居民气价明显低于工商业等其他用户价格，交叉补贴现象严重。居民生活用气具有不均衡的特点，不足20%的居民家庭消费了40%左右的居民气量，导致用气量越大的用户，享受的补贴越多，没有体现公平负担。

另一方面，造成部分居民用户过度消费天然气。用气量最多的不足5%的居民家庭消费了近20%的居民气量，加大了冬季用气高峰时调峰保供的压力。

此外，现行“廉价气”政策造成补贴不合理、不公平，影响了天然气供应企业生产和进口的积极性。从供气成本看，居民用气的供气成本远高于工商业等“批发”业务。

从天然气资源禀赋看，我国人均天然气占有量不到世界平均水平的10%，2013年天然气对外依存度已超过30%。

此前，已有河南、江苏、湖南等地率先实施了阶梯气价政策，在保障居民基本用气需求、引导节约用气、缓解供气压力等方面起到了良好的政策效果。基于此，发改委决定将阶梯气价由试点推向全国。

根据现行价格管理权限，居民用气销售价格由地方政府管理。按发改委指导意见，阶梯气价具体方案由地方自行制定，但需要经过听证会后方可实施。

21世纪经济报道记者获悉，多个地方物价部门将阶梯气价方案出台时间选择在半年之后，这段时间将开展收集分析居民用户用气量、划分各档气量、举行价格听证会等一系列工作。

防止变相涨价

发改委指导意见将居民用气量分为三档，各档气量价格实行超额累进加价，第一、二、三档气价按1∶1.2∶1.5的比价安排。

第一档用气量，按覆盖区域内80%居民家庭用户的月均用气量确定，保障居民基本生活用气需求；第二档用气量，按覆盖区域内95%居民家庭用户的月均用气量确定，体现改善和提高居民生活质量的合理用气需求；第三档用气量，为超出第二档的用气部分。

第一档气价，按照基本补偿供气成本的原则确定，并在一定时期内保持相对稳定；第二档气价，按合理补偿成本、取得合理收益的原则制定，价格水平原则上与第一档气保持1.2倍左右的比价；第三档气价，按充分体现天然气资源稀缺程度、抑制过度消费的原则制定，价格水平原则上与第一档气保持1.5倍左右的比价。

中国能源研究政策研究中心专家认为，根据阶梯电价经验，各档气量、分档气价、

计价周期等是阶梯气价制度的核心要素，关系到价格改革的效果。

另一个问题是，实行阶梯气价后，虽然80%家庭用气价格不会提高，但20%家庭将会因为多用气而承担较高的价格。天然气价格总体提高，供气企业收入增长，但低收入家庭并未减少支出。

有专家建议，应该设置一个“降价档”，用气量多的家庭多支出的费用补贴给低用气家庭，保持供气企业收入不变，以避免阶梯气价改革成为变相涨价。

此外，应对供气企业增加的收入加强监管，使其用途明晰。按照发改委指导意见，实行阶梯气价后供气企业增加的收入，主要用于“一户一表”改造、弥补居民基本生活用气供应和储气调峰成本，以及减少与工商业交叉补贴等方面。

（王秀强.21世纪经济报道.2014.3.25）

水价改革须破难题——水务企业真穷还是哭穷

喊渴的城市与被低估的水价

全国658个城市近400个缺水，水价形成机制无法反映资源紧缺与资源地代价。

“涨吧，现在我们水费已经61块多了，以后洗车价还得翻倍。”北京水价上调方案还没公布，洗车房老板竺红（化名）已经开始叹气。

竺红40平方米的洗车房开在北京东四环附近。10年里，北京水价调整了两次，居民水价从2004年的2.9元/吨涨到目前的4元/吨，而洗车业的水价则涨了两倍，从21.2元/吨涨到了现在的61.68元/吨。“都知道北京缺水，可是不割肉，脑子里节水的这根弦儿就紧不了。”

北京是一座喊渴的城市。目前北京人均水资源量已从2009年的300立方米缩减为约100立方米，是全国人均水资源量的1/20，世界人均水资源量的1/80，远低于国际人均1000立方米的缺水下限。

“与1998年相比，北京的地下水位已经下降12.8米，相当于下降了四层楼多，几

乎到了采无可采的地步。”国务院发展研究中心资源与政策研究中心副主任谷树忠感叹。

不仅北京，全中国都面临着水资源紧缺的危机。我国人均水资源量仅为世界平均水平的1/4，是全球13个人均水资源最贫乏的国家之一。全国658个城市中有近400个城市缺水，其中110个城市严重缺水。

水资源紧缺与我国不合理的水价形成机制有着密切关系。“目前的水价形成机制不能反映水资源的稀缺程度与短缺程度。”谷树忠认为，目前全国2/3的城市遭遇水资源短缺，从个人到企业都知道节水的重要性，但是由于水价被低估，社会节水的紧迫性却并不强。

以我国41个工业行业中用水量排名第三的印染行业为例，规模以上企业日均排水5000至6000立方米，但水费在企业生产成本中几乎可以忽略不计。“为什么企业节电、节煤的改造都很积极，但节水上没有动力？企业都算经济账，做节水改造的成本很难回收。”中国纺织工业联合会产业部副主任任程浩说。

水价形成机制的不合理，还体现在无法反映水资源的全程成本。自来水从水源地经过水厂、管网、入户再到排出处理，全程都需要花钱。像北京的怀柔、密云，以及河北的张家口、承德地区，为了保证北京市的供水安全，很多“有利可图”的工业项目都被禁止上马。“目前很多大城市的水质与水量，是以水源地牺牲巨大的经济利益为代价的，但水价中的水资源费却不能反映水源地的保护成本。”谷树忠说。

改革应强化“公平、效率、可持续”

改革不到位，将危害经济结构调整，也不利于水务企业提质增效。

在4月17日北京居民自来水调价听证会前，不少听证会代表去了密云水库调研。这个北京“大水缸”的水位已降到整个库容的1/4，让不少代表大吃一惊。以价格杠杆促进用水减量化顿时成为大家的共识。

这些年，节水一直是水价改革的重要理由，但是水价改革的目标却不局限于此。在清华大学环境学院环境产业研究中心主任傅涛看来，节约资源固然重要，但水价改革更应以强化“公平、效率与可持续性”为方向。

公平是水价改革的首要目标。一方面，无论贫富，社会各阶层都应该享有安全、稳定的供排水服务。另一方面，用水不能吃“大锅饭”，理应多使用、多付费。

“不是说便宜的、免费的就是公平的，恰恰相反，这是最不公平的。水价不到位的地方全部由财政支付，这是受益者对非受益者的财富掠夺。”傅涛说。

效率是水价改革的核心目标。改革应让水价真实反映水资源在经济生活中的比价，发挥水价在促进水资源优化配置中的作用。

“水价被长期低估，高耗水、高污染又利润低的企业就没有成本压力与产业转移的动力，会透支当地的水资源。为了保障民生，政府又不得不花巨资建设调水工程。最终是民生受损，也伤害了国民经济结构转型升级。”傅涛说。

为了保证公平与效率，同一群体内的阶梯水价机制与不同群体间的差别化水价机制都不可或缺。

“由于水资源利用具有多样性的特征，应根据不同的用途，诸如居民生活用水、工业用水、农业用水、服务行业用水等实行差别化定价方式。在拧紧居民水龙头的同时，更应盯紧企业的水管子。”谷树忠介绍，除了根据用途，还可根据水源不同、用水区域不同，形成差别化定价及调价机制。

住房和城乡建设部城市建设司副巡视员章林伟也认为水价改革有利于产业升级与结构调整。“目前我国农业用水基本没有计量表，都是按亩计算，而且不征收水资源费，这导致大量农田用水采用漫灌的形式，非常粗放。”

可持续是水价改革的长远目标。水价改革不是单纯为了给水务企业补贴亏损，但合理的水价机制应有利于企业自觉提高效率、改善服务、增加收入，并促进行业整合升级。傅涛解释，水务被矮化、水价被低估，是企业以降低服务标准来换取生存空间的直接原因。“不科学的水价形成机制抹杀了企业提高服务效率与质量的积极性。按照我国现行的成本加成法，一旦企业成本缩减，水价就会相应下调，吞掉改革红利，那么哪个企业愿意自念‘紧箍咒’？”

水务企业应打开“成本黑箱”

加快推进全成本核算是改革基础，对新的水价机制的执行力是改革成功的保障。

当水价改革形成共识，水价要调到什么程度才算合理却成了难题。

“目前我国水价核算用的是成本加成法，即物料、能耗、人员、财务成本、折旧等相加，再加上国家规定的合理利润率，就是水价。但这其中的物耗、能耗以及人员成本，都与企业的管理水平、服务规模密切相关。到底多少算是合理成本，目前还没有一个准确的说法。”章林伟说。

加快推进全成本核算被认为是破解这一难题的基础。“成本是价格制定的重要基础。当前对水资源开发、利用、保护全过程的成本尚未准确核算，严重影响了水价形成机制的改革。”谷树忠建议，尽快弥补目前全成本核算尚存的三大缺陷。一是成本核算科目缺失，对于一些项目如生态成本、社会成本等涉及较少，且科目设定较粗放，边界不够清晰；二是对于某些成本核算的监管存在不足，导致成本核算不清，虚报成本等现象较多；三是对于各个成本科目的核算标准偏低。

以水价构成中的污水处理费为例，污水处理难度要远高于自来水供水，但目前核算出的污水处理费标准却低于自来水费。章林伟介绍，目前北京污水处理费是1.04元/吨，但成本却超过3.2元/吨，缺口全部依靠政府补贴，但财政也无法全部埋单，于是供排水管网不得不“带病上岗”。“有些地方的排水管网二三十年都没有全面维修过一次，横截面80%都被堵了。”

然而，在水价全成本核算中，恰恰是水的生产成本是社会争议的最大焦点。几乎所有水务企业都在“喊亏”，但是究竟是“哭穷”，还是“真穷”，各方莫衷一是。

“相较于环境、社会成本,水务公司的经营成本是最容易计算的。关键是要打开其‘成本黑箱’。企业必须每年公布账本,并把账本科目做得更细致,接受社会监督。”谷树忠说。

引入竞争机制,也被认为是测算水务企业合理成本的途径。然而,由于市政供水的自然垄断属性,改革并不顺利。

据章林伟介绍,目前,我国正在极力推行城市水务的特许经营,引入市场竞争机制来促进行业发展。但我国657个城市、1600多个县城、两万多个镇都有自己的供水排水企业。“大家服务规模大不一样,很难横向对比合理成本。如果能打破地域垄断,‘跨界’经营,企业的市场规模可以扩大,产业集中度也可以提高,培育百八十家大型市政公用企业就可以进行横向对比测算合理成本了。”

改革水价定价机制与调价机制仅仅是水价改革的第一步。加强对区别水价的征收力度,对违法“偷水”、污水直排等情况进行严惩,才能真正保证改革的效果。“污水处理费经常收不上来。2012年全国设市城市污水处理费应收285亿元,实收了184亿元,收缴比例不足65%。”章林伟说,如果水费征收执行力度不强,那么水价改革的效果也会大打折扣。

竺红的洗车店里,一根进水管接在旁边的小饭馆,餐饮业用水成本只是洗车业的1/10。“洗浴、高尔夫谁不偷水啊!不偷水,你能25元就洗一次车吗?”

(陆娅楠.人民日报.2014.4.21)

“三农”与城镇化：让农村与城市靠得更近

把脉新型城镇化

党的十八大提出加快完善城乡发展一体化体制机制后，一幅以人为核心的新型城镇化画卷正在展开。如何绘制好这幅“人本画卷”是一项复杂的系统性工程，需要在城乡规划、基础设施、公共服务等多方面整体推进。

推动城乡协调发展须实现思维转向

城乡经济社会发展关系是否协调,直接影响整个经济发展与社会稳定的大局,影响现代化的历史进程和全面建设小康社会目标的实现。中共十八届三中全会通过的《中共中央关于全面深化改革若干重大问题的决定》(以下简称《决定》)指出:"城乡二元结构是制约城乡发展一体化的主要障碍。必须健全体制机制,形成以工促农、以城带乡、工农互惠、城乡一体的新型工农城乡关系,让广大农民平等参与现代化进程、共同分享现代化成果。"《决定》为我们探寻城乡一体化发展的实现路径提供了指导思想,但要真正实现城乡关系的统筹协调,必须实现思维层面的三大转向:即从计划思维转向市场思维;从笼统思维转向分类思维;从被动接纳思维转向主动融合思维。

从计划思维转向市场思维

从我国城乡二元结构形成的整个过程可以清楚地看出,城乡二元体制是由政府以计划调节手段抽取农村资源支持城市工业发展、通过户籍制度固化农村人口、差别化配置城乡居民福利等一系列不平衡制度造成的,它是计划思维的产物。改革开放以来,我国确立了市场经济制度,从市场经济逐步完善的整个路线图来看,市场在资源配置中的作用在改革中得到逐步强化,而计划手段在逐步弱化、规范。但是,由于存在思维惯性和制度改革的路径依赖困境,经济发展和资源配置的计划思维仍然延续着。

1.推进城乡统筹发展的核心要义是"以工促农、以城带乡、工农互惠"

在具体实践中我们不难发现,政策制定者和执行者的一般思维和做法是:以计划手段从城市、工业抽取资源,再通过各种渠道把这些资源放到农村。为此,各地提出要"创新城市支持农村机制,每年把城市土地较大部分收益用于支持农村";要"按照工业反哺农业、城市带动农村的要求,大力发展农村一、二、三产业";或者规定发达县市"每年按不低于本级财政收入1%的资金或实物支持帮扶对口县区发展"等。各地

结合自身实际，围绕“城市支持农村”的总思路，通过对农村地区的输血式帮扶，使农村地区取得一定程度的发展。

2.政府的“计划之手”在推动城乡统筹发展中是必不可少的，但还是存在一些问题

比如，政府通过引导城市资本下乡，推动农业产业化发展，实现农民的增收致富。但这往往导致农村青壮年劳动力过量外流而使农业产业发展缺乏劳动力资源；或者因为农村基础设施不好而使项目难以落地；又或者因为农民呈原子化状态，组织化程度不高，下乡的城市产业面对分散农户而增加组织成本。

3.反贫困领域的一个基本思想是“要增加贫困者的造血功能”，这在推进城乡统筹发展中同样重要

在推动城乡统筹发展过程中，必须破除通过计划指令调节城市间资源的传统做法。政府应着力去关注农村发展基础和发展活力的培育，增加农村对城市资源的吸纳、统筹能力。在此基础上，让市场在资源配置中起“决定性作用”，通过市场手段去配置城乡资源，使城市资源在农村“下得来、留得住、能发展”，通过产业发展带动农村进步，这才是真正意义上的城乡统筹。通过优化城市务工环境，理顺农民工进城就业的体制机制，让农民平等进入城市就业市场，参与城市产业分工，进而实现自身发展，这也是城乡统筹发展的重要形式。

从笼统思维转向分类思维

城乡发展失衡，是行政主导型的“城乡二元”体制在当今社会留下的诸多制度后果之一，造成城乡关联在现代市场体制下新的裂痕。计划与市场的相互胶结导致实现城乡协调的复杂性。计划、市场、城乡基础设施、农村内部的生产方式等因素对不同类型农村的城乡协调发展起的作用不同。因此，不同发展条件、不同地域的农村，其城乡统筹发展的实现路径、政策重点及动力机制是不一样的。推动城乡协调发展，需要从笼统思维转向分类思维，要结合不同农村的不同实际有针对性地制定城乡统筹发展的对策。

1.“城中(边)村”协调发展的重点难点

问题表现在：征地拆迁的相关配套制度还不完善，存在对农民土地利益的剥夺问题，强制拆迁引发社会矛盾，农民失地后的后续发展措施还需改进等。因此，推进“城中(边)村”实现城乡统筹发展，其核心是：依法提高征地补偿费和安置补助费标准，让农民分享土地增值收益；积极稳妥地处置农村集体资产；建立并完善广覆盖、多层次的社会保障体系；积极促进失地农民的就业培训和就业扶持体系等。

2.实现城乡统筹发展遇到的问题

“城中(边)村”广泛存在着因城市建设而导致的征地拆迁问题和农民转居民问题。即使同样都是远离城市的农村，基础设施完好类农村和偏远地区农村所面临的问题也都不一样。在基础设施完好的农村，城乡统筹发展的重点是如何通过产业发展规划的制定，大力发展城乡关联产业，引导城市产业下乡，扶持和鼓励社会资金投

向城乡关联产业；或者在新建产业上引导城镇中小企业和乡镇企业，以发展农产品加工业、农用生产资料业等城乡关联产业为主。

在偏远农村，不可能通过土地资本化实现城乡协调发展，也没有吸引城市资本投资农村的条件。因此，在这类农村，城乡协调发展应着力从三个方面推进：一要推动农村劳动力转移，以此分享城市产业的利润；二要加大工业反哺农业力度，大力实施农村扶贫开发战略；三要着力培育农村精英以加强城乡关联。

从被动接纳思维转向主动融合思维

推动城市资源反哺农村是实现城乡统筹发展的一个重要手段，而促进农民工的城镇融入水平，变农民为居民则是另一个重要手段。自1958年1月《中华人民共和国户口登记条例》正式实施后的很长一段时间，我国一直处于人口城乡隔离状态，不允许农民自由流向城市，这是制度层面的排斥。在改革开放进程中，城市对农民的大门逐渐敞开，大量农民工开始涌入城市。

1.在中央政策的推动下，各地政府开始关注农民工的城市融入问题

从具体实践来看，地方党委政府在推进农民工融入城镇的过程中，经常算经济账，认为接纳农民工融入城镇需要极大的经济成本；或者，把城市创造基础设施条件、优化制度设置等看作是对农民工群体的施舍，或是在中央政策指令下的不得不服从。这种对农民工的被动接纳思维，使得政策制定者多是对制度进行一些小修小补，最终导致促进农民工城市融入的效果并不理想。

2.要实现真正意义上的城乡统筹发展，应不断优化农民工进城务工条件，完善农民工在城市生活的支持体系

对城市管理者而言，对农民工群体的“安排”必须实现由排斥思维向融合思维的转变。在政策制定中，要在思维方式上想要真正推进农民工的城市融入，而不是把农民工群体看作麻烦，或者把农民工城市融入这件事情看作政治任务。

从排斥思维转向融合思维，城市管理者就能换位思考农民工在城市就业和生活的方便性，思考现有制度对农民工融入的不足、农民工的困难有哪些等问题，这将有利于政策制度的修订和完善。具体而言，推动农民工的城市融入，秉持融合思维，可从八个角度进行完善：一要加快城镇基础设施建设，提高融入农民工的承载能力；二要健全城镇产业体系，为农民工城镇融入创造产业基础；三要构建包容性发展政策，消除农民工城镇融入的制度藩篱；四要完善覆盖农民工的城市公共服务体系，优化农民工城镇融入条件；五要搭建平台促进农民工融入城镇社区；六要努力实现农民工文化心理的城镇融入；七要提高农民工的就业能力，推动农民工的城镇融入；八要创新农村土地制度，让农民工带着资产进城。

（高刚.中国国情国力.2014,5）

正确处理新型城镇化中的六大关系

日前，中央城镇化工作会议全面分析了当前我国城镇化发展形势，明确了推进城镇化的指导思想、主要目标、基本原则、重点任务。准确把握并正确推进中央提出的新型城镇化战略部署，必须正确认识和妥善处理以下六大关系。

正确处理目标与手段的关系

一方面，新型城镇化核心是人的城镇化，即尊重人的选择，呵护民生诉求，体现以人为本。显然这是新型城镇化必须要承载的人文关怀使命。另一方面，新型城镇化还承载着重大的经济、社会和生态发展使命。正如会议所指出的那样，推进城镇化是解决农业、农村、农民问题的重要途径，是推动区域协调发展的有力支撑，是扩大内需和促进产业升级的重要抓手，对全面建成小康社会、加快推进社会主义现代化具有重大现实意义和深远历史意义。城镇化目标正确、方向对头，走出一条新路，将有利于释放内需巨大潜力，有利于提高劳动生产率，有利于破解城乡二元结构，有利于促进社会公平和共同富裕。以人为本是新型城镇化的出发点和落脚点，而新型城镇化进程中经济、社会、生态等多重效益的科学充分释放是手段，手段必须要服务服从于以人为本的核心，才能确保新型城镇化乘风破浪、扬帆远航。

正确处理市场与政府的关系

推进城镇化必须从我国社会主义初级阶段基本国情出发，遵循规律，因势利导，使城镇化成为一个顺势而为、水到渠成的发展过程。确定城镇化目标必须实事求是、切实可行，不能靠行政命令层层加码、级级考核，不要急于求成、拔苗助长。推进城镇化既要积极、又要稳妥、更要扎实，方向要明、步子要稳、措施要实。可见，推进城镇化进程也需要牢牢把握稳中求进的总基调，走质量效益型、生态环保型、人文品位化的城镇化道路。在此过程中，一方面要处理好市场和政府的关系，既坚持使市场在资源

配置中起决定性作用,又更好发挥政府在创造制度环境、编制发展规划、建设基础设施、提供公共服务、加强社会治理等方面的职能。另一方面还要注意处理好中央和地方关系,中央制定大政方针、确定城镇化总体规划和战略布局,地方则从实际出发,贯彻落实总体规划,制定相应规划,创造性地开展建设和管理工作。需要强调的是,无论市场,还是政府,在推动城镇化进程中都必须尊重国情,遵循城镇化的内在发展规律,既要纠政府主导城镇化的偏,也要避免单纯市场主导城镇化可能带来的负面效应累积,只有优势互补、及时补位,才能相得益彰。此外,在合理划分中央和地方在推进城镇化进程中的职责分工的同时,还要树立中央与地方合作思维。比如,治理城镇化进程中的环境污染,中央和地方就需要联手,形成合力,中央出台规范的大框架,地方则因地制宜,制定细化的规则规范。在美国,联邦政府层面有建筑规范和标准,以降低城市扩张带来的环境污染问题。加州则进一步强制推行《加州绿能建设标准》,为加州兴建的新型建筑制定了包括减少用水量在内的等量化标准。

正确处理特大城市、大中小城市与城市群的关系

长期以来,城市内部规模等级结构更多由行政等级所决定,而非城市本身的经济功能所主导,导致少数特大城市功能高度集中,治理"城市病"迫在眉睫。而大量中小城市和建制镇由于缺乏产业和公共服务支撑,导致对农村转移人口的吸引力不足。加上受行政区划的限制,城市群的集群效应没有充分释放出来,这在京津冀地区体现得更为突出。这次中央城镇化工作会议明确提出要优化布局,根据资源环境承载能力构建科学合理的城镇化宏观布局,把城市群作为主体形态,促进大中小城市和小城镇合理分工、功能互补、协同发展。要根据城市资源禀赋,发展各具特色的城市产业体系,强化城市间专业化分工协作,增强中小城市产业承接能力,特别是要着力提高服务业比重,增强城市创新能力。全面放开建制镇和小城市落户限制,有序放开中等城市落户限制,合理确定大城市落户条件,严格控制特大城市人口规模。不难看出,推进新型城镇化,既要优化城市内部的等级结构体系,实现各等级城市的规模效益的最优化,还要从跨区域视角实现城市群整体规模效益的最大化。

正确处理投入与产出的关系

推进城镇化离不开投资。只有妥善解决政府投资不足、社会资本投资受限、投入产出分配失衡等关键问题,城镇化才能顺利推进,这也是建立多元可持续的资金保障机制位列城镇化六大任务的原因所在。会议提出要完善地方税体系,逐步建立地方主体税种,建立财政转移支付同农业转移人口市民化挂钩机制,这就抓住了"财随人走"的牛鼻子,为在城镇稳定就业和生活的常住人口有序实现市民化提供了物质保障。会议还提到,在完善法律法规和健全地方政府性债务管理制度基础上,建立健全地方债券发行管理制度。推进政策性金融机构改革,当前要发挥好现有政策性金融机构在城镇化中的重要作用,同时研究建立城市基础设施、住宅政策性金融机构。放

宽市场准入,制定非公有制企业进入特许经营领域的办法,鼓励社会资本参与城市公用设施投资运营。处理好城市基础设施服务价格问题,既保护消费者利益,又让投资者有长期稳定收益。上述措施的落实,一方面将大大拓宽城镇化的投资渠道,改变以往地方政府"以地生财"、与民争利的路径依赖,另一方面也为社会资本参与城镇化建设开辟了市场。

正确处理城市生产生活生态用地之间的关系

地从哪里来、怎么用?生态环境如何保护和发展?历史文化如何传承与发展?这些与市民息息相关的命题得到了充分的、令人期待的回应。比较伦敦、东京、巴黎等国际大都市的建设用地规模发现,以上城市建设用地面积占都市区总面积的比例一般介于20%~30%之间。如大伦敦建设用地为1596.2平方公里,约占大伦敦规划区域总面积的23.7%。大巴黎地区建设用地为2723平方公里,约占大巴黎地区总面积的22.7%。东京圈建筑用地(即商业、工业、住宅和其他建筑用地)面积为2854.95平方公里,约占东京圈总面积的21.4%,若加上道路和交通设施用地面积,所占比例约为29.4%。香港建设用地面积占全港土地总面积的23.4%,其余66.6%为林地、灌木及湿地,其中,46%为郊野公园等受法定保护的土地。从用地结构上看,国际大都市居住、交通和绿地所占比例最高,充分体现了以人为本的用地结构特色。商务办公用地、公共服务设施用地、休憩娱乐用地、公园绿地等有所增长。其中,居住用地和绿化用地不仅规模扩张,而且所占比例明显上升。在大伦敦,建设用地的总面积约为1584平方公里,2005年居住用地、绿化用地和交通用地三类用地的总规模合计达1355.2平方公里,约占其建设用地总量的84.9%。在东京都区部,2006年三类用地合计约占建设用地总量的86.3%。在纽约市,2006年三类用地合计约占建设用地总量的85.6%。在大巴黎地区,1996年三类用地占其建设用地总量的69%。根据发达国家城市的经验,大体每发展1平方公里城市建设用地要同时发展2平方公里的绿色空间。在北京,规划市区1040平方公里范围内,平均2平方公里城乡建设用地仅有1平方公里的绿色空间。

由此可见,新型城镇化必须以内涵发展为导向,以优化城镇内部用地结构为抓手,以传承和发展城市文化为灵魂,统筹兼顾生产、生活、生态三大空间协调发展。因此,新型城镇化更加强调内涵城镇化。城市规划要由扩张性规划逐步转向限定城市边界、优化空间结构的规划。要按照严守底线、调整结构、深化改革的思路,严控增量,盘活存量,优化结构,提升效率,切实提高城镇建设用地集约化程度。城镇建设用地特别是优化开发的三大城市群地区,要以盘活存量为主,不能再无节制扩大建设用地,不是每个城镇都要长成巨人。要根据区域自然条件,科学设置开发强度,尽快把每个城市特别是特大城市开发边界划定。

新型城镇化更加注重城市内部用地结构的优化。要按照促进生产空间集约高效、生活空间宜居适度、生态空间山清水秀的总体要求,形成生产、生活、生态空间的

合理结构。减少工业用地，适当增加生活用地特别是居住用地，切实保护耕地、园地、菜地等农业空间，划定生态红线。高度重视生态安全，扩大森林、湖泊、湿地等绿色生态空间比重，增强水源涵养能力和环境容量；不断改善环境质量，减少主要污染物排放总量，控制开发强度，增强抵御和减缓自然灾害能力。

新型城镇化更加注重文化传承发展。要传承文化，发展有历史记忆、地域特色、民族特点的美丽城镇。要体现尊重自然、顺应自然、天人合一的理念，依托现有山水脉络等独特风光，让城市融入大自然，让居民望得见山、看得见水、记得住乡愁；要融入现代元素，更要保护和弘扬传统优秀文化，延续城市历史文脉；要注意保留村庄原始风貌，慎砍树、不填湖、少拆房，尽可能在原有村庄形态上改善居民生活条件。

正确处理科学与法治的关系

要进城的人多，城市现实的接纳能力不足是目前和今后一个时期城镇化面临的突出矛盾。在具体操作层面上，显然要先解决主要矛盾和突出问题，为此必须充分考虑权利和机会的平等和公平正义，又要兼顾现实的条件和可能。会议明确提出要推进农业转移人口市民化，当前的主要任务是解决已经转移到城镇就业的农业转移人口的落户问题，努力提高农民工融入城镇的素质和能力。同时，会议还强调推进农业转移人口市民化要坚持自愿、分类、有序的原则，充分尊重农民意愿，因地制宜制定具体办法，优先解决存量，有序引导增量。上述举措，充分体现了决策层统筹兼顾理想与现实的清醒和务实。在城镇化的管理上，专家治市、民主治市、科学治市和法治治市将取代传统的行政长官治市，城市管理将加速向城市治理转型。会议强调，编制空间规划和城市规划要多听取群众意见、尊重专家意见，形成后要通过立法形式确定下来，使之具有法律权威性。培养一批专家型的城市管理干部，用科学态度、先进理念、专业知识建设和管理城市。建立空间规划体系，推进规划体制改革，加快规划立法工作。城市规划要保持连续性，不能政府一换届规划就换届。

（宋洁尘.前线.2014，3）

新型城镇化制度创新的着力点

城镇化是现代化的必由之路，是解决三农问题的重要途径，是破除城乡二元结构的重要依托，是推动区域协调发展的有力支撑。在中国这样一个农村人口众多、城乡

差异明显、生态环境面临严峻挑战的发展中国家推进新型城镇化，找准制度创新的着力点十分重要。放眼全面深化改革的宏观视野，新型城镇化制度创新的主要目标就是要在全面深化改革中构建起以人为核心的新型城镇化制度体系，为农业转移人口真正进入到城镇更高水平、更具现代文明的生产方式和生活方式中提供制度保障。这一制度创新的重点任务，是建立起有利于破解城乡二元结构的新型工农城乡关系，建立起适应城乡一体化发展的户籍、土地、生态文明、城乡基本公共服务均等化等制度支撑体系。

推进户籍制度创新的着力点，是要构建农业转移人口在城镇稳定就业和生活的新型户籍制度。改革户籍制度，是要有序推进农业转移人口市民化，实行不同规模城市的差别化落户政策，把有能力、有意愿并长期在城镇务工经商的农民工及其家属逐步转为城镇居民。对未落户的农业转移人口，建立居住证制度。对于小城市、中等城市、大城市和特大城市的户籍管理，要实行区别政策，分步推进。要根据城市规模和布局分步推进，优先解决存量、带动增量。一是要存量优先。当前，被纳入城镇人口统计的2.6亿多农民工及其随迁家属，未能在教育、就业、医疗、养老、保障性住房等方面平等享受城镇居民的基本公共服务，到2020年之前要解决目前约1.6亿的存量农民工。二是要带动增量，解决从2013年开始的每年新增的农民工问题，2018年之后逐步解决增量的农民工部分。此后，随着制度完善和财力增加，逐步转向以市场为主解决增量问题。

推进土地制度创新的着力点，是要围绕提高建设用地集约化程度，建立城乡统一土地市场、稳步推进农民宅基地制度改革等，在坚持和完善最严格的耕地保护制度的前提下，赋予农民对承包地占有、使用、收益、流转及承包经营权抵押、担保权能，引导和规范农村集体经营性建设用地入市，完善农村宅基地管理制度，加快推进征地制度改革，健全城乡一体化发展体制机制。赋予农民更多财产权利，推进城乡要素平等交换和公共资源均衡配置，让农民平等参与现代化进程、共同分享现代化成果。一是切实提高城镇建设用地集约化程度。要严控增量，严防死守18亿亩耕地红线，既要保数量，又要保质量，规范土地利用规划，严格计划管控，努力提高占补平衡、实际补充能力和质量。要盘活存量，不能再无节制扩大建设用地。二是建立“同地同权同价”的土地市场。完善农村土地产权体系，健全土地税法，统一城乡利用规划和地价体系，打破地方政府垄断土地市场。在土地权属明确的基础上，进一步赋予农村集体建设用地出让、租赁、入股的土地使用权能，通过与国有土地使用权取得、流转、使用相一致的方式，推动农村集体土地无障碍地进入城乡统一土地市场流转。在符合规划和用途管制的前提下，允许农村集体经营性建设用地出让、租赁、入股，实行与国有土地同等入市、同权同价。建立兼顾国家、集体、个人的土地增值收益分配机制，合理提高个人收益。完善土地租赁、转让、抵押二级市场。三是要完善宅基地管理制度，促进宅基地的节约集约使用，同时保障宅基地用益物权，要建立健全宅基地退出制度，使宅基地的利用更加合理。四是开展征地制度改革试点，使征地范围得到合理的缩

小、土地征收程序更加规范、被征地农民生活水平得到有效提高，国家、集体、个人利益协调同步增长。推进生态文明制度创新的着力点，就是要改善生态环境质量，完善推动绿色循环、低碳发展的体制机制，形成节约资源和保护环境的空间格局、产业结构、生产方式和生活方式。一是在全社会形成崇尚节俭、合理消费、适度消费的理念，逐步形成文明、节约的行为模式。同时，建立健全节约资源重大战略的法规保证途径、经济政策途径、技术创新途径。二是创新城镇生态环境制度，为节能减排提供体制机制保障。切实提高能源利用效率，降低能源消耗和二氧化碳排放强度；高度重视生态安全，扩大森林、湖泊、湿地等绿色生态空间比重，增强水源涵养能力和环境容量；不断改善环境质量，减少主要污染物排放总量，控制开发强度，增强抵御和减缓自然灾害的能力。三是基于资源环境承载能力来建立城市空间的发展布局规划，通过合理确定城市开发边界，提高建成区人口密度，提高资源集约利用，防止特大城市面积过度扩张。四是建设完整的生态基础设施。

基本公共服务均等化制度创新的着力点，是要统筹城乡协调发展，实现城乡互动互进，构建就业、社保、教育、文化、住房以及信息化等保障制度，使城乡居民同等享受基本公共服务。稳步推进城镇基本公共服务常住人口全覆盖，使农业转移人口和城镇居民共建共享城镇现代文明。当前，人民群众关注的基本公共服务问题主要集中在就业、教育、医疗、养老、失业、文化、住房、环境、安全以及基础设施等领域。国家应建立基本住房保障制度，维护公民居住权利，逐步满足城乡居民基本住房需求，实现住有所居；建立健全就业公共服务体系，要实施农民工职业技能提升计划，确保基本就业服务均等化；继续完善社会保障体系，逐步完善和提高医疗、养老、住房公积金，加快实现城乡社会保障一体化；坚持教育优先发展，加大基础教育尤其是农村基础教育投入，逐步实现城乡教育资源配置均等化；建立覆盖城乡居民的基本卫生制度，完善农村医疗卫生服务网络和城市社区卫生服务机构，实现基层医疗卫生服务网络全覆盖；加快信息网络基础设施建设，快速提升信息化网络化水平，填平数字鸿沟，有效促进这些地区的各行业线上线下经营高度融合，同时强化信息化网络化与社会管理结合，共享信息化数字化成果。按照推进基本公共服务均等化和实施主体功能区规划、国家区域发展战略的要求，逐步建立城乡一体化的基本公共服务制度，健全促进区域基本公共服务均等化的体制机制，促进公共服务资源在城乡、区域之间均衡配置，缩小基本公共服务水平差距。

（柯尊全.光明日报.2014.5.11）

"三农"与城镇化：让农村与城市靠得更近

新型城镇化探路

中央城镇化工作会议提出了"让城市融入大自然，让居民望得见山，看得见水，记得住乡愁"的城市建设理念。这一理念包括了城市与自然生态的融合，与历史文化的融合，天人合一，阴阳相生，充满生命。多地区探路新型城镇化，建设"人文城市""低碳城市""田园城市"。

多地新型城镇化探路区域协调发展

近日，国务院印发的《国家新型城镇化规划（2014—2020年）》（以下简称《规划》）指出，《规划》是今后一个时期指导全国城镇化健康发展的宏观性、战略性、基础性规划。

尽管新型城镇化建设并不是新鲜词，新型城镇化规划提出目标，“两横三纵”为主体的城镇化战略格局基本形成，城市群集聚经济、人口能力明显增强，东部地区城市群一体化水平和国际竞争力明显提高，中西部地区城市群成为推动区域协调发展的新的重要增长极。城市规模结构更加完善，中心城市辐射带动作用更加突出，中小城市数量增加，小城镇服务功能增强。

对此，业内人士表示，推进城镇化是解决农业、农村、农民问题的重要途径，是推动区域协调发展的有力支撑，是扩大内需和促进产业升级的重要抓手，对全面建成小康社会、加快推进社会主义现代化具有重大现实意义和深远历史意义。近年来，内蒙古呼伦贝尔市、江苏常州市、海南琼海市都走出了有各自特色的新型城镇化道路。

内蒙古呼伦贝尔：城镇化要留得住乡愁

内蒙古呼伦贝尔市地广人稀，26.4万平方公里土地上分布着13个旗市区，人口仅260万人，平均每平方公里不到10人，且经济类型、地理环境和发展进程存在差异，城镇化建设怎么搞？“我们的做法是不以规模论英雄，有所为有所不为，关键是以人为本，提高居民的生活质量和幸福指数，而不是一味‘摊大饼’、建新区。”呼伦贝尔市市长张利平对《经济日报》记者说，着力打造各具特色的中心城镇，让城市融入大自然，让居民望得见山、看得见水、记得住乡愁，这是呼伦贝尔的城镇化之路。

如今，“草原明珠”海拉尔、“口岸城市”满洲里、“塞外苏杭”扎兰屯、“森工之城”牙克石、“森林城市”根河等一座座特色小城拔地而起，犹如一颗颗明珠，镶嵌在呼伦贝尔这片美丽的大草原上。

在满洲里市，人们可以看到碧波荡漾的呼伦湖、雄伟耸立的国门、以俄罗斯传统工艺品套娃为主题的套娃广场和哥特式、巴洛克式以及俄罗斯“洋葱头”式等异国风格的建筑。当地群众的生活也很舒适，这里有500米健身圈等场所供市民休闲健身，有为老年人服务的疗养院。

作为“国家重点风景名胜区”的扎兰屯市人文荟萃、风光旖旎。市里近年又将柴河景区、吊桥公园等天然景观和历史文化遗存以及民族风情体验等融合在一起，让市民又多了些休闲好去处。

海拉尔居民刘先生告诉记者，30多年前，呼伦贝尔的很多地方还是“一条马路几座楼，三五行人无车流，街道脏乱尘土飞，牛马时常上街头”。上世纪90年代，呼伦贝尔盟委、行署就请来国家建设部、清华大学、北京科技大学等单位的专家，为城市建设规划“把脉支招”；2001年，借助撤盟建市契机，呼伦贝尔打响了城市建设攻坚战。此后，呼伦贝尔每年用于城镇化建设的投入呈几何级数增长。围绕推进城镇化进程、解决难点热点问题、提高建设发展质量3条主线，呼伦贝尔加大城市建设力度，加强老城改造，加快新区建设步伐，城镇化率以年均近1个百分点的速度增长。回乡探亲的孙女士深有感触地告诉记者：“过去的海拉尔是‘脏乱差’的代名词，现在环境变好了，有供人们休闲娱乐的广场、花园，小区里还增加了健身器材，人们的心情越来越舒畅，我们也更愿意回来探亲休假了。”

在城市基础设施改善的同时，呼伦贝尔还着力打造“中国最佳民族风情魅力城市”，从沿街建筑立面改造开始，就给主要建筑“穿”上一件件富有民族特色的外衣，让建筑立面装饰充满民族文化元素。这不仅提高了城市的品位，而且展现了区域的民族特点。

如今，一个崭新的呼伦贝尔展现在世人面前。从卫生城市到文明城市，从花园城市到宜居城市，呼伦贝尔城镇化步伐快速而稳健。随着城镇规模进一步扩大，呼伦贝尔初步形成了以海拉尔、满洲里为龙头，以牙克石、扎兰屯等旗市所在地中心城镇为支柱，以重点建制镇为支撑的城镇体系框架。

呼伦贝尔市委书记罗志虎对记者说：“呼伦贝尔的城镇化建设正进一步向纵深发展，以城镇化推动生产力布局结构调整，把培育区域中心城市和加快发展县域经济有机结合起来，构筑特色鲜明的城镇体系。同时，我们还一手抓城镇化建设，一手抓新农村新牧区建设；既发展有历史记忆、地域特色、民族特点的美丽城镇，又要让社会主义新农村新牧区成为农牧民幸福生活的美好家园。”

江苏常州：“产城人”融合促城市升级

“地处高新区边缘的孟河镇，这几年由于汽车零配件产业发展快，很快集聚了4万多外来人口，成为全国重点中心镇和国家级产业基地。”江苏常州高新区人大常委会主任李西宁介绍，常州高新区1997年成立时，仅有5.6平方公里、几家乡镇企业，管委会的办公桌都没几张。随着发展的需要，常州高新区通过区镇合一，合并了周边6

个镇，现在已发展成高端装备制造、新材料、光伏、生物医药、新能源等“新兴产业”占比超过85%的产业高地，去年GDP突破860亿元，财政收入100亿元，综合排名列全省开发区第三。

与产业同步，一个60平方公里的现代化高新区拔地而起。博物馆、规划馆、大剧院、奥体中心、高铁站、客运中心、现代传媒中心等相继亮相。

高新区的“产城一体化”是常州的缩影。近年来，常州先后出台了战略性新兴产业、现代服务业和金融业三年行动计划，十大产业链建设、传统产业升级计划，不断促进产业结构优化升级。西太湖科技产业园、中关村科技产业园、中德创新园等一批新型园区初具规模。

产业是城市发展的支撑和动力。如今，常州从老城区10多平方公里的“小城”，拓展为北有高新区、南有武进区，建成区面积进入全国前20位，户籍人口从225万增长到350万，外来务工人员150多万的“大城”。

城市变靓丽的同时，常州市投入大量资源提升公共服务，尤其针对大量外来务工人员集聚产生的“吃、住、行、教、卫、娱”等需求，加大倾斜力度。常州2009年已基本实现本地住房困难居民应保尽保，此后，将保障房面向外来工、新就业大学生、高职院校毕业生等。常州市住房保障与管理局局长孙勇介绍，常州“十二五”期间将建设公租房3.2万套，同时采取“建储并举”，一边建设，一边通过市场化手段，收储小于80平方米的市区空置房源，以公租房价格出租。

与此同时，常州市还加快提升各类公共服务水平。快速公交BRT已经联网成环，公交全部一元一票，城市交通由B类城市二等水平跃升到A类城市一等水平；公办学校义务教育阶段吸纳13.6万“新市民”子女就读，吸纳力达到87%；“绿色客厅”遍布城区，市民步行10分钟，就有公共绿地、公共设施和免费公园；城乡社区卫生服务中心全覆盖；全市100多个小菜场标准化改造，实现了环境商场化、食品安全化、价格大众化……

常州率先建设创新型城市。近年来，常州整合6所高职院校资源，创建一流的高职教育基地，每年输送2万名应用型人才。创新“经科教联动、产学研结合、校企所共赢”理念，累计引进中科院、清华、北大、南大等设立研发中心和高科技企业近800家，集聚创新人才1.5万名，5000多项科研成果在常州成功转化。

高效服务也引得海外人才“扎堆”常州。他们按照“引得进、留得住、用得好、有舞台、有前途、有利益”的理念，出台一系列政策，从启动资金、贷款担保、项目配套、购房补贴等方面，提供全方位的政策扶持。

常州推出的“龙城英才计划”实施3年来，累计引进海外留学归国人才1729人，其中国家“千人计划”161人，领军型创新团队400个。以科教城为核心，全市加快发展功能新材料、生物医药、新能源车辆、机器人与智能装备、LED等战略性新兴产业，力争到“十二五”期末，创新型科技园区销售突破3000亿元，形成1个至2个国内领先、国际一流的新兴产业集群。

海南琼海:打造田园城市升级版

每年4月,海南的博鳌小镇装扮一新迎接世界宾客,14年来,全球的思想火花在这里碰撞。凭借其得天独厚的自然环境以及受世界先进理念的冲击,博鳌有了自己的发展路子。

在博鳌亚洲论坛的带动下,博鳌得到许多发展机遇,但博鳌没有选择大拆大建,而是把保护放在第一位。初来博鳌的游客总是感叹"博鳌真美",博鳌的美,不在于鳞次栉比的高楼大厦,不在于宽阔的马路和鼎沸的人声,博鳌的美是返璞归真式的田园之美。

博鳌走的路子正是琼海市提出的"打造田园城市、构建幸福琼海"发展战略。以"渔"为主的博鳌小镇借力博鳌亚洲论坛的影响走进了发展的"快车道"。据统计,自2001年亚洲论坛年会落户博鳌后,博鳌镇区面积从0.5平方公里扩大到1.8平方公里,增长了2.6倍;常住人口从1000多人增加到8000多人,增长了7倍。2013年博鳌平均日接待游客5000多人,从业人员超过3000人。2013年博鳌全镇共完成工农业总产值8.22亿元,同比增长12.6%。

据了解,琼海"打造田园城市"坚持的原则是"不砍树、不拆房、不占田、就地城镇化"。"三不"原则所表达的理念体现了三条红线,"不砍树"就是保护生态的红线;"不占田"就是敬畏自然的红线;"不拆房"就是社会民生和谐的红线。琼海市委书记符宣朝告诉记者:"'打造田园城市、构建幸福琼海'的特色城镇化,就是要以尊重老百姓的生活和生产方式、尊重村形地貌、尊重生态发展为前提条件,让广大的农村就地完善基础设施、完善功能配套,就地城镇化,努力实现'城在园中、村在景中、人在画中',让市民感受田园气息,让农民享受城市的生活品质。"

博鳌镇美雅村,原先贫困落后,但经过田园式郊野公园建设,当地村民集资开办"农家乐",2013年全村132人的人均收入增加2万多元。美雅村村民老莫在自己家里办起了家庭小旅馆,每天接待着八方游客,还入股农家乐当了股东。

"潭门南海风情小镇""中原南洋风情小镇""塔洋古邑风情小镇""万泉水乡风情小镇"……在博鳌天堂小镇的示范作用下,一大批风情小镇装扮着琼海市。符宣朝告诉记者,下一步琼海市将进行全域5A级景区建设,打造田园城市升级版,实现全域是景区、处处是景观、村村是景点、人人是导游。

(王军善.中国改革报.2014.5.7)

中国新型城镇化低碳路径

——瞭望专访国家住房和城乡建设部副部长仇保兴

我国正处在城镇化的中期，城市形态可塑性大，引进新模式来建造低碳生态城市，成本较低。中小城市最有希望转变成绿色生态城市。

“我国新型城镇化发展正在进入关键时期。”在住房和城乡建设部副部长仇保兴看来，我国面临着快速城镇化进程中能源集约化使用的巨大压力，城镇化发展模式的转型必然而迫切。

在接受《瞭望》新闻周刊记者专访时，仇保兴指出，未来二三十年，我国还有一半城镇化的路程要走，但我国的耕地、水、石油、天然气等资源极为有限，可选择的城镇化道路必须避免美国的城市无序蔓延发展模式。

他表示：“如果在此之前，我们选择的是迎合GDP挂帅的城镇化路径，城市是数量扩张型、经济引领的，那么现在则应主动进行质量型、低碳型、社会公正型的新型城镇化。”

低碳城市建设八大误区

《瞭望》：自生态城市这一概念提出以来，国内掀起一股建设低碳生态城市的热潮，在这些年的探索中，有哪些问题需要引起警惕？

仇保兴：城镇化程度越高、城市越是密集的省份，城镇发展对生态环境的影响也越大，提出生态城建设的呼声也就越高。这是一种良好的趋势，也是解决问题的希望，但更是挑战之所在。目前，我们在建设低碳生态城市的过程中主要存在以下几个误区和问题：

其一，一些生态城选址错误。生态城的主要理念是两个共生，与自然环境共生和与传统文化共生。不是只要戴上一个“生态城”的帽子，就可以进行大规模的开发，选

址错误的生态城不应当允许建设。

其二，交通模式错误。生态城必须是一个可步行的、可骑自行车的城市。部分“生态城”的开发建设尽管提出了绿色交通的理念，但是城市道路系统的设计完全是以方便小汽车出行为出发点的。如果道路都是为了小汽车而设计，这个城市的交通不可能实现生态低碳。

其三，借生态城之名搞大规模的房地产开发。这一类的现象相当普遍，一些房地产公司几乎绑架了当地“生态城”的开发模式，其结果无非是在大城市郊区盖一批房子，然后留下一个烂摊子，拍拍屁股走人。

其四，缺本地化文化特征传承。有些城市的决策者盲目引进外国建筑师的设计，但是这些建筑与当地气候条件、文化特征并不适应，反而造成资源浪费。

其五，引进企业之间缺少生态循环的关系。我国一些生态城盲目引进工业企业，不仅其中一些是高污染、高排放的企业，而且企业相互之间缺乏产业链的联系。企业之间不仅不能形成细密的专业化分工与合作关系而使经济效益下降，而且原料和材料不能循环利用，产生巨量的污染排放或处理成本。

其六，盲目采用过高成本的技术。比如盲目应用北欧的真空管道垃圾处理方式，这些垃圾处理系统建造成本极其昂贵，而且每次使用都要消耗大量的能源来抽真空。我国城市垃圾中有机垃圾比较多，而且随季节变化呈现出多种状态，非常容易发生管道堵塞。这类管道垃圾处理方式的成本比成熟的垃圾分类处理方式高出很多倍，这种集中式大规模垃圾处理方式实际上是一种工业文明传统思维的产物。

其七，社会分层、功能分区，这在不少“生态城”规划中仍然常见。生态城建设必须提倡土地的混合使用。土地混合使用有两种：一种是把商务教育、轻工业、居住等不同用途用地进行混合，使交通方式更加低碳，也有利于节约用地；另一种是不同收入阶层混合居住，能更好地体现社会公平和谐。

其八，缺乏对本地化需求和当地社会资本的了解。以新农村建设为例，有一些人总想把自己“理想”的建筑和村庄布局方式强行植入到一个具有五千年文明国家的农村，结果难免会失败。

没有绿色建筑就没有生态城

《瞭望》：谈一个具体问题，城市建筑。建筑是城市的基本组成单元，低碳生态城市倡导绿色建筑，目前国内绿色建筑的基本现状是什么？

仇保兴：可以看一下绿色建筑的历程。2008年，我国的绿色建筑项目总数仅为10个，而到2012年，当年绿色建筑项目总数已达389个。无论是项目数还是总面积，均相当于前四年绿色建筑的总和。这表明我国绿色建筑事业实现了一个巨大的飞跃。

但是，绿色建筑本身要取得市场的认可是非常艰难的。我之前说过，如何使老百姓接受绿色建筑将是最大的挑战。为什么会这么说呢？中国改革开放这么多年，人民生活已大大改善，开始渴望住大房子，生活上达到小康，民众的思维刚刚锁定在这个

上面，就开始提要节能、生态，民众接受有一个过程。

现在的问题是，规划建设的思维锁定在居住面积上，锁定在住房美观等因素上。建筑本身对居住环境是柄双刃剑，如果决策者、设计师还没有把建筑思维转化为对生态环境负责，对后代负责，对自己的健康负责，绿色建筑和生态城市都将难以推行。

还有，绿色建筑推广还受造价的影响。绿色建筑的技术和材料应用可能会增加一些建筑的造价，造价的增加使得绿色建筑在中小城市推广有一定的难度。所以我们提出绿色建筑应该是适用科技、低成本、可操作的。在农村，我们提倡绿色建筑用本地化的材料，这样适合本地特点，且造价低廉。

《瞭望》：如何解决这些问题，下一步着力点在哪些方面？

仇保兴：要学会沟通，学会如何在普通老百姓中做好推广。做任何事情，最重要的就是要掌握价值规律和沟通技巧，否则就很有可能失败。在这一点上，绿色建筑就相当于深圳当年的股票市场，民众开始不容易接受，就动员领导干部带头买，结果先买的人发了财，大家就眼红了，争着排队买。任何新事物都有逐步推行和接受的过程。

绿色建筑要推广，必须进行绿色建筑标识评定，让大家认识到绿色建筑的优越性能可量化。正因为这一系列的推广，使得人们认识到绿色建筑与其他建筑的不同，有健康生活的保证，有经济上的收益。同时，也应该形成一种文化，让人们认识到，什么是高尚的，什么是庸俗的，什么是可以提倡的。做任何事情，最重要的是要有良好的沟通能力。

绿色建筑是生态城市的最基础性构成元素，没有绿色建筑也就没有绿色生态城。无论是大的社区还是单幢绿色建筑或是企业建筑，这方面的策略应该是政府先行，多领域推进。第一，要求凡是政府投资、政府补贴的新建建筑，应全面实施绿色建筑标准；第二，对新建的社会公共建筑、商用建筑，鼓励实施绿色建筑标准；第三，开展本地化绿色建筑的项目示范；第四，鼓励新建住宅一次性装修。所有建筑做到一次性装修完成，而不需要业主再敲敲打打重新装修，浪费建筑材料；第五，在工业功能区及工业建筑中实施绿色建筑。这样就能系统全面推进实现绿色建筑系统。

中小城市最有希望

《瞭望》：目前国内城市尤其是大城市交通阻塞是一大问题。多年来，我们一直倡导低碳绿色交通体系建设，但实践中似乎进展并不明显，北上广这样的大城市交通问题似乎越来越严重，对此您有怎样的思考？

仇保兴：我们要重视城市规划的引导作用，编制综合交通的体系规划，处理好可达性与低碳出行的关系。按照轨道交通、自行车道、步行、私车机动车道为次序安排交通空间资源。生态城交通不能被汽车所绑架，而要将提高步行、骑车和使用公共交通出行的比例作为生态城镇的整体发展目标，至少减少50%的小汽车出行。

为了实现这个目标，每个住宅的规划和区位设置的标准具体规定为：10分钟以

内的步行距离，能够抵达发车间距较密的公共交通或地铁车站；设置完善的邻里社区服务设施，包括卫生健康、社区中心、小商店等，减少日常服务的远距离出行频率。在生态城镇各种设施的整体布局规划上，不能出现依赖小汽车的规划模式和空间布局。

《瞭望》：低碳生态城市建设与发展需要相关技术的支撑。目前，有哪些难点有待突破？

仇保兴：紧凑式人性化空间布局和土地的混合使用模式、低碳社会的建立和低碳的文化社会习俗的启动、产业升级和转型、能源资源的节约和可循环、绿色建筑、生态保护与建设、绿色交通等，这些都是当前制约绿色建设和生态建设的关键技术问题。

《瞭望》：下一阶段城镇化战略的一个重点是中小城镇建设，在这一过程中，如何解决低碳生态问题？

仇保兴：根据数据分析，城市规模越大人均消耗的能源越多。前几年有过一个相关估算，一个农民如果转变成一个城市人，平均能耗将增加3～5倍；如果一个农民直接进入大城市生活，尤其是特大城市，他的能耗将增长5倍；如果进入小城市生活，比如说集镇，他的能耗增长为一倍。从农村到城市，一个人的能耗为什么会增长那么大呢？

原因在于，在大城市出门每一步需要消耗能源，整个生活、就业、工作模式都依赖能源。在小城镇，与农村生活接近，人均碳排放、能耗都比城市低得多。这就是抓节能首先要先抓特大型城市的原因，因为大城市是全国能耗和碳排放的大户。

第二，中国有个传统，就是小城市学习大城市。比如北京搞绿化带，全国都会模仿搞绿化带。不论好的文明行为还是坏的文明风尚，大城市向中小城市辐射非常快，因此大城市更有责任担当起生态城市建设导向的责任。

中小城市最有希望转变成生态城市。一些国外专家认为，一个生态城市人口不宜超过20万，因为超过20万后生态城市有关指标将难以控制，人均生态足迹也将偏大。对于建设中小生态城市，有四步走的开发方案：一、首先要科学地开展城市绿化，利用绿化达到初步的节能减排目的；二、建立针对不同城市的指标体系，有利于在不同等级的城市中开展生态城建设竞赛。三、新的城区或者卫星城市建设，首先进行生态化规划；四、对特定旧城区采取绿色生态化城市改造。

最大问题是社会共识

《瞭望》：目前，在城镇化低碳化发展中，社会上有一种担心，一方面，我国低碳生态城市建设缺乏完善的政策实施效果的评估，另一方面，地方政府和部门常常因为单纯追求政绩，而导致相关政策措施过于功利化。实践中，打着低碳生态名号大拆大建的城市不少，这往往偏离了生态城市建设的正确轨道，如何解决这一难题？

仇保兴：要杜绝生态城的“虚假”成分，必须严格“生态新城”申报入门条件；建立生态城规划编制审查制度，充分发挥规划的调控作用；同时应当注意到，城市规划是一个过程，对已审批的生态城规划实施年度检查，防止规划实施被房地产商绑架，偏

离既定目标；三年为期，对规划进行回顾修正，有重大内容修改的应报规划审批机关重新批准；强化对全国各类生态城的评比考核，凡是偏离既定目标或已批准规划而无法纠正的，应除名并通报批评；制订中国生态城分级评价体系及检查评比制度。把生态城迅猛发展的新趋势纳入到一个健康、可控的轨道。

《瞭望》：*下一个十年是中国城镇化发展与转型的重要时期，如何将低碳生态的理念融入并真正贯彻到城镇化建设发展实践中？存在哪些有利条件和现实困难？*

仇保兴：当前，我国尚处于工业化的中期，即工业化正转向信息化、人力资源密集化与工业化相结合的“新型工业化”模式迈进。我国城市发展模式转型伴随着工业化转型的进程，而不是发达国家的后工业化产物。所以中国特色生态城镇必须结合城市产业的转型和低碳工业模式的建立，必须与低碳社会的建立相结合，从而成为新型工业化的载体、内需市场和主要推动力量。

我国正处在城镇化的中期，城市形态可塑性大，引进新模式来建造低碳生态城市，成本较低。随着城镇化的进程进入中后期，我国许多大城市必须建立城市边界来阻止摊大饼式无序扩张，或采取跳跃式建设新城来实现城市有机疏散：即建立卫星城来分流人口，这时候新建卫星城都可以采用低碳生态城镇的发展模式。据简单测算，今后30年我国约需要新建200个人口为20万人的新城，也就意味着我国新建卫星城式生态城数量巨大。原有城市中400亿平方米的既有建筑，也可以采取渐进式绿色生态改造。

但是我国城镇化的绿色发展最大的问题就是如何取得全社会的共识。这里有个例子，之前有几个科学家提出要实行碳排放税，估算下来平均每个人负担20元左右，结果在网络上招来骂声一片。实际上，如果征收碳排放税，主要是对富人征收，因为消费方式等原因决定了富人的碳排放量相对较大，这就是对绿色发展缺乏认识所致。所以，要通过媒体等各种方式，把现代文明的绿色种子撒在广大的土地上，逐步达成全社会的共识。

（李绍飞.瞭望.2013.8.12）

城镇化，既要大厦也要文化

据统计，1998年以来，全国新建、改扩建剧场260多个，总投资约1000亿元。不但直辖市、省会城市建有大剧院，而且中小城市，甚至一些县城都拥有了大剧院，除了

大剧院外，还有图书馆、文化馆、档案馆、博物馆，也纷纷拔地而起，有不少都是城镇化的结果。

在城镇化中，文化建设离不开公共文化设施的兴建，尤其是我国文化设施长期处于薄弱状态，很多地方多年来不是缺少文化场馆，就是现有文化设施破旧不堪，在县镇乡更是如此。所以，当经济迅速发展、城镇化快步前进之后，需要兴建一批剧院、图书馆、美术馆、文化馆、博物馆、音乐厅，满足群众日益增长的文化需求。但这些文化设施如果不能与当地的经济条件、文化特色和实际需要相适应，如果片面追求豪华的外观、现代化的设备，而忽视了管理、内容和后续的资金链，就会背离文化建设的根本目的。

设施豪华，不意味着有文化

河北省固安县紧邻北京，自从北京房价迅速上升后，这里紧随河北三河、香河又成为房地产商看中的地盘。尤其是北京第二空港将要在京南建设的消息，更让这里的房地产开发突飞猛进，一个个新楼盘陆续矗立。依托房地产、生物科技产业园以及温泉，固安从廊坊各县市经济排名倒数一跃而为领先。如今外来人口呈现快速上升趋势，城镇人口猛增，城镇面积急剧扩张。

面对迅猛的城镇化，县委、县政府最先想到的是文化设施建设。在固安县城中心，2012年刚落成的固安大剧院显得格外耀眼。外表典雅美观，内部设施完善，内有一座1200座的剧场和4个电影放映厅。固安大剧院虽说由政府投资1个多亿，但建成之后如何优质管理，如何注入软件服务，却成了比硬件建设更难的大问题。最终，他们决定与北京的中国国际文化交流总公司签约，委托管理。固安大剧院管理者发现，与文艺演出相比，固安的观众显然更喜欢电影，而且根本没有养成买票进剧场看演出的习惯。不少居民在接受采访时表示，“宁肯花60元看电影，也不会花10元钱买票看演出。”

固安大剧院所显示出来的现象，在全国非常普遍，经济快速发展，一流文化设施落成，并不意味着当地居民的文化修养、欣赏习惯、文明风俗也能同步提升。后者是个渐进的过程，所用的时间和付出的努力要远远超过前者。

目前，固安大剧院打算用3年时间先培育观众，从欣赏习惯、文明礼仪、文化品位开始，逐步提高。首先，从高层次作品引进开始，每年上演一到两台芭蕾舞、话剧、音乐剧、交响乐，让当地观众逐步接受高层次艺术的熏陶，提升欣赏水平。同时，引进河北梆子、京剧和相声，吸引并留住中老年观众。固安大剧院还准备将大剧院建成一个艺术教育培训的中心，美术、音乐、舞蹈等等培训班将一一建立，让大剧院从单一的演出功能走向多元的文化场所。这样的做法，在许多中小城市新建文化设施的经营管理中，值得借鉴。

公共文化服务，便利化最重要

目前很多城镇化加速推进的地区，文化建设往往都选在新区和开发区进行，因为这里过去都是农田，便于征地，有利于规划，而且盖多大、怎么盖，也能得心应手。这些地区的文化建设，尽管多数巍峨壮观，但最大的问题就是公共交通不便，远离居民，远离商业服务成熟的地区，有的文化设施投资巨大，规模浩大，可建起多年，很多居民还是不知道在哪里。

国家公共文化服务体系建设专家委员会委员巫志南认为，"只有方便才能吸引居民使用。所谓方便，一是要离居民近，二是资源要经常更新。因此，建一座5万平方米的大设施，不如建500座100平方米的小设施，规模太大就不可能放进社区，就不可能便于居民使用。不能好大喜功、贪大求洋，搞面子工程。"

剧院需要便利性，而图书馆、文化馆这些日常的文化设施的便利性更是必不可少。这种便利，不一定就非要选在闹市，但必须让居民，尤其是刚刚转为市民的群体没有疏离感。

从吴江县到吴江市再到苏州吴江区，江苏省的吴江是城镇化最为典型的地方。在城镇化的进程中，文化的便利化最为明显。我们走进吴江区横扇镇社区文体活动中心200平方米的图书阅览室，读者正在这里埋头读书。2014年上小学五年级的蒋雪芹在看《中国现代寓言故事》，她就住在附近。"这里有空调，还安静，我常来写作业和借书。"她说以前村图书室书又少又旧，没什么可看的，现在这里每月都有新书，挺吸引人的。

吴江图书馆的统计数据显示，村一级的图书借阅量2010年以前基本是个位数，而到了2012年，随着城镇化的实现，这里办证7899张，外借图书10.8万册次，镇图书室的外借图书达54.36万册次。

均等化，是公共文化服务的关键

"城市像欧洲，农村像非洲"，人们曾用这一略显夸张的比喻来形容城乡之间的巨大差距。城乡差距不仅仅是经济发展水平的差距，更是公共文化服务的差距。尽管农村文化建设始终是党和政府优先考虑的重大问题，广播电视村村通、文化信息资源共享、国家数字图书馆推广工程、公共电子阅览室建设计划、农村数字电影放映、农家书屋等，基本解决了农民看书难、看戏难、看电影难等问题，明显改善了农村文化滞后的现状，但与城市相比，农村的文化服务依然没有满足农民的多种需求。而当城镇化以后，最先得益的就是城乡公共文化服务的均等化。

在内蒙古鄂尔多斯市罕台镇田园社区文化站，如果不是亲眼所见，很难相信过去的农民也拥有了如此先进齐全的文体设备。除了有电子阅览室、游艺室、舞蹈排练厅、台球室、健身房、棋牌室，这座面积达2200平方米的文化站还有一间心理咨询室。"所有设施都是免费的，随便用、随便玩。"文化站管理员说，田园社区居民都是附

近几个村刚刚搬迁过来的农牧民，文化站非常受欢迎，居民在这里可以学习美容、烹饪甚至汽车修理。

鄂尔多斯市文化局副局长王聿慧说，尽管近年鄂尔多斯市经济遭遇了困难，但市政府高度重视文化建设，文化投入不减反增，有力地促进了农村基础设施城镇化、生活服务社区化、生活方式市民化。“现在基本实现了城乡公共文化服务均等化、一体化，城里人能享受到的文化服务，在新城镇、新社区的居民一样都能享受到。”

我国的公共文化投入尽管增速较快，但那是低基数基础上的高增速。在城镇化加速推进的今天，随着城镇人口的增长，城乡公共文化仍然面临着总量较高、人均不足的尴尬。2011年，我国人均公共图书馆购书经费不足1元，人均藏书不足0.5册，与国际图联和联合国教科文组织推荐的人均1.5至2.5册的水平存在明显差距。发达国家平均每1.5公里半径或1万人口的小区就有一座图书馆。而我国仅有2952座公共图书馆，平均40万人一座。

在城镇化的过程中，公共文化建设不能只满足于盖大厦，建豪华地标，而应该从促进当地居民的文化修养入手，着眼于推进当地社会文明的进步，无论大剧院还是美术馆、博物馆、图书馆，都不应该与当地的社会发展脱节。城镇化中的文化建设，还要首先考虑经营人才、管理人才和服务人才的吸纳与培训，否则，设施起来了，却没人能经营，结果，一闲置就是几年，既浪费了资金、场地，也没为当地的文化发展起到任何作用。

（张贺，陈原，刘阳.人民日报.2014.4.24）

“三农”与城镇化：让农村与城市靠得更近

农业：前景在何方？

未来10—20年时间里，现代市场体系、农业支持政策、科学技术进步、信息化快速发展等将为中国农业提供新的发展机遇。同时，中国农业也面临着人口增长、耕地资源减少、生态环境约束加剧、成本刚性上涨等挑战。实现党的十八大提出的两个“百年目标”，农业依然是中国经济发展的坚实基础，是实现“中国梦”的基石产业。

坚定不移走中国特色农业现代化道路

党的十八大以来，以习近平同志为总书记的党中央站在战略和全局高度，就“三农”工作提出了一系列新思想、新论断和新要求。这些新思想、新论断和新要求明确了“三农”工作对实现全面建成小康社会、保障国家安全和经济社会发展进步的重要意义，提出了解决“三农”问题的目标和实现路径。学习习近平总书记关于“三农”问题的系列重要论述对党员干部深入理解中央政策、深入了解“三农”现状、正确贯彻中央决策具有指导性作用。

粮食安全　治国理政头等大事

天下粮仓，国运所系。纵观中国历史，我们可以发现，历史上的中国由于战乱、瘟疫、自然灾害等因素造成饥荒、灾荒频发，仅人口数量就出现过数次锐减50%以上的情况，造成饥荒、灾荒的直接原因多是农业大幅减收和在此基础上的分配问题。中国的历史经验表明，农业，特别是粮食丰收对国民经济的正面影响不甚明显。然而，一旦农业，尤其是粮食大面积歉收，对国民经济和社会发展的负面影响却会相当严重。农业是国民经济的基础，农业兴则百业兴；农业衰，则百业必定要衰。我国人口众多，耕地稀缺，粮食不仅是餐桌上的食物，而且关乎国家安全和经济社会发展的命脉，具有极端重要性。习近平总书记曾明确指出：“解决好吃饭问题始终是治国理政的头等大事，要坚持立足国内，手中有粮，心中不慌。历史经验告诉我们，一旦发生大饥荒，有钱也没用。我国有13亿人口，如果粮食出了问题谁也救不了我们，只有把饭碗牢牢端在自己手中才能保持社会大局稳定。保障粮食安全对中国来说是永恒的课题，任何时候都不能放松。”

少数发达国家一贯实施“粮食即武器”的国家战略。美国前国务卿基辛格在20世纪70年代就曾宣称，谁控制了石油，谁就控制了所有国家；谁控制了粮食，谁就控制了所有的人。受人口过快增长、土地资源匮乏、水资源紧缺、全球气候变暖和环境

污染等客观因素和政治、民族等主观因素制约，由“粮食危机”引致的国家动荡层出不穷。新世纪以来，局部和世界性粮食危机已经不是预言。在一些亚非国家，因食品供应短缺和价格上涨造成骚乱，进而演化成政治危机甚至社会动荡的事例不胜枚举。我国农产品总产量处于紧平衡、农产品质量处于准安全状态。以水果、蔬菜、小杂粮为代表的农产品价格从2010年开始连续经历了大涨大跌——过山车式的剧烈波动，对农产品稳定供给、农民收入稳定增长、居民消费价格指数（CPI）直至城乡居民生活质量产生了较大影响。

2013年，我国粮食产量超过6万吨，实现了创纪录的“十连增”。在此背景下，一些地方容易产生麻痹思想，再加上农业生产投入大、见效慢、对财政贡献少，显示度弱，部分地区抓农业抓粮食生产有所松动。对此，我们首先应深刻认识我国农业生产特别是粮食生产当前面临着四个重大现实问题，即：谁去种地的问题、如何种地的问题、农产品质量安全问题和粮食主产区农民增收问题；其次，应扎实贯彻执行党的十八大、十八届三中全会和2014年“一号文件”精神，抓紧构建和实施以我为主、立足国内、确保产能、适度进口、科技支撑的国家粮食安全战略，完善粮食等重要农产品价格形成机制，健全农产品市场调控制度，合理利用国际农产品市场，强化农产品质量和食品安全监管，建立最严格的覆盖全过程的食品安全监管制度。以高度的责任感和使命感确保国家粮食安全。

深化改革　走中国特色农业现代化道路

当前，我国经济社会发展正处在转型期，农村改革发展面临的环境更加复杂、困难挑战增多。工业化、信息化、城镇化快速发展对同步推进农业现代化的要求更为紧迫，保障粮食等重要农产品供给与资源环境承载能力的矛盾日益尖锐，经济社会结构深刻变化对创新农村社会管理提出了亟待破解的新课题。

党的十八大报告中明确指出：“坚持走中国特色新型工业化、信息化、城镇化、农业现代化道路，推动信息化和工业化深度融合、工业化和城镇化良性互动、城镇化和农业现代化相互协调，促进工业化、信息化、城镇化、农业现代化同步发展。”“解决好农业农村农民问题是全党工作重中之重，城乡发展一体化是解决‘三农’问题的根本途径。”党的十八届三中全会《关于全面深化改革若干重大问题的决定》（以下简称“《决定》”）中，将“三农”工作部分的标题定为“健全城乡发展一体化体制机制”，并明确指出“城乡二元结构是制约城乡发展一体化的主要障碍。必须健全体制机制，形成以工促农、以城带乡、工农互惠、城乡一体的新型工农城乡关系，让广大农民平等参与现代化进程、共同分享现代化成果”。习近平总书记在山东考察时对这个问题进行了更深层次上的阐释：“解决好‘三农’问题，根本在于深化改革，走中国特色现代化农业道路。”

四个现代化协调发展，城乡居民共奔小康，是全面建成小康社会，实现中华民族伟大复兴中国梦的重要环节和主要目标。工业化、信息化、城镇化，是推动农业现代

化发展的强大动力;“三农”问题的妥善解决,是工业化、城镇化水平不断提升的必要条件。只有把农业剩余人口有序市民化,推动农业向规模化、集约化发展,使农村环境和生产生活条件充分改善,二三产业和城市的发展才会有持续的动力和活力,全面建成小康社会才能真正落到实处。正是在这个背景下,《决定》从加快构建新型农业经营体系、赋予农民更多财产权利、推进城乡要素平等交换和公共资源均衡配置等方面进行了系统部署。最近发出的《关于全面深化农村改革加快推进农业现代化的若干意见》(以下简称“《意见》”)从八个方面对“三农”工作和城乡一体化建设进行了更加全面系统细致的部署。

发展现代农业,离不开科技支撑。在农业资源约束日益趋紧、农业生产成本持续攀升、农产品数量和质量需求刚性增长的新形势下,要实现农业高产优质高效跨越,必须突出科技的特殊功能,用科学技术装备农业、引领农业、支持农业。

习近平总书记指出:“农业出路在现代化,农业现代化关键在科技进步。我们必须比以往任何时候都更加重视和依靠农业科技进步,走内涵式发展道路。”对具体措施,习近平总书记指出:“要给农业插上科技的翅膀,按照增产增效并重、良种良法配套、农机农艺结合、生产生态协调的原则,促进农业技术集成化、劳动过程机械化、生产经营信息化、安全环保法治化,加快构建适应高产、优质、高效、生态、安全农业发展要求的技术体系。”《意见》从构建科技创新体系、保护知识产权、构建产学研一体化创新平台、打造新型农业全程信息化和机械化技术体系、推进新兴产业技术研发和农业金融及人才制度改革等方面制定了具体方案。一个理念改变一个社会、一项技术创造一个奇迹,坚持政策与技术相结合,把握好根本和关键的辩证关系,着重抓落实、强贯彻,才是实现农业现代化的必由之路。

多点发力　全面部署“三农”工作

党的十八大以来,习近平总书记考察了全国三分之一省级行政单位,在不同地区就“三农”工作做出了一系列重要指示。

在湖北考察时,习近平总书记就主要产粮区粮食生产指出:“如何在坚持农村土地集体所有性质的前提下完善联产承包责任制,既保障基本农田和粮食安全,又通过合乎规范的流转增加农民收入等一系列问题在下一步改革中要好好研究。”他强调:“深化农村改革,完善农村基本经营制度,要好好研究农村土地所有权、承包权、经营权三者之间的关系,土地流转要尊重农民意愿、保障基本农田和粮食安全,要有利于增加农民收入。”

在河北和湖南考察时,习近平总书记就农村贫困地区发展强调指出:“全面建成小康社会,最艰巨最繁重的任务在农村、特别是在贫困地区。没有农村的小康,特别是没有贫困地区的小康,就没有全面建成小康社会。”“发展是甩掉贫困帽子的总办法,贫困地区要从实际出发,因地制宜,把种什么、养什么、从哪里增收想明白,帮助乡亲们寻找脱贫致富的好路子。”“只要有信心,黄土变成金。各级党委和政府要把帮助

困难群众特别是革命老区、贫困地区的困难群众脱贫致富摆在更加突出位置，因地制宜、科学规划、分类指导、因势利导，各项扶持政策要进一步向革命老区、贫困地区倾斜，进一步坚定信心、找对路子，坚持苦干实干，推动贫困地区脱贫致富、加快发展。”

在海南考察时，习近平总书记就生态环境保护和生态文明建设发表重要论述，他指出：“保护生态环境就是保护生产力，改善生态环境就是发展生产力。良好生态环境是最公平的公共产品，是最普惠的民生福祉。青山绿水、碧海蓝天是建设国际旅游岛的最大本钱，必须倍加珍爱、精心呵护。”他希望海南处理好发展和保护的关系，着力在“增绿”“护蓝”上下功夫，为全国生态文明建设当个表率，为子孙后代留下可持续发展的“绿色银行”。在内蒙古考察时，他指出：“实现绿色发展关键要有平台、技术、手段，绿化只搞‘奇花异草’不可持续，盲目引进也不一定适应，要探索一条符合自然规律、符合国情地情的绿化之路。”

习近平总书记非常关心各地的特色农业发展。在海南亚龙湾兰德玫瑰风情产业园考察时，他对产业园实行“公司 + 合作社 + 农户”模式种植经营玫瑰花、示范带动农民增收致富的做法表示肯定。他强调：“要把中央制定的强农惠农富农政策贯彻落实好，使热带特色农业真正成为优势产业和海南经济的一张王牌。”在考察山东菏泽尧舜牡丹产业园时，他强调，一个地方的发展，关键在于找准路子、突出特色。欠发达地区抓发展，更要立足资源禀赋和产业基础，做好特色文章，实现差异竞争、错位发展。欠发达地区和发达地区一样，都要努力转变发展方式，着力提高发展质量和效益，不能“捡进篮子都是菜”。

一些重要思想和观点，既新颖又朴实，既宏观又具体，是以习近平同志为总书记的党中央在客观分析我国农业和农村经济发展新形势基础上做出的科学决策，具有很强的指导性，为不同地区推进农业现代化，走中国特色农业现代化道路指明了方向，提出了新的更高的要求。

中国要强，农业必须强；中国要美，农村必须美；中国要富，农民必须富”，这是我们的奋斗目标。“小康不小康，关键看老乡”，农业还是“四化同步”的短腿，“三农”还是全面建成小康社会的短板。“三农”理论和实践工作者必须深刻学习贯彻习总书记关于“三农”问题的系列重要论述，求真务实，开拓创新，为实现农业现代化而不懈努力。

（张正河.前线.2014，4）

“百年目标”下的农业前景

新中国成立至今，我国农业发展取得了举世瞩目的成就，用不到世界7%的耕地养活了世界22%以上的人口。未来10—20年时间里，现代市场体系、农业支持政策、科学技术进步、信息化快速发展等将为中国农业提供新的发展机遇。同时，中国农业也面临着人口增长、耕地资源减少、生态环境约束加剧、成本刚性上涨等挑战。实现党的十八大提出的两个“百年目标”，农业依然是中国经济发展的坚实基础，是实现“中国梦”的基石产业。

近日发布的《中国农业展望报告(2014—2023)》明确提出，要实现十八大提出的发展目标，基础在农业，关键在农民，难点在农村。需要加快发展现代农业，增强农业综合生产能力，确保主要农产品有效供给，为经济稳健发展提供坚实的基础；需要着力促进农民增收，保持农民收入持续较快增长，确保人均收入倍增目标实现，为农民过上体面有尊严的生活提供物质基础；需要强化政策、科技和体制支撑，加强信息对中国农业生产、消费和贸易的引领能力，提高中国农业发展的预见性和国际竞争力，为有效化解农业风险和缓解资源环境压力提供有效途径。

4月下旬，由中国农业科学院农业信息研究所主办的首届中国农业展望大会发布了《中国农业展望报告(2014—2023)》，这是中国在农业展望领域首次主动发声，随着现代市场体系的不断完善，我国农业信息监测预警体系建设不断加强，信息引领现代农业发展的能力将日益显著。

农业发展的有利条件与未来挑战

“百年目标”的实现，对中国农业的支撑要求将进一步提高。未来一段时期，统筹城乡发展战略、农业科技创新、现代市场体系、持续性的农业支持政策和信息化快速发展将为中国农业提供新的发展机遇，同时中国也面临人口数量增长、资源环境约束趋紧、农业不确定风险增大、成本刚性上涨和要素投入报酬递减等挑战。

统筹城乡发展战略实施的同时,劳动力供给压力加大。党的十六大报告将统筹城乡发展战略作为全面建设小康社会的重大任务,这一战略部署,标志着中国经济社会发展进入工业反哺农业的阶段,将推动资本、技术等要素向农村流动,将把基础设施和社会发展重点转移到农村,让广大农民平等分享经济发展成果。同时,也将面临未来人口总量持续增加的压力,农产品需求刚性增长与农业多功能性的矛盾加大。

自2011年起,中国劳动力人口(15～64岁)增速开始低于总人口增长速度,预计未来10年劳动力人口增长会进一步放缓,2025年前后中国劳动力人口可能达到峰值,趋减的农业劳动力需要养活的人口在不断增加。

支持性农业政策持续实施的同时,农业生产成本刚性上涨。持续的支持政策将为农业发展提供有力保障。2004年以来,中国农业支持保护力度不断加大,初步建立了以"种粮直补、农资综合补贴、农机具购置补贴、良种补贴"等四大补贴为主相对完善的强农惠农政策。在国家"十二五"发展规划与全国现代农业发展规划中,也都明确了促进农业可持续发展等政策重点。

目前,中国农业生产者补贴仍处于世界较低水平,未来有较大提升空间,中国仍会继续实施和加强必要的农业补贴政策,农业也将进入高成本时代,劳动力和资源性产品等要素成本刚性上涨,农业比较效益的下降必将影响到农民生产积极性。

市场化程度高度发达的同时,农业不确定性风险增大。党的十八届三中全会明确提出,要使市场在资源配置中起决定性作用,加快完善现代市场体系。从目前的市场化进程来看,预计未来10年中国市场化程度将接近发达国家水平,中国与世界农产品市场的联系日益紧密,相互影响不断深化。

与此同时,中国农业不确定性风险增大,包括自然风险和市场风险等。就市场风险而言,随着我国农产品市场进一步开放,小农生产与大市场的矛盾更加突出,市场风险更加凸显,使得我国农业发展的不确定性加大。未来国内市场与国际农业间的政策缓冲区将会大大减弱,国外农产品与国际资本对我国农业发展带来的冲击将会显著加大。

农业科技进步的同时,要素投入报酬递减。农业科技创新将为中国农业提供持续发展动力。新中国成立以来,中国农业科技贡献率显著提升,2013年达到55.2%,有力支撑了农业持续稳定发展。未来10年,农业科技创新研究将进一步得到加强,动植物育种技术、耕地质量保育与地力提升技术、生物节水技术、农业可再生资源循环利用技术、数字农业与农业物联网技术、农业信息监测与装备技术等创新突破,将为转变农业发展方式、实现农业可持续发展提供强有力支撑。但中国农业也面临着要素投入报酬递减的限制。

长期以来,我国农业建设主要依靠大量资源投入来促进农业增长。目前,我国每年用于农业的化肥施用量5800多万吨、农药使用量180多万吨、劳动力投入量2.5亿多个,平均每亩化肥施用量32公斤、农药使用量近1公斤、劳动力投入量0.14个,均远高于世界平均水平。根据边际报酬理论,在投入要素超过一定限度后,投入对单产提

高的效率也会降低。未来10年，主要依靠要素投入来推动农业增产的空间将十分有限。

信息化快速发展的同时，资源环境约束趋紧。党的十八大提出了“四化同步”的发展战略，将信息化建设提到了空前的历史高度。目前，我国农业信息化进入快速发展时期，农业信息化与现代农业的融合日渐深入。未来10年，农业物联网技术、大数据技术、信息分析模拟技术等研究与应用将取得重要突破，尤其是农业信息监测预警技术的发展成熟，将大幅提升中国现代农业的发展与管理能力，以及中国农业展望的国际影响力。

随着工业化、城镇化的快速推进，带来了耕地面积的下降，未来耕地减少趋势不可逆转。农业用水量占全社会用水量的70%以上，用水效率低于发达国家，未来农业灌溉用水缺口依然较大。自然资源的过度开采与化肥、农药的过度施用，使得水土流失、耕地沙化、土壤污染等变得突出。未来10年，我国耕地资源减少压力较大，水资源短缺将进一步显现，农业生产用水缺口将加剧，中国农业发展受到资源环境约束将会更加显现。

未来10年农业发展走势

农业展望，是应用现有信息判别未来农业走势的技术工作。在首届中国农业展望大会上，我们发布了《中国农业展望报告(2014—2023)》，报告了粮食、油料、棉花、糖料、肉类、禽蛋、奶类、蔬菜、水果等主要农产品展望分析结果。

总体而言，未来10年中国农业将保持稳定发展的态势，消费增长速度略快于生产增速，但中国人的饭碗将仍然牢牢端在自己手中，能够满足2020年全面建成小康社会的农产品需求，为21世纪中叶实现社会主义现代化建设宏伟目标和中华民族伟大复兴奠定坚实的基础。

主要农产品产量稳步增加。未来10年，中国主要农产品产量将继续稳中有升。粮食、食糖和蔬菜产量将稳健增长，年均增长速度保持在0.5%～0.7%；水产品、水果、畜禽产品和油料产量仍将快速增长，年均增长速度保持在1.3%～3.0%；奶类产量将以3.5%的年均增长率成为主要农产品中增长速度最快的产品。中国主要农产品产量的稳步增加，将继续为保障世界粮食和食物安全做出新的贡献。

三大主粮将保持较高自给率。稻谷产大于销的态势不会发生根本改变，预计至2023年，库存消费比将创历史新高，达72.3%；小麦产量年均增幅略低于过去10年，但自给率仍稳定在98%左右；玉米为三大主粮中增长最快的产品，产量年均增幅为1.3%，在饲用和工业消费快速增长的推动下，玉米仍将保持较高自给率。总体上看，三大主粮生产能够确保谷物基本自给，口粮绝对安全。

产量增加主要来自单产水平提高。规模增加和单产提高是过去一段时期中国主要农产品产量较快增长的原因。未来10年，受资源条件、环境政策、比较效益等诸多因素制约，种(养)规模的增速将明显放缓。与大多数发达国家相似，未来10年中国

主要农产品产量的增加将主要通过提高单产得以实现，即集中体现为生产率的提高。与2013年相比，预计到2023年稻谷单产每亩将提高23公斤左右，小麦提高17公斤左右，玉米提高30公斤左右。

消费增长速度略高于生产增速。随着人口的不断增长、城乡居民收入水平提高以及城镇化水平的提升，未来10年中国主要农产品的消费需求将呈现刚性增长。水产品、奶制品、玉米、食糖、水果和饲料消费将继续呈现快速增长态势，年均增长率均超过2%；小麦、稻谷、棉花、肉类和蔬菜消费增长较为稳健，年均增长率均低于1.9%。与主要农产品的产量增速相比，消费需求增长普遍略高，且增长主要来源于国内消费需求的增加。

工业消费和饲用消费增幅较大。未来10年，主要农产品消费需求中食用消费平稳增长，工业（加工）消费和饲用消费增幅较大。预计到2023年，稻谷、小麦饲用消费比重均将超过13%，玉米饲用消费比重接近60%；小麦工业消费比重接近12%，玉米工业消费比重超过34%；肉类、奶类、蛋类、蔬菜等鲜活农产品和食糖的加工消费也将明显提高，猪肉和蔬菜超过23%，奶制品超过43%，食糖达到66%。随着畜禽养殖业的发展，饲料消费也会稳步增长，主要表现为配合饲料的增加。

农产品进口贸易仍将活跃。由于供需缺口的长期存在，一些农产品的进口贸易仍将保持增长。到2023年，玉米进口量预计将达到1200万吨；大豆进口量预计为7300多万吨，增长速度明显放缓，食用植物油进口将减至400万吨左右；食糖进口将增加到400万吨左右，食糖自给率降至75%；肉类进口预计达到240万吨左右，展望期间增长40%左右；奶类进口预计达到1310万吨（折鲜），奶粉进口比重将超过57%。利用两种资源、两个市场有效调节产需存在缺口的主要农产品将成为新的特点。

传统优势农产品贸易保持顺差。水产品、蔬菜和水果等中国传统优势农产品出口仍将保持增长，总体上将延续贸易顺差的格局。具体看，蔬菜贸易格局基本不变，以出口为主，仍然是出口创汇的主要农产品；水果及制品仍具有较强的出口优势，鲜苹果和柑橘属水果出口量年均增长率分别为2.0%和8.5%；水产品出口规模将进一步扩大，出口年均增速保持在5%左右，预计2023年出口总量将超过600万吨，继续保持世界领先地位。

（许世卫.瞭望新闻周刊.2014.5.5）

寻找农业生产内生动力

由于规模大、风险高，种粮大户、家庭农场等新型经营主体对生产技术、经营管理、市场信息等有着高于分散农户的渴望，有更强的自我素质提升需求，这是推动农业生产转型的重要动力。

每年水位下降50厘米到1米，报废机井约2000口，这是河南省滑县农业生产面临的一大窘迫现实。

作为河南省的小麦第一县，滑县年产小麦27亿斤以上，但在粮食连年丰收的背景下，这个传统种粮大县也面临地下水水位下降等一系列资源束缚的难题。

本刊记者在全国多地调研了解到，滑县的现实是众多种粮大县的缩影，不少地区农业发展都面临着生产能力透支、资源约束趋紧、可持续发展能力不佳等重大考验。

对此，国务院发展研究中心学术委员会秘书长程国强表示，粮食安全的真正问题不仅有供给安全，还包含了粮食生产的可持续性。他说："现在有些地方农业灌溉地下水都打到100多米了，这一代人把水用光了，下一代怎么办?以往的路径能否走下去，需要进行战略性的思考。"

受访专家建议，要从创新农业经营体制入手，构建环境友好、生态高效、质量安全型农业，减轻生态压力、消减农产品质量安全问题根源、缓解资源约束，提升我国农业发展的可持续能力。

科学生产扭转潜能透支

在接受本刊记者采访时，黑龙江省农业科学院总经济师矫江等专家认为，当前我国农业生产面临多重资源环境约束。一是保住18亿亩耕地红线压力增大，当前城镇化、工业化正处在加速发展时期，需要占用大量土地资源，"蛋糕只有那么大，这边多了，那边就少了。"

二是继续扩大粮食种植面积的空间不大。受访专家分析，粮食"十连增"期间，粮

食种植面积的增加是以大豆和油料作物的减少为代价的，以大豆为例，过去十年，大豆种植面积减少了3000万亩以上，且同期农作物的复种指数从123%提高到133%，今后要继续靠扩大播种面积来增加粮食总产量很难。

而且，化肥农药和地下水等过度使用，不仅使农业生产成本越来越高，还使环境压力持续加重。据统计，当前我国每年化肥使用量达5700万吨，平均每公顷480公斤，是世界平均水平的4.1倍，但实际利用率约为30%。未被充分吸收的化肥农药使大量土地受到严重污染，土壤有机质下降，水土流失严重，可持续生产能力严重退化。

破解这一瓶颈制约，受访专家建议，可以以经营体制创新为突破口，通过规模经营、科学种植，降低成本，保护土地肥力。

本刊记者在浙江调研时，慈溪市宝绿蔬菜专业合作社董事长沈忠宝就算了一笔账，以玉米为例，农民散户经营每亩需要600元成本，其中种子100元，化肥200元、地膜45元、人工费200元，其他费用55元。合作社通过统计采购只需要540元，其中种子85元，有机肥180元，地膜40元，人工费180元，其他费用55元，能节省10%的成本，“而且是测土施肥，农药也是配方的，不破坏土地肥力”。

矫江表示，传统农业模式着力点在增产增收上，容易导致“掠夺式”进行生产提高产量，创新新型农业经营体制，通过一定规模经营，可以让农民更理性地进行农业生产，再通过政府部门的有效引导，逐步走上可持续生产的道路。

因为相较于传统农民，种养大户、专业合作社等新型经营主体有着更强的自我素质提升需求。由于规模大、风险高，他们对生产技术、经营管理、市场信息把握等有着高于分散农户的渴望。

河南省信阳市息县种粮大户柳学友对通过培训增强自己能力的愿望强烈，甚至愿意自掏腰包到科研院所进修学习。他说：“以前种地投入才几千块，现在我搞了3000多亩地，一年要300多万元，一个环节出差错，损失就不得了。”

从“被管理”到“一起来管理”

食品安全是当前我国农产品生产的又一现实问题。2013年以来，我国接连出现山东“毒姜”、广东“镉大米”、海南豇豆农残超标等事件。“食品安全比任何时候都突出。”程国强说。

浙江省政府咨询委员会三农发展部部长顾益康等专家认为，我国农产品质量安全频出问题，一方面是千家万户的小农生产千差万别和土壤、水源污染使农产品质量安全难以保证；另一方面则是个体的农民不参与农产品加工和流通，其在生产环节单方面的质量努力并不能直接产生可预期效益，事实上处在单方面被要求生产安全、被监管的状态，缺乏主动维护农产品质量安全的动力。

受访专家表示，构建以规模化生产的农民及其合作组织为主体、深度参与农产品加工流通、充分分享农产品增值效益的农业经营体系，有利于改变这一局面。首先，规模化生产后，尤其是农民进行合作生产后，农产品已经逐步走向品牌化，并且有了

可追溯的渠道，一旦出现安全事件，可以查根究底，不再是“不可追不可查”的状态。其次，农民参与到加工流通之后，一改被动局面，有了主动维护农产品安全的动力。

在河南省武陟县乔庙乡马宣寨村，种粮大户王福军就高度重视大米质量安全，并专门把河南“双汇瘦肉精事件”作为反面典型案例进行分析。他领头的合作社配备了平地测量仪、食品安全检测仪等专业设备，还专门聘请政府食药监局的专家做定期指导监测。王福军的合作社使用的食品安全专业设备比政府的都先进，很多设备连政府专业部门都没有。

受访专家说：“这些不是每天经营自己一亩三分地的散户会做、能做的事。这样的新型经营主体正是我国农业生态安全、食品安全希望所在。”

“各个生产合作社、农户都能够均享优质优价带来的利益，全体成员自觉地维护自己的农产品名声，维护自己的农产品质量，就可建立一种自生产到消费的农产品质量安全保障体系。”上海大宗农产品市场经营管理有限公司总裁费建说。

据广东省罗定市农业局介绍，该市在创新农业经营机制体制中成立了11个农业生产、加工及流通协会和110个农民专业合作社，吸纳成员36519人。通过政府、农民和企业三方共同努力，有45个农产品获得国家农产品质量安全认证，其中有机食品认证2个，绿色食品认证6个，无公害农产品认证37个。

“从国际上看，欧美等发达国家和地区农产品质量安全水平之所以高，也与农民直接参与加工销售密不可分，因为农产品生产时不安全，就意味着加工出来的产品卖不了，就意味着亏损。”国家发展和改革委员会产业经济与技术经济研究所农村室主任蓝海涛说。

但培育壮大新型农业经营主体、让农民参与加工流通环节，在具体操作中存在合作社缺乏内在发展动力和农民农业企业间缺少紧密的利益联结机制等问题。陕西省杨凌本香农业产业集团有限公司是一家从事生猪生产加工的企业，公司总裁高展河告诉本刊记者，该公司在2010年就已完全退出了“公司+农户”模式，因“农户基础设施不佳，生猪质量难以保证，‘公司+农户’的中间环节利益链太多，难以控制。”目前，这家企业变成了“从源头到终端”完整的产业链企业，基本上与当地农户没有关系。

品牌是生命力

质量安全是打造农产品品牌的基础。联合了当地26家农民专业合作社、1300多名社员的陕西华县绿野蔬菜联合专业合作社是陕西省首家县级联合社，这两年，通过陕西省“农校对接”工程，联合社每天给西安、渭南两地高校供应4万公斤新鲜蔬菜。不仅如此，联合社还把蔬菜直销店开进了西安的社区，逐渐在省会市场上打出了“华县蔬菜”的品牌。

“合作社对菜品的质量、品相、无公害程度都有明确的要求，显然一家一户的生产方式做不到这一点。只有合作社发展壮大，才有可能打响‘牌子’。”该合作社理事长张建文表示。

顾益康表示，发达国家农业产业化经营的龙头企业绝大多数是由农民合作社投资兴办的。以美国、澳大利亚、新西兰等国为例，奶制品加工企业多是由奶农组建的合作社投资兴办，形成了生产、加工、营销的全产业链的产权共占、利益共享、风险共担的机制，从机制上确保了农业生产者能分享加工增值利润、打造品牌，也确保了农产品和食品质量安全。

在“中国大棚草莓之乡”浙江省建德市，从事了十多年草莓种植的红群草莓专业合作社理事长骆红群说，十多年前，当地草莓种植还处于原始阶段，每天早上客商来收购，各家各户装草莓的筐子都不一样，筐子上都贴有自己的名字，毫无合作可言，草莓质量也参差不齐。近些年通过合作社的带动示范，草莓的生产能力、质量、品相都有了极大提升，合作社有了自己的运输队伍，产品远销北京、广东、江西等十多个省市，“每年包十几趟专机给北京送草莓”。

“对合作社而言，把品牌建设好、维护好是最重要的。有品牌就意味着有市场，有市场就意味着能够生存下去。我们要求社员坚决不用化肥和膨大剂，因为兴衰一体，社员都能做到。如果还是一家一户经营，就很难保证了。”骆红群说。

合作社是农民“抱团”闯市场的主要载体，但当前合作社发展面临法律地位不明确、规模偏小、内部运行失范等几大问题。当前我国合作社总数70万家左右，只涵盖了全国农户数量的约20%。本刊记者在粤、陕、豫、浙等省采访发现，能够常年开展生产经营活动的合作社仅有20%左右。不少合作社成为有名无实的“空壳”合作社，沦为一些企业和个人套取国家优惠政策和补贴的工具。这些问题都有待在创新农业经营机制体制中通过完善法律法规、强化扶持政策、坚持合作社发展多样性与规范性相结合、加强人才培养等予以解决。

（刘健，吴涛，陈晨，李松.瞭望新闻周刊.2014.1.20）

“三农”与城镇化：让农村与城市靠得更近

土地流转:给老百姓真实惠

土地流转是盘活农村资产、实现新型城镇化建设的必要前提。近年来土地流转在农村呈“星火燎原”之势,不少人将其称为第二次“土地革命”。2013年底承包土地流转面积3.4亿亩,流转比例达到26%,为土地规模经营的发展创造了条件。

准确把握土地流转需要坚持的基本原则

引导农村土地有序流转，发展适度规模经营，是构建新型农业经营体系、发展现代农业的重大政策举措。这个问题关乎亿万农民的切身利益，关系到农村基本经营制度的巩固和完善，事关经济社会发展全局。应立足我国人多地少的基本国情，从推进中国特色农业现代化、保障农民土地权益和稳定农村大局出发，全面理解、准确把握需要坚持的基本原则，搞好制度设计，积极稳妥推进，避免走弯路，让农民成为积极参与者和真正受益者。

以"三权分置"为遵循，放活土地经营权

我国上世纪70年代末的农村改革，通过实行农村土地集体所有权和农户承包经营权"两权分离"，极大地调动了农民的积极性，极大地解放和发展了农村生产力。随着农村人口大量转移，一些地区在土地流转过程中，土地承包经营权又发生分离，演变成承包权与经营权两部分，从而形成了所谓的所有权、承包权和经营权"三权分置"的状态。下一步深化农村土地制度改革，必须把落实集体所有权、稳定农户承包权、放活土地经营权作为基本遵循。

一是落实集体所有权。农村土地实行集体所有制，保障了农民平等地拥有最主要的农业生产资料，这一制度是农村基本经营制度的"魂"，是中国特色社会主义的重要制度特征。推进农村土地制度改革，不能把农村土地集体所有制改垮了。落实集体所有权，就是要积极探索农村土地集体所有制的实现方式，建立健全适应社会主义市场经济要求、符合初级阶段实际的农村集体土地产权制度。

二是稳定农户承包权。家庭承包制下农户获得的土地权利，是由承包权和经营权组成的。在土地流转过程中，土地承包经营权是可以分离的。只有作为集体组织成员的农民家庭才拥有土地承包权，这是农村基本经营制度的内在要求。稳定农户土地承包权，就是确保在承包期内，任何组织或个人都不得强迫农民放弃承包的土

地，不论承包经营权如何流转，集体土地承包权都属于农民家庭，其他任何主体都不能取代农民家庭的土地承包地位。

三是放活土地经营权。在家庭承包制下，土地流转的客体是土地经营权。在理论和政策上明确这一点具有重大意义。改革以来，我们一直强调正确处理土地承包制的稳定和土地流转的关系。稳定，就是要稳定农户土地承包权；流转，就是要放活土地经营权。在坚持农村土地集体所有的前提下，促使承包权和经营权分离，放活土地经营权，这样，就可以避免在认识上和实践中，一讲稳定似乎就不允许经营权流动，而一讲流转和集中，似乎就只有集体重新收回农民土地承包权这样两种倾向。以"三权分置"作为基本遵循，以现有土地承包关系的长久不变和农民家庭土地承包权的稳定，来应对土地经营权的流转和集中，以不变应万变，这样，有利于使土地承包者和实际经营者都能建立起稳定的预期，将使农村基本经营制度更加充满持久的制度活力。放活土地经营权，必须进一步明确集体土地所有权、土地承包权、经营权在土地流转中的相互权利关系和实现形式，加快发展多种形式的土地经营权流转市场，健全土地承包经营流转纠纷调解仲裁体系。

以农户家庭经营为基础，积极培育新型农业经营主体

从世界各国农业发展的实践看，家庭经营是最普遍的农业经营形式。农业生产的基本特点是空间分散，且必须对自然环境的微小变化做出及时反应，这使得农业生产的监督成本较高。农户家庭成员之间的经济利益是高度一致的，不需要进行精确的劳动计量和监督。较之其他经营方式，家庭经营在农业中具有更好的适应性，不仅适应以手工劳动为主的传统农业，也能适应采用先进科学技术和生产手段的现代农业。在我国农业现代化过程中，家庭经营蕴藏着巨大的潜力，具有广阔的发展前景，不存在生产力水平提高以后改变家庭经营基础性地位的问题，家庭经营现在是、将来也是我国农业最基本的经营形式。农业规模经营的实质不是对家庭经营的否定，而是通过改善家庭经营的资源配置及其外部环境，实现农业生产环节的专业化、社会化。因此，发展农业适度规模经营，必须坚持家庭经营的基础性地位，不应把规模经营与家庭经营隔离开来，更不能把家庭经营与农业现代化对立起来。同时，要处理好发展家庭经营与集体经营、合作经营和企业经营等多种经营方式的关系，大力培育新型农业经营主体，促进农业多种经营方式共同发展，加快构建以农户家庭经营为基础、合作与联合为纽带、社会化服务为支撑的立体式复合型现代农业经营体系。

一是创新家庭经营发展方式。强调农业家庭经营的基础性地位，绝不是固化和迷恋目前分散、超小规模的土地经营方式，必须按照党的十八大和十八届三中全会精神，创新家庭经营发展方式，积极引导土地向专业大户、家庭农场流转，大力提高家庭经营集约化、规模化水平。要重点发展以家庭成员为主要劳动力、以农业为主要收入来源、从事专业化、集约化农业生产的家庭农场，使之成为发展现代农业的有生力量。建立健全扶持家庭农场发展的政策措施，将新增农业补贴向家庭农场倾斜。更

好地为粮食生产规模经营主体提供支持和服务。引导农民自愿开展“互换并地”,解决承包地细碎化问题,方便耕作,实现承包地的相对集中经营。

二是积极探索新的农业经营方式。我国少数村庄仍保留土地集体经营方式,要不断探索和丰富集体经营的实现形式。引导农民以承包地入股组建土地股份合作组织。允许农民以承包土地的经营权入股,通过多种形式发展农业产业化经营。近些年来,工商企业租赁农村土地从事农业生产经营的现象越来越多。工商企业租赁土地经营,从积极的方面看,可以发挥资金、技术和管理等方面的优势,向农业输入现代生产要素和经营模式。但我国农村人多地少,如果不加限制地让工商企业进入农业的直接生产领域,大片圈地,会挤压农民就业空间和影响农村的稳定。为了避免农村出现大资本排挤小农户,避免出现土地的大规模兼并,避免大批农户丧失经营主体地位,必须对工商企业长时间、大面积租赁农户承包地采取慎重的态度。随着工商资本进入农业、参与农地经营规模的扩大,迫切需要探索建立严格的工商企业租赁农户承包耕地准入和监管制度。对工商资本租赁农户承包地要有明确的上限控制,要进行资格审查和项目审查。特别是要防止工商资本下乡租赁承包地后擅自改变土地农业用途,搞“非农化”或“圈而不用”,破坏农业综合生产能力。要鼓励和支持工商企业发展适合企业化经营的现代种养业。鼓励和支持它们进入农产品加工流通和社会化服务流域,与农户、农民合作社建立紧密的利益联结机制,带动农民发展规模经营。要探索建立土地流转风险保障金制度,主要用于补偿因租地企业违约或经营不善而损害的农民利益。

以尊重农民意愿为前提,引导土地规范有序流转

农村土地经营权流转的主体是农民。土地是否流转、价格如何确定、形式如何选择等,决策权都在农户,流转收益应归承包农户所有。发展土地规模经营,要充分尊重农民的意愿,不能搞大跃进,不能搞强迫命令,不能搞行政瞎指挥。不能脱离客观条件,人为定任务、下指标或将流转面积、流转比例纳入政绩考核等方式行政推动土地流转。即使在土地流转客观条件充分成熟的地方,发展农业规模经营也要注意工作方法,要通过典型示范引导,由点到面,稳步推广。

农村土地经营权流转,要真正做到尊重农民的意愿,除了注意工作方法外,关键在于要客观地估计土地对农民的意义及农民对土地流转的基本态度,恰恰在这一点上,地区之间存在着很大的差别。依条件的不同,这里有三种情况:(1)对于当今大多数农民来讲,土地仍然是安身立命之本,仍然是维持生存和发展的基本依靠。采取“自家的承包地自家种”这种土地经营方式的普通农户仍占大多数。农户既不愿意转让经营权,更不愿意放弃承包权,是大多数农村的客观现实。在这种基本农情下,绝不能超越客观条件,违背农民的意愿,用行政手段强迫农民流转土地。(2)在经济相对发达地区和大城市郊区,的确已有一部分农户,尤其是那些已经在城镇多年从事二三产业、具有稳定的非农收入的农户,有了转让土地经营权的愿望。对于相当一部分农

民来说，土地的生存保障功能虽已淡化，但农民完全放弃承包土地还有种种顾忌。农户愿意转让经营权，但不愿放弃承包权，这种情况在现实中将大量发生。这时，要坚持依法自愿有偿原则，允许农民以转包、出租、互换、转让、股份合作等形式流转土地经营权。而承包权则仍应明确是农户的，不能强迫收回农民的承包地。(3)在农户彻底脱离农村、融入城市的情况下，部分农户不仅自愿流转经营权，也自愿放弃承包权。这种情况目前还较为少见。即便在这种情况下，也不能要求把放弃承包地作为农民进城落户的先决条件。在农民自愿的前提下，可以把承包地交还集体组织或经集体同意后转让给集体组织其它成员。集体也应给予合理的补偿。总之，政府直接用行政手段推动土地规模经营，会引发社会矛盾。在坚持土地承包关系长久不变和尊重农民意愿的前提下，要积极探索建立市场化的土地流转机制。对随意改变土地承包关系、强迫农民进行土地流转、侵害农民土地权益的违法行为，必须加强执法监督。

以经营规模适度为目标，促进粮食增产与农民增收同步

实行土地规模经营，对于稳定务农者队伍，保障粮食安全和主要农产品供给，促进农业增效和农民增收，都显示出有重要作用。要与比我国农户经营规模大几十倍、上百倍的发达国家农业经营主体相竞争，消化农产品成本不断上升带来的影响，提升我国农业的竞争能力，必须积极稳妥地推进土地使用权的流转，扩大土地经营规模，提高农地资源的配置效率，提高农业和粮食的劳动生产率。

在扩大农业土地经营规模方面，国际上有成功的例子，如法国通过鼓励老年农民离农、青年农民创业，开展土地整治等，使农场平均规模由1955年的13.3公顷扩大到目前的40多公顷；也有不成功的例子，如日本，农业过度兼业化，农场的平均规模仅从上世纪50年代末的1公顷扩大到现在的约2公顷。当前，我国工业化、城镇化快速发展，“谁来种地”问题比较突出，许多地方已经具备了发展土地适度规模经营的条件，必须因势利导，顺势而为，引导土地有序流转和集中。但应该清醒地认识到，我国这样一个人多地少的国家，在推进农业现代化过程中，不能脱离实际，片面追求超大规模经营，盲目崇拜国外的大规模农场，要充分认识实现土地适度规模经营的长期性和复杂性。

按照常住人口计算，我国农村人均耕地面积为2.83亩，户均约半公顷。若户均经营规模提高到约2公顷，就需要再减少三分之二以上的农户。有关测算表明，如果把实现种地收入与进城务工收入相当作为粮食生产适度规模的标准，在北方单季地区，家庭经营的适度规模应在120亩左右；在南方两季地区，则为60亩左右。从国际比较看，这仍是很小的规模。按这一标准实现农业规模化经营，则粮食生产仅需劳动力4300万人。据估计，我国目前从事粮食生产的劳动力在1.5亿人左右。这就是说，全国粮食生产实现规模化经营，尚需转移1亿左右的农业剩余劳动力。我国的基本国情决定，在相当长的时期内，土地是农民最基本的生活保障，农村土地经营权的流转

和集中必然是一个不平衡的、渐进的长期过程。因此,发展适度规模经营,既要积极鼓励,也不能拔苗助长;既要避免土地撂荒和经营规模过于碎小,又要防止土地过度集中,人为"垒大户"。一些发展中国家之所以会在大城市周围形成大片的贫民窟,就是因为农民失去了土地,只能单向流入城市,即使没有就业机会也无法再返回农村,结果造成了许多严重的社会问题。我国实行的农村土地集体所有、家庭承包经营制度,是避免此类社会矛盾的重要保障。

土地适度规模经营,是生产力发展的自然过程。从政策导向看,发展适度规模经营,就是要充分考虑各地自然经济条件、农村劳动力转移程度、农业机械化和社会化服务水平等因素,因地制宜确定本地区适度规模经营的标准。当然,土地适度规模经营的"度"是一个动态概念。有的地区是从保障务农与务工人员收入均衡的角度,确定适度规模经营的标准;有的地区则用机械作业的最佳规模来衡量这个度;有的主张以粮食产出的平均成本是下降了还是上升了来衡量土地经营规模是否"适度"。这些思路都有一定道理。我国农村情况千差万别,确定适度规模的标准,应坚持从实际出发,分类指导,但一些基本的原则应遵守。从我国人多地少的基本国情出发,扩大农业经营规模,不能以降低土地生产率和粮食产量为代价,要统筹考虑增产和增收的平衡、提高劳动生产率和土地生产率的平衡以及效率和公平的平衡。总的考虑是,发展农业规模经营,要与城镇化进程和农村劳动力转移规模相适应,与农业科技进步和生产手段改进程度相适应,与农业社会化服务水平提高相适应。

农业的规模经营决不仅仅意味着只是集中土地。单个要素投入规模的大小,并不能决定综合效益的高低和生产方式的先进程度。现代农业的经营规模受农业生产资料供给、农业技术服务、农产品销售加工、农业服务体系等多种因素的综合影响。在我国,寄希望通过大规模集中土地,实现像新大陆国家那样的农场规模是不现实的。要创新规模经营方式,在引导土地资源适度集聚的同时,要通过引导农民走向联合与合作、发展农业产业化经营、开展社会化服务,以提升农业组织化水平和扩大农业服务的规模,来弥补耕地规模的不足,积极探索符合我国国情的发展农业规模经营的有效途径。

(韩俊.中国农业新闻网-农民日报.2014.10.22)

土地如何"转"起来:保障国家粮食安全的根本在耕地

当前,土地流转在全国各地呈现加快发展的态势。截至2013年底,全国承包耕地流转面积3.4亿亩,是2008年底的3.1倍,流转比例达到26%,比2008年底提高17.1个百分点。经营面积在50亩以上的专业大户超过287万户,家庭农场超过87万个。

然而,近期一些地方在农村土地流转过程中也存在急于求成的现象,对中央政策存在误解误读。如何看待土地"非粮化"、工商资本下乡热等现象?农村土地流转规模多大为适度?如何促进土地流转有序进行?记者就此采访了农业部农村经济体制与经营管理司司长张红宇。

土地流转到底谁说了算?

农村土地流转涉及承包农户、规模经营主体、村集体经济组织等多方利益,地方政府也十分关注,这一问题到底谁说了算?

对此,张红宇指出,土地流转是资源配置的过程,应由市场起决定性作用。但土地又是农民的命根子,政府必须维护好农民利益,要搞好管理服务,发挥规范和引导的作用。

"法律规定,我国农村集体土地实行农户家庭承包经营,土地是否流转、价格如何确定、形式如何选择,均应由承包农户自主决定,任何组织和个人不能强迫和限制。"张红宇说,现在,一些地方片面追求流转规模和流转比例,靠行政命令下指标、定任务、赶速度,损害了农民利益,问题就出在急于求成,越位了,干预过多了,代替市场作用,代替农民做主。

据了解,目前,我国还有三分之二的县和乡镇没有建立土地流转服务平台,有近40%的土地流转未签订合同,去年受理土地流转纠纷达18.8万件。

专家表示,未来政府要通过建立健全土地流转公开市场,加强土地流转合同管理,健全纠纷调处机制等方式,不断规范土地流转行为,完善土地流转服务,为农户承

包经营权流转创造良好的环境条件。

土地经营规模多大为适度?

许多人认为,制约我国现代农业发展的问题主要是经营规模小,当前的重点是扩大土地经营规模,那么,当前我国土地经营规模多大为适度?

“土地经营规模不是越大越好。”张红宇强调,人多地少是我国的基本国情,在现有生产条件和农村人口仍然很多的情况下,土地经营规模过大会影响土地产出率和农民就业,不利于农业增产和农民增收。因此,要充分考虑地区差异、自然经济条件、农村劳动力转移情况、生产费用成本、农业机械化水平等因素,因地制宜地确定本地区土地经营的适宜规模。

农业部调查显示,以家庭为单位,以粮食生产为例,一年两熟地区户均耕种50～60亩,一年一熟地区100～120亩时,各种资源配置效率最高,也适合现阶段我国的国情和农情。

张红宇指出,我们鼓励土地在农户间流转、向种田能手集中,因此要继续扶持普通农户的生产发展,重点培育家庭农场等规模种养户。对于农民合作社和农业企业发展土地规模经营,要充分考虑劳动成本、监督成本、管理效率等因素。在引导土地资源适度集聚的同时,也提倡通过联合合作和扩大服务的方式,促进农户形成规模、服务形成规模,提升农业规模化经营水平。

耕地“非粮化”倾向如何引导?

近年来,农村土地流转的面积越来越多,一些地方流转后的土地存在“非粮化”“非农化”倾向,对此我们应如何看?

“保障国家粮食安全的根本在耕地,农民可以‘非农化’,耕地不能‘非农化’。”张红宇强调。

“在我国,吃饭问题始终是第一位的大事。”张红宇指出,从我们的调查看,一些地方土地流转后“非粮化”倾向明显,有的甚至用来搞休闲度假村和房地产开发等。这势必危及18亿亩的耕地红线,给国家粮食安全带来了巨大隐患。

他表示,未来,抑制“非粮化”就要解决好种粮比较效益低的问题,不断加大对粮食主产区的扶持力度,重点支持粮食生产规模经营主体发展,降低种粮成本,提高种粮效益,防范市场风险和自然风险,使其在保障国家粮食安全中发挥中坚作用。制止“非农化”就要落实好法律的规定,坚持用途管制,严禁破坏、污染、圈占闲置、撂荒耕地,严禁借土地流转之名搞旅游度假村、房地产等“非农”建设,对违法违规行为要依法坚决予以查处,坚守红线、保住底线。

工商资本下乡热如何看?

近年来,工商资本下乡越来越热,大面积租赁和经营农户承包地的情况越来越

多，这背后有着怎样的原因？

“近年来，受农产品价格上涨和中央支农政策力度加大等诸多因素影响，农业领域逐步成为投资热点。”张红宇指出，工商企业进入农业，既要看到其在筹集资本、技术示范、市场营销等方面的优势和促进现代农业的引领作用，又要看到工商企业长时间、大面积租赁农户承包地，存在用工成本高、管理效率低、挤占农民就业空间等诸多隐患。

据统计，目前工商企业流转农村土地面积增长迅速，2012年流转入企业的土地面积比上年增长了34%，2013年比上年又增长了40%。

“工商资本进入农业要带领农民，而不是代替农民。”张红宇表示，对工商企业进入农业既要鼓励引导，又要加强监管。一方面，要鼓励和引导工商企业重点从事农产品加工流通业和农业社会化服务，发展适合企业化经营的现代种养业，向农业输入现代生产要素和经营模式。支持通过订单农业、示范基地等方式带动农户和合作社发展规模经营，建立紧密的利益联结机制。另一方面，要加强对工商企业租赁农户承包地行为的监管，防止浪费农地资源、损害农民土地权益。

（李慧.光明日报.2014.9.11）

土地流转好处多，既要积极推进又要谨慎而行

——来自山东省高青县的调查

这几年，土地流转在农村呈“星火燎原”之势，不少人将其称为第二次“土地革命”。土地流转顺应了农业生产形势，带来了较为可观的经济、生态、社会效益，但同时也出现了作物非粮化、风险扩大化等“多云转阴”苗头。山东省高青县是较早开展土地流转的县，在土地流转方面具有一定的代表性，土地流转取得了怎样的成效？土地流转该如何转、向哪转？日前，记者来到高青进行了采访。

土地流转好处多

高青从2007年开始尝试进行土地流转，目前参与流转的村有500多个，占到全县村庄总数的65%。常家镇蓑衣樊村是开展土地流转最早、效益最好的村子之一。

蓑衣樊村瑞祥农业合作社由村集体领办，推动了本村的土地流转，流转后的土地主要用于种植水稻。村民张立强把地流转给合作社后进城务工。他向记者提供了这样一份投入产出账单：流转前，亩产稻谷900斤，投入成本800元，按稻谷出米率0.7、大米市场价2.5元计算，刨去成本，亩获纯利775元。流转后，他与合作社签的协议是每年每亩1200元。也就是说，张立强不用出工出力就可获得比自己种地高的收入。

稻农有利可图，合作社是否有账可算？合作社理事长刘树海说，土地流转让合作社添了地、降了本、增了利。“添地”是说他们将地流转过来之后，进行整理，一些沟渠、道路平整之后变成了耕地，户与户间的宽地垄得以移除，这无形之中就多增了地。他们签到协议上的土地亩数是1500亩，实际耕种了1608亩。“降本”，是说生产投入成本相对降低了，他们购买农资享受最低批发价，机械化作业减少了人工投入；精准施肥，根据土地状况施肥喷药，减少了浪费；良种良法，提高了稻米品质，精细加工，让大米实现优质优价，普通型袋装米4.0元/斤，精品米9.0元/斤。2013年，瑞祥合作社亩获利3500元/亩，扣除流转费、投入成本，亩获纯利1600元，比一般农户收入高。

认识到土地流转带来的好处，2011年，蓑衣樊村167户村民一致同意将土地流转给合作社，蓑衣樊村在全县第一个实现了农村土地“全流转”。村内不能外出务工的35名村民，到合作社从事农业生产，领取报酬。村里对土地进行统一规划平整，因地制宜划分出大米、果蔬、大棚三大种植区。“全流转还有一个好处，就是将困扰村内多年的土地纠纷、树木遮荫等矛盾纠纷等全部‘清零’。”刘树海说。

四大难题须重视

然而，并不是所有的土地流转都是一帆风顺。

一个客观事实是，土地离镇城越近，流转率越高，流转费用也越高。在高青，距离县城较近的蓑衣樊及其周边村土地流转率达73%，流转费普遍涨到1200元/亩，而在地理位置较偏远的乡镇，土地流转费用多为500～1000元/亩，且多是口头协议，承包期限也不固定。其中，合作社（企业）参与的土地流转，大都比较规范，流转期一般为15年。“流转时间长，合作社可以在基础设施建设等方面做长远打算，追求长期收益。而农户之间的流转由于期限较短，承包经营户往往只顾眼前利益，讲求少投入多产出，也影响到地力恢复。

土地碎片化阻碍流转。“个别农户就是愿意自己种地，不愿参与流转，收入再可观，人家不配合，咱也没办法。”五谷丰粮食合作社理事长郑兴春无奈地说，“只要有一户不同意流转或调地，就难以做到连片流转。”再就是土地流转后，合作社会在农田设施建设等方面进行投入，不可避免地出现农户与合作社争用农田设施的情况。在采

访中记者还发现，村委会出面，土地流转相对容易。有人担心，村委会换届选举，村干部一旦落选，土地流转容易成为“半拉子工程”。

作物非粮化。高青参与土地流转的120多个合作社中纯粹的种粮合作社占比不足20%，蔬菜、瓜果、苗木合作社才是主角。县农业局副局长杜作忠说，这是合作社追求高收益、高附加值造成的，其中起作用的是市场因素。“但是，近年来一些地方出现蔬菜过剩、菜贱伤农问题，这也与土地流转有一定关系，应引起重视。”杜作忠说。

风险系数加大。刘树海说，农业属高风险行业，受气候因素影响较大。这些年，灾害天气频发，一旦遇到天灾，有“合同在身”的合作社就可能无法履行协议，进而引发新的社会矛盾。再是这两年土地流转费逐年提高，合作社承受的压力更大。

四大问题待解决

眼下正在开展的土地经营权确权进一步明确了土地的权属，切实保护了耕地，为下一步规范的土地流转创造了条件。那么，土地要实现更好流转，需要解决哪些问题？

首先是法律问题。这些年，土地纠纷已上升为农村社会的重要矛盾，农民经常为添人增地及地界划分、树木遮荫等发生纠纷。蓑衣樊村的土地全流转让这些问题迎刃而解。但土地全流转，农民再吃大锅饭的做法也让他们惴惴不安。像该村一样，村社一体推动土地全流转的做法是否符合国家法律？

再是资金问题。农业项目是投资大、周期长、效益不确定的项目。农民将土地流转出去，实际是将风险转嫁给企业或合作社。规模化流转后前期投入大，占用资金多是不争事实，而农民本身投入能力有限，办贷款又有多种困难。

三是人才问题。当前农村青壮年劳力基本外出务工，真正懂经营会管理的年轻职业农民少之又少。很多合作社急需科班出身的会计、金融专业毕业生，但这样的人才又有几个愿意到农村来？再是现代农民需要从事精量化作业，要熟练地使用电脑、驾驶农机等，这样的农民又有多少？

四是领办人的身份转换问题。不少人以村负责人身份担任合作社理事长，换届之后，他们的身份问题就显得尴尬。杜作忠说，解决这一问题的办法是摒弃“官化”思维而用市场化思维，村委会换届，合作社理事会也要按章程换届，合作社不能搞成家族式合作社。

（吕兵兵.中国农业新闻网，农民日报.2014.7.1）

中国区域经济新格局

一路一带:共迎发展新机遇

中国古代,丝绸之路在世界版图上延伸,诉说着沿途各国人民友好往来、互利互惠的动人故事。如今,一个新的战略构想在世界政经版图从容铺展——共建“丝绸之路经济带”和“21世纪海上丝绸之路”。

“一带一路”构想的战略意义

2013年9月，习近平主席在哈萨克斯坦纳扎尔巴耶夫大学演讲时倡议用创新的合作模式，共同建设丝绸之路经济带。同年10月，习近平主席访问印尼期间，又提出构建21世纪海上丝绸之路的战略构想。这“一带一路”战略构想高瞻远瞩、审时度势，对密切我国同中亚、南亚周边国家以及欧亚国家之间的经济贸易关系，深化区域交流合作，统筹国内国际发展，维护周边环境，拓展西部大开发和对外开放的空间，都有着重大的意义。

进入新世纪以来，美国、日本、俄罗斯等国都先后从自身角度出发，提出了新丝绸之路的构想，其共同特点是都以中亚为轴心，但通达的目的地却差别很大。不同版本的“丝绸之路”，其背后的潜台词是视中亚为联通欧亚的物流、资源、经济乃至政治枢纽，力争在“枢纽之争”中占据上风，从而扩大自己经济、能源安全的外延，并更加有效地拓展自身经济辐射圈和商路。相比之下，中国提出的“一带一路”构想计划更详细，范围更广，涉及国家、地区更多，受益面更大。简而言之，这是一个更加开放、更加包容和更强调合作共赢的宏伟蓝图。因此，这一构想不仅受到中亚各国，也受到上合组织成员国及观察员国以及如联合国、欧盟等国际组织的赞扬和积极响应。

一年来的实践表明，共建“一带一路”逐步成为各国走向共识的合作构想。中国进一步巩固了来自中亚和俄罗斯的能源供给，为经济持续发展提供了可靠、安全的周边保障；而与中国的合作也有助于中亚国家摆脱“内陆国”、“双重内陆国”的困扰，为其经济发展提供了更大的地缘空间和广阔市场。此外，本地区国家之间合作关系发展的成果，又为“一带一路”建设打下坚实基础；中国与海湾国家、与南亚和西亚国家、与中东欧国家以及欧盟、东盟的合作也日益深化。

千百年来，不同的文化在古丝绸之路上交相辉映、相互激荡，积淀形成了世人共知和推崇的和平、开放、包容、互信、互利的丝绸之路精神，而且不断注入时代内涵。作为多元文明碰撞与交流的遗产，丝路精神并非中国独享，它一直是全人类的共同财

富。

"一带一路"构想具有十分丰富的内涵。首先,它体现了对古丝绸之路精神的继承和发扬。2000多年的交往历史证明,只要坚持丝绸之路精神,不同种族、不同信仰、不同文化背景的国家完全可以共享和平、共同发展。在建设丝绸之路经济带和21世纪海上丝绸之路的今天,更需要将丝绸之路承载的和平合作、开放包容、互学互鉴、互利共赢精神薪火相传,在文明交流史上续写灿烂篇章。习近平主席提出的"一带一路"倡议,充分体现了互信和互利的精神。"一带一路"建设将贯穿"亲、诚、惠、容"的周边外交理念,以经济和人文合作为主线,不搞封闭性的集团,不妨碍既有的多边机制。

其次,与以往西方地缘政治学者所认为的包括中亚在内的欧亚大陆腹地是全球战略竞争中心不同,"一带一路"构想旨在使中国发展引擎所驱动的地缘经济潜力,形成巨大的正外部性,为相关国家和地区所共享。它展示出中国将自身发展的宏伟愿景与相关国家和地区的发展愿景相结合,将"中国梦"和"亚洲梦"、"欧洲梦"相连接,支持有关国家改善民生、增加就业和工业化的努力,积极为沿线地区提供国际公共产品,让有关国家安心、舒心、开心。为了消除一些国家的疑虑,中国庄严宣布决不干涉中亚国家内政,不谋求地区事务主导权,不经营势力范围,而是要相互坚定支持,做真诚互信的好朋友;要将政治关系优势、地缘毗邻优势、经济互补优势转化为务实合作优势、持续增长优势。

对于中国而言,"一带一路"构想寄托着多层次的区域合作愿景,对于丝绸之路中国国内段和国际段都有着重要的发展意义。

其一,从国内段而言,这是一个引领未来中国西部大开发、实施向西开放战略的升级版。西部地区拥有中国72%的国土面积、27%的人口,与13个国家接壤,陆路边境线长达1.85万公里,但对外贸易的总量只占中国的6%,利用外资和对外投资所占的比重不足10%。因此,中国扩大对外开放最大的潜力在西部,拓展开放型经济广度和深度的主攻方向也在西部。西部大开发已实行了15年,取得了前所未有的成就,而未来的西部大开发,需要建立在对内对外开放的基础上,通过扩大向西开放,使中国西部地区与中亚、南亚、西亚的贸易往来和经济合作得以加强。丝绸之路经济带是中国形成全方位对外开放格局、实现东西部均衡协调发展的关键一环。

其二,从国际段的中国紧邻区域而言,这一构想符合上海合作组织框架下区域经济合作发展的新方向。中国与上海合作组织内正式成员的中亚国家、俄罗斯等都面临经济发展的重大任务,安全与合作是推动组织发展的两个"轮子",而区域经济合作已成为该组织元首峰会和总理会议的重要议题。此外,丝绸之路经济带与欧亚经济共同体存在一定的互补性。特别是欧亚经济共同体和上海合作组织成员国、观察员国地跨欧亚、南亚、西亚,有一定重合,大都处于丝绸之路经济带之间,通过加强上海合作组织同欧亚经济共同体的合作,有关国家都可获得更大发展空间。

其三,从整个国际段而言,这一构想展现了中国发展区域共赢合作的新理念、新

蓝图、新途径和新模式。构想提出丝绸之路沿线国家合力打造平等互利、合作共赢的“利益共同体”和“命运共同体”的新理念；描绘出一幅从波罗的海到太平洋、从中亚到印度洋和波斯湾的交通运输经济大走廊，其东西贯穿欧亚大陆，南北与中巴经济走廊、中印孟缅经济走廊相连接的新蓝图。构想通过加强政策沟通、道路联通、贸易畅通、货币流通、民心相通等新途径，以战略协调、政策沟通为主，不刻意追求一致和强制性的制度安排，与现有的区域合作机制如上合组织、欧亚经济共同体、亚太经合组织、东盟、海合组织和欧盟等合作协调发展，可谓讲求实际、高度灵活、富有弹性。中国将以带状经济、走廊经济、贸易便利化、技术援助、经济援助、经济一体化等各种可供选择的方式与沿线国家共同推进欧亚区域经贸发展，这种创新的合作模式，可以使欧亚各国经济联系更加紧密，相互合作更加深入，发展空间更加广阔。

总之，中国政府倡议并推动“一带一路”建设，不仅有利于推动中国自身发展，而且惠及亚洲、欧洲、非洲乃至世界，对提升世界经济发展繁荣与和平进步具有深远意义。可以预见，这一造福于世界各国人民的宏伟蓝图必将在各国互信合作中得以实现。

（冯宗宪.光明日报.2014.10.20）

“一带一路”共创共享发展新机遇

2013年金秋，中国国家主席习近平接连访问中亚、东南亚国家，先后提出建设“丝绸之路经济带”和“21世纪海上丝绸之路”战略构想。中国和沿途各国再度携手，谱写共创共享发展机遇新篇章。

“一带一路”重大倡议提出以来，沿途各国积极响应，国际社会高度关注。一位中国外交官做了这样一个统计：丝绸之路经济带提出仅3个月，用中文、英文和俄文在网上检索，结果就超过了1000万条。

千百年来，丝绸之路承载的和平合作、开放包容、互学互鉴、互利共赢精神薪火相传。“一带一路”战略构想，从历史深处走来，顺应和平、发展、合作、共赢的时代潮流，

承载着丝绸之路沿途各国发展繁荣的梦想。

“丝绸之路是一个备受呵护的孩子，很多母亲都想照顾它”

乌兹别克斯坦愿积极参与建设丝绸之路经济带，促进经贸往来和互联互通，把乌兹别克斯坦的发展同中国的繁荣更紧密联系在一起；

吉尔吉斯斯坦愿意积极参与丝绸之路经济带建设，促进吉中两国经贸往来、基础设施、互联互通和人文交流；

俄罗斯积极响应中方建设丝绸之路经济带和海上丝绸之路的倡议，愿将俄方跨欧亚铁路与“一带一路”对接，创造出更大效益；

中国构建丝绸之路经济带的倡议对德国很有吸引力，希望这将成为两国合作新的增长点；

海湾阿拉伯国家合作委员会各成员国愿积极参与丝绸之路经济带和21世纪海上丝绸之路建设……

各国政要和国际组织负责人纷纷对中国倡议给予高度评价和热烈回应。

巴基斯坦伊斯兰堡战略研究所所长伊纳姆·哈克认为，建设丝绸之路经济带，是时代的需要，将给中亚地区尤其是地区内陆国家经济发展带来巨大推动。

在法国巴黎第八大学政治学博士皮埃尔·皮卡尔眼中，丝绸之路经济带这一新颖的倡议，将使古丝绸之路的经济和文化精神得以重现。

波兰格但斯克大学东亚研究中心副主任玛尔采利·布尔德尔斯基称赞丝绸之路崇尚和平发展与文化融合的精神，对当今世界发展有重要借鉴意义，是值得世界各国学习的“丝绸之路发展模式”。

在科威特大学亚洲研究中心主任穆罕默德看来，丝绸之路经济带是一个良好的范式，是一条真正的“人文之路”，通过贸易建立一种人文关系，找到利益的契合点，关注不发达国家的关切，为发展中国家带来利益。

一名欧盟委员会前官员说：“丝绸之路是一个备受呵护的孩子，很多母亲都想照顾他……”

阿瓦尼尔在乌兹别克斯坦首都塔什干开店卖画，画的主题几乎全是丝绸之路。“我期待自己的画能到西安丝绸之路博物院展出，古丝绸之路的起点才是这些画真正该去的地方。”

阿瓦尼尔的梦想，是沿途各国人民对复兴丝绸之路翘首以盼的缩影。在霍尔果斯的中哈边境贸易合作中心，哈萨克斯坦商人阿思哈尔希望把中国商品转销到47个国家。土耳其商人阿尔珀·欧森跟中国商人做生意11年了，他盼着生意更加兴隆。意大利庞贝市长克劳迪奥赶来中国参加丝绸之路经济带城市圆桌会，他向大家推介庞贝的甜酒、红酒和奶酪，欢迎各国游客到自己的城市旅游。

“以前只觉得丝绸之路是历史，现在觉得它离我们越来越近”

建设“一带一路”拥有良好的现实基础。

丝绸之路经济带东边牵手亚太经济圈，西边连结欧洲经济圈，沿途国家贸易占全球贸易的22%，总人口近30亿，市场规模和潜力独一无二。如何进一步发挥潜力，习近平主席指出：“我们要全面加强务实合作，将政治关系优势、地缘毗邻优势、经济互补优势转化为务实合作优势、持续增长优势，打造互利共赢的利益共同体。”

数据显示，2013年，中国与“一带一路”国家的贸易额超过1万亿美元，占中国外贸总额的1/4。过去10年，中国与沿途国家的贸易额年均增长19%。未来5年，中国将进口10万亿美元的商品，对外投资将超过5000亿美元，出境游客数量约5亿人次，周边国家以及丝绸之路沿线国家将率先受益。

据欧盟前驻华大使赛日·安博介绍，渝新欧铁路运营的列车一周三班，每辆列车装载50个集装箱，16天内完成行程——这只是中欧贸易的一个缩影。丝绸之路经济带，将增加欧洲东部与中国的贸易往来，带来更多的资源、更广阔的市场。

丝绸之路的振兴，无疑将开启一轮更广、更深、更紧密的合作，给沿途国家带来新的发展机遇。

沿途各国文明交融、民心相通。中国著名音乐家冼星海在阿拉木图有个温暖的家，哈萨克斯坦留学生鲁斯兰在中国每年无偿献血，约旦商人穆罕奈德在中国义乌寻找到幸福……一个个鲜活的故事，成为各国文明交融、民心相通的生动写照。

随着中国与丝绸之路沿线各国合作的深化，“汉语热”成为一种鲜明可感的亲近，汉语教学在中亚各国越发普及。无论是官员、学者还是青年学生、出租车司机，都会主动用中文说“你好”，展现着对中国人的友好情谊。

在哈萨克斯坦阿布莱汉国际关系与世界语言大学中哈文化中心，大四学生阿力木江这样说起他眼中的丝绸之路经济带：“以前只觉得丝绸之路是历史，现在觉得它离我们越来越近。”

“可以预见现代丝路经过的地方，将为生活‘架起新的炉灶’”

建设“一带一路”，沿途各国正在积极行动：

筹建亚洲基础设施投资银行（亚投行）第三次多边磋商会6月10日在上海举行，来自22个亚洲国家的代表就筹建亚投行达成多方面共识。2014年秋季，中国将与有关各方签署《亚投行筹建政府间框架备忘录》。这一为深入区域经济合作量身打造的基础设施开发性机构的筹建工作获积极进展，是中国为加快推进丝绸之路经济带和21世纪海上丝绸之路建设采取的又一重大行动。

“一带一路”，让中国与沿途国家的发展战略和梦想同声奏鸣——中国梦同土库曼斯坦的“强盛富民”时代目标对接，同哈萨克斯坦的“2050年发展战略”呼应，同乌兹别克斯坦的“福利与繁荣年”规划共鸣，同吉尔吉斯斯坦的“国家稳定发展战略”交

汇……一个东起西太平洋、西抵波罗的海的经济合作大区域呼之欲出。

中国和欧盟作为世界两大重要经济体，将双方合作和丝绸之路经济带建设相结合，以构建亚欧大市场为目标，使中欧成为世界经济增长的双引擎。巴基斯坦总理谢里夫针对“一带一路”，提出了“四个促进”的建议。科威特已在筹建“丝绸之城”，并在科威特与伊朗边境地区建立一个250平方公里的自贸区，通过大桥与“丝绸之城”连通。中国和老挝就推进两国全面战略合作伙伴关系达成新共识……在当前世界经济复苏的大背景下，亚欧大陆很多国家，特别是丝绸之路沿线国家都处于发展经济、改善民生的关键阶段。沿途各国战略对接，携手发展。

一位哈萨克斯坦教授充满期待地说：“可以预见，现代丝路经过的地方，一大片新居民区与公共设施将拔地而起，将为生活‘架起新的炉灶’。一些新兴城市将诞生，已有老城也有望发展扩大。一大批工作岗位将为当地民众提供更多就业选择，民众精神文化生活将更加丰富。更重要的是，本地区普通民众关于美好富足生活的梦想将得以实现。”

共同的丝路，共同的梦想。“一带一路”战略构想，正在世界各国人民心中落地生根。复兴丝绸之路，一幅横贯东西、共谋发展的宏大蓝图正在铺展开来。有梦想，有追求，有奋斗，一切都有可能。中国人民有梦想，世界各国人民有梦想，这将给世界带来生机和美好前景。

（马小宁，杜尚泽，裴广江，王远.人民日报.2014.7.1）

“一带一路”走向共同繁荣

中国“一带一路”战略的目的是从海上和陆地两条通道让中国与古丝路沿线国家和周边国家进一步相互连通，通过改善交通条件，推动区域经济合作，促进这些国家的经济发展和彼此之间的人文交流，增进信任，使不同民族和种族的人们更畅通地交流与合作，让世界变得更加美好。

习近平主席提出建设“丝绸之路经济带”和“21世纪海上丝绸之路”（以下简称“一带一路”）的倡议后，国际社会高度关注，反响强烈。克罗地亚著名地缘政治学家

亚斯娜·普雷夫尼克博士在接受本报记者采访时表示,在经济全球化的大背景下,中国的"一带一路"战略构想符合时代精神,相信一定能取得成功。

普雷夫尼克女士说,当今世界正在发生深刻复杂的变化,局部动荡频发,全球性问题突出,影响了人类社会共同发展。"一带一路"是中国领导人统筹国内和国际大局,为进一步提高对外开放水平,加强与世界各国人民友好交往与合作而提出的重大战略构想。这个构想符合当今世界的时代精神,既是快速发展的中国经济全球化的重要一步,也是中国对二十一世纪经济全球化的积极响应。同时,这一战略构想也充分彰显了中国全方位开放、开明互通、互利共赢的真诚合作态度和良好愿望。

普雷夫尼克认为,全球化最终的理想目标是人类生存的地球成为一个"无国界"的空间。所有的国家,无论是发达国家还是发展中国家,无论是大国还是小国,从东亚的中国到东南欧的克罗地亚在内的所有国家,都能平等相处,无障碍地交流。她说,中国的"一带一路"战略正是对这一理想目标的积极响应,目的是从海上和陆地两条通道上让中国与古丝绸之路沿线国家和周边国家进一步相互连通,通过改善交通条件,推动区域经济合作,促进这些国家的经济发展和彼此之间的人文交流,增进信任,促使不同民族和种族的人们更畅通地交流与合作,从而使世界变得更加美好。

普雷夫尼克表示:"我很欣赏中国做事情的方式,一步一个脚印,扎实前进。我也相信,在中国政府的支持下,走出国门的中国公司会越来越有经验,他们有资金,有实力,也有能力去逐步实现'一带一路'战略构想,虽然可能需要相当长的时间。这一构想很可能会先在中亚及东亚取得重要进展,包括土耳其、罗马尼亚和俄罗斯等。此外,中国与塞尔维亚、匈牙利和希腊等国在铁路和港口等领域的合作也取得了重要进展,这将有助于中国乃至亚洲与欧洲国家的连通与合作。"

克罗地亚处于"海上丝绸之路"的欧洲一端,拥有良好的基础设施和资源储备,地理位置和条件良好,如拥有优良港口里耶卡和普罗切。中克两国传统友谊深厚,绝大多数克罗地亚人对中国人有好感,支持中克进一步深化经贸合作。前不久,克罗地亚重要智库之一的地缘经济论坛组织在克国内组织了关于中国的网络调查。数据显示,有93.8%的人认为,克罗地亚应与中国开展更广泛的经济合作,89.4%的人欢迎中国的投资,另外还有高达82.8%的克罗地亚人谴责美国和欧洲在批评中国对互联网的控制时,使用双重标准。普雷夫尼克称,相信克罗地亚政府会作出正确而积极的选择和决定,清醒地认识到世界正在变化,新型国际关系也正在重新建立,克罗地亚有机会也应该参与到中国向西开放的这一重要战略构想中来,共赢发展。

在采访即将结束时,普雷夫尼克博士有些担忧地表示,当前的地缘政治让她想起冷战时的一些情形。随着中国综合国力和国际影响力的提升,一些国家误读了"一带一路"的理念与内涵,甚至有意把中国的经济战略歪曲成政治战略,开始采取保护主义政策,企图阻碍中国的发展。她说,即便如此,她还是相信沿线国家会完整了解并客观理解中国"一带一路"战略构想的实质,陆续参与进来,开展互利合作。

(张智勇.光明日报.2014.8.14)

中国区域经济新格局

长江中游城市群:“抱团”崛起

城市群日益成为区域发展的强力引擎。当今的长江中游城市群,凝结四省精华、辐射广阔市场,必将为中国经济持续健康较快发展注入新的活力。

城市群：未来城镇化的主平台

中央城镇化工作会议提出，要优化布局，根据资源环境承载能力构建科学合理的城镇化宏观布局，把城市群作为主体形态，促进大中小城市和小城镇合理分工，功能互补，协同发展。当今世界城市发展的主流和大趋势是城市群。城市群是我国经济发展中最有活力和潜力的核心增长极。中国波澜壮阔的城镇化，其命脉系于城市群。准确把握我国城市群的发展脉搏，引导其朝理想和可持续的目标发展，具有重大的现实意义。

改革开放以来，我国城镇数量和规模不断扩大，城市群形态更加明显，城市群已成为拉动我国经济快速增长和参与国际经济合作与竞争的主要平台。尤其是近十年来，我国城市群的规划和建设急剧升温，城市群总数已超过30个，预计未来5到10年内，我国城市群将涵盖全国815个城市中的606个，人口和经济规模分别占到城市总量的82%和92%。

上海交通大学城市科学研究院长期从事城市群的理论研究、规划编制和数据库建设，在国内外首次将“城市群”界定为在人口、经济、社会、文化和整体结构上具有合理层级体系和良好协调机制的城市共同体，据此研发出包括人口、经济、生活、文化、首位比5个一级指标及16个二级指标和43个三级指标的《中国城市群指数框架体系》，同时，以国家统计局、各城市年鉴、政府门户网站等官方发布信息为基本来源，实施数据标准化并建成首个《中国城市群数据库》，对我国城市群的政策、规划和建设进行定点和跟踪研究。光明日报以具有自主知识产权的城市群理论、城市群指数框架、城市群数据库为基础，对我国城市群发展的现状与问题进行了深入分析研究。

我国城市群的总体布局与发展现状

1.城市群基本实现省份全覆盖，东部地区城市群发展最成熟

目前，我国初具规模、得到公认的城市群有21个，它们是长三角城市群、珠三角

城市群、京津冀城市群、山东半岛城市群、中原城市群、长江中游城市群（包括武汉城市群、环洞庭湖城市群、长株潭城市群、环鄱阳湖城市群、江淮城市群）、辽中南城市群、海峡西岸城市群、成渝城市群、关中城市群、呼包鄂城市群、兰州城市群、乌昌城市群、黔中城市群、银川城市群、拉萨城市群、太原城市群、滇中城市群、哈大齐城市群、南宁城市群和琼海城市群。

从空间布局上看，这些城市群基本涵盖了除台湾以外全国各省、自治区和直辖市。在全部的21个城市群中，东部有6个，中部有3个，西部有10个，东北有2个。在基本建成的10大城市群中，东部有5个，分别为长三角城市群、珠三角城市群、京津冀城市群、山东半岛城市群和海峡西岸城市群，中部有2个，分别为长江中游城市群和中原城市群，西部有2个、东北部有1个，分别为成渝城市群、关中城市群和辽中南城市群。城市群数量的多寡，不仅直接体现了我国四大区域城市化水平的差异，而且也客观反映了我国城市建设质量和区域一体化的进程。从布局上可以看出，西部地区由于地广人稀，城市联系疏松，跨省份的区域合作较为缺乏，城市发展基本处于“单打独斗”状态，由此导致城市群数量较多，而发展水平相对落后。东部地区的城市群以长三角城市群、珠三角城市群和京津冀城市群为代表，城市群发展在国内最为成熟，区域合作水平也遥遥领先。

2.十大城市群已成为发展的中流砥柱，城市群内各城市分工日趋明显

目前，我国学界比较公认的10大城市群，共涉及129个地级市，占地级市总量的45.42%；土地面积达到152.53万平方公里，占国土面积的15.89%；2010年常住人口6.73亿，占全国总人口的50.19%；地区生产总值实现29.20万亿元，占全国总量的73.03%，是我国经济社会发展中当之无愧的中流砥柱。

从土地面积和人口规模看，长江中游城市群涉及湖北、湖南、江西、安徽四省，是我国最大的城市群。从常住人口与土地面积的比值看，珠三角城市群、长三角城市群和中原城市群在我国城市群中人口密度最高，其中，珠三角城市群居首席，以5.47万平方公里的土地承载了5616万人口，每平方公里土地承载人口超过千人。长三角城市群居次席，每平方公里土地承载人口接近1000人。而海峡西岸城市群、辽中南城市群、关中城市群和长江中游城市群的人口密度较低，属地广人稀的城市群类型。

从地区生产总值看，长三角城市群、京津冀城市群和长江中游城市群在我国城市群中位居前三。但从地均生产总值和人均生产总值看，珠三角城市群、长三角城市群和山东半岛城市群则位居前三甲，其中，珠三角城市群和长三角城市群遥遥领先，每平方公里地均生产总值均超过6000万元，是排名最末的关中城市群的10倍以上。同时，这两大城市群人均生产总值均超过6万元，约是成渝城市群的3倍。京津冀城市群虽然总量较大，但受其经济结构等因素的影响，产出效率低于珠三角城市群、长三角城市群、山东半岛城市群和辽中南城市群。

从产业结构看，京津冀城市群和珠三角城市群的第三产业的比重都超过了第二产业，其中，京津冀城市群第三产业的比重超过了50%，表明服务业已成为该城市群

经济最重要的增长点。但从总体看，工业仍是当前我国城市群的主导产业。绝大多数城市群第二产业的比重都在50%以上，中原城市群甚至达到了60%。从各大城市群的首位城市看，有6个城市的第三产业比重超过了50%，7个城市第三产业比重超过第二产业。由此可知，服务业正成为各城市群首位城市的主导产业，而制造业则逐步转移至周边城市，城市分工日趋明显，城市群产业结构的调整不断取得进步。

从各城市群的城乡差距角度看，2010年，城镇居民可支配收入与农民纯收入之间的差距基本在2倍左右，远低于全国3.68倍的水平。在10大城市群中，辽中南城市群的城乡收入差距最低，为1.97倍，而关中城市群最大，达到了3.52倍。从全国范围看，城市群城乡居民收入差距相对较低，揭示出城市群发展模式在实现城乡一体化、促进城乡统筹发展方面发挥了重要的推进和辐射作用。这在客观上也说明，中央城镇化工作会议提出“把城市群作为主体形态”，而不是一些学者和战略研究报告强调的“以小城镇为主体”，是十分科学和符合我国城市化的实际情况的。

3.珠三角、长三角和京津冀三大城市群向世界级城市群迈进

珠三角城市群、长三角城市群和京津冀城市群是我国最早开始建设，也是目前国内发展水平最高的三大城市群，随着我国经济的快速发展和中国融入世界步伐的加快，这三大城市群将进一步发挥其对全国经济发展的重要引领和支撑作用，在更高层次参与国际竞争与合作，加快向世界级城市群迈进的步伐。

三大城市群代表了我国都市化进程的总体水平和发展趋势，真实再现了我国城市群建设中的问题、经验与教训，在国家明确提出“把城市群作为主体形态”的新形势下，其发展情况是最值得深切关注和全面研究总结的。

根据2007—2010年的各项数据，我们运用课题组自主研发的指标体系进行综合计算和比对，得出我国三大城市群的发展趋势、综合与单项排名如下：

在纵向比较上，目前的基本状况是，京津冀城市群发展最快、长三角城市群持续性强、珠三角城市群步履放缓。但从总体趋势上看，三大城市群的综合指数均呈现出较为明显的上升趋势，其中最突出的是京津冀和长三角。这反映出三大城市群近年来在人口、城市经济、生活质量等方面不断优化进步，逐渐从“数量—规模增长”过渡到“质量—内涵增长”的新阶段，从“铺摊子、扩圈子”的粗放型城市化进入“调结构布局、深度城市化”战略调整期。

在横向比较上，目前的综合指数排名珠三角城市群位于第一，长三角城市群居次席，京津冀城市群居第三。但从人口、经济、生活、文化和首位比各单项指数看，三大城市群各有亮点和优势。京津冀城市群在文化指数上一枝独秀，表明其已是当仁不让的国家文化中心；长三角城市群的经济发展水平领先，经济发展也最为活跃和发达，表明其国家经济中心之梦已“小荷初露尖尖角”；珠三角城市群作为我国改革开放的前沿阵地，在人口、首位比上明显优于京津冀城市群和长三角城市群，表明其发展最为均衡，在形态上最接近一个理想的城市群。珠三角城市群、京津冀城市群和长三角城市群在整体发展水平、文化、经济上三足鼎立，显示出中国都市化进程初步形成

了"差异化"的竞争发展格局,对引导我国经济社会建设走出长期以来形成的"同质竞争"陷阱具有重要带动作用。

我国城市群建设存在的主要问题

1.在全球范围看,与西方成熟和发达的城市群相比,我国城市群存在的突出问题是内涵上的"简单化"和形态上的"粗放化"

2008年,西方学者理查德·弗罗里达以全球经济产出排名中超过1000亿美元的前40个城市群为对象,对全球城市群进行了整体研究和综合分析。其中最值得关注的结论有两个:一是40个城市群的经济产出总和已占世界总量的66%,在全球创新中所占的比例高达85%,表明经过半个多世纪的培育、发展,城市群已成为决定当今世界经济和创新发展的核心板块与主导机制。二是世界各大城市群在发展模式上呈现出特色化的新趋势。如大东京城市群侧重金融、设计和高科技,北加州城市群侧重技术产业和风险投资,卡斯卡迪亚城市群侧重软件出版和航空制造,意大利城市群(罗马—米兰—都灵)侧重潮流和产业设计,这说明当今世界城市群正在摆脱传统的"同质竞争",在内涵上更加丰富,在形态上更有特色,以城市群为中心的新的全球经济分工和层级体系正在悄悄出现。

与之相比,我国城市群普遍存在两大问题,即内涵上的"简单化"和形态上的"粗放化"。从内涵上讲,理想的城市群发展模式,应包括空间合理拓展、经济均衡增长、管理体制机制创新三方面,而我国城市群空间上的"跑马圈地"、经济上二产比重过高和管理体制机制低效为代表,"同质竞争""相互克隆"、缺乏特色和创新,这些成为影响我国城市群建设质量的主要问题。从形态上讲,受城镇化进程整体水平和历史条件局限,我国城市群仍停留在粗放发展阶段,只能在"产业化推动"(AOD模式)、"交通推动"(TOD模式)和"行政推动"(SOD模式)三者中择其一,难以在三者之间形成合力,推进城市群的全面与健康发展。如何在内涵建设上由简单变丰富,在形态建构上走向"效率推动"(EOD模式),已是当务之急。

2.从首位比的角度看,我国城市群内部尚未形成合理的城市分工和层级体系,"一城独大"的"寡头"现象比较严重,协调与合作处于"浅表阶段"

首位比是指中心城市某项指标在城市群中所占比重,主要用来衡量城市群内部是否生成了合理的分工与层级体系。首位比过高,说明城市群的人口与资源"过度集中","一城独大"的"寡头城市"必然剥夺周边城市发展的资源与机遇,削弱城市群的整体发展水平和综合竞争力。以三大城市群为例,珠三角城市群之所以居于首位,主要是首位城市与其他城市差距相对较小,北京由于资源过于集中,上海由于自身发展过快,影响了各自所在城市群形成合理的层级与分工体系。这些问题在我国其他城市群中普遍存在,在未来一段时间内应该严肃对待、重点解决。

在贸易自由化、生产国际化和金融全球化的背景下,由于各城市在资源、要素、资金等方面的差异性和互补性,是否参与区域内合作并承担相应的层级职能,决定了城

市群能否吸引和获得更多的资源和机会。所以,与过去的“貌合神离”“明争暗斗”相比,我国城市群内部的合作意识在逐渐强化,如建立联席会议制度、实施交通一体化、旅游一体化战略等。但它们多以项目形式出现,实际作用有限而零散。建立城市群之间长期和具有刚性约束力的制度和体制机制,在当下亟待思考和探索。

3.从经济与人口的角度看,各城市群建设面临的资源与环境压力逐年加大,健康与可持续发展面临较大挑战

联合国1996年《人类发展报告》首次提出“无未来的增长”,用来批评以恶性损耗和牺牲环境为代价的发展方式。中央城镇化工作会议也提出“要优化布局,根据资源环境承载能力构建科学合理的城镇化宏观布局”,环境与资源问题是我国目前城市发展面临的首要问题。由于集聚了更大规模的人口和经济活动,城市群的资源环境问题远比一般城市要突出和尖锐,并呈现出城市经济、人口增长与环境、环境污染破坏同步增长的趋势。以三大城市群为例,经济最发达的长三角,环境问题也最严重。以工业废水为例,在2007年至2010年间,长三角的工业废水排放量分别为438489万吨、416680万吨、418957万吨和418404万吨,而京津冀的工业废水排放在120000万吨左右,珠三角的工业废水排放量在130000万吨左右。而根据环境保护部发布的2013年全年空气质量数据,京津冀区域全年空气质量达标天数比例不足四成,是全国空气污染最严重的地区。

在快速城市化背景下,环境与资源问题已成为我国城市群发展的瓶颈,各城市群面临的资源环境压力彼此之间不过是“五十步”和“一百步”的关系,谁也不能笑谁。随着我国西部大开发战略向纵深推进及中西部城市群(经济区)的陆续上马,由于主要以三大城市群为模仿对象,很多中西部城市更是乐于承接东部地区转移的落后产业,所以环境保护与城市经济人口增长的矛盾,也出现了自东向西蔓延的新趋势,这种情况下尤其要警惕中西部城市群重蹈“先污染、后治理”的覆辙。在经济和人口快速增长的同时,我国城市群的环境魔咒也越念越紧,如何兼顾经济效益和生态效益、人口增长与环境友好,已成为我国城市群发展面临的头等大事。

4.从社会和文化的角度看,我国城市群的社会环境和精神文化生态,与人民群众日益提高的需求、“城市让生活更美好”的理想还有较大距离

城市群代表了当今城市发展的最高水平,本身就意味着巨大的物质财富和良好的公共服务能力,并应该是当代中华民族美好生活的核心空间。但近年来以“逃离北上广”和“大城市伪幸福”为代表,人们面临着一种深刻的悖论,即在大都市道路继续拓宽、新建筑层出不穷、人口大量增加的繁华背后,人们对其城市尤其是大都市的怀疑、失望、厌倦,甚至敌视等极端心态与行为也与日俱增。人们来到城市是为了过美好的生活,来到发展水平更高的城市群是为了过更美好的生活,但在“房奴”“车奴”“卡奴”等都市人身上,实际情况却在异化,人们在城市中不是感到幸福,而是感到不幸和痛苦;不是找到了自由发展的空间,而是处处受到钳制和约束;在城市中的一切奋斗不是实现自我,而是越来越磨损了他最初的热情和理想。这些问题触及建设城

市群最深层的和最根本的意义，即我们花费巨大人力物力和智力，建设庞大的城市群目的是什么。

这种情绪的深层原因，在于我国城市群患上了“文化病”，城市的硬件、硬实力与软件、软实力出现了比较严重的不协调和不平衡。这也说明，尽管我国城市群涵盖了巨量的区域文化资源和生活方式资产，但它们对城市群的建设和发展的实际贡献还远没有达到人们的期望。如在长三角城市群，固有的江南文化传统，在当下对城市间的联系和纽带作用就已远不及明清时期，这在相当程度上使长三角城市群在协同发展方面很难获得心理和精神层面的默契和支持。凡此表明，城市文化软实力与生活方式资产的落后，已成为我国城市群发展最大的软肋之一。物质日趋丰足的城市群，在文化开发和提升上的空间还很大，这也是今后应重点研究、规划和布局的战略方向。

推动我国城市群健康发展的建议

1.以国家区域规划中期评估为抓手，变革“以GDP论英雄”的发展观，探索建立城市群健康发展的体制机制

十八届三中全会提出“完善城镇化健康发展体制机制”。城市群由于人口空间体量大、发展过程影响大、示范和辐射作用强，应当对此先行进行探索和实践。2014年，与城市群相关的国家区域规划大都到了实施的中期阶段，建议以此为契机，建立健全科学的城市群质量评价标准体系，迅速启动中期评估，重点是摒弃“以GDP为指挥棒”、“摊大饼”式的“跑马圈地”、大投入拉动财政收入的粗放建设模式。要靠制度的约束来开启注重效率、内涵和质量的时代，以加强内部管理、调整产业结构、改变增长方式为主要手段，从布局、规划、管理、修编各环节入手，推动出台相关政策和体制机制，克服内涵简单和形态粗放的发展模式，尽快地缩小与西方城市群的差距。

2.构建协调协同发展机制，解决城市群层级体系混乱和一体化内生动力缺乏问题

城市化主要有“单体式”和“城市群”两种模式。前者“单打独斗”“以邻为壑”，造成区域内资源、资金和人才的巨大浪费和低效配置。后者的目标是通过建立合理的城市分工和层级体系，促进都市、城市、乡镇、农村的协调、均衡和可持续发展。我国城市群的主要问题不是数量不够，而是质量不高，其中最突出的是层级体系混乱和一体化内生动力缺乏，与真正意义的城市群“貌合神离”。建议通过自上而下的机制体制改革，合理划定城市群的层级体系与边界，以理顺城市层级间的资源配置关系、建立合理的利益协调和补偿机制为中心，构建符合我国城市群发展的协调协同发展机制，把“浅表合作”延伸到实质性合作的新阶段。

3.建设“宜居城市群”，解决城市经济、人口增长与资源、环境的矛盾冲突

中央城镇化工作会议提出，城市建设“要依托现有山水脉络等独特风光，让城市融入大自然，让居民望得见山、看得见水、记得住乡愁”。在“十一五”期间，我国环境

退化成本从5118.2亿元提高到8947.6亿元，增长了74.8%；虚拟治理成本从2874.4亿元提高到5043.1亿元，增长了75.4%。环境退化成本占GDP的比例为3%左右。经济发达的城市群对此负有主要责任。建议提出“宜居城市群”的规划和建设目标，把环保与经济、生态与人口放在同等甚至更高更重要的位置，并在国家相关政策的框架下，研究和制定“宜居城市群标准体系”，替代“唯GDP”的考核标准，以完善的制度和严格的监管为“铁手腕”，推动城市群绿色发展，并要求城市群内的各城市联防联控、通力合作。

4.以新型城镇化和文化强国为核心，实施文化城市群战略，努力让城市生活更有价值和意义

城市群主要有两种发展方式，一是传统的主要以经济、交通和人口作为测评指标的“经济型城市群”，二是新出现的主要以生态、文化和生活质量作为评判标准的“文化型城市群”。改革开放以来，我国主要走的是一条经济型城市群发展道路，尽管各城市群的经济总量、交通基建和人口规模增长很快，但“城市病”也日趋严重，发展不可持续问题日益凸显。城市群发展不只是经济的一体化进程，也包括政治、文化、社会等方面的内容。城市的本质是文化，文化城市群代表了城市群发展的更高形态。建议依托我国的新型城镇化和文化强国两大国家战略，将“文化城市群”作为落实“完善城镇化健康发展体制机制”的顶层设计和核心框架，转变以工业化、现代交通和城市基础设施建设为主导的经济型城市群发展模式，大力培育环境、经济、社会和文化的协调关系和协同发展机制，以便从根本上解决城镇化中的深层次问题和综合性矛盾，最大限度地减少成本，在不断探索中走出城市群全面协调发展的新路。

（刘士林，刘新静，张懿玮，于炜，盛蓉.光明日报.2014.6.3）

长江经济带：新棋局如何打开？

近日，国务院总理李克强在重庆主持召开了包括长江沿线11个省市主要负责人在内的区域经济发展座谈会。会议指出，要依托黄金水道建设长江经济带，为中国经

济持续发展提供重要支撑。

涵盖11省(市),占全国经济总量超过40%,承载约6亿人口,串起整个“一路两带”……在中国经济寻找新动力的背景下,长江经济带将给中国区域经济格局带来怎样的变化?

黄金水道:打造经济增长新引擎

事件:近日,在京召开的长江经济带建设课题汇报会上,国家发改委正式确定,长江经济带范围将涵盖上海、江苏、浙江、安徽、江西、湖北、湖南、重庆、四川、云南和贵州九省二市。这意味着,作为国家主体功能区规划“两横三纵”主体的长江经济带正式扩容。

“长江经济带规划大幕徐徐拉开,标志着中国经济的区域发展战略进入新的阶段。”中国社会科学院工业布局与区域经济研究室主任陈耀指出。

当前,中国正处于发展速度换挡期、结构调整阵痛期、前期刺激政策消化期三期叠加阶段,经济增长面临较大的下行压力,经济发展正在寻找新的引擎,建设长江经济带正好顺应了这一需要。

从沿海起步先行、溯内河向纵深腹地梯度发展,是世界经济史上一个重要规律,也是许多发达国家在现代化进程中的共同经历。二十世纪密西西比河流域的发展,推动了美国的强势崛起,而莱茵河流域发展,促进了法国、德国和荷兰的长期繁荣。

数据显示,长江全长6300余公里,其流域提供了中国36.5%的水资源、48%的可开发水电资源、52.5%的内河通航里程,是连接中国东中西部的“黄金水道”。

2013年,长江干线货运量达19.2亿吨,连续9年排世界内河货运量第一,长江干线生产性泊位增加到4296个,其中万吨级以上泊位459个,为长江航运的发展提供了良好的契机。

实际上,作为中国第一、世界第三大河流的长江,早在20世纪80年代中期就被确定为国家经济发展的轴线之一。“当时有两条经济发展轴,一条是沿海,一条是长江。但30年来,长江与沿海发展渐渐拉开了差距。”陈耀分析说。

“因此,长江经济带建设的意义在于把开放放在更宽的视角中,实现了内与外、西部和东南沿海、山区和沿海、工业和农业等多个领域的无缝对接。其实,这也透露了一种信号,那就是中国的改革开放将进一步向前迈进。”中山大学岭南学院财政税务系主任林江表示。

据国家统计局公布的全国31个省、区、市2013年GDP数据,11个长江经济带覆盖省市的GDP总量接近26万亿元,占全部省(区、市)GDP总量的41.2%。

为谋求我国区域经济新发展,2013年,中央城镇化工作会议提出“两纵三横”格局,明确“要在中西部和东北有条件的地区,依靠市场力量和国家规划引导,逐步发展形成若干城市群,成为带动中西部和东北地区发展的重要增长极”。

湖北省社会科学院副院长、长江中游城市群研究中心主任秦尊文指出,随着“长

江经济带”未来发展，我国经济发展将形成“T”形结构：30多年来“沿海一竖”珠三角、长三角、京津冀形成中国经济发展支撑格局，而现在“沿江一横”长江横向经济带，贯穿东、中、西部三大地带，将打造成中国经济新支撑带。

梯度开发：形成错位竞争新局面

数据：据不完全统计，目前长江沿岸有武钢、宝钢、攀钢、南钢、马钢等五大钢铁基地，近十家炼油厂，化工企业达40万家左右，仅江苏境内就布局了8大临港化工区，化工企业超过10万家。长江沿线，钢铁产量占全国的36%，汽车和石化产量都超过全国的40%。

日前，国家统计局公布了全国31个省（区、市）2014年一季度GDP数据。长江经济带11省市中，重庆以10.9%的增速高居榜首，江苏总量排名第一，湖北总量和增速均列第五。与全国一季度7.4%的增速相比，长江经济带中共有9个地区的增速均超过了全国水平。

一季度经济增长速度再次表明，长江经济带已经成为我国经济发展的重要支撑。然而，经济增速良好的同时，是让人难以忽视的产业趋同的发展格局。

中国社会科学院城市与竞争力研究中心主任倪鹏飞曾撰文指出，长江经济带内各省区工业结构相似性很高，并呈现出“两头略低、中间较高”的特点。在长江经济带的9个省会城市中，大部分城市的主导产业都集中在汽车零部件制造、建材、重型机械、电子信息等。

过去，由于钢铁、化工、医药、造纸等“三高”产业争相布局长江，不仅造成了产能过剩和恶性竞争，而且对长江生态环境带来了巨大的环境隐患。

针对这一问题，国家发改委副主任徐宪平曾经在位于武汉的交通部长江航道局调研时说：“长江经济带上最重要的是产业转型升级的问题。”

事实上，长江经济带建设上升为国家战略后，各地都希望抓住这一发展机遇，谋求政策红利。在国家发改委调研制定规划的同时，各地也在制定自己的发展规划，希望把地方规划、产业政策和项目等纳入国家部署层面。

在此背景下，长江经济带各省份利益应如何协调，应如何再次避免产业趋同？未来，如何更好地发展好长江经济带，舞起中国经济的“金腰带”？

“在发展中，产业布局容易出现雷同，比如湖北和重庆都想发展汽车产业，湖南、安徽、江西也都在发展汽车产业。建设长江经济带的核心是解决沿江产业布局和城市群推进问题。”中国人民大学经济学院副院长刘瑞说。

刘瑞进一步分析指出，长江经济带实际上横跨了我国的中东西部，三个地区的经济结构有较大差异，而且它又是沿着这个黄金带形成了一个资源带、一个旅游带、一个能源产业带，因此这一地区产业的梯度开发趋势是很明显的。只有把握住这样的一个良好的条件，各地在发展产业上避免重复建设，实现重构化发展、错位发展、错位竞争，才能产生总体的经济效应。

打破壁垒:引领区域协调新未来

对比:目前,长江经济带人口占到全国人口的41%,经济总量也占41.2%多左右,人口比重跟经济比重较为接近。相比之下,沿海地区人口占我国的38%,GDP占到全国的51%,超过了一半。从目前状况来看,长江经济带除了长三角地区,中上游的发展依然不够;长江经济带的人口比重跟经济比重相当,说明长江经济带的经济集中度依然不足。

谈到中国的区域发展,有人将中国的沿海和沿江开放比喻为“弓箭战略”:沿海是改革开放的一张弓,长江流域则好比一支箭。

而早在1992年,党的十四大就曾提出“以上海浦东开发开放为龙头,带动长江三角洲和整个长江流域经济的新飞跃”。

在发展中,长江经济带这支“利箭”却远远落后于“弓”的发展,其背后又有着怎样的原因?

专家指出,过去,长江沿线各省市发展程度不一,全流域观念欠缺,或多或少存在区域壁垒,市场人为分割,要素难以自由流动,难以形成全球性整体竞争力。

“长江经济带一体化中最本质的也是很难解决的是行政区划带来的利益分割,这就需要有一个高级别的协调机制。”陈耀认为,通过转变政府职能和机构改革,打破行政藩篱,形成区域经济发展一体化局面,是应该重点攻克的问题。

对此,北京大学教授、长江经济战略研究中心主任杨开忠也指出,现行的行政分割问题较为突出,区域之间没有建立统一的市场监管体系,产品要素和资源流通受到限制。长江流域合作的第一步就是开放市场,让自然纽带变市场纽带。

为此,杨开忠建议,建立健全全流域开放的共同市场制度和社会保障制度;立足跨越式发展的战略高度,规划建设武汉、长沙、重庆等中国自由贸易试验区;全面推进全流域黄金水道升级版建设,完善全流域无缝衔接的综合交通体系;发挥长江流域作为我国最重要的科技、教育、文化聚集区之一的潜力和优势,建设创新型流域。

“未来需要一套体制机制、一个由国家发改委来牵头实现的规划,为长江经济带做一个整体性规划,然后各省找到自己的位置,大家一起来推进这件事情,这要花一定的时间,不是能一蹴而就的,可能还要有一个过程。”刘瑞说。

(李慧.光明日报.2014.5.6)

2014区域发展：长江中游城市群"抱团"

2014年，我国区域经济发展的四大板块亮点纷呈。东部地区的上海自贸区，中部地区的长江中游城市群，西部地区的丝绸之路经济带和东北地区的沈阳经济区因地制宜，根据不同板块的特点，完善并创新区域政策，重视跨区域、次区域政策，寻找支撑区域发展的驱动力。

1.加快重点领域改革和先行先试，为改革全局提供经验，通过制度创新为转型发展提供新动力

上海自贸区引领"长三角"

上海自贸试验区建设被寄望成为新形势下上海改革开放基因的"培养皿"。记者了解到，2014年上海自贸试验区将形成经过实践检验且确实管用有效的基本管理制度，有一套基本监管模式，按中央要求形成首批在全国可复制、可推广的管理制度和监管模式。

上海自贸试验区管委会常务副主任戴海波表示，上海自贸试验区建设要用制度创新统领，细化形成16项基本的制度框架；要强化功能拓展，特别是与上海"四个中心"建设形成联动机制，重点在金融、航运、贸易3个领域加以突破；要强化联动发展，近期将盘活存量，在产业规划和形态规划上下功夫，通过联动发展形成增量，在临港地区打造金融、集中保税展示交易中心、文化交易平台3个板块；还要从发展趋势、全球经济一体化、参与国际竞争合作等方面加强前瞻性研究。

记者日前获悉，上海将着力抓好五项改革，即以率先探索上海自贸试验区建设为突破口，协调推进行政审批制度、国资国企、城乡一体融合协调发展、文化体制等改革。其中，上海自贸试验区将在2014年下半年交出首批成果。

新一轮浦东综合配套改革试点三年行动计划将与上海自贸试验区实现联动，上海自贸试验区制度创新有望最先辐射到浦东新区。记者还了解到，目前上海市正在征求各方面的意见，准备对2014年版的上海自贸试验区负面清单进行改进和优化；

上海自贸区金融政策细则也将在2014年初落地；能源期货交易所、个人海外投资、跨境电子商务、森兰商都等也都将在2014年进入实质化运行阶段。

横琴为粤港澳紧密合作探路

“一国两制”下探索粤港澳合作新模式的示范区横琴岛，经过近4年建设，目前已有一批大项目落户，封关运作在即，横琴新区已迈开了关键一步。

横琴新区已建成“两横一纵一环”主干路网、桥梁隧道和人工岛，33.4公里长的地下共同管沟和1.5公里长的海底隧道等基础设施。首批进入金融产业服务基地的28家金融机构已开业；粤澳合作中医药科技产业园启动招商，横琴二线通道竣工验收。56个重点建设项目总投资逾2263亿元，环澳产业带初见雏形。

展望未来，2016年港珠澳大桥建成后与港澳路桥相连，再经过10年到15年的努力，横琴将成为区域共建的“开放岛”。

与港澳在金融服务、产业政策、投融资改革等方面的合作加强。在CEPA框架协议下，打造服务业发展的新优势；以科技创新为核心，培育一批以实用技术和重大产品开发为主业的高技术企业；构建便捷高效的信息网络体系，以信息化推动现代服务业和高新技术产业的发展；创造适宜自主创新、自主创业的综合城市环境；建设多功能、复合型的自然生态体系。

2.发挥承东启西区位优势，利用长江带来的巨大交通便利，增强发展整体竞争力

长江中游城市群“抱团”发展

长江中游城市群区域协作发展战略实施一年来，在文化旅游、交通运输、公共服务、产业经济等方面收效显著。

2013年2月，长沙、合肥、南昌、武汉4省会城市负责人在武汉共同签署《长江中游城市群暨长沙、合肥、南昌、武汉战略合作协议(武汉共识)》。为长江中游城市群建设提供了指导方略，犹如给长江中游城市群的崛起添上“点睛之笔”。

目前，四省会城市已在多个区域发展开展协作，咸岳九“小三角”、黄梅小池“经济特区”、大别山等省级毗邻地区试行创新合作机制。旅游方面，武汉、长沙、合肥、南昌4市推出城市群旅游优惠联票，4城市民互游8大景区享8折优惠；交通运输方面，咸(宁)通(山)高速、武(汉)咸(宁)城际铁路正式开通，4省已相继打通10余条高速“断头路”。产业经济方面，4省在工业分工、信息技术协作、农业协作等方面已分别达成协议。湖北名企“九州通”子公司完成华中地区全覆盖，武汉“精武”、长沙“绝味鸭脖”等著名品牌从上游的家禽养殖到下游商品流通合作加速……

2014年，湘鄂赣皖按照“自身角度为主，兼顾其他三省”的原则，合作将更加深入。4省会城市间部署形成集高铁、高速公路、城际铁路、水运多位一体的交通网络，建成2小时互达经济圈；旅游产业一体化进一步深入联动，依托黄鹤楼、岳麓山、滕王阁、巢湖等著名旅游区(点)，共建长江旅游黄金带和中部旅游协作区；产业分工、协作、沟通机制也将进一步完善，从而促进要素合理流动、推进产业联动、完善城市群内基础设施建设、做好公共服务有效配套和自动衔接，充分发挥市场的基础性地位，使

长江中游城市群建设步入实质。

3.西部地区成为向西开放的前沿和桥头堡，具备强大的后发优势和发展潜力

丝绸之路经济带合作共赢

“丝绸之路经济带”开辟出一条横贯东西、连接欧亚的丝绸之路。

“国家正在制定‘丝绸之路经济带’的战略规划，我们的当务之急就是要把甘肃在国家重大战略中的定位和作用搞清楚，把我们在‘丝绸之路经济带’中的优势和特点搞准确，加快推进‘丝绸之路经济带’甘肃‘黄金段’的谋划和建设。”日前，在甘肃省经济工作和城镇化工作会议上，甘肃省委书记王三运认为，甘肃打造“丝绸之路经济带”的“黄金段”正当其时。

王三运分析说，在扩大向西开放、加强同中西亚国家的合作上，甘肃具有独特的地理区位、能源资源、战略平台和人文渊源优势，特别是拥有古丝绸之路贯穿境内1600多公里的战略通道优势。“甘肃所具有的这些条件是其他地区无法比拟的。”

记者了解到，目前甘肃省政府与国务院发展研究中心正在联合拟定“丝绸之路经济带”甘肃段建设总体方案，力争在空间布局、节点城市、产业开发与合作、功能定位、基础设施建设等方面，更好地对接国家战略。

同时，甘肃将大力支持企业开拓“丝绸之路经济带”沿线国家的市场，参与境外资源开发和对外承包工程，开展农业实用技术转让、农副产品加工贸易，打造一批体现甘肃特色的服务贸易品牌。

“我们要深入研究‘丝绸之路经济带’沿线国家的资源状况和投资需求，为企业‘走出去’牵线搭桥，提供信息。”甘肃省省长刘伟平说，甘肃将积极申报“丝绸之路”国际文化博览会，充分利用中川机场口岸开放，促进与中亚国家的人员交流和多方合作。

重庆两江新区内陆改革开放

作为中国从沿海开放到内陆开放的首个国家级开发开放新区，两江新区将2014年确立为“改革突破、形象展示年”，着力抢抓新一轮改革开放新机遇，全面探索内陆改革开放新路子。

2013年，两江新区围绕简政放权、主体功能区发展战略深化改革，夯实内陆开放平台、开放通道推动产业转型升级，城乡统筹发展。记者了解到，两江新区在2014年将从科学谋划功能分区、进一步推进开放、完善金融市场等8个方面重点推进相关工作。在努力构建开放型经济体系方面，新区将尤其要加快推进以跨境贸易电子商务、保税商品展示交易等为重点的“10+1”创新举措。

4.在东北地区，沈阳经济区的亮点在“优化金融生态改革试验”，将弥补东北金融“短板”，对加快东北金融中心建设，加快东北老工业基地全面振兴产生影响

沈阳经济区打造东北增长极

以沈阳为核心，辽宁省8个城市组成的沈阳经济区，其新型工业化综合配套改革上升为国家战略以来，8城联动整体突进，新型工业化、新型城镇化和区域一体化步

伐日益加快，取得明显成效。经济增长、科技创新、生态改善等多项重要指标都高于辽宁乃至东北的平均水平，已成东北发展具有重要支撑和牵动作用的核心区域。

告别原材料、粗加工业态，沈阳经济区工业化有了崭新转型：跃上产业链高端，“智慧”附加值比重劲升。沈阳经济区一大批代表国际先进水平的重大技术装备实现了国产化领跑。支撑传统制造转身的力量来自科技创新，沈阳经济区建设省级以上工程技术研发中心213家，占全省的比重达70%以上。

与新型工业化形影相随的新型城镇化是可圈可点的亮色。沈阳经济区8市高度重视产业支撑和产城融合。仅沈阳市通过培育壮大铁西装备制造业、铁西现代建筑、铁西医药化工、沈北新区食品加工及生物、沈北新区手机光电信息及先进制造、东陵（浑南新区）软件及电子信息、于洪装备制造配套等一批千亿、百亿的产业集群，促进了新型工业化与新型城镇化的协调发展。

沈阳经济区办公室主任刘始杰介绍说，2014年沈阳经济区最新最大的亮点在“优化金融生态改革试验”，改革试验将弥补东北振兴的金融“短板”，对加快东北区域金融中心建设，加快东北老工业基地全面振兴产生重大影响。辽宁省将争取用1年左右的时间，使沈阳、抚顺、本溪、铁岭4市先期达到金融同城化，利用3年时间，消除地区壁垒，争取实现沈阳经济区8城市金融同城化。

（李治国，李茹萍，郑明桥，李琛奇，孙潜彤，陈发明，吴陆牧.经济日报.2014.1.6）

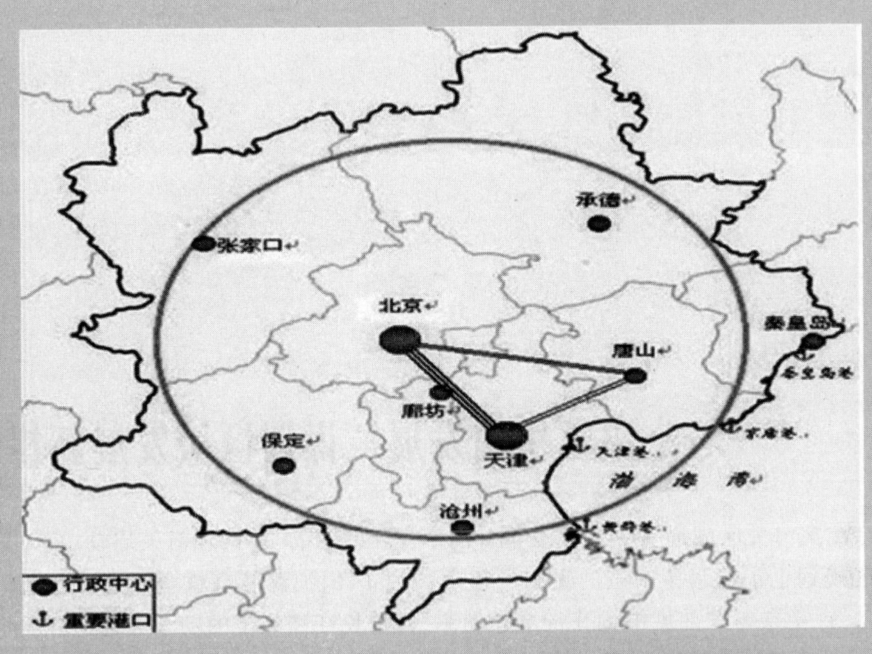

中国区域经济新格局

京津冀一体化:打造世界级城市群

“京津冀一体化发展”是大势所趋,也是利国利民的重大举措,只是会有一个漫长的各方利益博弈的过程。

京津冀协同发展　谋划区域发展新棋局

京津冀海关区域通关一体化改革日前率先在北京、天津两地海关启动，京津冀协同发展规划也正在紧锣密鼓的编制过程中；7月1日，沪汉蓉高铁全线开通，成都、重庆到上海、南京等东部城市将开行多趟动车，横跨长江经济带的动车大通道开始形成——这是我国区域协调发展的一个缩影。在国家一系列重大区域规划政策的引导下，各地区发展潜力被激活，区域协调发展新棋局正逐渐形成。

区域格局日益优化

长期以来，各地区发展不平衡是我国经济健康发展的一个阻碍。在当前我国经济处于增长速度换挡期的大背景下，培育新的经济增长带、实现区域协调发展的重要性愈发凸显。

党的十八大和十八届三中全会对实施区域发展战略提出了新的要求和部署。国家在鼓励东部沿海地区率先发展的基础上，陆续制定实施了推进西部大开发、振兴东北地区等老工业基地、促进中部地区崛起等一系列重大区域规划政策，构成了区域发展总体战略。

这些区域发展政策效果如何？根据国家发改委的数据，2013年，东部、中部、西部和东北地区生产总值分别增长9.1%、9.7%、10.7%和8.4%，中西部地区增速连续6年快于东部地区。尽管2014年上半年数据还没有公布，但从一季度数据看，地区经济增速继续呈现中西部地区快于东部地区的态势，中部地区生产总值的增速位居四大板块首位。

在过去很长一段时期内，东部增长快、中西部相对缓慢，区域差距扩大是一个基本现状。国家发改委副秘书长范恒山介绍说，近年来，这种增长格局已发生巨大改变，2008年以来，中西部地区和东北地区的增长速度全面超过东部，扭转了长期以来区域增长“东快西慢”的格局。此外，在长三角、珠三角和京津冀三大经济引擎辐射带

动能力进一步提升的同时，中西部地区涌现出一批新的增长极，成渝、北部湾、关中天水等地区发挥出强劲的经济拉动作用。

中国人民大学区域与城市经济研究所所长孙久文认为，中国经济过去主要依靠珠三角、长三角、京津冀三个点支撑，而随着东部三大增长极的逐渐成熟和东北老工业基地、中西部沿长江区域、西南中南腹地等新三大经济支撑带的兴起，劳动力、资本等生产要素将能够按照比较优势科学配置，未来中国的区域发展将逐步走向多点支撑的均衡格局。

下一步怎么走

中西部地区新经济增长极的崛起，为我国区域发展更加协调、更加平衡创造了条件。

在国务院发展研究中心副主任韩俊看来，尽管有了一定基础，但我国未来的区域协调发展仍面临许多困难。他分析说，随着劳动力成本的不断提升，中西部地区难以简单复制沿海地区依靠廉价劳动力、廉价土地所获得的竞争优势，需要探索一条新路子，而这个过程将并不容易。

中央经济工作会议明确提出，2014年经济工作的主要任务之一是完善并创新区域政策，缩小政策单元，重视跨区域、次区域规划，提高区域政策精准性。李克强总理在2014年的政府工作报告中表示，要由东向西、由沿海向内地，沿大江大河和陆路交通干线，推进梯度发展。实施差别化经济政策，推动产业转移，发展跨区域大交通大流通，形成新的区域经济增长极。

范恒山告诉记者，我国区域发展政策将更强调各区域、尤其是大区域的联动发展，推动产业有序转移和承接。此外，我国国土面积大，各地资源禀赋和发展基础差别大，区域发展规划既要依据各地实际来制定，又要突破行政区的限制，在更大范围、更大空间推动资源要素的流动，实现各地区的优势互补。

促进区域发展，中央、地方都有规划，如何让这些规划打破各自“一亩三分地”的局限，确保落实不走样，关系着区域发展的成效。范恒山指出，近期制定的区域规划和政策由国家部门和地方联合制定，考虑了地方的合理建议，具有很强的针对性、可操作性和内生贯彻机制，调动了各地政府的积极性。他同时表示，中央将加强重点地区的督察，及时掌握评估中出现的新情况、新问题，保证执行效果达到最佳。

（杨君.光明日报.2014.7.4）

京津冀一体化：打破“一亩三分地”还需迈过几道坎?

珠三角、长三角和京津冀三大城市群是我国最重要的经济增长极，不到3%的国土面积创造了将近四成的国内生产总值，但是与长三角和珠三角相比，京津冀地区的一体化程度相对较低，制约区域发展。

要打破“一亩三分地”，实现1+1+1 > 3，需要解决哪些难题?

统筹产业布局，打破藩篱，优化分工

京津冀山水相依、地缘相亲，但涉及到企业转移和产业布局，却有着各自的利益考量。

北京具有产业转移的急迫性，人口急剧增长，大城市病越来越重，将一些非核心职能转移出去已成共识；河北近几年经济增速回落较快，在全国各省市中增速排名靠后；而天津，经济增速居于全国前列，在港口建设等方面也都有着独当一面的“雄心”。

虽然有关方面公开表示，承接产业不能“挑肥拣瘦”，但地方政府仍有现实想法。河北廊坊市就表示“北京不要的低端污染产业，廊坊也不能要”。

专家认为，要打破利益藩篱，加强“市场之手”避免资源错配，需要遵循三个导向。

——合理定位导向。三地应科学明晰城市定位，北京让渡一些自己的利益和资源，对非首都功能和定位之外的产业坚决疏解。河北工业大学京津冀发展研究中心常务副主任张贵说：“北京外迁的不能只是‘三高一低’，一味将‘肥肉’攥在手里，把‘鸡肋’扔出去。”

——变“投资导向”为“产业导向”。首都经济贸易大学区域经济系教授祝尔娟认为，各地应本着产业转型升级、集群化发展的方向出台鼓励政策。廊坊市最近提出，将大力发展现代服务业和战略新兴产业，以及与北京关联度高的产业，着力建设创新型城市。

——转“市长导向”为“市场导向”。分析产业迁出迁入的直接成本、间接成本，近

期效益、远期效益。还要以企业为主体，按照市场经济规律逐步推进。北京市常务副市长李士祥近期强调，产业转移并非企业搬迁，政府不会做过多干预。

“京津冀‘强政府、弱市场’的现状需要改变，但这并不意味着政府没有作为的空间，应该发挥搭台、牵引和示范作用。加强制度设计、完善财税体制，官员的考核机制也应作出相应调整。”北京市社科院副院长赵弘说。

公共资源“旱涝不均”：缩小差距，“分流”人口

“全国人民上协和”“宇宙中心实验二小”……戏谑的背后是各地公共服务的差距。数据显示，北京211重点大学数量约占全国五分之一，全国最佳医院百名榜中北京独占约三分之一，而天津和河北则相去甚远。

面对功能分离、人口分流等核心问题，缩小公共资源巨大落差是一体化绕不过去的课题。

中国城市规划学会华南城市规划院院长胡刚说：“公共资源不均衡问题是很多人的后顾之忧，不把这个落差解决好，首都功能疏解和人口疏散很难。”要真正用“经济圈”替代“城市块”，在环境，特别是重大基础设施建设共建共享。”

“要在公共服务资源的增量上做文章。”张贵认为，应推动教育、医疗等公共资源在区域内共建共享，对于涉及中央级的医院、大学等加强高层次协调，促进首都资源以多种方式向周边辐射和延伸，同时北京周边地区自身也要加大医疗、教育的投入，通过自身努力不断缩小与北京的差距。

而随着京津冀城市之间人员流动日益频繁，对于三地之间“居户分离”的人来说，遇到的另一个现实不便则来自于异地就医有“保”难“报”藩篱。“如果要想真正促进人口分流、产业转移，看病是个大问题。北京的优质医疗资源能不能在周边人口、产业主要承接地设立分支机构，提高当地医疗水平，同时能不能实现异地就医医保即时结算？”工作在北京户籍在河北的白领孔涛说。

“京津冀一体化，不是众星捧月而是繁星满天，不是一枝独秀而是均衡发展，不是各自为政而是统筹协作。”胡刚说，“解决好人的后顾之忧，一体化进程也就会势如破竹。”

交通一体化，少些“断头路”，打通“最后一公里”

运行多年的京津城际高铁、京冀高铁为三地经济发展注入活力，但“最后一公里”问题仍然突出：河北目前与京津对接的高速公路、国道、省道共存在“断头路”里程达2300公里；燕郊进出北京城区仅有一条102国道，高峰时期燕郊数万人进京，其状堪比春运。

交通不便，生活成本倍增。天津没有直达石家庄的高铁，商旅人士往往选择从天津到北京再转河北。一些“钟摆族”抱怨：每天早晨迷迷糊糊起来挤公交车，7公里路要走两小时，苦不堪言！

“交通‘肠梗阻’最大‘病因’是三地各有各的诉求，钱由谁出是大问题。”天津市发

改委一位官员说，“天津机场已经是首都机场集团的成员机场，即便如此机场内部资源分配还是割裂。”河北省一位官员说：“八通线地铁到燕郊也就是十分钟车程，但就是谁也不愿意去修。‘断头路’在河北和北京交界比比皆是！”

京津冀协同发展，必须在交通上实现重大突破，为降低经济成本和人口疏解提供前提条件。

张贵教授认为，京津冀交通协作应当突出“以速度换距离”。通过发展高铁、高速路、机场等构建起一个便捷、大运量的区域交通体系。赵弘则认为，接通“最后一公里”，三地政府之间做好规划和协调，不能单单关注高铁等“高大上”的项目，城际县际“毛细血管”也应当疏通好。

据北京市交通委透露，三地已经开始编写交通协同发展计划，到2020年，“一环六放射二航五港”的交通一体化体系将初步建成，绿色交通的覆盖范围将扩大。目前，全长940公里的环北京货运高速大通道正在建设，计划于2017年建成。

“打通京津冀大动脉，也要切忌交通运输‘大干快上’。如果三地只是交通便利了，其他政策没有配套上，那么潮汐式迁徙和‘睡城’还会重演。”祝尔娟说。

（刘敏，赵仁伟，刘元旭，曹国厂.中国工商时报.2014.4.14）

京津冀如何一体化？

多年来一直不温不火的京津冀一体化概念，近日突然开始急速升温。三地领导人纷纷做出积极表态，表示要携手合作推进京津冀一体化发展，河北省甚至已经公开了一份设计蓝图，详尽规划了河北在三地一体化中的角色。

2014年2月底，习近平总书记在北京主持召开专题座谈会，听取京津冀协同发展工作汇报，在强调了京津冀的诸多重要意义之外，更是提出要将京津冀协同发展提高到重大国家战略的层面。在新一届政府的规划蓝图中，明确列入国家战略层面的应该只有上海自贸区和京津冀，如果考虑到京津冀战略是由习近平总书记亲自推进，其政治高度比上海自贸区更胜一筹。

珠三角、长三角和京津冀是我国最重要的三大城市群和经济增长极，不到3%的国土面积汇集了18%的全国人口，创造了将近四成的国内生产总值，对于中国经济的重要性不言而喻。但和珠三角、长三角相比，京津冀地区的一体化程度相对较低，区域之内不仅没有形成高低搭配的合理产业布局，反而出现大量的重复建设和相互竞争。一个小细节也足以看出三地之间的割裂，河北与北京和天津之间对接的高速公路、国道和省道存在的"断头路"就高达2300多公里，一个在交通上都无法完全贯通的地方区域，又如何能够实现高层次的一体化合作。也正因为如此，在2014年2月底的京津冀专题座谈会上，习近平总书记提出三地应打破自家一亩三分地的思维定式，抱成团朝着顶层设计的目标一起做。

虽然京津冀此次被赋予了前所未有的战略高度，但究竟如何才能打破此前各自为政的弊端，真正实现1+1+1＞3的协同效应，仍有诸多疑问待解。从京津冀三地来看，北京最具有转移产业的急迫性，随着人口的急剧增长，北京的大城市病已经越来越重，房价、交通、空气等诸方面压力已近极限，将一些非核心职能转移出去已成共识。而河北最近几年的经济增速回落较快，面临较大的稳增长压力，2011到2013年，河北省的GDP增速从12%下降至8.2%，在全国30多个省市中增速排名靠后，因此，对于承接北京转移出来的产能有很高的积极性。

相比之下，天津在京津冀战略中扮演怎样的角色则有些模糊，天津最近几年的经济表现十分强劲，一直保持两位数的高速增长，2013年天津市的GDP增长高达12.5%，虽然和前几年相比也出现了回落，但增速还是居于全国之首，通过承接北京产能来刺激经济的意愿也没有那么急迫，而天津在建设港口航运和金融中心等方面也都有着独当一面的"野心"，天津可能面临着低端产业不愿意接受，高端产业不愿意放弃的局面，因此，在打造京津冀协调发展的战略中，如何平衡天津的地位可能是最大的难题。在2014年"两会"期间，天津市委书记孙春兰曾经描述过天津在京津冀战略中的角色，她认为天津的举措就是着力做好三篇文章：一是在城市定位上错位发展、相得益彰，要突出国际港口城市、北方经济中心和生态城市这个中央对天津的城市定位，与北京的城市定位相辅相成、相得益彰；二是在发展环境上优化服务、便利高效；三是在城市群建设上完善功能、生态宜居。从这"三篇文章"来看，似乎更多还是天津市如何发展的问题，暂时还难以看到更多天津对于如何融入京津冀战略圈的细节规划。

在京津冀三地中，目前河北的表现最为积极。3月底，河北召开京津冀协同发展工作会议，省委书记周本顺在会议上表示："京津冀协同发展，给河北带来的积极影响是全方位的、深层次的，是我们面临的最大的机遇、最宝贵的机遇、最现实的机遇，我们说什么也不能再错过。"按照河北刚刚出台的规划，河北在京津冀协同发展中的战略定位是打造"四个支撑区"：一是优化城市布局的支撑区，建设与世界级城市群相适应的次级中心城市、大城市、中小卫星城市；二是现代产业体系的支撑区，承接京津的产业转移和要素外溢；三是综合交通网络的支撑区；四是生态涵养保护的支撑区。

北京和河北之间的职能转移也并非易事，任何一项产业和职能转移都牵涉到各

方利益，北京市从早年的首钢搬迁到近期动物园批发市场搬迁，每一次走的也并不容易，而新一轮的京津冀协同发展战略中，北京可能面临前所未有的大规模职能转移，教育、医疗、科技资源甚至一些央企总部都有转移的可能性，此前一个单独的首钢或是“动批”搬迁已是困难重重，将来大规模产业转移的难度自然是可想而知。

在近期有关京津冀一体化规划中，最吸引眼球的莫过于在河北保定设立副政治中心的传言。尽管在河北的官方规划中并没有正式提及副政治中心这一说法，北京也对此没有公开认可，但这一传言还是在市场引发一阵炒作热潮，大量投资客迅速来到保定购买房产，股市上的河北板块也遭遇爆炒。

北京市目前的定位是“政治、文化、国际交往和科技创新中心”，在京津冀协同发展战略中，北京向外转移的首先是一些非核心职能，比如一些高耗能和落后的制造业、过于集中的教育和医疗等资源，而政治中心作为北京市最核心的职能所在，短期内向外转移分流的可能性并不大。从可操作性来看，考虑到一些非核心职能的转移已经是千头万绪，即使有设立副政治中心的考虑，预计也不会在京津冀战略发展的初期一拥而上，至少也会在其他非核心职能转移完成之后，才可能会纳入议事日程。

在京津冀协同发展的大潮中，最大的悬念在于如何确保市场之手的作用。由于已经被确认为重大的国家战略，因此不难想象，在未来的协同发展中少不了行政力量的强行推进。行政推进的好处自然是显而易见，可以打破此前京津冀之间的各自为政的行政壁垒，在国家战略的层面加速京津冀一体化进程，但如果过于依靠行政力量的强制推进而忽视了市场的自然选择，这种模式也有可能带来资源错配的风险。

在北京市向外转移的产业中，一些优秀资源比如教育、医疗、科技等肯定会受到河北方面的热烈欢迎，但是一些高污染和落后产能，河北方面也未必愿意接受。尽管河北省委书记周本顺表示“对首都功能疏解不讲价钱，不挑肥拣瘦”，但具体承接产业转移的地方政府则另有想法。河北廊坊市市长冯韶慧最近就曾经表示，京津冀协同发展是廊坊的好机遇，但面对北京准备向外转移的1000多家企业，廊坊并不会盲目地接收，他们将从企业清单中精心筛选目标，避免低质低效项目进入。廊坊市相关部门负责人也表示，廊坊市将加大力度，对接北京科技、教育、医疗、会展等功能性资源，争取引进环保型高端产业，坚持做到“北京不要的低端污染产业，廊坊也不能要”。

既然京津冀协同发展上升至国家战略，那么其总体规划应该不只是为了疏解北京的压力，而应该在更高的层面实现三地的协同效应，最终达到多赢的局面。按照产业转移的雁行理论，在一个发达成熟经济体发展到一定阶段之后，会带来向周边经济的溢出效应，发达经济体专注于高端产业，相对低端的产业向欠发达地区形成转移，由此形成发达经济体和欠发达经济体共同发展的格局。而这种产业转移的雁阵模式大多是市场自然选择形成，从上世纪80年代的东南亚地区到我国的长三角和珠三角等等，基本上都还是市场主导下的产业转移。在京津冀协同发展这场国家战略中，政府和市场如何发挥好各自的力量，可能是决定最终成败的关键因素。

（谢东.三联生活周刊.2014.4.8）

产业:改革需要新的战略思路

中国制造业:危在旦夕,自救刻不容缓

中国制造业危在旦夕,自救刻不容缓。中国制造业亟需练好“内功”,否则即使幸运地度过此次危机,也会在下次危机中倒下。

中国制造业的未来

中国制造面临危机,必须转型,这已经成为各界的普遍共识。而如何转型,则是一条仍在探索的艰难之路。这意味着中国必须重新定义自己在全球分工体系中的位置,并寻找支撑本国经济发展的新模式。

自1980年代初改革开放以来,中国从“自力更生”的封闭式经济重新融入以西方为中心的经济全球化分工体系中,并凭借东南沿海的区位优势,亲商政府的大力推动,大量廉价土地和劳动力等资源,迅速抓住世界特别是东亚产业转移的机会。短短20余年,无论是在美国、欧洲、拉美、非洲、中东,还是中亚,以日用消费品为主的各种“中国制造”就风靡全球。

然而,中国制造的繁荣一直建立在一个相当脆弱的基础之上:产品主要集中于低端生产,掌握不了产业的制高点;对来自世界市场的原材料缺乏定价权;销售上严重依赖外部市场,经济对外依存度畸高等。最近几年以来,大规模的工业化对生态环境的压力更是显现明显。随着土地和劳动力等各种成本的上升,利润微薄、以低端生产为主的中国制造正在失去原来价格取胜的比较优势,存在被越南、孟加拉等东南亚国家和墨西哥等拉美国家取代的危险;在高端产业方面,则面临着美国等发达国家制造业回流的挤压。

中国制造面临危机,必须转型,这已经成为各界的普遍共识。而如何转型,则是一条仍在探索的艰难之路。这意味着中国必须重新定义自己在全球分工体系中的位置,并寻找支撑本国经济发展的新模式。

危机

经济界一个广泛流传的故事是:浙江温州一位雇佣了1000多名工人的企业主,勉力经营,一年赚的利润不过100多万;而他的妻子在上海买了10套房子,8年后获利3000万。

这一方面反映了社会上的金融套利行为严重,中国房地产业的畸形发展,另一方面也反映了中国制造业已经到了相当危险的程度。世界工厂的经济增长数据不再由制成品外销支撑,而是由价格飞涨的房地产支撑。

中国制造业有着来自内部和外部的双重压力。内部困境主要表现在:随着劳动力、土地、税收等各种成本的上升,以低端产品为主、利润空间有限的中国制造的收益越来越低。最近的数据是,2013年中国农民工人均月收入2609元,自2010年来连续第四年保持两位数工资增速。专家称,随着中国劳动人口的绝对下降,未来农民工工资将持续快速增长。这对主要以低劳动力成本为核心竞争力的中国制造影响重大。

二战以来,东亚地区呈现出一条颇为清晰的产业转移路线。从上世纪五六十年代日韩,到台湾地区,到东南亚国家,再到中国大陆。随成本上升发生的产业转移已成为一种全球化生产的典型模式。

可以发现,能够留住企业总部和研发、技术、营销、品牌等核心上游链条的日韩地区,在生产线很多转移出去后,经济社会仍能保持持续发展。而像马来西亚和菲律宾等完全靠来料加工的地区,一旦生产成本上升,生产线被转移出去,便失去了在全球分工中的重要地位。

令人遗憾的是,经过30多年的高速发展,“山寨”和低质仍然是中国制造给人的重要印象。

对于一个经济发展承担了太多功能的社会来说,虽然上下都明知粗放式发展模式的不可持续性,但环境保护在中国一直是第二位的。最近一两年来,全国各地大面积雾霾频发,终于“倒逼”得对环境污染开始“动真格”。接下来一段时间,大批污染严重企业的关停和环保达标要求,势必影响到中国制造业的发展。

外部困境则主要来自于高端制造业回流发达国家和低端产品制造转移至东南亚、拉美等地对中国制造造成的两面挤压,以及在“两头在外”模式下缺乏原料定价权和欧美国家的市场保护主义产生的影响。

美国正在进入页岩气的新时代,希望成为全球最大的能源生产者,同时,一场以新型制造业、合成生物学、机器人、3D打印、智能城市为特征的新工业革命正在发生。目前来看,这对于仍处低端的中国制造业没有形成大的直接竞争,但明显的是,它在一定程度上压制着中国往高端制造业升级的通路。

来自低端产业转移的影响目前对于中国制造更为明显。《南风窗》记者最近注意到,在北京的社区商场中,热销的美国H&M和日本优衣库等大众服装品牌的产品产地很多已标为孟加拉或柬埔寨等东南亚国家。这些与中国地缘接近的国家作为新的成本洼地,正成为新一轮产业转移的目的地,制成品又大量回销中国。

在实力相对下降的情况下,美国不再如以前一样致力于推动一个全球化的普遍市场,而是希望建立以自己为中心的区域性的经济体。正处于紧张谈判中的TPP就是一个显著例子,它被认为是美国遏制中国的棋子。在TPP的安排中,南美和东南亚是低端制成品的提供地。

在原材料和市场方面,“中国买什么什么贵”的局面和大量的反倾销案使得中国制造承受着更大的成本压力和不确定性。

这一切迫在眉睫的压力都要求中国制造必须作出调整。

努力

正如危机一词所标示的,任何“危”情之下,同样面临着机遇。认识到由于中国经济发展阶段的上升,客观上面临转型,采取主动积极的应对措施,逐步改变整个中国产业和经济结构,才能保证整个经济社会的健康发展。

制造业冷与兼有金融和消费性质的房地产业火爆之间的鲜明对比,是最近几年来横在中国经济发展面前的一道巨槛。因为制造业下行,政府为了保持经济增速不得不一方面“调结构”,即通过科技投入、产业政策等方法试图实现产业升级等创造新的增长模式,另一方面又急迫地要“保增长”,依靠房地产和基础设施建设支撑着中国经济发展。

过去几年,政府一直试图通过各种方式提振实业、提升产业。新任总理李克强甫一上任,就在国际上四处推销“中国装备”,还曾被国际媒体冠以“高铁推销员”的称号。上任一年来,他一直将“调结构”和“稳增长”并提,并做出了一系列具体措施,包括小微企业减税,进一步推动营改增等。但从去年经济下行压力下政府采取的阶段性刺激措施明显可以看出,“稳增长”仍然是政策前提。

经济与就业是当今世界各国政府主要的政治认同来源之一,不独中国如此。经济低迷和高失业往往与社会动荡直接相关,“调结构”更具有长远意义,但在现实中往往让位于“保增长”压力。

在这种两难的矛盾下,同时受制于官僚体制本身的问题,政府应对制造业危机的很多措施从实际效果来看成效有限。比如,政府大力扶持的光伏产业形成了大规模过剩;中央强调要让金融回归实业,但在实业利润微薄,房地产和地方基建融资利润丰厚的情形下,不可能有不逐利的资本;从2005年开始,以建设“创新型国家”为口号的大量科研投入,造就了一个科研经费利益所得者群体,却并没有显著提高中国的科技创新能力。

一个较为成功的方面是产业内部转移。由于中国有差异性巨大的腹地,与一般国家不同的是,除了转移到其他国家和地区以及产业升级外,中国制造还有巨大的内部转移空间。

自2005年左右开始,中国长三角、珠三角的企业开始了向土地、劳动力和基础资源品等各方面成本都更为低廉的中西部转移潮。虽然企业家们不时抱怨,中西部的投资环境不规范,政府招商“进得去,出不来”,但毕竟中国是一个同质性极强的中央集权国家,其交流成本比转移到完全不熟悉的国外要低得多。况且,中国制造原来凭借的大量廉价劳动力正是来自这些内陆中西部大省。

最近几年,在东南沿海制造业低迷的情形下,河南、四川等中西部人口大省制造

业的兴起趋势明显，东部农民工总量增幅回落，中西部则增长明显，就是这种现象的重要反映。这种转移使得中国内部形成了一定的产业梯度，促进了整个国家的平衡发展。

例如，《南风窗》记者接触的浙江绍兴一带企业，将生产基地大规模外迁至土地、劳动力以及包括电力在内的其他基础品相对便宜的安徽一带，而在本地仍然保留着类似"总部基地"性质的强大技术、人才和营销网络。这种升级模式对两地是双赢的。

出路

从拉美等地的发展经验可以看出，结构过于单一的经济体易受国际市场波动影响，很难成为一个成熟经济体。中国是一个大国，除了为世界制造各种工业产品，并力图在国际制造业的价值链上走到附加值更高的上游外，需要经济形式的更大多元化。

重塑中国制造在世界市场的形象，是中国制造产业升级的重要一步。

一位专做中亚市场的浙江商人向《南风窗》记者表示，在当地消费者的眼中，欧美产品质量最好，土耳其处于中端，而中国产品一直是价廉质低的形象。他对国内同行通过低报价拿到订单，为了节约成本偷工减料的经营方式非常痛心。十多年以来，他一直坚持做质量有保证的中端产品，虽然可能因一时报价较高拿不到一些订单，但一段时间后，他成为圈子内做得最好的一位，因为价格虽然高一些，但质量好，回头客多，而且利润空间更大，形成了良性的可持续发展。

前任土耳其驻华大使埃森利在接受《南风窗》记者采访时曾表示，中国制造的一些有品牌的产品质量较有保证，但一些没有品牌的中国出口产品质量可能较差，由于价格低廉而广泛行销，这对中国制造的整体声誉造成了不好影响。他建议，中国可以从政府层面制定一定的质量标准，这样有利于整个中国制造的质量和声誉在国际市场上的提升。

现实是，虽然中国制造面临各种问题，但中国稳定的国内形势、完善的基础设施、高素质的劳动力、产业链优势、重商环境、高中低兼有的发展梯度等要素加起来仍然具有很大优势。就制造业方面，中国比较现实的选择是，凭借几十年发展打下的良好基础继续在中端制造业市场努力，以质优而价格相对低廉的性价比高的产品取胜。东南亚仍主打纺织品、服装等最低端的劳动密集型行业，且当地用工成本也在急剧上升；美国虽然在大力提倡"制造业回流"，但由于成本的考虑，短期内也不可能与中国发生大规模的直接竞争。

经济结构多元化则是一个更复杂的问题。

过去几十年的高速发展，使得中国民间和政府累积了大量资本，中国在全球的投资逐步加大，一些中国企业外迁至东南亚非洲等地，这些也有利于获得更大的投资收益。最近一些年，中国大的建设公司凭借在国内积累下来的经验，在中东和非洲等地非常活跃，中国的劳动力以另一种方式走向世界。

在国内市场上，劳动力收入上升同时意味着巨大的市场扩容，有十多亿人口的国内消费市场将有着巨大的空间。在世界工厂之外，中国亦在成为一个重量级的全球市场，实际上形成了世界工厂和世界市场的双极格局。而从频频出现的“民工荒”看，中国制造业的外流并没有造成很大就业压力，城乡二元体制仍然在发挥着缓冲作用。

一个流行的说法是中国要大力发展服务业，但只有生产性的服务业才有真正的发展空间。在现实中，金融、设计、营销和品牌等高端生产性服务业仍掌握在发达国家手中。中国的大学生起薪已基本与一般普通工人等同，一方面反映了劳动力成本的上升，另一方面也反映了与一般大学生匹配的中层就业空间有限。如何利用好大量的大学生资源，是未来中国经济发展的重要机会。

总之，只有一方面巩固“中国制造”的优势，另一方面发掘更多元平衡的经济支撑点，“中国品牌”、“中国服务”等各个方面都有所发展，整个中国的经济社会才能进入更平衡也更稳固的发展阶段。

（覃爱玲.南风窗.2014，2）

制造业拐点来临尚待观察

上周汇丰银行发布的最新数据显示，5月中国制造业PMI初值为49.7，明显高于上月终值48.1，也大幅超越市场预期。虽连续5个月位于收缩区间，但为年内新高，显示制造业复苏动能增强。

但有专家表示目前经济下行压力依然存在，近期政府出台一揽子政策集中针对促进内生动力增长。

PMI显示复苏回暖

5月汇丰制造业PMI远高于预期，扭转了至4月份的连续5个月下跌趋势。5月份的显著提升表明，虽然综合采购经理人指数连续第5个月低于50枯荣线导致短期内的增长势头保持相对疲软水平，但工业活动放缓可能已经触底。除就业指数外，本

月各分项指数大多较上月有所改善，产出、新订单、新出口订单、采购量、采购库存及出厂价格等指数均回到扩张区间，显示需求有明显复苏迹象。

汇丰银行大中华区首席经济学家屈宏斌表示："购入及产出价格指数双回升，经济企稳，显示前期包括降低融资成本在内的稳增长政策初步见效。"

产出指数和新订单指数双双走好并站上枯荣线，因此供需一同回暖成为拉动本月制造业PMI指数大幅度上升的根本原因。具体来看，产出指数在连续3个月低于50临界值后于5月回升至50.3。继4月温和回升0.9%后，5月新订单指数上升2.8%至50.2。继4月下跌2.4%后，5月新出口订单指数猛升3.8%至52.7。"更难能可贵的是，代表需求端的新订单指数的扩张幅度大于生产指数，显示市场需求回暖幅度高于供给。"西南证券分析师刘峰指出。

不过，尽管汇丰PMI初值大幅回升，但依然处于收缩区间，其回升是否代表制造业拐点来临尚待观察。

下行风险依然存在

虽然汇丰PMI指数指向制造业回暖，但是仍然不能单纯依靠这一个数字来断定经济已然复苏。民族证券研究观点认为，汇丰制造业PMI的回升与高频数据并不一致：5月六大电厂日均耗煤量延续下行趋势，预示发电量增速继续下行，5月工业增加值增速仍不乐观；同时，国内工业品价格低位震荡，未见明显改善。汇丰PMI数据呈现出的需求复苏现象并未得到更多数据验证。

另外，值得注意的是就业分项指数继续加速收缩，这表明需求的改善尚未传导到就业层面，同时也显示经济下行风险依然存在。

5月22日至23日，国务院总理李克强在赤峰市考察调研时说，当前我国经济运行总体平稳，结构出现积极变化，但经济下行压力仍然较大，不能掉以轻心。

李克强指出，金融是经济发展的血液和重要支撑。要针对企业反映的实体经济资金总体紧张特别是小微企业融资难、融资贵等问题，运用适当的政策工具，适时适度预调微调，盘活资金存量，优化金融结构，保持货币信贷合理增长，推进金融改革，营造良好的金融环境。同时，金融机构要围绕企业急需创新服务，更直接更有效地支持实体经济特别是中西部和小微企业发展。企业也要积极适应市场变化，在攻坚克难中打造竞争新优势。

促进内生增长动力

尽管经济表现弱于预期，但政府已明确表示不会实施大规模刺激措施，将维持目前的财政和货币政策立场，但这并不意味着缺乏应对政策。事实上，在过去的2个月间已经公布了一系列措施，其中有以稳定经济增长为主旨有针对性地支持某些行业，如加大铁路、保障性住房、水利工程和新兴产业投资；小微企业减税，扩大服务行业的增值税转型改革；下调县域商业银行和合作银行存款准备金率，目的是支持农业部

门；稳定外贸增长的措施等。

还有一系列解决财政失衡和遏制系统性风险的措施。其中包括银行同业交易出台新规，对银行支持影子银行借贷活动的监管套利通道进行限制；中国引入市政债券的试点改革工作，其目的是减少地方政府债务的期限错配问题，提高财政透明度和加强地方政府的财政纪律；中国人民银行要求商业银行通过窗口指导支持首次购房者的抵押贷款行为。

另外在其他结构性改革中也推出了一系列措施，例如减少钢铁、水泥等产能过剩行业的产能；发展资本市场的措施等。

“近期密集出台的一系列政策措施具有很明显的针对性，这与以往一揽子的刺激方案不同，它不再是简单笼统地刺激经济规模扩张和速度的提升。”中国人民大学财政金融学院副院长赵锡军在接受记者采访时表示。

“未来应在稳定经济增长、避免过度波动的同时，更多地通过促改革来提升经济的内生增长动力。要消除体制机制上的障碍，继续推进简政放权，改变政府干预太多的问题，通过改革激发各个市场主体投资消费的主动性和积极性，激发其活力，这样经济增长的动力才是内生的动力，而不是政府掏钱买来的动力。”赵锡军说。

（杨桐.中华工商时报.2014,5）

“中国制造”走向“网购中国”

日前电视上看到的一组镜头让人印象深刻：在流行戴假发的尼日利亚，摩登女孩阿沃杜米拉鼠标一点，几天后就收到从中国寄来的时尚假发。尼日利亚姑娘网购中国假发并非个案。事实上，作为当前全球增势最迅猛的电子商务新业态，跨境网购也成为中国对外贸易的一道靓丽风景线。“网购中国”虽刚起步，但其全球意义不容低估。

中国庞大的制造业为“网购中国”提供了坚实的物质基础，日趋成熟的电子商务技术、日益发达的全球物流配送体系与席卷全球的网购热潮为“中国制造”走出国门提供绝佳机会。一句话，“中国制造”与“网购中国”是天然“最佳拍档”。

数字也证明这一点。在出口增速趋缓的大背景下，中国跨境电子商务却异军突起。中国电子商务研究中心的数据显示，2011年中国外贸电商交易规模增长率达40.6%，2012年同比增长超过25%。

跨境网购最显而易见的优势是，省却了诸多中间环节，使国外消费者能买到物美价廉的“中国制造”。价格差，是外国消费者青睐“网购中国”的重要原因。拿目前跨境网购颇为热销的婚纱为例，在欧美，一件婚纱可能要2000欧元，而从中国网购只要二三百美元，价格差了近10倍；从物流来看，最快3天就能到货，完全在心理承受范围之内。

“网购中国”让全世界消费者节省了巨大的消费支出，其热潮在美国、俄罗斯、巴西、乌克兰及欧洲国家流行，呈现横扫全球之势。据媒体报道，当前“网购中国”最热销的是服装、箱包、手机、鞋类、灯具等日用商品。

“网购中国”有可能修正当前不公正、不平衡的全球贸易利益分配格局。众所周知，中国虽是世界头号出口大国，但在全球贸易利益分配格局中处于下风，而西方发达国家凭借技术、品牌和渠道上的竞争优势，攫取了绝大部分贸易利益。相比之下，中国主要从事加工环节，获得的利益比例极低。

比如，一件衬衫，中国的出厂价35元，出口到国外，终端销售价可能会翻10倍。也就是说，与国外中间商和零售商获得的利润相比，中国厂家利润微薄。而随着“网购中国”的蓬勃发展，这种不公正局面可能改观。

“网购中国”还打破形形色色的贸易壁垒，让“中国制造”与境外消费者直接见面，反过来拉动了全球消费者对“中国制造”的需求，带动了中国制造业的繁荣。简言之，“网购中国”将壮大“中国制造”，提升我国出口竞争力，有助于重塑“中国制造”的影响力以及全球产业链与贸易格局。

不过，也必须承认，“网购中国”还处于起步阶段，在在线支付、物流、税收等环节上尚有障碍需要克服，且现阶段替代传统贸易形式不切实际。但作为一种方兴未艾的潮流，“网购中国”有强大的生命力，其全球意义不容低估。

（吴黎明.中国名牌.2013,9）

产业：改革需要新的战略思路

文化产业掀改革大潮

目前，我国文化产业发展所面对的不仅是国内环境，更是国际环境。我国处于发展初期的起步阶段，而发达国家则处于成熟发达的跃升阶段，突显了全球文化产业发展格局的不对称。这要求我们必须具有全球视野和世界眼光。

资本钟情哪类文化产业项目

近日，财政部办公厅和文化部办公厅下发了《关于推动2014年度文化金融合作有关事项的通知》。通知明确指出，在2014年度文化产业发展专项资金中将单独安排资金，专门用于支持相关贷款贴息项目，巩固文化金融扶持计划。同时还公布了《2014年度文化金融合作项目库》的部分项目。从这一个个项目中能读出哪些文化产业发展的信息？这些入库项目就能稳获中央文化产业发展专项资金的支持吗？

银行最青睐文化旅游项目

山西乔家大院旅游项目、内蒙古东联成吉思汗陵文化旅游项目、上海迪斯尼文化旅游项目、山东台儿庄运河古城恢复开发项目、河南省老君山文化旅游综合开发建设项目、湖北武当山文化旅游景区综合建设项目……在《2014年度文化金融合作项目库》98个信贷融资项目中，有超过30%的项目都是文化与旅游融合项目。

同样，在19个债券融资项目中，文化旅游项目也超过50%。江苏无锡灵山文化旅游项目、江苏瘦西湖旅游项目、浙江乌镇旅游项目、云南丽江玉龙旅游项目都榜上有名。

为什么银行资本如此青睐文化旅游项目？

首先，文化旅游项目一般都有土地的重资产抵押，很符合银行的授信条件要求。其次，这些文化旅游项目都以未来门票收入作为资金回收的主渠道，有稳定的收入来源，能让银行下决心投资。再次，这些文化旅游项目有大量基础设施建设，资金投入较大，是名副其实的“大项目”，银行不管从融资成本还是业绩效果来说，都很中意这类文化旅游项目。

“这次公布的117个文化金融合作项目分布于全国各地，说明经过近几年的发展，形成了文化与金融合作共赢的良好态势，既有利于金融机构拓展业务范围、培育新的盈利增长点，也有利于文化企业拓宽融资渠道，增强发展后劲。”文化部文化产业

司副巡视员施俊玲如是评论。据中国人民银行统计，截至2013年12月，全国文化产业本外币中长期贷款余额累计达到1574亿元，同比增长36.28%，高于全行业平均增速26.98个百分点。

内容生产融资还需进一步突破

除了旅游文化项目，文化园区项目是文化金融合作项目库的“第二梯队”。北京国棉文化创意产业园、江苏南通1895文化创意产业园、安徽芜湖华强文化科技产业园、宁夏银川动漫产业园、青海民族文化创意产业园等15个文化产业园区得到了银行的融资。

在支持文化产业内容生产方面，仅有几个项目是亮点：四川九寨沟藏族原生态歌舞乐《藏迷》制作推广项目获得了中国建设银行的融资，云南文化产业投资控股集团的《吴哥的微笑》和《辉煌新加坡》境外演出项目得到了中国进出口银行的支持。对此，财政部中央文资办负责人解释说，这次文化金融合作项目只是文化部系统内的项目，新闻出版和广电的项目还没有统计进来。

据了解，由于影视产业市场化程度高，金融机构关注得较早，这方面金融产品创新也较多，比如“影视贷”产品，帮助影视企业通过版权质押、版权应收账款及未来收益权质押的组合担保方式获得贷款，不再需要有形资产抵押或者担保。电影《集结号》从招商银行获得5000万元贷款，《唐山大地震》获得工商银行1.2亿元贷款，《金陵十三钗》获得民生银行1.5亿元贷款。这些都是单片贷款，很大程度上，导演、演员等创作团队过去在电影业积累的票房纪录，成为银行贷款的信心源泉。

“文化企业的轻资产，是特点，不是弱点。”民生银行文化产业金融事业部副总裁万晓芳多次提出，银行机构要进一步深入研究文化产业的规律和文化企业的特点，认识到决定文化产业未来盈利能力的是团队、创意、创作能力等无形资产而非实物资产。在这种理念的指导下，两年多来民生银行已为文化企业提供150亿元的授信支持，服务文化企业客户400多户，而且有不少是从事内容生产的中小文化企业。

财政资金与社会资本要形成良性互动

是不是进入《2014年度文化金融合作项目库》的这117个文化产业项目就进入“保险箱”，稳稳获得中央文化产业发展专项资金的支持呢？

据财政部中央文资办负责人介绍，这些入库项目只能表明经过了文化部系统和银行的审核，但要申请专项资金还得有进一步的严格筛查，比如是否符合财政资金的支持导向，是否合规，还要通过审核合同、付息凭证、第三方机构认证、专家评审等多个程序。

“这些入库的项目将起到一个示范作用，让类似的贷款项目都可以积极申报，希望以此扩大择优选择面，吸引更多需要贷款贴息的企业争取中央文化产业发展专项资金的支持，也希望撬动更多的社会资本投入文化产业。”据财政部中央文资办负责

人介绍,从2013年的实施效果看,共安排92个文化产业项目的贴息资金4.6亿元,撬动银行贷款770亿元,起到了财政资金“四两拨千斤”的杠杆作用。

什么样的文化产业项目是好项目?什么样的文化产业项目应该得到国家财政的扶持?由于运营成本和机构人力所限,财政资金的审核人员不可能对每个项目做到从内到外的严格“体检”,也不可能靠有限的专家说了算,更不可能靠企业自己申报说了算。引入众多专业金融机构的参与,财政资金与社会资本形成良性互动,从制度设计上是一次创新。由于金融资本也要投入真金白银,也要和项目有深度的利益关联,因此必然会对项目进入认真的核查分析,会通过大量专业的报表和单据,慎重地评估项目的质地,下决心与企业共发展,这样才能使一批企业逐渐发展壮大起来,使财政资金的扶持科学化、精细化,使有限的资金用到刀刃上。

(张玉玲.光明日报.2014.5.26)

文化创意产业:开放创造更多机会

中国北京第八届文化创意产业博览会日前在北京落下帷幕。据官方统计,本届文博会期间,共签署文化创意产业产品交易、产业园区建设和入驻、项目投资、银企合作等协议总金额1190.36亿元人民币。其中,文化创意产品贸易成交额317.66亿元,投资类项目协议总金额872.70亿元人民币。

收获不可谓不丰。不过,文博会除了带来这些动辄以亿元为单位计量的项目投资和产品交易外,对于每一个普通人、每一家企业、每一片城区的深远影响,或远大于此。

首先,对于公众而言,每一届文博会的成功举办,其实是在不间断地向社会传递一种信号,那就是每一个人既是文化创意产业的消费者和购买力,同样也可以成为文化的创造者和参与者。比如,本届文博会上就传出“童话大王”郑渊洁的代表作《皮皮鲁和鲁西西》将首次登上电视剧荧幕的消息。虽然这需要制片方、出品方甚至电视台、电视演员的多方努力,但不可否认,郑渊洁创作的故事,是后续产业链持续的源

泉。

第二，对企业，尤其是中小企业来说，这一信号是，除了第一、第二产业外，从事文化创意产业也可以是不错的选择。从全球范围来看，欧美发达国家都是在完成了工业化的历史背景下，开始大力向高附加值、低耗能、有助于劳动就业增长的文化创意产业转变的，中国目前正处于这一历史阶段。

第三，对于城市或者城区来讲，这一信号意味着，文化创意产业也可以成为新的增长极。比如，把文化创意产业作为区域经济升级发展重要引擎的北京市朝阳区，其文化产业增加值占GDP比重已经达13.2%，是全国平均水平的5倍。2013年1—9月，朝阳区文化产业形成的区级财政收入66.3亿元，约占全区总量的23%，文化创意产业已经成为朝阳区四大支柱产业之一。这其实给我们提供了一个重要的视角，那就是不一定拆旧城、建新城才能带来增长。而且因为文化创意产业的特点，其发展毫无疑问更可持续，也更为公众所喜闻乐见。

除了这些看得见看不见的变化，我们还发现，八届文博会的举办，正与我国文化创意产业发展加速期相契合。2003年9月，中国文化部制定下发了《关于支持和促进文化产业发展的若干意见》，此后，文化创意产业市场开始逐步规范。当一个市场建立起来之后，如何做大、做精、做强，顺理成章受到更多重视。于是，怎样让产业更好发展的思考和反思不断出现。比如，在2013年中国3D技术与创意博览会开幕式暨讨论会上，业内人士开始反思：并不是所有影视题材都适合拍3D，一部烂片也不会因为拍成3D就变成好片，好的技术用在合适的地方才能不仅放大效益，而且避免浪费。而放眼整个文化创意产业的大背景，需要我们重新思考和界定的也不少。十八届三中全会公报对此阐释明确，“建设社会主义文化强国，增强国家文化软实力……要完善文化管理体制，建立健全现代文化市场体系，构建现代公共文化服务体系，提高文化开放水平。”

建设健全现代文化市场体系，首先需要我们明确政府和市场在文化创意产业中应该分别扮演什么角色，政府如何做到服务但不干涉，助推但不包办，也是一门需要胆量和智慧的艺术。任何一个行业的发展，从小的方面讲，有充分的市场竞争，企业才更具活力；从大的视角看，市场发挥作用，才能调节供需趋于平衡，避免未来产业过剩。

提高文化开放水平，则又包涵两层意义。首先，重视文化创意产业其实也是一个民族重新认识自己，认识世界，并在认识自己和结合对世界了解的基础之上的再创造、再创新。每一个个体，都应该持有更加开阔的眼光和更加宽容的态度面对本国文化和本国文化在世界范围内代表的意义。

其次，文化不光让我们重新认识自己，也提供了让别人认识我们的机会。与第一产业、第二产业的发展总是过度依赖科学技术的突破不同，文化创意产业的发展更像涓涓细流，虽可能持续波澜不惊，但长期滋养，随时都可能爆发出绚烂的火树银花，灿烂人类文明。比如一曲《江南style》，不仅创造了互联网历史上第一个点击量超过10

亿次的视频记录，还打破吉尼斯世界纪录，成为YouTube历史上最受人“喜欢”的视频。其更大的成功还在于《江南style》让小语种的韩语、韩国文化风靡世界，其意义已经远远超越了金钱和GDP。

当然，这归根到底都需要我们以更加开放的态度来看待文化创意产业。世界现在是一个全球化的网络社区，网络的便利不仅造就了资讯万千和巨大机遇，同样，巨大的体量和快速的传播也让机会稍纵即逝。所以，加快开放的步伐，让更多人，尤其是年轻人，不仅有获取世界先进观念与灵感的机会，也提供让世界早点看到并了解他们的机会，这比任何一个时代都显得更加迫切。

文化既是民族的，也是世界的。

（讷敏.中国经济导报.2013,11）

打造与科技融合的文化产业升级版

深圳是我国文化产业发展的样本城市，在国内外日益激烈的竞争态势中，探索文化产业发展的新路径，努力打造文化产业升级版，促进文化和科技融合，发展新型文化业态，提高文化产业规模化、集约化、专业化水平。文化产业已经成为深圳市经济和现代产业发展的新亮点。

市场充分竞争　加速产业升级

深圳市委常委、宣传部长王京生说，在文化产业的上升周期中，要把快速增长的量能转化为质量提升的势能，始终保持可持续发展，产业转型升级势在必行。

同时，市委市政府也清醒地认识到，深圳文化产业结构仍需优化，规划空间资源紧缺，创新模式待提升，产业人才较缺乏。

日趋激烈的文化市场竞争催促深圳进行文化产业升级。文化产业的爆发式增长和业态创新齐头并进，产业外延不断拓展，产业主体形成规模，产业环境不断改善，为深圳打造文化产业升级版创造了良好的条件、奠定了坚实的基础，深圳文化产业升级

面临着极好机遇和有利条件，也为打造文化产业升级版提供了广阔空间和远大前景。

为推动文化产业升级，深圳市积极探索出“文化+科技”“文化+创意”“文化+金融”“文化+旅游”等产业新模式、新业态，涌现出腾讯、华强文化科技、A8音乐、环球数码、华视传媒等一批以高新技术为依托、数字内容为主体、自主知识产权为核心的高成长型文化科技企业。同时，全市形成各类文化产业园区、基地50多个，涵盖了动漫、游戏、设计、数字内容、出版发行等多个领域，产业集聚辐射功能显著增强。其中华侨城、大芬村、深圳古玩城等12家企业和园区先后被评为国家级文化产业示范基地。尤其是南山区文化产业已形成规模、特色和亮点。截至2013年年底，全区文化产业实现营业收入1313.97亿元；文化产业增加值439.56亿元，占全区GDP的13.7%。6年间，全区文化产业营业收入与增加值均增长近4倍。

作为全国较早起步发展文化产业的城市，深圳2003文化产业增加值为135.3亿元，约占当年全市GDP总量的2.5%。10年来，深圳文化创意产业以年均近25%的速度发展，2013年文化创意产业增加值1357亿元，为10年前的10倍，占全市GDP总量的比重达到9.3%。深圳文化创意产业成为城市支柱产业、战略性新兴产业和带动经济快速健康发展的重要引擎。

与科技高度融合　抢占制高点

深圳把打造文化产业升级版，抢占文化产业制高点的目标概括为“五高五强两低”：高文化内涵，创意能力强；高科技含量，创新能力强；高附加价值，产业融合能力强；高集聚效应，产业带动能力强；高对外开放度，外向发展能力强；低资源消耗，低碳排放。

为了实现“五高五强两低”的产业突破，深圳市从六个方面推动文化产业转型升级：

业态融合升级，培育优质增量。发挥“国家级文化和科技融合示范基地”的示范效应，加快“文化+互联网”融合的探索发展，加强新兴业态的细化创新，建立文化科技产业联盟，推动文化产业共性技术、关键技术和核心技术的研发、推广和应用，提高文化产品的附加价值和市场竞争力，催生产业发展的新引擎。

产业结构升级，提升存量价值。从主要依靠生产到依靠智力、知识、创意、创新的投入，促使企业经营由低端向中端高端发展，加快“深圳制造”向“深圳创造”“深圳创意”转变。

创新模式升级，推动综合创新。推动文化产业发展模式从单一创新模式向综合创新生态体系升级，加快向文化产业的高端形态发展。从全球角度配置创新资源，引入先进的管理理念和公司治理模式，不断增强核心文化产业竞争力和持续发展能力。

产业主体升级，强化龙头牵引。以创新创意为动力，以自主知识产权为核心，打造一批拥有先进技术和自主知名品牌，具有较强发展实力和国际竞争力的文化领军企业。制定专门的引进计划，吸引国内外龙头文化创意企业把总部或地区总部、高附

加值的制造环节、研发中心、采购中心和服务外包基地设在深圳，支持企业实施跨地区、跨行业、跨所有制兼并重组，实现跨区域发展、规模化经营。实现“集聚推动创新”与“辐射形成共享”的模式，大力培育文化产业园区和城市、城区一体化发展体系。

市场体系升级，优化服务平台。推动文博会、文交所、文化产业投资基金、文化和科技融合示范基地等国家级平台的升级发展，加快构建国家对外文化贸易基地、前海国家级文化创意产业园区等更多的国家级文化产业服务平台，为原创产品研发、创新技术应用提供便捷、有效、低成本的公共技术服务。

开放合作升级，扩大对外贸易。加快文博会国际化、市场化、专业化发展步伐，依托国家对外文化贸易基地，开展对外文化贸易创新试点，为文化企业提供更好的国际文化贸易服务和连接国内外市场的产品展示及交易机会。

优化环境　加速政府职能转变

近年来，深圳市先后出台了《文化产业发展规划纲要(2007—2020)》《文化产业发展促进条例》《关于扶持动漫游戏产业发展的若干意见》《关于促进创意设计业发展的若干意见》《关于支持和促进深圳文化产权交易所发展的若干意见》等，为产业发展提供了良好的环境和政策保障。2011年10月，出台《深圳文化创意产业振兴发展规划》及其配套政策，市财政每年安排5亿元扶持资金，用于支持文化创意企业及项目。政策实施两年多来，共下达专项资金11.3亿元，有力推动了文化创意产业快速发展。

同时，通过转变政府职能，推动形成行为规范、运转协调、充满活力的管理体制，为各类文化产业主体竞相发展提供良好的政府服务。深圳特别注重加强知识产权保护平台的建设，完善政策措施，建立司法保护、行政执法、行业自律三结合的知识产权保护体系，强化完善文化行政执法与刑事司法相结合的管理机制，有力保障文化企业的合法权益不受侵害。市委、市政府还着眼于完善文化产品市场、要素市场、技术市场和资本市场建设，着力推动文博会、文交所、文化产业投资基金、文化和科技融合示范基地等国家级平台的升级发展，加快构建国家对外文化贸易基地，推动对外文化贸易的开展。2012年，深圳核心文化产品出口达43.3亿美元，占全国的1/6强。深圳成为我国文化贸易的黄金口岸和推动中华文化走出去的桥头堡。联合国教科文组织批准深圳加入全球创意城市网络，并授予“设计之都”称号。

(叶仕春，王功立.中国改革报.2014.5.22)

产业:改革需要新的战略思路

能源:安全与和谐发展之路

有媒体评论认为,当前,我国正处在工业化和城镇化的中期阶段,能源消耗呈现刚性增长,目前已是全球最大的能源消耗国,未来还将在相当长的时间内保持一定增长,这都使得保障能源安全和供应成为当前中国最重要的战略课题。

能源改革新任务:取消或简化前置审批

缓行多年的能源改革再有新任务。近日,国务院批转发改委《关于2014年深化经济体制改革重点任务的意见》(下称意见),加快政府职能转变、简政放权被放在首要位置,行政审批的原则是“该下放的事项坚决下放”。

在能源领域,年内计划推进的改革包括:推进煤炭资源税改革,资源性产品价格改革,居民生活用电、用气、用水阶梯价格制度;推进电力、石油、天然气等行业改革;建立健全碳强度下降和节能目标责任制及评价考核体系。

“法无授权不可为”

体制改革的首要任务是剥离政府部门的审批利益。意见提出,抓好简政放权的先手棋,该下放的事项要坚决下放,行政审批事项一律以清单形式向社会公开。清单之外的,一律不得实施审批,让政府部门“法无授权不可为”。

在投资审批制度改革上,意见特别提出:“取消或简化前置审批,落实企业投资自主权。”这意味着困扰能源项目审批在内的“路条”有望被取消。

所谓“路条”,是指由国家发改委下发的同意项目开展工程前期工作的批文,是诸多前置审批最具代表性的一项。项目业主只有在拿到“路条”后,环评、水土保持、矿产压覆、地质灾害、土地预审、电网接入等其他支持性文件的批复才能启动。

这也意味着,投资项目拿到“路条”相当于获得半个“准生证”。为此,地方政府、项目单位不得不全力公关。但实际上,“路条”并不在国务院投资核准的审批程序之内,属于投资主管部门设立的行政许可。

一位业内人士介绍,2004年国务院实施投资体制改革,不属于政府投资建设的企业项目,一律不再实行审批制。

2013年年底,国务院发布新版《政府核准的投资项目目录》,取消和下放部分核准事项。“路条”模式正是属于需要取消与下放的部分。但文件下发后发改委、能源局

系统仍在变相审批"路条"。有能源局官员近日称,为简化审批程序,国家能源局计划对省级规划采取年度审批的方式,相当于一次性"打包"审批,实现规划代替"路条"。

能源价格财税改革加速

在发改委此份意见中,能源领域的价格与财税制度改革是新看点。意见提出,抓住当前物价水平总体稳定的时间窗口,积极稳妥推进资源性产品价格改革。对居民生活用电、用气、用水等,区分基本和非基本需求,不断完善阶梯价格制度。

国家能源专家咨询委员会副主任周大地认为,能源价格形成机制改革是能源体制改革的突破口。能源产品价格应该向市场回归,只有价格机制理顺了,才能发挥引导消费、资源配置、改善环境的作用。

目前,在诸多能源品种中,只有煤炭完全市场化。石油、天然气、电力价格采用在一定价格机制下的政府调控,并未完全实现市场化定价。居民阶梯电价已在全国实施,阶梯水价、气价正在试点。

周大地说:"目前资源产品价格行政干预较多,政府对低价产品给予补贴,改革的呼声比较高。但随着天然气、石油等产品需求的增加,低价格难以满足产业发展需求。多数国家也将税收作为价格调节的手段。"

发改委改革意见特别提出,推进煤炭资源税改革。即,煤炭资源税由从量计征向从价计征改革。煤炭资源省份希望借此增加财政收入,煤炭企业则希望同步清理各项收费,减少负担。

(王秀强.21世纪经济报道.2014.5.22)

我国替代能源的现实选择

以煤炭为主的能源消耗结构,是我国空气污染不断恶化的主要原因。在全国上下寻找治理污染特别是治理雾霾突破口的关键时期,发展清洁的替代能源,推动我国能源结构的调整优化,对大气污染防治具有至关重要的作用。

调整能源结构已刻不容缓

过去十余年,我国经济规模持续快速提升,能源消耗总量也随之迅速扩大,能源生产与能源消费总量均已居世界首位,且呈现“煤炭独大”的严峻格局。2004年国务院发布的《能源中长期发展规划纲要(2004—2020)》提出2020年煤炭消费总量为24亿吨,实际上2010年我国煤炭消费就已超过30亿吨,2013年更接近40亿吨,并以每年3亿吨的速度持续增长。自1984年成为全球最大的煤炭消费国始,到2012年我国已占全球煤炭消费量的47.8%,2013年进一步提升到接近全球一半。

相比煤炭而言较为“清洁”的天然气和石油,在我国能源生产与消费总量中比重偏低,且对外依存度过高,使我国的能源安全面临着空前复杂的国际形势。

我国境内经济活动并不均匀,95%以上的经济活动集中在1/3的国土,尤以京津冀、长三角、珠三角为甚。在经济活动密集的150万平方公里国土上,燃煤、燃油等能源消费占全国的70%以上,相当于在每平方公里土地上每年燃烧2000吨标准煤。如此大密度燃烧高污染的煤炭等能源,使空气质量持续恶化无法避免。加上每年新增近2000万辆机动车,我国大气污染日益呈现煤烟型污染与汽车尾气污染叠加的重度复合污染态势。

历史事件及科学研究早已警告世人,雾霾等空气污染问题对健康极具危害。我国目前严峻的环境形势也表明,优化调整能源结构既是保证能源安全的需要,更是全体国民身体健康的需要。发展清洁“绿色”能源,加快能源替代的进程,优化能源结构已刻不容缓。

选择替代能源要考虑“三重约束”

优化能源结构,关键在于选择适合国情的可替代能源。替代能源的选择必须充分考虑我国能源领域的“三重约束”。

化石能源资源结构与生态环境要求的脱节。选择我国的替代能源,躲不过多煤、少油气的能源资源约束。美国能源消费结构中,煤炭消费比重已缩至32%,天然气消费比重由20%增至32%,页岩气取代煤炭成为仅次于石油的第二大能源资源,能源结构总体比较“清洁”。我国化石能源资源呈现典型的“富煤、贫油、少气”特征,目前煤、油、气等一次能源消费比重约为8:1:1。2013年石油对外依存度达57.72%,天然气对外依存度达31.6%。经济发达的东部地区过度依赖西部输煤,消耗高品质能源来传输低品质能源。

清洁能源环境优势与综合成本劣势的对立。近20年来,可再生能源发电技术不断取得突破,规模经济日益凸显。例如印度由于日照条件好,太阳能发电成本已降至历史新低,接近煤炭发电价位。我国东部经济发达地区日照条件并不理想,且雾霾天增多,难以大规模建立太阳能光伏电站,而分散的家用光伏发电系统需要20年才能回收成本。由于并网政策、补贴政策、信贷政策、规划政策落实不到位,导致我国风电

企业成本高企，风电行业“弃风”现象依然严峻。

能源需求刚性约束与能源替代目标的矛盾。近年来我国能源需求增速下降主要源于经济增长趋缓，而非能源弹性下降，一旦经济增长提速，能源需求仍有可能增长较快。经济增长对能源总量的刚性需求及短期内能源强度难以大幅下降的现实，使相对低廉的煤炭等化石能源产销较为强劲。非化石能源在我国一次能源中的消费比重从2009年的8%左右增至2013年的9.8%，历时五年仅提升1.8个百分点。“十二五”规划要求我国2015年非化石能源在一次能源中消费比重达到11.4%，此目标恐难完成，2020年15%的目标更难落实。

发展替代能源的优先顺序

综合对上述三重约束的分析，我国发展替代能源的优先顺序应该是：以电为主，电为中心。加大电力生产是我国电力行业的一项中长期战略任务，由核能、可再生能源转化的电能全面取代化石能源只是时间问题，未来应大力推广大城市以电代煤、以电代油。相比电煤，散烧煤才是雾霾的主要源头，应以集中煤电取代分散低效的散烧煤使用，在终端尽快普及用电。以电代煤、以电代油会加剧东部地区电力供需矛盾，虽可加大新一代核电投资，但其建设周期长，新能源短期内规模难以突破，建设特高压电网调入西部能源基地富余电力不失为一个快速见效的办法。2014年国家电网投资将超过3800亿元，其中特高压电网投资约占1/3，其建设将有利于全国范围内能源资源的优化配置。

推广用氢，气为支撑。氢是宇宙中最为丰富的元素，在构成宇宙的物质中约占75%。与化石能源相比，氢具有很多优点：资源丰富，水就是地球上名副其实的“氢矿”；环保、高效，是一种能量密度与质量比值极高的能源，且燃烧零污染。只要按章操作，氢气和其他燃料一样安全。目前，氢制备、氢储存、氢使用的安全性都已解决。氢是很好的储能载体，利用电网富余电力制氢并储能是一举两得。日本已开发出较完善的运用太阳能等可再生能源制氢并供燃料电池车（FCV）使用的系统，利用生物质能产业化制氢也已取得突破。除了可再生能源制氢，大力发展页岩气、煤层气、煤制气等气体能源，用于交通、发电、供热，也将是我国能源替代的重要支撑。

推广分布式能源，以新能源生产消费为补充。2010年之前全球累计新增发电容量的25%～30%为分布式发电。美国是世界上开发新能源和可再生分布式能源发电最多的国家，到2020年将有一半以上的新建商用或办公建筑使用分布式电源，同时有15%的现有建筑改用分布式电源。分布式能源技术也是我国可持续发展的必然选择，随着技术的成熟、规模的扩大以及相关政策的扶持，未来分布式能源电力的成本将变得更具吸引力，分布式能源即将进入规模实施阶段。

要从战略高度形成替代能源发展的合力

要从民族存亡角度“限煤”，确保煤炭峰值提前。英国伦敦通过“限煤”摆脱“雾

都”称号的经验表明，减少煤炭依赖、优化能源结构至关重要。目前，我国的煤炭使用量已大大超过环境容量，因此煤炭峰值的出现不宜太晚，最好到2020年前后。有必要借鉴美国大规模制定清洁能源法律法规的经验，以法律的形式严格限制高污染能源的使用。近期内煤炭可以集中用于发电，逐步减少直至不再用于供热，并优先淘汰终端直接分散燃烧的用煤方式。像北京这样的特大城市，应借鉴伦敦、纽约煤炭占比为零的经验，彻底将燃煤发电及供暖退出历史舞台。

要运用多种经济手段，提高清洁能源的经济可行性。美国、德国与日本等发达国家的经验表明，价格调整、政府补贴、直接投资、优惠信贷和减免税收等政策实施能够有效地推动新能源产业的发展。我国应尽快运用定价、税收、补贴、信贷等多种经济政策，通过在能源供应和需求领域产生经济杠杆效应，发挥对清洁能源的激励和对传统能源的约束作用，提高清洁能源替代传统能源的经济可行性，加速实现非化石能源的替代目标。

要建设智能电网，为可再生能源的发展提供技术可行性。从本世纪初开始，基于新能源技术、分布式发电技术、大规模储能技术、超远距离超大规模输电技术和智能控制技术的快速发展，世界电网进入智能电网阶段。发展智能电网，能够有效解决我国新能源和分布式电源的并网问题，改善能源结构，保护自然生态，有利于最大限度实现对化石能源的替代。未来必须加快我国智能电网的发展，在凝聚共识的基础上，科学规划、统筹推进、重点突破。

（乔海曙，李岸.光明日报.2014.4.16）

安全=效率，能源领域从革新转身革命

目前，我国已成为世界上最大的能源生产国和消费国，能源安全问题备受关注。6月13日，中央财经领导小组召开第六次会议，国家主席、中央财经领导小组组长习近平发表重要讲话，强调保障国家能源安全，必须推动能源生产和消费革命，必须从当前做起，必须实施重点任务和重大举措。习近平就此提出推动能源消费、能源供

给、能源技术和能源体制四方面的“革命”。

有媒体评论认为，当前，我国正处在工业化和城镇化的中期阶段，能源消耗呈现刚性增长，目前已是全球最大的能源消耗国，未来还将在相当长的时间内保持一定增长，这都使得保障能源安全和供应成为当前中国最重要的战略课题。

能源安全面临挑战

在中央财经领导小组第六次会议的公报通稿中，习近平提出的“推动能源生产和消费革命是长期战略”是核心主旨。记者注意到，文中首次提到“必须积极推动我国能源生产和消费革命”，而不是过去惯用的“革新”。有专家表示，这一表述预示着我国能源领域或将在未来数年中发生根本性的重大变化。

新华社如此阐述其战略意义：“我国已成为世界上最大的能源生产国和消费国。面临着能源需求压力巨大、能源供给制约较多、能源生产和消费对生态环境损害严重、能源技术水平总体落后等挑战。”

印证着这一说法，6月16日，中国社会科学院研究生院国际能源安全研究中心和社会科学文献出版社在北京举办发布会，会上发布了《世界能源蓝皮书：世界能源发展报告(2014)》。蓝皮书认为，中国能源安全面临严峻挑战。蓝皮书显示，中国的能源需求与进口正在迅速增长，2013年，中国进口原油2.82亿吨，增长4%，煤炭3.3亿吨，增长13.4%，天然气进口527亿立方米，增长25.2%，截至2013年年底，天然气对外依存度达30%，比2012年提高3.1个百分点。

“世界能源版图呈现出供应源和需求方同时多极化、多元化的纷繁复杂局面。”中国社会科学院研究生院院长、国际能源安全研究中心主任黄晓勇在会上指出，中国的能源安全目前和未来都面临着严峻的挑战，主要体现在中国能源供应与经济发展模式和环境保护之间存在着突出矛盾。

黄晓勇表示，从国际方面看，第一，中国石油进口源集中于中东、非洲且多为局势动荡地区，而美国未来的外交与地缘政策或许会增加中东局势动乱的可能性，因此中国需要在这些地区投入更多精力；第二，中国石油海路运输途径霍尔木兹海峡和马六甲海峡，因此受到美国及其他一些国家对此多方掣肘的可能性也在增加；第三，美国2014年年初确定将于2017年起对日本出口天然气，虽然数量有限，但将对亚太地区的天然气市场产生很大影响；第四，中国未来在世界温室气体排放谈判中可能面临更加严峻的局面。

“从国内来看，中国单位GDP能耗过高，能源结构中化石燃料比重过高，高碳式的能源消费方式直接造成高污染、高浪费、低效率。例如，2013年严重的雾霾污染涉及范围达160万平方公里，多个省市空气质量达到六级严重污染重的最高级。”黄晓勇说。

树立"安全＝效率"观念

面对世界能源格局的新变化和严峻挑战,我国如何应对?

在中央财经领导小组第六次会议上,习近平明确了四个"革命"的内容。他还称,要全方位加强国际合作,实现开放条件下的能源安全。具体而言,要抓紧制定2030年能源生产和消费革命战略,研究"十三五"能源规划。抓紧修订一批能效标准,只要是落后的都要加快修订,定期更新并真正执行。

黄晓勇指出,一方面,对外应继续积极推动周边外交,借助"一路一带"战略布局构建中国能源重点,进一步深化与环里海国家及俄罗斯的战略合作关系;通过多种途径努力提高中国在世界能源市场中的地位,同时加强能源金融监管,以减少国际油价波动;还应该在全球范围内协调利益共同体,大力建设互利共赢的、新的世界能源合作机制并强化中国在其中的作用。另一方面,我们应当重新审视"能源安全"的实质,彻底摆脱"安全＝加大供应",即"粗放供给以满足过快增长的需求"的习惯思维,转变为"安全＝效率",即"以科学供给满足合理的需求"的观念。大力倡导节能型经济发展模式,将全面推广节能技术、清洁能源技术作为解决中国经济发展与能源、环境之间矛盾的关键突破性手段。

专家认为,为应对世界能源版图新变化带来的挑战,我国需要做的工作还很多。其中,包括要根据最新局势重制国家能源战略;借助国家"丝绸之路经济带"的战略契机,推动陆上周边国家能源战略布局,以及提高自身在能源市场中的地位,推动新的公正合理的全球能源治理机制建设,并在其中发挥重要作用;借助"海上丝绸之路经济带"契机,落实党的十八大和十八届三中全会打造海洋强国的要求,实现由"陆上大国"向"陆海大国"转变。

国家发展改革委能源研究所副所长高世宪表示,保障国家能源安全,必须推动能源生产和消费革命。推动能源生产和消费革命,应该把握全球能源发展趋势,统筹协调经济社会发展与生态文明建设,通过着力提高非化石能源和天然气的比重,实现从高碳到低碳的转变;大力提高能源利用效率,实现从低效到高效的转变;提高能源清洁化水平,实现从污染到绿色的转变;积极发展分布式能源,实现从集中到集中与分散相结合的转变;改变传统的能源供需模式,实现从片面强调供给保障需求向合理调节需求与科学增加供给的转变。协调不同阶段能源生产与消费的衔接平衡关系,走高效、清洁、安全、低碳、可持续的能源发展之路。

12项任务保障安全

国家发展改革委能源研究所研究员周大地表示,此次将能源消费革命同能源生产革命一起提高到国家长期战略的高度,其背后有着推动中国经济发展模式转变的深切含义。

国家能源局第一时间就回应了中央财经领导小组会议,其官网6月13日当天发

布局长办公会有关内容称，国家能源局局长吴新雄研究部署近期要组织实施5项重点工作，包括拟订并组织实施《国家能源发展战略行动计划(2014—2020)》、《我国能源安全战略》、《能源行业加强大气污染防治工作方案》等确定的有关重大事项。

6月16日，国家能源局党组书记、局长吴新雄主持召开党组(扩大)会议，传达学习中央财经领导小组第6次会议精神和习近平总书记重要讲话精神，研究部署贯彻落实措施。

吴新雄强调，能源安全是关系国家经济社会发展的全局性、战略性问题，保障能源安全是国家能源局义不容辞的责任。

吴新雄要求，要把学习贯彻习近平总书记重要讲话精神与深入贯彻落实党的十八大、十八届三中全会精神，与能源工作实际结合起来，全面贯彻落实到能源发展改革的重点领域和关键环节中去，明确责任、狠抓落实，确保完成习近平总书记提出的各项近期重点任务。要结合《国家能源发展战略行动计划(2014—2020)》和《我国能源安全战略》，加快编制"十三五"能源规划，抓紧研究起草2030年能源生产和消费革命战略；要贯彻落实国务院《大气污染防治行动计划》，组织实施《能源行业加强大气污染防治工作方案》；要认真调研拟订"新城镇、新能源、新生活"行动计划，结合新能源发展和绿色能源县建设，推动城乡用能方式转变；要围绕"三个一批"，即：应用推广一批、示范实验一批、集中攻关一批，加大能源科技创新力度，推动能源科技革命；要加快研究拟订煤电节能减排升级改造行动计划并组织实施，推动煤炭绿色低碳发展；要抓紧梳理、修订一批能效标准并组织实施，促进提高能源效率；要在采用国际最高安全标准、确保安全的前提下，抓紧启动东部沿海地区新的核电项目建设；要以高访为引领，以重大项目为抓手，以重要双边关系为平台，组织实施与俄罗斯、中亚等国能源合作项目，务实推进"一路一带"能源合作；要尽快研究拟订页岩气、海洋油气开发和老油井增产行动计划并组织实施，力争取得重大突破；要进一步加强油气储备和能源安全应急能力建设；要认真抓好党的十八届三中全会《决定》中涉及国家能源局的29项重点改革举措的贯彻落实，研究拟定能源领域改革的框架意见；要进一步简政放权、强化监管，推进审批项目内网公示和外网阳光公开，促进权力在阳光下运行。

(焦红霞.中国改革报，2014.6.17)

产业：改革需要新的战略思路

银发产业有望变金色商机

如何应对人口老龄化的问题，这不仅是中国面临的棘手问题，也是全球的共同难题。如何将“银发困扰”变为“银发商机”，继而打造“银发产业”，也是各国正在探寻的发展之路。

银发产业,新的经济增长点

联合国人口基金会预测,2030—2035年全球将进入中度老龄社会,2050—2055年将进入高度老龄社会。日益严峻的人口老龄化形势对经济增长、社会保障等构成重大挑战,成为一个全球性问题。挑战中同样蕴含机遇,银发产业的兴起,不仅为老年人带来福音,还形成了新的经济增长点

日益严峻的人口老龄化在给世界经济复苏带来挑战的同时,也带来新的发展机遇。庞大的老年消费群体推动形成新的综合产业——老龄产业(即银发产业)。目前,国外的老龄产业体系已涵盖制造、建筑、医疗卫生、信息通信、金融保险、房地产、文化娱乐和教育等诸多产业。发达国家的经验表明,发展老龄产业不仅能够为老年人带来福利,同时也可以有效带动相关产业的发展,由此成为经济增长的新动力。

发达国家老龄产业的发展,得益于其成熟的市场环境、政府的积极推动、完善的政策法律体系、较高的市场细分程度以及紧跟市场需求的创新技术与能力等多方面因素。

发达国家政府直接为老年人提供照护服务的比例已经非常少,老年人的服务需求主要依靠市场和社会组织来满足老龄服务业是发达国家老龄产业的一个重要内容,包括康复护理、长期照护等众多服务行业。目前在荷兰、德国、日本、美国等许多发达国家,政府直接为老年人提供照护服务的比例已经非常少,老年人的服务需求主要依靠市场和社会组织来满足。根据老年人身体、经济状况的不同,养老企业会提供不同种类和价位的照顾服务,如日间照料服务机构、护理院、痴呆老人之家、临终关怀机构、特定对象的服务机构等。此外,还可以为绝大多数居住在家中的老年人提供送饭、清洁卫生、康复护理、助行、助浴、助医、房屋改造、安全保障等上门服务。政府在服务过程中主要发挥指导和监督的作用,并根据老年人的身体、经济收入状况为老年人购买服务。

在推动老龄产业发展中,政府作用主要体现在法律政策的制定、顶层设计的规划

以及严格的监督评估等环节。

日本、美国、英国等国家在养老服务方面都有非常健全的法律制度和完善的管理制度。如日本在20世纪70年代进入老龄化社会之后，就先后出台了《老年人保健法》《国民健康保险法》《护理保险法》《老年人福利法》等，不仅有效保障了老年人在健康、护理方面的基本需求，也有力地促进了日本社会养老服务的发展。2010年，日本政府还公布了《21世纪复活日本的21个国家战略项目》。其中，计划将“医疗和看护产业”发展成为新兴的服务业产业，并提出将在2010—2020年的10年内，将医疗、看护和健康相关产业的市场规模再扩大50万亿日元(约合2万亿人民币)，并争取由此增加284万个就业机会。

完善的市场细分和科学定位以及灵活的运营方式、品牌化和连锁化的发展，是促进老龄产业发展的重要措施。

在老龄服务业的发展上，美国就是根据老年人的不同身体和健康状况来提供相应服务，有针对健康老年人的休闲娱乐服务，有针对失能老年人的院舍型服务，还有针对半失能老年人和居家老年人的社区照顾服务。此外，还明确划分为专业的医疗服务和不包括医疗服务的看护服务。另外，在老龄用品业方面，日本的细分化和专业化程度遥遥领先于许多发达国家。日本的老年人用品涉及日常生活、康复护理、信息通讯、文化娱乐等多个方面，在设计上以“细节化”和“人性化”为特征，种类齐全，使用方便：有助行的轮椅、拐杖、移动搬运设备；助浴的洗浴椅、洗浴床、电动升降洗脸台；还有助娱的电子宠物，协助老人阅读的折光棱镜，方便老人使用的万用旋钮把手等。

美国佛罗里达州的太阳城是一个为老年人设计的大型社区，许多国家在开发老龄房地产项目时都会以美国太阳城为范例。此类社区一般为生活能够自理的老年人设计，住房舒适，不仅设有游泳池、健身房、图书馆、俱乐部等娱乐设施，还有老年人餐厅、洗衣房、接驳车等设施，并且还会经常组织各种活动。这种大型老年社区大多由实力雄厚的房地产开发投资公司独立建设与管理，属于产权式老年住宅，也可以不购买产权而采用租用形式。老人可以先花数万到数十万美元不等的数额买下公寓，然后按月支付护理服务费，既方便又适合老年人的晚年生活居住。

运用金融手段不仅可以调动民间资本发展老龄产业，而且可以保障老年人的生活水平和消费能力。

老年消费市场为金融创新提供了新机遇。比如美国“以房养老”的“倒按揭”贷款，就是针对老年人开发的一种新型金融产品。美国目前的“倒按揭”贷款主要有三种：一是联邦政府保险的倒按揭贷款，放贷对象是62岁以上的老者，老人将房子抵押给专门的倒按揭公司和银行，银行根据房屋价值和老年人的寿命预期来每月定期发放生活费；二是房屋保管人模式，这种贷款模式有固定期限，老年人必须先搬出住房并开始执行还贷计划后才能获得贷款；第三种是财务自由按揭贷款，由基金公司推出，属于个人理财型产品。贷款对象资格不需政府审批和认可，在签订抵押贷款合同后，老人可以一次性拿到一笔数额较大的资金。

据统计，2000—2010年间，全球健康产业的消费已由2000亿增长至1万亿美元。特别是在发达国家，健康产业已经成为带动整个国民经济增长的动力之一。美国健康产业的增加值占GDP的比重已超过15%，加拿大、日本等国的健康产业增加值占GDP的比重也已超过10%。随着全球逐渐进入老龄社会，以健康服务、健康管理、健康保健、疾病预防等为主的健康产业的发展前景将会十分广阔。

（王莉莉.人民日报.2014.4.25）

中国开发老龄产业的战略思路

借鉴发达国家经验，结合中国国情，中国开发老龄产业和培育新经济增长点的战略思路主要体现在八个方面：

最大限度创造老龄产业发展的有效刚性市场需求。有效刚性市场需求是推动老龄产业持续发展的根本引擎，具体措施有：保持经济增长速度，确保一次分配能够提高居民收入水平，为实现居民收入倍增目标奠定基础；加快收入分配改革，确保包括老年人及其子女在内的中低收入群体的收入实现倍增；改革完善养老、医疗保障制度，建立长期照护保障制度，为全体居民老年期应对收入、疾病和失能风险有一个制度性的费用来源；加大政府公共财政投入，为老年人特别是中低收入老年人提供救助。通过这几项措施确保大多数老年人进入中等收入群体，培育强大的银发产业消费能力。

加快建立健全重点领域的老龄产业政策。借鉴日本的经验，发展老龄产业必须建立健全完善的产业政策体系，着眼长远，当前出台老龄产业政策的重点领域是融资、土地、税收、产业组织以及老龄服务和老龄用品两个市场。加快制定出台《国家老龄用品和老龄服务政府购买目录》。

加速培育老龄产业组织。产业发展在根本上要靠产业组织人。当前培育老龄产业组织的主要措施有：鼓励扶持现有金融机构开展业务转型，向老龄金融领域延伸，鼓励兴办一批新的老龄金融专业机构，引入部分外资金融机构开展老龄金融服务；通

过政策引导、购买服务等措施扶持现有老龄用品生产销售商，鼓励传统相近制造业转型，开展老龄用品生产，扶持新建一批新的具有竞争力的老龄用品生产销售商；出台配套政策措施培育医护相结合的老龄服务组织，逐步改革民政部门举办的养老院，向政府购买服务转变，增强其医护功能，重点扶持一大批居家服务机构和住养型服务机构。

构建老龄产业融资平台。建立国家老龄产业发展基金，以此为基础，各地建立相应融资平台；鼓励扶持金融机构和老龄金融专业公司在开展老龄金融业务的同时开展老龄用品和老龄服务投融资业务；鼓励公益基金向老龄产业拓展。

加快老龄金融创新。借鉴美国和日本经验，加强科学研究，根据中国居民要求和文化传统，结合未来的老龄服务需求，面向40～59岁人口开发储蓄、证券、保险、基金、信托、房地产新产品，重点开发综合性的、新型混业经营的老龄金融产品。

着力开发老龄用品市场。除规范发展老年保健品和老年医药用品生产外，重点开发生产康复、护理、老年日用品、助行、老年电子、老年文化产品，建设老龄用品物流配送网络平台。

打造老龄服务网络是发展老龄服务的战略选择。发展老龄服务根本要靠建立老龄服务体系，而建立老龄服务体系的关键是两个网络，一个是住养性老龄服务机构网络，另一个是依托社区建立居家服务网络。老龄服务机构要形成产业，关键是要上下左右贯通形成网络，不仅有利于行业管理，更有利于规模经济。

建立国家银发产业核心技术研发基地。把发展老龄产业核心技术纳入科技创新战略，选择一些地方建立老龄产业核心技术创新基地或老龄科技创新示范园，为老龄产业持续发展提供强大的技术支持。

面对人口快速老龄化的形势，随着经济社会发展特别是新型工业化、城镇化以及信息化的快速推进，中国老龄产业市场将迎来一个大发展、大繁荣的黄金时代。这需要全社会的共同努力和参与，需要政府有关部门改革创新、营造环境、破除障碍，需要经济界有识之士看清大势，研判大局，占领老龄产业发展的战略制高点，成为世界老龄产业市场的领导者。

（党俊武.人民日报.2014.4.25）

金融改革：任重道远

诚信金融，惠及你我

“发展普惠金融”写入十八届三中全会《决定》以来，普惠金融一词在中国持续升温，银行机构、小贷公司、村镇银行、P2P公司等蜂拥而上，“践行普惠金融”。

“融洽会”热点:让普惠金融日益融洽

“每个人都享有获得信贷的权利”——这是诺贝尔和平奖得主、孟加拉乡村银行创办者尤努斯的一句名言。

被称为“穷人银行家”的尤努斯通过不辍的努力和探索,让原本无法从正规金融机构得到帮助的人,通过小额贷款获得了摆脱贫困生活的机会。这一将金融体系和金融服务外延不断扩大,让有金融需求的人都能得到合适的金融服务的制度创新,被认为是普惠金融理论在现实中的一次成功实践。

近年来在我国,普惠金融正日益成为备受社会推崇的一种金融理念。

来自云南省人民政府金融办公室的消息,截至2014年一季度末,全省共发展村镇银行44家;截至2014年3月,全省小额贷款公司已发展到553家。金融服务覆盖的深度和广度得到了延伸;宁波市推出的《宁波农信普惠金融工程三年行动计划》指出,宁波农信社争取在2015年实现全市“支农支小”贷款总额超过千亿元,惠及客户1.5万户;建立多层次的金融便利店900家以上。

在6月6日—8日举行的第八届中国企业国际融资洽谈会——科技国际融资洽谈会(以下简称“融洽会”)上,普惠金融又被频频提及。“本届融洽会按照党的十八届三中全会提出的‘发展普惠金融,鼓励金融创新,丰富金融市场层次和产品’的新要求,关注普惠金融,进一步服务于中小微企业、服务于百姓生活……”天津市政府副秘书长陈宗胜在介绍融洽会相关情况时如此阐述。

当下,普惠金融正以其广覆盖的提法让有信贷需求的创业者们尤其是贫困地区各阶层和弱势群体心动,但从理念到现实究竟有多远?

实现服务范围广覆盖

据了解,20世纪70年代,小额信贷在孟加拉国、巴西等国开始出现。小额信贷最初实行小组贷款模式,小组成员之间负有连带担保责任。典型例子就是尤努斯在孟

加拉创办的乡村银行——格莱珉银行，这种模式的成功刺激了无数金融机构纷纷效仿。

国内最早引进这个概念的是中国小额信贷联盟(原名中国小额信贷发展促进网络)。而普惠金融在我国被正式提及是在党的十八届三中全会上，会议通过的《中共中央关于全面深化改革若干重大问题的决定》中提出："发展普惠金融，鼓励金融创新，丰富金融市场层次和产品。"

中国人民银行行长周小川将普惠金融定义为"通过完善金融基础设施，以可负担的成本将金融服务扩展到欠发达地区和社会低收入人群，向他们提供价格合理、方便快捷的金融服务，不断提高金融服务的可获得性"。

业界专家认为，围绕普惠金融概念的延伸非常多，包括与之关联密切、着眼于小额信贷的微型金融，与农村金融相关的合作金融等等，这些金融概念的产生无一例外都是基于普惠金融理念之上的实施方式的体现。近两年，基于互联网金融的崛起，普惠金融又被赋予了更多新的内容和表现方式。

因此说，普惠金融不仅仅是一个好政策，而是一个塑造社会、塑造产业的力量，而且这个力量正逐渐发力。

央行近日联合财政部、银监会、证监会、保监会等七部门联合发布《关于全面做好扶贫开发金融服务工作的指导意见》指出，到2020年要使贫困地区金融服务水平接近全国平均水平，初步建成全方位覆盖贫困地区各阶层和弱势群体的普惠金融体系。到2020年，建成多层次、可持续的农村支付服务体系和完善的农村信用体系，贫困地区金融生态环境得到进一步优化。

"从行业发展的角度讲，普惠金融应是一个良性的、可持续的过程。"翼龙贷董事长王思聪认为，"普惠金融体现的是一种和谐金融的理念。"而这也是业界的一致看法。中国邮政储蓄银行行长吕家进此前曾表示："发展普惠金融要坚持可持续发展的原则，一个好的普惠金融体系能实现服务范围的广覆盖，自身商业可持续，社会福利最大化。"

仍有金融阳光照不到的角落

全国人大财经委副主任吴晓灵指出，普惠金融应该以人为本，指的是有权力享受金融服务的所有人。但是显然，目前不同地区、不同机构的客户所享受的金融服务的质量并不一致。

据了解，普惠金融理念在我国主要依靠监管机构及地方性金融机构的推动，整体服务体系还是比较单一。以农村金融为例，基于普惠金融理念的产品及服务创新显得步履维艰。过去5年来，农村金融改革的步伐在不断加速，城镇化的速度"惊人"，实力较强的农村金融机构都被认定为符合商业银行运作标准的机构，纷纷改制为农商行。由此，各类评价标准都向着城市银行或者更大的银行"看齐"，而针对地方经济以及低收入，甚至是贫困人群的金融服务就显得捉襟见肘。与此同时，农村金融市场

环境变得越来越恶劣，信用社、村镇银行、小贷公司等等都在高同质化的服务市场上拼杀，显然，针对获利小、成本高的普惠金融服务，大家都提不起兴趣来。

但我国发展普惠金融具有广阔的市场空间。目前我国有4万个乡镇、40万个村庄和7.5亿的农村人口，还有数量庞大的城市社区，蕴含的金融需求以百万亿元计，但金融机构空白或仅有一个金融机构的乡镇数量仍有近万个。有业界专家通过对太行山革命老区7个山区县的调查发现，2003年前后，随着撤乡并镇行政机构改革的进行，农村信用社的机构设置也随之撤销收缩，特别是对存在近50年的农村信用站进行一刀切全部撤销，基本形成了撤并乡（镇）后，每个乡（镇）只保留一家农村信用社的格局，使山区农村金融机构本来就单一的状况又进一步萎缩，特别是农村信用站这个长期扎根于乡村沃土，最贴近农村，适合农民，方便灵活服务的全覆盖山区广大农村的金融网络消失，使广大山区农村的金融基础公共服务被日趋边缘化。

与此同时，目前全国有5000多万家小微企业，贡献了我国GDP的60%，而其中能够获得银行贷款的只有1000多万家，有80%的小微企业拿不到银行贷款。而除传统贷款需求以外，城市社区、欠发达地区和小微企业对支付结算、财富管理、保险（放心保）等其他方面的金融服务需求也十分迫切。

在中国社会科学院研究员杜晓山看来，造成金融覆盖“真空”地带的出现，很大程度上还是因为我国金融体系本身存在问题，比如直接融资和间接融资不匹配，城乡金融布局不平衡，东中西金融基础设施差距较大，政策性金融、合作性金融和商业性金融发展不平衡等。

普惠金融体系亟待构建

随着国家扶贫力度的加大和全面建成小康社会的推进，山区农村经济的快速发展和各种经营活动的日益活跃，已呈现出刚性的、多元化的、巨大的金融服务需求。如何解决山区的金融供给严重短缺和农户金融需求日益旺盛的矛盾，大力发展普惠金融，增加农村金融服务供给显得极为迫切。业界专家为此建议应大力培育农村金融的本土力量，对各类民间融资机构坚持引导、规范、保护与支持的方针，丰富农村金融组织；应以农村信用社为基础，重构山区农村金融机构网点建设；还应以大胆创新的思路，与时俱进的措施，真正使信贷融资活动惠及广大山区农村。

据了解，近些年来，银行在渠道创新上发展较为迅速，微信银行的诞生与电话银行的新形态给了银行业一些启示，从某种意义上来说，简单而又便捷的渠道是普惠金融的一个先决条件，这可以让更多人的参与到金融活动中来。

“虽然目前渠道创新机构正在做，但是载体的欠缺仍是我国普惠金融发展的主要瓶颈。加强金融服务渠道建设，使金融服务获取更加便利是首要任务。”中国人民银行金融消费权益保护局局长焦瑾璞表示。

周小川在谈到普惠金融的建立时则用了“两个应该”：应该适度放宽市场准入，支持小型金融机构发展；应该推进存款保险制度建设，为小金融机构创造与大型金融机

构公平竞争的环境。

实际上，为缓解农户、中小企业融资难，并降低金融机构放贷风险，已有不少专家建议，政府应组织建立健全信用担保机制。比如通过运用一定的涉农财政资金构建农业信贷担保体系，尽快解决农民贷款难问题。此外，在合理减税的同时，还可为小弱农户、个体户和企业服务的全方位金融业务，实行坏账损失和风险损失的部分补贴。

（明慧.中国改革报.2014.6.7）

六措施加强金融服务“三农”应不脱农、多惠农

国务院总理李克强4月16日主持召开国务院常务会议，确定金融服务“三农”发展的措施。会议确定，一要丰富农村金融服务主体，二要加大涉农资金投放，三要发展农村普惠金融，四要加大对发展现代农业重点领域的信贷支持，五要培育农村金融市场，六要加大政策支持。会议要求，所有涉农金融机构都要努力往下“沉”，做到不脱农、多惠农。

“三农”问题一直是政府工作的重中之重，在经济转型、改革深入的时刻，中央农村工作会议、2014年中央一号文件、2014年政府工作报告，都给未来的“三农”工作作出了明确的部署。中国经济网记者梳理发现，今年以来，央行发布了《关于做好家庭农场等新型农业经营主体金融服务的指导意见》，财政部公布了《农村金融机构定向费用补贴资金管理办法》，银监会发布了《关于做好2014年农村服务工作的通知》、发布并实施新修订的《农村中小金融机构行政许可事项实施办法》。这次以国务院会议讨论明确相关政策，将“三农”金融服务工作提升至前所未有的高度。

中国经济网记者获悉，在银监会的协调推动和各部门的共同努力下，我国农村金融改革发展工作取得长足进步。一是多层次农村金融组织体系基本形成。二是农村金融服务网络覆盖范围扩大。三是涉农信贷投放和服务创新取得阶段性成效。四是农村金融基础设施日益完善。五是支农扶持政策框架初步搭建。六是支农导向监管

制度初步确立。

不过，当前我国农业农村发展水平仍相对滞后，在推进农业现代化的进程中，农村金融肩负着不可替代的历史责任和使命。银监会相关负责人告诉中国经济网记者，受多种因素影响，农村金融仍然是整个金融体系中最为薄弱的环节：一是农村金融服务合力需要加强，如政策性金融、合作金融发展、农业保险和农村资本市场等；二是农村资金外流问题突出，农村金融产品和服务方式还不能完全适应广大农民不断增长的服务需求；三是农村金融基础设施不完善；四是扶持政策的协调性和合力有提升空间。

会议要求，发展农村普惠金融，完善扶贫贴息贷款政策，推动偏远乡镇基础金融服务全覆盖。目前，对“三农”的金融服务是普惠金融最重要的任务之一，是它的根本所在。普惠金融实质上就是注意支持弱势群体的金融，农村相比城市是弱势的，农业相比工业是弱势的，农民相比城里的多数人是弱势的。普惠金融的根在农村，此次会议围绕普惠金融，再次加强了对弱势群体的金融服务。

会议要求，加大对发展现代农业重点领域的信贷支持。完善农业保险保费补贴政策，建立大灾风险分散机制。分析认为，过去谈农村金融服务主要是在服务传统农业，而这次更有前瞻性、视野更为宽阔地提出了对现代农业重点领域的信贷支持。金融在现代农业发展中扮演了重要角色，应让金融春雨润泽现代农业，这顺应了农业发展规模化、集约化经营的大趋势。据中国经济网记者了解，在四川，当地银监局引导银行业机构以支持“规模化、集约化、标准化”建设为重点，推动农业转变发展方式。不过，要想全面提升现代农业金融服务的质效，还需要多方付出更多努力。银行业机构要“接地气”，找准切入点，制定出有特色、可操作的具体实施方案。

其实，金融机构服务“三农”、扎根农村还是很有动力的，如果各方面政策可以更加协同支持，相信这些机构会服务得更好。诚然，涉农金融机构一定要做到不脱农、多惠农，让金融服务送到田头，让金融支农形式多样化、创新金融产品，让更多农民享受普惠金融之利。

（华青剑.中国经济网.2014.4.17）

金融改革，任重道远

影子银行：是天使，还是魔鬼

国际货币基金组织（IMF）最新发布的《全球金融稳定报告》指出，截至今年3月，中国影子银行的社会融资比重占GDP的35%，正以银行信贷两倍的速度扩张。

影子银行，怎样使好双刃剑

在2014年两会的记者会上，国务院总理李克强明确表示，对影子银行等金融风险正加强监管，已排出时间表，推进监管措施；前不久，银监会发布《商业银行保理业务管理暂行办法》，被视为中央收紧影子银行系统的又一举措……影子银行正受到越来越多的关注和重视。不少人认为，中国的影子银行是把双刃剑，既能帮助金融系统更高效运行，又因积累系统性风险，加剧了金融体系的脆弱性。影子银行是什么？它会带来哪些风险？又该如何管控？

何谓影子银行

影子银行系统的概念最早在2007年由美国太平洋投资管理公司执行董事麦卡利首次提出并被广泛使用，也被称为平行银行系统，包括投资银行、对冲基金、货币市场基金、债券保险公司、结构性投资工具(SIV)等非银行金融机构。这些机构通常从事放款，也接受抵押，是通过杠杆操作持有大量证券、债券和复杂金融工具的金融机构。

在我国，影子银行的概念此前一直存在争议。除地下钱庄、小额贷款公司、私募投资等非银行金融贷款业务，理财产品等也一度被认为是影子银行的业务范畴。

2013年4月，银监会发布《中国银行业监督管理委员会2012年报》，首次明确影子银行的业务范围——“从实践看，我国绝大部分信用中介机构都已纳入监管体系，并受到严格监管，银监会所监管的六类非银行金融机构及其业务、商业银行理财等表外业务不属于影子银行。”

2013年年底发布的《国务院办公厅关于加强影子银行监管有关问题的通知》，将影子银行体系分为三部分：一是不持有金融牌照、完全无监管的信用中介机构，包括新型网络金融公司、第三方理财机构等；二是不持有金融牌照、存在监管不足的信用中介机构，包括融资性担保公司、小额贷款公司等；三是机构持有金融牌照，但存在监

管不足或规避监管的业务，包括货币市场基金、资产证券化、部分理财业务等。

“形象地讲，国外的影子银行是商业银行主体外的机构和业务，是自然而然的‘影子’，我国将这个概念定义为游离在银行监管系统之外、可能引发系统性风险和监管套利等问题的信用中介体机构和业务，即不知底细的‘黑影’。”南开大学金融发展研究院副院长田利辉接受记者采访时表示，“影子”天生没有罪恶，所谓“黑影”也只是信息不够充分而已。

为什么会产生影子银行？田利辉表示，中国的影子银行是金融市场化的必然结果，其规模大的原因是我国金融定价体系扭曲，存贷款利差长期过大。

影子银行的风险有多大

在中小企业的生产经营过程中，民间借贷为实体经济的快速发展提供了支持。在一定程度上，影子银行是我国金融体系的有益补充。但是，影子银行的风险也不容忽视。民间借贷利率高于银行一直不是什么秘密，影子银行存在的风险又该怎么看待呢？

乐观者认为，中国影子银行的存在，是对目前国有银行垄断局面的有益补充；但悲观者则认为，中国影子银行的风险非常高，未来三至五年内，可能会对银行业的财务稳健性产生重大负面影响。

“影子银行不是妖怪猛兽，它绕开一些对金融机构的过度监管，为中小企业从某种程度上解决融资问题。”上海交通大学中国金融研究院副院长严弘认为，影子银行的产生源于现有金融体系的不完善，对于人们对影子银行可能对整个实体经济乃至整个金融体系造成影响的担忧，他坦言无须过度担心。

田利辉表示，中国的影子银行，推动了利率市场化的进程，有助于提高我国商业银行的竞争力。其贡献在于提供竞争，并以市场方式调节资金配置，是市场经济应该允许的参与者。其风险在于在监管不作为的背景下，有人会非法集资然后亡命天涯，一些投资者可能会倾家荡产。

中国工商银行行长易会满认为，影子银行是传统银行体制的有益补充，中国影子银行规模约20万亿元左右，约占GDP的30%，资产量相对较小，大部分有实体经济支撑。与发达国家相比，主要是信用类产品，比较简单，且大部分处于监管之内。

但是，此前中国社会科学院发布的《中国金融监管报告2013》却把影子银行问题列为我国金融监管改革面临的首要问题。报告认为，由于影子银行与传统银行业的紧密关系，这种风险可能威胁到中国的金融稳定。另外，影子银行规模的扩大很可能导致一系列问题，如信贷规模过度扩张、信贷监管政策失效、影响传统货币政策的有效性及导致系统性风险的产生等。

银监会副主席王兆星表示，影子银行是正规金融体系的重要补充，但其快速发展，也带来了风险的积累，一旦失控可能形成系统性风险，甚至威胁整个银行体系及整个金融体系的安全。影子银行对金融安全的潜在和现实威胁是长期的，对金融监

管的挑战也是长期的。

用监管看清影子银行

影子银行由于在运行过程中缺乏透明性，使其积累了很多潜在风险，引发不少人的担忧和对风险管控的呼吁。严弘坦言，人们对影子银行的担心正是因为看不清它的模样，“受的监管比较少，同时对投资者权益的保护也比较匮乏”。

严弘认为，要真正治理和监督好影子银行，需要对整个金融体系进行比较彻底的梳理和改革；让“银行做银行应该做的事”，比如加快利率市场化的步伐、加快发展资本市场，为投资者提供更多的金融工具和投资工具，而不是一味提供理财产品。

在田利辉看来，影子银行的风险需要监管机构加强信息收集，进行事前监管，事后合理应对。

专家表示，影子银行毕竟是金融创新，在风险可控的前提下，要鼓励其发展。要加强监管，提高信息透明度，卖方应将产品风险告知投资者，并加强对消费者的金融教育。对影子银行产品，提供运作规范，引导其有序发展。

面对日益壮大的影子银行，有关方面的监管也一直在跟进。银监会2013年3月下发《关于规范商业银行理财业务投资运作有关问题的通知》，对银行资金直接或间接投资于“非标准化债权资产”进行全面规范，要求银行实现每个理财产品与所投资资产一一对应，停止资产池运作模式，标志着监管层对影子银行的全面监管。2014年1月，银监会召开2014年监管工作会议，特别提出要对理财业务、信托业务、小贷公司和融资性担保公司四种业务的风险进行防范，其监管精神和《国务院办公厅关于加强影子银行监管有关问题的通知》暗合，意味着中国式影子银行被勒上“缰绳”……

银监会主席尚福林表示，尽管影子银行存在一些问题，但风险基本可控。监管上，将严格监管理财产品设计、销售和资金投向，同时防止影子银行风险波及银行体系。

专家观点

中央财经大学中国银行业研究中心主任郭田勇：对影子银行的各类产品要进行细分，区别管理，发挥其积极作用，消除风险。要允许更多民间资本进入金融业，丰富企业的融资渠道。

中国社科院金融研究所银行研究室主任曾刚：对于影子银行，不能简单以强化监管或取缔了事，应以监管体系自身的优化为前提，逐步取消一些不符合市场竞争与发展要求的管制措施，逐步提高宏观调控政策的透明度。

央行调查统计司司长盛松成：对影子银行最需要的是监测、分析，判断有没有风险。要积极引导影子银行向好的方向发展，监控有关风险，更好地服务实体经济发展。

中国社科院国际金融研究室副主任张明：对中国影子银行发展所形成的风险宜疏不宜堵，目前中国影子银行资金主要投向房地产、基础设施以及中小企业融资，如

果对影子银行管控过于严苛,可能会影响这些领域的融资行为。

(陈晨.光明日报.2014.5.8)

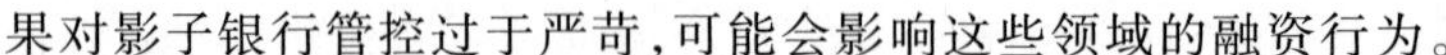

市场化手段治理影子银行

过去3年多,由于银行不断搞规避监管式的"创新"、不断扩大表外业务的规模,导致中国的影子银行问题越来越突出。

在中国,由于金融衍生品市场发育不足,资金被用于金融市场炒作的规模非常有限。即使是从影子银行流出的资金,有相当部分最终也是进入到了实体经济领域。但这并不表示可以忽视影子银行所隐藏的风险。

应当看到,银行之所以热衷于扩大表外业务,从根本上说是由于行政管制过多造成的。虽然我国早已取消了规模控制,但在经历2009年的过度刺激和信贷大投放之后,为了避免信贷进一步膨胀,从2010年起监管部门又恢复了对信贷规模的控制,只不过方法更隐蔽而已。

有行政管制,自然就有规避的手段。商业银行见招拆招,通过理财和信托产品将贷款从表内挪到表外,或者找另一家银行叙做同业代付业务,就能轻易规避监管部门对贷款规模或贷存比例的限制。

尤其是那些尚未摘帽的政府融资平台,其贷款需求一直比较急切,地方政府协调的力度也很大。银行在不得不贷款的同时,一般也会用表外的方式来绕过监管。

因此,要真正解决影子银行问题,监管部门应正本清源,大幅减少政府的行政干预,采用市场化手段落实中央的调控意图、控制相关风险。

首先,取消对贷款规模的隐形控制,改为从严约束上市银行的资本金增发行为,规定银行再融资的间隔期限和再融资占原核心资本的比例,用资本充足率来控制银行做大贷款规模的冲动。

其次,取消85%的贷存比例限制,改以法定准备金率和流动性指标等市场化手段来调节银行的贷款增速。

再者，取消对过剩行业和房地产开发的贷款管制，改以明显提高风险权重的方式来减少银行发放此类贷款的内在动力，并根据风险相对较高的事实来提示银行上浮贷款利率、以覆盖其额外风险；同时取消对高污染行业的贷款限制，改用税费手段来强行要求企业付出治污的代价。

最后，对于尚未摘帽的平台公司的贷款，中央应当强调全党全国政令统一、令行禁止，对违反规定发放贷款的，应不分表内还是表外，一律同时追究银行、信托公司和地方政府相关领导的责任。

（姜艾国.瞭望.2013,9）

中国影子银行的监管思考

影子银行监管的核心在于阳光化，要与深入金融改革结合，与完善金融市场体系、稳妥推进利率市场化、健全多层次资本市场同步，有效管控影子银行的规模和风险。

影子银行快速发展有客观必然性

中国的影子银行是2007年全球金融危机、政府启动大规模刺激计划之后才开始快速发展的，有客观必然性。

首先，中国银行业的存款准备金率、资本充足率、存贷比等监管指标较为严格，银行为了躲避监管，减少资本占用，少缴存款准备金，绕开存贷比限制，有动力通过各种方式对资产进行转移和包装。其次，中国的产业政策使得某些行业在传统金融市场融资受到限制，比如房地产开发贷款或者地方政府平台贷款，受限行业巨大的融资需求只能通过影子银行体系满足。再次，目前中国居民的储蓄存款利率仍然受到管制，随着居民收入的提高，财富管理的需求不断增长，银行理财产品、信托产品、保险产品、基金专户产品等为影子银行提供了充沛的资金供应。2009年至2013年，中国一直处于政府主导的投资拉动的经济上升周期，资产价格稳步上涨，这一方面激发了基

础设施、房地产等重资产行业的资金需求，另一方面放松了投资者对风险的警惕，形成资金供需两旺的正反馈。最后，在金融体系市场化不断推进的大背景下，监管机构对金融业的产品创新、业务创新、渠道创新的态度较为宽松，互联网金融、银行同业业务创新、跨行业的合作等新事物成为了影子银行的重要组成部分。

中国影子银行定位宜中性

中国影子银行虽然在含义和运作方式方面与西方不同，但是仍在金融体系发展和改革过程中发挥了积极作用，拓宽了投融资渠道，提高了融资效率，推动了商业银行转型创新。目前，中国影子银行体系结构比较简单，资金基本上流入了实体经济，促进了实体经济发展。影子银行发展客观上促进了利率市场化的进程，有助于形成市场化的资金价格，推动金融业进一步改革开放。

因此，结合国外经验和中国实践，建议将中国影子银行定位于中性，而不是将其妖魔化。定位中性有助于客观认识其产生的原因和作用，更好地对其进行识别、分类、监测和统计，进一步完善监管体系，实现影子银行阳光化。

高度重视影子银行蕴藏的风险

首先，资金过多地流入地方政府融资平台和房地产等受到政策限制的行业，加剧了地方债务杠杆压力和对土地财政的依赖，推高了房地产价格和泡沫。大量资金投向产业政策不鼓励的行业，阻碍了经济结构的调整。高利率的影子银行对贷款有挤出效应，削弱了金融对中小企业、居民基本住房信贷的支持力度。

其次，影子银行加剧了金融市场的扭曲。市场经济中资本是信用的核心，但是目前社会总融资中间接融资占比仍然在不断提升，影子银行加剧了这一扭曲，提升了整个社会的债务负担和风险溢价。商业银行为了规避监管和宏观调控，通过表内外的同业科目等腾挪资产，借助证券公司、保险公司、基金公司等作为通道，隐匿了真实风险，提高了实体融资成本，影子银行成为金融机构操纵利润、掩饰不良贷款、非法输送利益的重要工具。影子银行体系横跨不同金融子行业，既有金融机构，也有金融产品和业务，还有渠道合作，现有监管框架缺乏统筹协调，且不同监管当局对金融创新的态度不同，监管政策缺乏一致性。

再次，影子银行加大了宏观调控难度。一部分影子银行具有信用创造功能，实际上增加了金融体系的货币供应量，这部分货币供应是央行不能直接控制的。另一部分影子银行虽然没有增加货币供给，但是加快了货币流通速度(例如银行的理财产品)，加剧了货币市场流动性和价格的波动，增大了央行调节利率和货币供应的困难。同时，影子银行成为地方政府融资的重要渠道，加大了地方政府债务杠杆压力，隐藏了地方财政赤字规模，限制了财政政策的有效性。

最后，传统银行体系受资本充足率、存款准备金和存贷比的约束，杠杆可控，但影子银行体系缺少此类约束，理论上杠杆可以无穷大。影子银行自2007年开始快速发

展，没有经历过经济大周期波动的系统性压力测试，稳定性较弱。影子银行机构信誉水平较低，流动性管理能力上弱于银行类机构，应对突发危机的能力较差。影子银行和传统金融业务交织在一起，且没有最后贷款人安排，容易成为系统性风险爆发的导火索。

影子银行监管的核心在于阳光化

影子银行监管的核心在于阳光化，要与深入金融改革结合，与完善金融市场体系、稳妥推进利率市场化、健全多层次资本市场同步，有效管控影子银行的规模和风险。

疏堵结合、以疏为主。事实上，有关部门近年来出台了多项政策，监管力度一再加大，但影子银行仍然不断变换各种形式，没有有效遏制住影子银行快速发展。如果不从体制机制的源头上入手，会造成监管越细、影子越大。因此应该采取疏堵结合、以疏为主的思路，做到趋利避害。

加强监管协调。出台适当的监管法律、法规，保持监管的权威性、严肃性和一致性。加强横向监管协调，一行三会建立协调机制，形成全覆盖的监管网络。建立高层协调机制，避免监管协调过程中出现的行业保护。建立和健全中央和地方两级监管体系，加强两级监管的协调。明确影子银行机构和业务的监管责任，将一些游离于监管之外的影子银行真正管起来，做到风险隔离、避免溢出效应。探索向影子银行提供必要流动性的支持机制。

以同业业务监管为抓手。要规范同业资产和负债的匹配，限制同业资产和负债占比，限制同业资产投向，要求其符合宏观调控和产业政策要求，明确同业各方的责任和义务，杜绝抽屉协议、暗保等不受管控的方式。将与一般存贷款业务实质相同的同业业务，纳入存款准备金征收范围，计入存贷比考核和资本占用。

夯实金融基础设施建设。建立跨市场的资金监控平台，实时跟踪跨金融子市场的资金流向和最终去向。完善统一的金融统计制度，实现影子银行的分类精准统计，避免重复和遗漏。完善统一的会计准则，防止通过会计差异实现资产虚假出表。加强信息披露，要求对所有产品的整个投资路径进行披露，定期公开最终投资标的的真实信息、产品的资产负债及财务情况，披露者承担法律责任。

进一步深化金融改革。加快存款保险制度建设，防止商业银行采取不正当方式竞争存款，杜绝金融机构隐性担保，打破刚性兑付，逐步形成理性的资金风险定价，建立“卖者有责、买者自负”的健康投资环境。大力发展资产证券化，厘清资产证券化的风险隔离、兑付、清算等业务要素，同步推出CDS等配套产品。支持贷款转让市场发展，降低商业银行资本消耗，盘活存量资产，实现影子银行阳光化。

（郭濂.21世纪经济报道.2014.6.28）

金融改革，任重道远

民营银行:有望推动金融市场化

不走传统商业银行的老路，将现有特定区域细分市场做活、吃透，同时加强金融风控自律意识，中国民营银行开始了“破冰之旅”。

民营银行看上去很美

创办一家民营银行，成为许多企业的新梦想。

9月13日全国首份地方版《试点民营银行监督管理办法（讨论稿）》报至中国银监会，截至9月底已有27家上市公司表示了创办民营银行的意向，并且不断有拟设立的民营银行名称获工商总局核准的消息传出。

民间资本对金融业的渗透由来已久，从小额贷款公司到互联网金融，近期民营银行的政策破冰让民间金融发展进入一波新的高潮。然而，民营银行真的像看起来那么美吗？

企业对银行业高利润、高杠杆的期待，政策层面对民营银行服务民营经济的期盼，都需要特定制度条件才能实现。虽然政策允许民营银行诞生，却未必准备好了民营银行的成长条件。

"我们从来没有让不同的市场主体真正平等过，也就是说，我们没有为民营银行的出生准备好前进道路和成长背景，这种情况下它很可能成不了气候，只能是点缀。"兴业银行首席经济学家鲁政委在接受《新财经》记者采访时表示。

抢跑民营银行

民营银行概念成为近期资本市场炒作的热点，上市公司扎堆发布成立民营银行的公告，一些公司只要和民营银行扯上关系，其股票必定大涨。据统计，截至2013年10月15日，民营银行指数20日累计涨幅超过40%，60日累计涨幅超过70%。

近期有消息传出，第一批民营银行10个名额已经下发至各省，广东（除深圳地区外）、江苏、浙江分别获得两个名额，深圳和天津两市各获得一个名额。民营银行恐怕不会一下子在全国遍地开花，政策总比市场热情来得冷静。

对于企业扎堆创办民营银行的现象，鲁政委觉得原因是多方面的。首先，在中国改革开放的过程中，大家都形成了这样一种认识，每一波新政策出台都要先去抢，"抢

了不一定赚到钱，但不抢肯定就没机会了，这是市场的惯性使然”。

其次，到目前为止，现有银行的局面都不错，2013年上半年，16家上市银行净利润总和占全部上市公司净利润总和的一半以上，银行业仍然是利润最丰厚的行业。在这种情况下，企业会想当然地认为这是一个很赚钱的行业，“既然它放开了，我当然就要去”。

再次，和普通企业相比，银行的杠杆率很高，有助于保持一个较高的ROE（股本回报率）水平。

当前，除了少数行业如房地产企业、融资租赁公司能够有银行那么高的杠杆率且负债水平能够和银行接近之外，大部分企业不可能有银行这样的负债率。比如说，中小银行有10%左右的资本充足率要求，那就意味着有八成左右的钱都是别人的，只有两成的资金是自己的。

当然，我们也不能排除企业家们朴素的考虑，就是找银行借钱都那么难、那么麻烦，不如我自己开一家银行，自己吸收存款。这也是舆论上十分担心的关联交易问题。“但这种想法不那么现实，股东方关联交易的贷款都会受到严格监控，不是说自己的银行有钱，就能把钱贷给自己的企业。”鲁政委说。

期望的误区

民营银行的诞生伴随着各方的期望，民间资本期望找到合法合理的融资投资途径，社会期望民营银行更好地服务于民营经济，解决民营企业、中小微企业贷款难的问题。但是民营银行发展面临着更加困难的社会认同和严格的监管环境，企业属性也让银行具有天然的“傍大款”倾向，因而现实和期望之间难免会存在错位。

其实在对民营银行的监管上，除了满足现有银行都要遵守的监管要求之外，不排除还需要满足一些特殊条件。7月5日国务院发布的破冰性文件——《关于金融支持经济结构调整和转型升级的指导意见》中，就明确提出允许设立“自担风险的民营银行”。何谓“自担风险”？是要求民营银行为自己的投资兜底，还是未来会允许民营银行破产？由于相关细则没有出台，因而市场需要政策进一步明确。

从理论上讲，所有银行都应是自担风险的市场主体，但在当前国有银行破产可能性很小的情形下，如果民营银行要自担风险，是否就有了因经营不善倒闭清算的可能？这样一来，如何让存款人信任民营银行？如何保证民营银行在市场中站得住脚？

也有人期待民营银行能服务民营企业，让资本更好地进入实体经济。可惜这并不是简单的对等关系，银行的企业属性需要它趋利避险、业绩稳定，风险较小的国有企业、大型企业顺理成章地成为它们热衷追逐的客户。在现有银行没有很好地满足民营企业的资本需求情况下，换人来做，让民营银行来做并不符合市场逻辑。

民营资本对银行的涉及早已开始，许多股份制银行、城商行、农商行中都有民资股东的身影。根据银监会2012年数据，在股份制商行和城市商业银行中，民间资本

占比分别为41%和54%。例如,华夏银行、光大银行、广东发展银行、浦东发展银行、平安银行等就有大量民营资本参与其中,但民营企业贷款难的问题并未根本改善。

另外,大银行服务大企业、小银行服务小企业的思想,让民营银行在服务中小微企业方面抱有期望。鲁政委认为:"对资产规模10万亿元的工行来说,要傍个大企业并不难,但是如果一家银行的资产只有1亿元,按照集中度不能超过15%的限制,最多只能给一家企业提供1500万元的贷款。在整个经济活动中,这样的企业仍算是小企业。"

当然,这并不意味着大银行不能服务中小企业,也不能说明小银行就一定愿意服务中小企业。比如富国银行作为美国的第二大银行,其资产规模是很大的,但服务的客户并非只是大企业。当前,中小企业融资难很大的问题在于信息的不对称,贷款风险不好把控,而不是需要小银行或民营银行。

我国民营经济在发展过程中存在着一种做大的倾向,企业把规模做大了就能向政府要求更多的资源,做大了就能获得类似于国有企业的地位,所以生意本身是否赚钱不是第一位的,哪怕通过负债赔一点钱,把规模搞大了就能占据竞争的有利地位,就能在出现问题的时候获得政府救助,成为大而不能倒的"类国有企业"。当一般企业存在这样的问题时,银行业同样存在着一味做大的倾向,这种期待可能会成为未来民营银行与管理层博弈的课题和真正做强的障碍。

不缺竞争缺体制

对于民营银行打破金融垄断,在银行业引来更多竞争的舆论,原人民银行副行长吴晓灵就直言:"现在银行业是红海,银行的竞争已经白热化。"

鲁政委对此也认同。"我国有300多家带有'银行'两个字的金融机构,还有4000多家法人机构属于农信社等,虽然没有'银行'二字但做着和银行相同的事。中国有四五千家事实上的银行,单纯从数目上来说,银行不像想象得那么缺。我们可以说美国有七八千家银行,但美国的经济总量也是我国的两倍多。"

事实上,300多家银行、4000多家法人机构是很难形成一致行为的。即使站在银行的角度看,也总有害群之马,总有人要坏了规矩,这就是为什么银行的竞争已经这么激烈,尤其在贷款的下限已经取消了的情况下,银行开展业务就更难的原因。

从经济学原理讲,适合于完全竞争市场的是在所提供的产品服务没有外部性的情况下,而银行同电力、煤气那个性质有点儿像,是具有外部性的行业。赚了钱是自己的,亏了钱主要赔的是存款人的,这就使银行业适用在严格监管下适度竞争的原则。

"在这个意义上,银行不是说姓王的人干不好,我们找个姓张的人就能干好,会因为性质不一样就有不同的结果,关键是我们需要改变一个大的制度环境。"鲁政委说。

民营银行的开闸正处在我国金融改革的浪潮之中,利率市场化、建立存款保险制

度、人民币汇率逐步放开等一系列政策趋势都让金融业日益市场化，银行面临着严苛的生存环境，刚刚出生的民营银行相对而言更是处在竞争的劣势。

对于民营银行来说，首先面临的问题就是如何吸引存款。在没有存款保险制度的情况下，如何打消储户的疑虑？在建立了存款保险制度的情况下是否在竞争中就不会处于劣势？

对此鲁政委认为，我国现有存款是具有隐性担保的，一旦阳光化后，对民营银行将弊大于利。当大家都处于隐性担保的情况下时，储户更多考虑的是收益、便利性及服务的好坏，但是如果引入存款保险制度，那么就是说银行存在破产的可能性。在一般的思维里，肯定是规模小的、民营性质的银行破产的可能大，这样人们就都会把钱放入国有大银行。“这就好比明白告诉大家，别跟民营的玩儿，他们不安全。”

而利率市场化对民营银行来说也不是一个很有利的因素。在存款人更倾向于国有大行的情况下，民营银行吸收存款的成本就必然比其他银行高。那么在放贷的时候，民营银行就需要更高的贷款利率才能够实现盈利，这时容易出问题的企业就相对会是那些融资成本更高的企业，银行业会因此面临更大风险。

问题的关键是我们从来没有给不同的市场主体以平等的机会，在民营企业与地方政府关系越来越密切、民营企业越来越国企化的今天，人们怎么可能期望民营银行能走上与之不同的道路呢？可以说，制度一定比单纯给张牌照更重要。

（王韶辉.新财经.2013，11）

民营银行改写金融格局

“十年磨一剑”的民营银行准入日前终于出鞘露“霜刃”——银监会确定首批5家民营银行试点方案，批准10家民资企业参与试点，2014年金融改革打响头炮。民营银行将在多大程度上改变中国金融格局？创新与风险之间的天平该如何权衡？它又将怎样影响每一位消费者的生活呢？

民营银行“破冰”意味着什么?

据统计,2013年工、建、农、中四大国有银行净利润达到7162.3亿元,成为中国最赚钱的公司。光鲜的成绩与我国银行业处于相对垄断的状态不无关系。虽然民营资本在银行业的占比并不低——据统计,目前民间资本占比超过50%的中小银行已有100多家;民间资本在股份制银行和城商行总股本中的占比在2013年达到45%和56%,但银行管理权、经营权、任免权等大多掌握在国有资本手中,民间资本很难获得话语权。

试点之前,民间资本涉足银行业,通常有两条路可选:一是以入股形式进入已有的商业银行;另一种是找已有的银行作为发起行成立商业银行,制度上的种种“玻璃门”也限制了民间资本的进入。唯一可由民营资本设立的小额贷款公司转村镇银行,一直无法吸收公众存款。

另一方面,庞大的国有商业银行凭借数十年积累资金规模已相当可观,在保有天然国家信用保障的同时,其经营行为有时违背市场规律、服务质量难以提升、小微企业和社区金融服务要求难以满足等弊端日益凸显。

民营银行的此次破冰,无疑是整个经济体制改革组合拳中的重要一步。在国务院发展研究中心金融研究所副所长巴曙松看来,新一轮金融改革方向应该是包容性的普惠式金融服务,即金融业不仅仅为高端客户服务,还要为大众服务。“金融体系对很多特定群体的服务是空白的。从这个意义上来说,将会重点放宽金融业的准入,支持小型金融机构的发展,包括民营银行。”

“民营银行最突出的特点就是按市场机制自主运作,这也是其优势所在。”南开大学金融发展研究院副院长田利辉在接受记者采访时表示,民营银行试点是我国特区试验式改革路径的重现,有助于推动金融机构多元化,有望成为推动金融改革的“鲶鱼”,形成更加兼顾效率和公平的市场格局,也是我国完成利率市场化改革的必要辅助机制。“另外,它能够让少数优秀的企业家转为银行家,将其企业的经营管理和盈利能力嫁接到银行上来。”田利辉说。

民营银行将成为撬动金融市场化的重要支点。仔细分析获批试点企业不难发现,其所在区域均为金融发达地区,民间资本相对活跃,包括上海、深圳、温州等地,这也有利于民营银行开展银行业务。同时,阿里巴巴、腾讯等互联网机构已经具备了构筑对抗传统金融机构竞争格局的基础,其获得银行牌照后,将对改善金融服务、提升银行体系活力、推动金融业竞争及市场经济的完善产生积极而深远的影响。

银监会主席尚福林在接受媒体采访时表示,民营资本进入银行,法律上本身没有障碍,实践中也已经比较普遍了,但是真正自担剩余风险的并不多。此次试点主要是试行自担风险的新机制,包括让资本说话的公司治理机制、让资本决策的经营管理机制,以及让资本所有者承担风险损失的市场约束机制。

差异化之路该怎么走?

来自阿里巴巴集团的数据显示,从2010年至今,阿里小贷累计发放1700亿元贷款,仅2013年新增借款就接近1000亿元;累计放贷65万户,户均贷款余额低于4万元。与此同时,单笔信贷操作成本为2.3元,而一般银行的成本在2000元左右。互联网造就的高效率与低成本一览无余。

今天的中国银行业,不缺大银行,缺的是小银行——民营银行路径由此而清晰,为小微企业、社区服务,不求做大,追求的是为中国民间金融、草根企业寻找到通畅的融资之路,实现民营银行与传统银行的错位发展,不要再走传统大型银行大而全的老路。

首批民营银行试点方案明确了四种经营模式,包括浙江阿里巴巴和万向控股的"小存小贷"模式,即限定存贷款上限;广东腾讯和百业源的"大存小贷"模式,即设定存款下限,仅接受大额存款;上海均瑶和复星、温州正泰和华峰的"特定区域存贷款"模式,只服务特定地区的小微企业和消费者;天津民营资本商汇和华北的"公存公贷"模式,只做法人业务,不做私人业务。这四种模式符合此前银监会公布的"有限牌照"的设立原则,从中也不难看到监管层对民营银行服务小微、服务大众的市场定位。

事实上,阿里巴巴、腾讯拥有几乎与中国人口相当的客户群体,掌握着具有优势的交易数据、信息和技术,能搭建不同于传统的业务平台,向小众提供特色化、差异化的全新金融服务模式。不过一些专家也表示,民营银行的服务对象并不会长期局限于此。"在一个优胜劣汰的竞争环境下,银行向谁提供服务是市场选择的结果,不会受到特定服务对象的限制。"中国人民大学财政金融学院副院长赵锡军表示。

"民营银行的盈利模式在于服务,它不能像以往商业银行那样依靠中央银行规定巨大存贷差获得政策性租金,将金融业的利润建立在实体经济的艰难之上,它的服务需要人性化、精细化,需要能够有所创新。民营银行体制相对灵活,市场嗅觉相对灵敏,更能从事创新业务。"田利辉举例说,民营银行可以将二维码、货币基金、P2P等互联网公司已经开展的金融服务进一步规范化。但他同时表示,民营银行能否和如何给消费者带来创新服务主要取决于监管方式。"监管不改革有两个坏处:有时不良的创新会给社会带来太多风险,有时很好的创新却可能被随意扼杀。"田利辉表示。

银监会副主席阎庆民认为,在设立初期,民营银行经营与开拓将面临较大的压力和困难,发起主体要有长期投资的决心。"试玉要烧三日满,辨材须待七年期。"他强调,试点银行的经营不要只顾眼前、过多关注一城一池的得失,坚持特色化、差异化的经营模式和金融服务有助于试点银行站稳脚跟,形成核心竞争力。

钱放在民营银行安全吗?

据新浪科技针对"用户选择在民营银行存钱时更看重哪些方面"的调查显示,有26.5%的用户最看重的是"安全性"。除"安全性"之外,另外24.1%的用户表示选择民营银行时看重其存提款的便捷性,而23.6%和23.3%的用户分别选择服务和相对较高

的存款利率。显然,消费者对于民营银行有着多方期待。

银行是高风险行业,民营银行在"玻璃门"打破之后,不可避免地面临着风险如何管控、经营失败后风险谁来承担、存款人的利益如何保障等一系列问题。也正因这些制度安排如此关键,首批民营银行试点着重突出了风险和收益自担的商业原则,要求制定好"生前遗嘱"。

根据国务院同意的试点工作意见,在试点设立民营银行时将坚持以下原则:强调发起主体的资质条件,发起主体应全部为民间资本;实行有限牌照,鼓励在特定业务领域做专做精;坚持审慎监管标准,对试点银行资本充足率、拨备等关键监管指标,设置量化触发标准,一旦达到触发值,立即启动风险对冲、资本补充和机构重组等措施;做好风险处置安排,保护存款人合法权益。

据了解,目前申办民营银行的热情高涨,这其中不排除存在鱼龙混杂的现象和以关联交易为目的的投机行为。社科院金融研究所银行研究室主任曾刚认为,应根据民营银行微观上的风险特征,健全相关的监管体系。

对于民营银行最大的担心来自一旦经营管理失败可能产生的支付危机。针对这一问题,国家存款保险制度是很好的解决之道,即银行将一部分存款缴存给存款保险机构,当储户遭遇存款支付危机时,存款保险机构可以对储户按比例进行赔付。央行行长周小川今年两会期间透露,我国的存款保险制度有望在今年推出。

民营资本天生逐利,服务中小企业的特征也意味着民营银行具有更高的风险。田利辉表示,"对民营银行的监管不可懈怠,但应该以监为主,不要一管就死。"据了解,此次开闸的民营银行试点的监管指标等与现有的银行并无差异,但也会对不同的银行实行"一行一策"的差异化监管。

中央财经大学银行业研究中心主任郭田勇表示,目前,民营银行试点探索,积累经验,是为下一步大规模开放做好准备。"在利率市场化改革完成和存款保险制度建立之后,未来不排除中国出现数百家甚至千家民营银行。"可以预见,届时银行业的竞争将更加激烈,风险也会加大,未来银行业利润率必将体现在差异化服务上。

他山之石

美国:美国的中小民营银行以社区银行为主,现有7000多家,资产总额一般在10亿美元以下,主要服务于社区居民和中小企业,其向小企业发放的贷款占到全行业的近40%。为弥补自身局限性,美国许多小型民营银行与大银行建立了联系银行制,联系的大银行可以帮助小银行处理存贷款账户、经营资产、提供金融法律咨询等。

德国:德国中小民营银行以合作集团银行为主,为分散和规避风险,德国众多中小民营银行共同出资组建一个代表其共同利益的股份制合作集团银行,着重在中小民营银行难以介入的业务领域提供技术和网络支持方面,建立统一的业务平台,开发业务系统和研发金融产品。

英国:英国的民营银行多发展零售银行模式,一些大型连锁超市成立银行附属机

构，在零售网点提供金融服务。英国民营银行重点发展居民零散贷款、中小企业短期贷款、农业贷款、消费者贷款等大型银行不愿意介入的领域，并着力打造便民银行，实行一周七天工作制，营业时间延至20点，效率远高于其他银行。

（陈晨.光明日报.2014.4.3）

认清民营银行改革的重点与实质

民营银行的热度继续上升。自9月以来，A股市场上民营银行概念股普涨。同样在9月，国家工商总局核准了包括苏宁银行在内的5家民营银行。

“激情”背后，更需要认清民营银行改革的重点与实质。

宏观而言，民营银行改革的重点，是促使监管部门在合理控制风险的前提下，适度放开对金融机构业务经营的过度行政管制，减少各级政府对金融机构的潜在行政干预，割断政府与银行在人员、信用等方面的低效关联，从而解决金融供求的失衡与金融资源的浪费。

实际上，现有金融资源的浪费是与金融垄断联系在一起的。金融资源掌握在有限的机构手里，无法在流动中更广泛地作用于实体经济，同时现有机构由于垄断成本较低而缺乏创新动力。这样的局面，唯有推进金融开放，才能使金融业有透明的、商业化的市场准入和退出规则，解决非正规金融问题，并将从根本上促进银行改革和金融体系活力。

推动民营银行改革的关键，在于解决诸如“银行业暴利”之类的争议与矛盾，激励整个银行体系实现再次改革。

2001年底中国入世后，境外媒体的大标题经常是中国国有银行“技术上已经破产”。而到了近几年，银行业不仅在国内业绩突出，在规模上也逐渐居于全球前列，并且由于国际化步伐有限，也没有受到金融危机的过多影响。

从表面上看，进入新世纪以来，推动银行上市、引进战略投资者、进行不良资产重

组、促进业务创新等措施,是促使银行业转变形象的原因。但从深层次来看,则是真正把追求利润目标融入了商业银行的经营机制之中,并且也是以规模扩张的业务模式与银行高管业绩密切结合起来的结果。

银行业为何会有现在的“好日子”?

从根本上看有几方面的原因:一是赶上了2003年到2007年左右的全球经济高增长周期,中国经济在此期间迸发出了较强的动力,即使是2008年以来的国际金融危机,也没有从根本上动摇中国经济基础;二是银行经营机制发生了一些切实转变,基本建立起了市场化运营框架;三是有全方位的行业保护,包括利率市场化缓慢、市场进入与退出受到严格控制等,这使得银行业能够在经济繁荣和低谷期都享受很大的“无风险利润”;四是在新的地方竞争格局下,银行业逐渐成为地方政府推动金融产业化运营的核心主体,其自身也成为GDP竞争中的主力贡献者。

综合如上因素来看,第二个因素导致的银行利润增加显然是好事,但其他几个因素则值得深思。一方面,由于还没有真正经历一次深刻的经济周期波动,体会长期经济下滑的冲击,中国银行业的可持续盈利能力还难以让人完全信服,在此情况下,快速增长的利润实际上掩盖了中国银行业自身存在的问题和风险。另一方面,由于中国经济过分依赖银行业,银行更承担了诸多在国外是由政府财政承担的任务,且在改革中形成了强烈的利益格局,因此政府对于银行业的保护也日益加重。

尽管在银行业内的竞争似乎逐渐加剧,但对于实体部门来说,银行业在给予其金融“输血”的同时,也在一些方面产生了“抽血”的弊端,典型的就是农村金融领域和中小企业融资方面。

换句话说,银行业追求利润最大化无可厚非,但是在行业过度保护的情况下,银行业对于上游资金提供者和下游资金需求者都拥有绝对的谈判优势,使其在获得额外“保护利润”的同时,却对实体部门和居民都产生了某些负面影响。

因此,以通过上市改制来强化利润最大化目标的上一轮银行改革,需要进行新的反思了。为了避免各界对于“暴利”的质疑,解决其带来的潜在负面问题,应该改变银行现有业务模式,真正减少行政性干预。另外,推动利率市场化、完善银行业的有效竞争格局。进一步促进政府与银行的“显性”和“隐性”脱钩,这才是民营银行改革的最大意义。

(谭论.瞭望东方周刊.2013,10)

互联网：造就大众创新时代

互联网金融风暴

互联网金融的发展之快令人咋舌，它给人带来的不仅是快捷方便，而且用现代信息技术解决了信息不对称问题，用资金信息中介取代了资金中介，极大地降低了交易成本，但也带来了不容忽视的风险。

网贷，互联网的“坏小孩”

10月中旬，央行副行长刘士余带队南下深圳，调研P2P网络借贷。这是央行牵头第三次摸查这一草根金融新势力。

P2P借贷（Peer to Peer Lending），主要是依托互联网平台所进行的个人对个人的小额借贷行为。类似的企业往往模式接近，即提供一个平台，需求方发布需求、借款方选择项目出资借款，在借款期限到期后根据发布需求时的利率完成还款和收款流程。收取中介佣金，是此类网站普遍采用的盈利模式。

网贷过冬

野蛮生长的网贷行业正在经历一场严峻的考验。

据媒体报道，10月以来，已经陆续有20多家网贷平台资金链出现问题，发生提现困难，而这一名单还在不停拉长。这是网贷诞生以来首次单月爆发如此大量的问题平台。整个10月份，共有15家P2P平台关门，其中仅30日一天就同时爆出3家倒闭的消息。有业内人士惊呼P2P网贷平台进入“寒冬”。

据网贷之家不完全统计，全国目前有500家以上网贷平台。今年9月份以来，每天有3～4家平台上线或者筹备上线。预计到年底，全国会突破800家，总成交量近一千亿。

未能进入银行等主流金融渠道的民间投融资需求，是网贷行业快速发展的根本。在无准入门槛、无行业标准、无机构监管的环境里，网贷犹如脱缰野马。

“许多创办网贷公司的人都没有金融行业背景，拉几个人就能打造一个平台，通过互联网快速的传播能力，很快就能汇聚一笔不小的资金。”北京一家大型网贷公司的负责人说。

一年前的淘金贷、优易贷等平台老板跑路事件，给投资者上过几场风险教育课，但未能止住这匹野马狂奔的步伐。

2013年8月，人气颇高的网赢天下因资金链断裂而关闭，实际控制人、“拟上市公司”深圳华润通董事长钟文钦不断给投资者“画饼”还钱并一再食言，至今僵局未解。

进入10月，天力贷、东方创投、万利创投、银实贷、宜商贷、力合创投、互帮贷等平台陆续出现提现困难。而10月15日刚上线的福翔创投开业不到3天，许姓老板便跑路，创下了网贷最短“跑路史”。

P2P平台缘何在同一时间节点密集爆发危机？

“春江水暖鸭先知”，一旦有网贷平台频繁出现问题，尤其是新平台出现问题，就会马上引发投资人的资金撤离，而投资人的资金撤离又可能会引发更多的网贷平台的资金链断裂。

网贷的新战似乎也落入了恶性循环。对于本轮网贷风险，有一些业内人士认为主要受牵连的是那些上线时间不长、经验较少的平台。

小企业借助网贷融资

P2P网贷在中国火爆是早晚的事情，是一种必然。P2P网贷平台，主要为两类人服务：一是缺钱的，需要融资；二是有钱的，需要理财。

前不久，深圳市政府向市人大汇报的中小企业发展情况表明，目前深圳中小企业有近50万家，占全市企业总数的99%以上，融资需求总额约为1.45万亿元，通过各种直接或间接方式获得融资总额为8363.8亿元，融资缺口仍有6136.2亿元，缺口比例为43%。窥一斑而知全豹，全国中小企业的融资缺口到底有多大?

但是由于中小微企业抵押物少，和金融机构存在信息不对称，尽管近几年金融机构已经加大了对中小微企业的支持力度，但这些企业融资难的问题没有得到彻底的解决。不少中小微企业主，只能寻求融资成本较高、不透明、不阳光的小额贷款、典当行、担保公司资金援助，有的甚至找高利贷，这无异于饮鸩止渴。这时候，P2P网贷平台的积极作用就体现出来了。把融资项目搬到平台上，融资金额、周期、成本一目了然，促进民间金融阳光化。

当缺“求监管”

P2P网贷模式是创始于英国的“舶来品”，国内最早的P2P网贷平台成立于2007年(拍拍贷)。此后几年，行业发展缓慢，到2010年逐渐被创业者发觉；2011年到2012年是爆发式发展时期，一大批网贷平台上线，比较活跃的有400家左右。

“这个模式是从国外借鉴过来的，但是国外的信用体系不同，所以在国外也不如在国内‘热闹’。国内由于小微企业的资金需求，加之民众的投资需求和投资品种单一，造成了国内的P2P会有一些变形。”贷讯网相关负责人表示。

与国外的Zopa、LendingClub，国内的先行者拍拍贷相比较，目前国内绝大多数网贷平台都不是单纯的中介平台，如往往为投资者提供资金承诺保障，实际上成了担保公司。但一旦出事，往往又担保不起。而以中介为名的自融平台，更是有触及监管底

线的嫌疑。

近期央行组织人员到深圳等地对互联网金融领域展开调研，业内人士认为央行、银监会、工信部、工商总局等部门应该介入监管，组织力量深入跟踪调研，积极推动，条件成熟时统一立法，或者出台更细致的《网络借贷管理办法》。

央行副行长刘士余今年曾公开表示，互联网金融有两个底线是不能碰的，一个是非法吸收公共存款，一个是非法集资。

对线下操作的网贷平台，刘士余也曾预警，脱离了平台操作功能就会演变成资金池，出现影子银行。

国内网贷行业的领军者之一宜信CEO唐宁在接受记者采访时表示过"求监管"之意，他认为，加强对网贷行业的监管、提高准入门槛，才能逐渐规范行业向好发展。

而据互联网金融的信息，为给予互联网金融一定的成长空间，短期内不太可能出台专门的监管规则，而是寄望于网贷行业自身先摸索出适合行业发展的行业标准和自律准则。

没钱的需要融资的人和有钱的需要投资的人，在P2P网贷平台上相遇，想不火爆都不行。

（宋奕青.中国经济信息.2013,22）

"互联网金融"频打监管擦边球

互联网金融快速野蛮生长的背后凸显出对这一新兴金融业态加强监管的紧迫性，而这其中的一个关键问题是如何协调好管理风险和支持创新。

"对P2P平台，我们始终坚持的原则是，不可以办资金池，也不能集担保、借贷于一体，传统线下金融业务转到线上开展，要遵守线下金融业务的监管规定，否则就会产生巨大的风险业务。"日前，在中国信息化百人会2014年年会上，针对迅速兴起的互联网金融所隐含的风险，中国人民银行副行长刘士余的表态直截了当。

2013年6月以来，阿里巴巴、百度等互联网公司纷纷进入金融领域，借助网络平

台销售货币基金。一时间,以阿里巴巴“余额宝”、百度“百发”为代表的互联网金融风生水起。有统计显示,截至2014年1月15日,仅“余额宝”吸纳的资金就已经超过了2500亿元,用户超过4900万。

毫无疑问,互联网金融的兴起及其背后的创新精神让整个中国金融业面貌一新。然而,风光背后却隐藏着一个不容忽视的事实:现阶段互联网金融虽仍以销售货币基金为主,但却普遍采取预测或承诺收益、有奖销售、补贴收益等涉嫌违规的手段进行营销,其风险值得警惕。

“风险是每一家金融企业的生命线,但就目前来看,互联网金融只解决了创新与发展问题,并没有更多地解决风险监管和健康的问题。”在接受《瞭望》新闻周刊采访时,华融资产管理公司董事长赖小民提醒。

针对这种状况,有专家建议,监管层应及时将互联网金融纳入监管,在放宽市场准入、保护市场创新、规范市场竞争的基础上,逐步建立线上、线下相统一的游戏规则。

“野蛮生长”埋下危机隐患

2013年至今,一场互联网金融热潮席卷全国,除了“余额宝”和“百发”,在这场热潮当中,微信推出了支付功能,互联网保险(放心保)公司正式拿到了牌照,不少基金公司的淘宝直营店陆续开业,传统金融机构也纷纷加快自身的业务转型,不少银行已经开始搭建自己的电商平台……

“如果冷静地看一看就可以发现,与世界各国相比,我国的互联网金融确实出现了一种特有的火爆现象。”在不久前举办的第十八届(2014年度)中国资本市场论坛上,中国工商银行前行长杨凯生表示。

不过,本刊记者通过调查发现,火爆的背后却充斥着承诺收益、有奖销售、补贴收益等众多涉嫌违规的营销手段。

方式一,承诺高收益,吸引资金。

2013年10月,百度上线理财平台,由于公开宣称旗下“百发”理财产品年化收益率可达8%,涉嫌违规,被证监会予以警示。2013年12月23日,百度“百发”上线,对接嘉实基金旗下某款货币基金,打出“团结就有8%”的口号,并在首页明显位置标注——“百度理财回馈客户活动由中国投融资担保有限公司提供担保,8%起有保障”。

在互联网金融的影响下,“天天基金网”“数米基金网”等传统基金销售网站也纷纷以“7天年化收益率超活期18倍”或“最高年化收益率达10%”等口号宣传平台上的货币基金理财产品。

方式二,高息补贴收益率,赔钱吸引客户。

2013年12月18日,门户网站网易宣布正式推出在线理财平台“网易理财”,12月25日,网易推出旗下首款理财产品——“汇添富现金宝”。网站公告显示,该产品2013年12月25日7日年化收益率为6.481%,申购者还有机会获得网易加送的高达5%的补贴,限量5个亿。简单计算可知,加上网易5%的补贴,该理财产品的年化预

期收益率已经达到11%,超过了很多信托产品的收益率。在"超值"收益率的吸引下,该理财产品在1小时20分钟内售罄,超过20万人参与抢购。

方式三,抽奖、回扣盛行,变相补贴客户。

除上述方式,互联网金融还多以抽奖等方式变相补贴,吸引客户。如百度"百发"抽取8名在2013年12月23日成功购买的用户获得88%的回报,从发售期的前5天内购买"百发"产品且持有百发码的客户中抽取888人获得18%的回报,并在网站上公布获奖者名单。网易对"添银计划"设置了739个名额,获奖者可领取5元至1000元不等的现金奖励。与之类似,"天天基金网"也对APP用户分享活动至微信的客户,奖励10元货币基金;分享顺序尾数为8、88、888、8888的客户可分别再获得对应金额的股票基金奖励。

纵观这些措施,一个共同的特点就是通过高收益来吸引资金。问题在于,第三方支付平台如何能承受得起如此高的成本?

"把客户在电商支付账户上的钱投资于货币市场基金,给客户的利率远高于银行活期存款利率,这完全是央行造成的。"某权威监管官员向本刊记者分析说,货币市场基金是投资在拆借市场的,而拆息高达5%～10%,因此第三方支付平台完全有能力给客户高回报。

在他看来,传统的商业银行并非不了解这其中的"生财之道",只是按照规定,商业银行的利率只能上浮1.7%～10%,因此不可能给储户如此高的回报。

"但在利率市场化之后,商业银行肯定也会如法炮制,翻一两倍给息。而如此大幅度提高资金成本,最终就是大幅度提高贷款利率,到时候实体经济必将不堪重负。"他告诫道。

互联网似成"法外之地"

为何信息化程度最高、金融创新最为活跃的美国都没有出现类似的情况?在杨凯生看来,一个很重要的原因在于美国金融竞争已经比较充分,金融已经比较成熟地渗透到了各个细分的市场领域,并没有留出太多的机会给新的非金融机构。

他强调,成熟的市场、充分的竞争、清晰的规则决定了在一个发育比较充分的金融市场上要想顷刻间实现暴富、获取暴利已经十分困难。而且在没有探索到好的盈利模式前提下,非金融机构一般并不会贸然从事。

"在中国,可以在半年内就成长为一家世界上最大的公司,这确实和这个市场的发育程度有很大关系。我想应该承认中国的互联网金融,前一段的飞速发展在很大程度上可能是得益于在监管方面享有了一定的'法外治权'。"他表示,这也许是效率的一种体现,但更是一种风险的隐患。

事实上,鉴于金融行业的特殊性,我国对基金销售进行了严格规定。

《证券投资基金销售管理办法》规定,基金宣传推介材料不得预测基金的证券投资业绩;不得违规承诺收益或承担损失,夸大或者片面宣传基金,违规使用安全、保

证、承诺、保险、避险、有保障、高收益、无风险等可能使投资人认为没有风险的或者片面强调集中营销时间限制的表述；基金销售活动不得采取抽奖、回扣或者送实物、保险、基金份额等方式销售基金；不得以低于成本的销售费用销售基金。

“若严格按照对传统基金销售机构的管理办法，互联网金融承诺收益、补贴收益、有奖销售的行为，显然是违规的。但百度、网易与拥有独立第三方基金销售机构资格的‘天天基金网’、‘数米基金网’不同，并不属于证监会的监管范围，因而出现‘有法不依’、‘有法难依’的现象。”中国人民大学财政金融学院副院长赵锡军向记者谈到。

中国政法大学经济法研究所副所长薛克鹏也认为，如果互联网公司被定义为“从事基金销售业务”，按规定应向注册地证监会派出机构注册，并符合证监会相关规定。而此前证监会曾公开表示，淘宝网属于第三方电子商务平台，为基金投资人和基金销售机构之间的基金交易活动提供辅助服务的信息系统；百度等平台仅起到流量导入的作用，不参与基金销售业务。

“这表明证监会并不认为互联网公司在从事基金销售业务，已将事实上在销售货币基金的互联网公司划在了监管范围之外。”他表示。

纳入监管刻不容缓

“互联网金融不应处于法外之地，在保护创新基础上，监管层应积极将互联网金融纳入监管之中。”对于互联网金融监管缺失的状况，中央财经大学中国银行业研究中心秘书长李宪铎认为，作为货币基金的销售者，无论是线上市场还是线下市场，无论是“互联网金融”还是传统机构，都应享有共同的游戏规则，不能因为是互联网公司，就可享有更大的权利，否则将不利于市场的公平竞争。

“创新不意味着可以不守法规和契约，支持创新不等于可以放任违规的行为。”杨凯生也表达了类似的观点，“互联网的平台优势十分巨大，这一点毫无疑问。但同时也应当注意到，互联网金融的本质仍然是金融，而金融业的核心则是风险管理，有效的监管是互联网金融健康发展的一个重要基础。”

不过，鉴于互联网金融的特殊性，中国人民大学金融与证券研究所所长吴晓求认为，有必要对互联网金融的监管标准进行调整。

“如果用监管传统商业银行的标准来监管互联网金融，互联网金融永远发展不起来。所以，根据互联网金融的特点以及它的风险结构，制定一个适合互联网成长和发展，同时又能保证人们财产安全的监管标准是至关重要的。”他谈到。

薛克鹏也认为，应逐步建立线上、线下相统一的“游戏规则”，在放宽市场准入、保护市场创新、促进市场规范竞争的基础上，使市场参与方在规则之内有序竞争。

“这方面应该引入负面清单的原则，将不能从事的活动明确列出来，有了负面清单，既有利于形成‘法无禁止便可行’创新的环境，同时也能够明确哪些确实是‘禁区’。”杨凯生最后建议。

（邓中豪，尚前名.瞭望.2014，2）

互联网：造就大众创新时代

宝宝军团，震撼来袭

截至目前已有38家基金公司旗下47只货币基金对接各类互联网宝宝类产品，其中披露一季报的42只总规模已突破万亿，为1.02万亿份；利润合计110.72亿元。

余额宝们来袭

“这是从银行抢钱。”有人这样形容余额宝对银行存款的吸引力。

2013年6月末推出的余额宝，以迅雷不及掩耳之势入侵互联网金融市场。资料显示，截至2013年12月31日，余额宝的规模为1853亿元；而到2014年2月14日，余额宝规模已超过4000亿元。

令人咋舌的数字背后，是广大支付宝散户们趋之若鹜地将余钱存入余额宝。由于余额宝收益较比银行高，而且操作灵活，许多人将银行存款转移至支付宝，这让曾经高高在上的银行苦不堪言。

可对比的数据是，2014年1月，在货币市场基金规模增加2000多亿元的同时，央行数据显示，银行存款却大幅减少9402亿元。而在2013年同期，这一数字是净新增7499亿元。

值得庆幸的是，在互联网金融不断“抢走”存款的同时，傲慢的银行们终于开始觉醒，并开启了“存款保护战”。工行、中行、建行、交行、民生银行等相继行动，推出或准备推出自己的T+0产品。

余额宝们来袭

每天早上，做策划的李剑醒来的第一件事就是打开手机上的支付宝钱包客户端，看看余额宝又有了多少收益。

“我每个月都会限定自己的花费，规定每个月都存一定余额。”毕业4年的李剑，手上有一笔小小的存款。“这点钱买理财产品不够，股市和基金风险又太大，所以一直在银行零存整取，但利息少得几乎可以忽略不计。”

李剑介入余额宝是在2013年10月，一位从事程序开发的朋友告诉他，他将原来在支付宝的零钱转入了阿里巴巴推出的余额宝，每天都有一定的收益：“虽然每天收益不多，但相对存银行的利息来说，明显更具吸引力。”

在朋友的建议下，李剑尝试了余额宝，之后便成了余额宝的铁杆粉丝。"听说1元起购，门槛很低，收益却比定期存款要高，我抱着试一试的心态转了些钱进去。"李剑向他的余额宝转入了1万元，第3天，显示收益1.31元。李剑算了一下，年化收益率有4.7%，比银行定期存款利率高得多。

随后，他把他所有的存款都转进了余额宝。"日收益过10元，我开玩笑说，每顿吃饭可加个鸡蛋了。"

李剑现在只要有闲钱，就马上转入余额宝中。"跟传统理财不一样，余额宝每天都能看到进账，心里美滋滋的。"李剑现在每天醒来的第一件事，就是打开手机上的支付宝钱包查看收益，"看着每天进账的收益，就莫名高兴起来。"

与李剑一样，关心收益的人正在形成一个群体：他们大多比较年轻，步入职场不久，没有更多的存款；他们担心通胀，想投资理财，但银行理财产品门槛太高，投资基金和股市有风险；他们称自己为业余理财控，不关心金融政策，却对着余额宝里每天几块钱的收益沾沾自喜。

事实上，随着互联网金融的发展，在环境潜移默化的影响下，这个群体也正在影响着身边的每一个人，越来越多的不同层次的人群开始介入余额宝。

支付宝方面的数据显示，由于年终奖效应，2014年1月22—28日，有近400万人在余额宝内存款，日均转入超100亿元，比平时高出数倍。而1月16日正式上线公开测试的微信理财通，到1月28日的规模已经突破百亿元。业内人士称，1月份仅余额宝和理财通带来的规模增量就超过1000亿元。

更值得关注的是，余额宝的规模增速正在不断加快。资料显示，截至2014年2月14日，余额宝的规模已经突破4000亿元。从0到2500亿，余额宝用了200多天的时间；但从2500亿到4000亿，余额宝却仅仅用了30天。

随着阿里巴巴余额宝的出现，互联网金融这匹"黑马"也随之引爆了整个行业。腾讯、百度、苏宁、易宝支付、盛大等一大批企业先后入局，以颠覆者的姿态向金融行业发出"挑战书"。

微信理财通也成为继余额宝之后的热门草根理财产品。2014年1月15日晚，被业内称为微信版余额宝的腾讯微信理财平台理财通悄然开启公测，上线首日，理财通吸纳资金就达到了8亿元。

除此之外，类余额宝产品也正在迅速蔓延，苏宁推出的零钱宝随后上线，京东和鹏华、嘉实合作的类余额宝产品也将于3月份上线。而中国电信、联通和移动三大运营商也在和基金公司商讨类似相关合作，剑指金融理财市场。

亲民的互联网宝宝们

"收益比银行高，这是我们把钱从银行取出来放入余额宝的一个原因。"李剑告知记者，他过去将钱以零存整取一年的形式存入银行，每月存1000元，当时零存整取一年的年利率是2.85%，一年下来，利息仅185元左右。

“我们了解了一下，即使余额宝年化收益率真没有6%，短期年化收益也能超过4%，还是高于银行。”在李剑的收益表中，自2013年10月进入余额宝以来，短短4个月时间，他的累计收益已经超过200元，“我在银行存了一年，收益还不到这个数字。”

收益高只是李剑们介入余额宝的一个因素，事实上，随入随出的理财方式也是李剑们对这种理财方式情有独钟的重要原因。

“买理财产品，少则5万元，多则10万元，还有固定期限，这对我们都是一个极大的限制。”李剑笑着对记者说，像他们这个群体，手头的钱都不多，同时，这些钱随时都有支出的可能。“我们需要的是一种没有门槛、随时可以使用的理财方式。”

余额宝们正符合这种需求，不像传统银行理财产品，余额宝们一般不设下限，且都支持随时支取和存入，更重要的是，余额宝们还可以实时用于网上购物、转账、充话费等操作，非常适合同时有消费和理财需求的年轻人。“用余额宝实现转账，到账快，更重要的是还省了手续费。”

“使用余额宝之类还有一个好处，收益能随时随地查询，看着红利‘滚滚’而来，心里就很满足。”在李剑看来，余额宝们的这些优点，足以让他们直接将钱从银行那里拉出来。

“我春节回家，就推荐我身边的朋友也把钱放入余额宝。”作为余额宝的铁杆粉丝，李剑热衷于推荐这种理财方式。“看了我的收益，很多朋友都将钱从银行里取出来放到余额宝或者理财通里面。”

“余额宝在给予高收益承诺的同时，更是利用廉价的互联网技术，提供了安全快速、温馨细致的服务。而服务能够创立品牌，品牌即投资者的忠诚度，这在一定程度上减轻了余额宝的兑付压力。很明显，银行在与余额宝们存款对抗的第一回合中输了，而输的最大原因并不在于其过低的承诺利率，而在于银行传统的、落后的、完全败北的服务体验。”一位基金公司客户经理在接受记者采访时表示，现阶段来看，互联网金融理财产品成功地吸引了大批类似李剑这样的群体。“它们的模式可以总结为‘短期资金用途+增值+实时赎回’。亲民的产品设计是这类产品的制胜法宝。”

后知后觉的银行宝

面对不断流失的存款以及各种互联网金融理财产品不断增长的资金规模，各银行开始出招反击，推出流动性高、收益率堪比互联网产品的各种银行“宝”。

2014年2月10日，中国银行旗下理财产品活期宝悄然上线。相对于动辄5万元、10万元起步的银行理财产品，中银活期宝货币基金仅1元即可认申购，同样适合“草根”投资者。

与一般的货币基金产品相比，中银活期宝货币基金每日分红，将每日收益转为基金份额，让投资者能利滚利、钱生钱。此外，通过中国银行卡在网上直销平台申购该基金的投资者，还可以享受T+0赎回即时到账的便捷服务。活期宝上线首日，七日年化收益率为6.758%。

“这一产品的推出，被认为是国有银行对互联网金融的反击，与他们抢存款。”平

安银行一位客户经理对记者表示，面对互联网金融的蓬勃发展，各大银行已经有所行动。

据介绍，实际上，2013年12月，平安银行旗下的理财产品平安盈就悄然上线，首期合作方为南方基金，投资标的为南方现金增利货币基金。2014年开年，交通银行先后携手交银施罗德与易方达基金推出了“货币基金实时提现”业务。

随后，工商银行携手工银瑞信推出了一款工银薪金宝业务。据了解，工银薪金宝是专为工行客户定制的现金管理工具。对比传统型的货币基金和理财产品，该业务的认购金额起点为100元，并在工行渠道内可实现资金“T+1”到账。

民生银行如意宝也即将上线，内测七日年化收益率为6.7%。建行也正在筹备代销渠道T+0业务的上线，另有多家股份制银行和城商行也在与易方达、广发等基金公司接触。不难看出，银行正面迎击互联网金融各种“宝”的大幕已经拉开。

除了对接货币基金外，部分银行还试图用自家的开放式理财产品留住存款。如招商银行的赛宝金业务，归属于招行的日日金产品系列。作为一款开放式银行理财产品，赛宝金的流动性完全可以媲美活期存款，收益率也是天天公布。

而浦发银行的天添盈同样是一款流动性颇高的开放式理财产品，其资金真正做到了实时到账，赎回资金零延时，年化收益率与部分互联网金融产品相比也颇为接近。

然而，面对如此之多的银行创新业务，很多客户却并不知晓。

“我身边的朋友都没有去了解过这些产品，近期也没有计划将钱转进去。”对于银行推出的这些产品，李剑直言不讳，在他看来，余额宝和理财通是他们目前理财的首先途径，“余额宝门槛低，操作方便，收益也还可以。银行还是没这么方便。”

“一些银行应对互联网金融的创新产品，还处于养在深闺的状态。”在上述平安银行客户经理看来，银行在推这些创新业务时颇为低调。“主要是一旦大规模地进行宣传，客户都会将其活期存款购买这些产品，这将直接导致银行的活期存款减少，并变相提高了银行的资金成本。”

除了银行自身的利益纠葛，上述平安银行客户经理认为，银行宝发展不尽如人意，与银行入口流量较低、用户体验欠佳有关。该客户经理表示，各家银行自己的网上银行、手机银行，与阿里、腾讯、百度这些互联网大佬比起来，入口吸引度、活跃度相差很多，更别提客户体验了。

这也就意味着，银行在推出创新业务的同时，其实付出了增加吸储成本的代价。“然而在利率市场化的进程中，银行已经没有退路，面对互联网金融的倒逼，银行只有跟进。”上述平安银行客户经理对记者如此分析。

（杨苏.新财经.2014，3）

理财人该把什么“宝宝”抱回家

“宝宝军团”的高收益率以及能够实现当天或隔天赎回,不少投资者纷纷拥抱互联网理财,今年来各类"宝宝"规模继续突飞猛进。

在理财市场热卖的“宝宝”类产品首季赚钱榜日前出炉。$1数据显示,一季度货币型基金涨幅为1.25%。统计的30余只宝宝类产品中,最高收益相当于同期银行活期存款17倍。首季排名前10的“宝宝”收益率均较为接近。

前10宝宝首尾收益差距0.11%

各类“宝宝”类产品在一季度吸引了不少投资者的眼球,截至一季度末,各家“宝宝”赚钱能力究竟如何?海通证券金融产品研究中心近期发布了2014年一季度178只货币基金业绩报告。数据显示,最近一季,微信理财通即华夏财富宝货币基金以1.54%收益率居“宝宝军团”首位,百度$1百赚利滚利对应的嘉实活期宝收益率排第二,为1.53%;易付宝、零钱宝对应的广发天天红收益率排第三,为1.5%。

海通证券报告显示,在符合评比条件的货币基金和宝宝类基金中,具体来说,汇添富现金宝以1.469%收益率排名第一,余额宝$1以1.466%收益率排名第二。华夏财富宝和汇添富全额宝等宝类基金阶段收益较高,但因成立时间较短,未参与到评选中。

以区间内万份基金单位来看,有机构统计称,2014年一季度,余额宝的收益在宝宝中居榜首,每万元收益高达202元,理财通和零钱宝分列第二、第三名。

在7日年化收益率方面,截至3月31日,余额宝、理财通等主要互联网理财产品均保持在5%以上。由于相比银行活期存款,“宝宝军团”的高收益率以及能够实现当天或隔天赎回,不少投资者纷纷拥抱互联网理财,2014年以来各类“宝宝”规模继续突飞猛进。

尽管以余额宝为首的宝宝军团近来遭遇连番空袭,收益逐步下行,但在碎片理财

时代，人们的“囤货”热情依然高涨。从基金业协会最新公布的数据看，由各类“宝宝”带动的货币市场基金资产管理规模大增，2月总规模达到了14233.79亿元，较2013年末飙涨6757.89亿元。面对众宝争奇斗艳，收益仍是用户选择的动力。

据记者统计，首季排名前10的“宝宝”，首尾收益率相差0.11%，业内人士指出，在收益相差不大的情况下，没有必要频繁地将资金“搬家”。

3月以来收益率下降

在规模狂飙突进的同时，伴随着一季度货币基金的收益率前高后低，3月份以来，“宝宝军团”的收益水平正在稳步下滑。

Wind资讯统计显示，2月中旬时，货币基金的7日年化收益率普遍达到6%以上，平均值为5.7%，而到4月1日，许多货币基金的这一数字已降到5%，均值也降至5.11%。

这与春节以来各期限Shibor(上海银行间同业拆放利率)的大幅回落不无关系。隔夜Shibor在2014年1月29日曾有4.8%，到2月25日跌至1.7%；1周Shibor在1月20日时曾有6.26%，到3月12日跌至2.21%；1月Shibor则从1月下旬的7.4%最低跌至3.83%。

余额宝即天弘基金增利宝的基金经理王登峰对此现象解释说，由于年底和春节前市场资金面都比较紧张，所以投资货币基金的投资者享受到了较高的收益，而节后资金紧张的现象有所缓解，余额宝的收益也会向正常水平回归。按照目前市场趋势判断，4%左右为正常水平。

对于很多投资者担心的各种宝宝是否会出现亏损的情况，业内专家表示，投资理财不等同于存款，理论上存在亏损的可能。但现实中的数据显示，国内所有货币基金历史上从未发生过年度亏损，业内只有2只货币基金发生过1天亏损。

而根据天弘基金官方披露的日收益计算，余额宝对接的天弘增利宝货币基金2013年年化收益率为4.9%，截至2014年4月8日，天弘增利宝自成立日以来年化收益率5.25%，万份收益总值441.39元，在所有A类货币基金中排名第一。

业内人士指出，未来互联网理财“宝宝”产品走势如何，还要看货币市场的状况。3月最后一周，央行$1对货币基金的高收益再度表态，不允许存在“提前支取存款而不罚息”的合同条款。业内人士分析，这意味着，过去货币基金在协议存款中“提前取款不罚息”的政策红利将被取消，货币基金的收益率或将受到一定的影响。业内人士分析，“宝宝军团”收益率下滑的局面可能还会持续，但仍适合活期资金，投资者不仅要考虑短期收益情况，收益稳健同样重要。

展望后市投资，南方现金增利基金经理表示，虽然经济环比增长动力略有下降，但只要在政府容忍区间内，货币政策尚难见到拐点，但2014年仍可以积极把握市场波段机会。南方现金增利基金将密切跟踪经济走势、政策面和资金面情况，继续保持“稳健有序、积极主动”的管理风格。在操作策略上继续维持中性偏谨慎的久期，保持

对银行存款的重点配置，并择机配置短融、逆回购和浮息债。在保持基金良好流动性的同时提高静态收益，同时积极灵活把握市场波段操作机会，争取为投资者带来持续而稳健的投资回报。

“宝宝军团”继续扩容

原有“宝宝”产品收益持续下滑、央行连续“施压”的背景之下，“宝宝军团”却继续扩容，不断有新玩家入局，腾讯、京东等传统巨头继续谋篇布局，产品类别不再局限于货币基金，而是向万能险、投连险、债券基金，甚至权益类产品等扩张。

3月25日晚间，微信理财通平台低调推出“全额宝”。阿里巴巴$1紧随其后，第二日即宣布推出“娱乐宝”理财与增值服务平台。

京东互联网理财平台“小金库”最终于3月底亮相，据京东方面透露，首批对接两只货币基金外，“小金库”未来还将覆盖更多理财产品，包括债券基金、股票基金和混合基金等。

业内人士分析，随着宝宝大战“第二波”来袭，无疑会给互联网理财注入强心剂，各大机构推出继续对互联网理财进行创新，并借机增强对投资者的黏性。

值得注意的是，4月3日上海招财宝金融服务信息有限公司正式宣布成立。招财宝公司搭建了一个在投资理财用户和金融机构之间提供金融信息服务的互联网平台——招财宝理财平台。招财宝公司负责人陈志明表示，招财宝理财平台是一家独立运营，面向银行、保险公司、基金公司等各类金融机构全面开放的理财开放平台。金融机构可以通过招财宝平台直接发布各类符合法律规定的投资品种与理财产品，用户则可以通过招财宝平台进行直接投资理财交易。招财宝平台基于大数据、云计算的底层服务能力，将向交易双方提供更高效、更低成本的金融信息服务，从而实现帮助用户获得稳健的理财收益、帮助金融机构获得稳健的融资来源。

同日，上海招财宝金融服务信息有限公司与天弘基金公司正式达成战略合作关系，双方将在投资者理财需求研究方面共同开展云计算合作，并通过系统对接，帮助用户在购买差异化的理财产品时获得更好的交易体验。

市场分析人士表示，招财宝公司有点儿类似于金融服务公司。之所以成立这样的公司，阿里巴巴有着很明确的目的。这是因为，随着余额宝规模的不断扩大，支付宝$1为了稳定住现有的资金规模，同时也为了更专注做互联网支付的主业，将金融服务类的业务分离出来，构建一条完整的金融产业链。

切勿盲目追“宝宝”

“宝宝们收益差异主要是投资组合不同导致，例如做协议存款的利率，时间周期、比重的不同，都会导致组合收益率的差别。”有分析师如此表示。

好买基金首席分析师曾令华则指出，首季债券投资较多的货币基金收益比较高。2014年一季度货币市场主要是两大机遇：一是1月份的存款投资机会；二是2月

份的债券投资机会。

关于后期如何投资货币基金呢？海通证券分析师表示，二季度货币政策存在放松的可能，资金利率在当前水平上或将小幅上升，但未来货基投资协议存款可能不再能够享受到提前支取不收取罚息的优惠，收益率或出现趋势性下行，同时仍然看好二季度债市表现，建议低配货币基金，在二季度末关注季末市场利率上升带来的货币基金短期表现。推荐华夏现金、南方现金俩基金。

对于投资者跟着年化收益追宝宝的行为，分析师们并不赞成。比如4月2日，年化收益高达6.8%大成货币A，当日万份收益为1.17元，但年化收益只有3.6%的国投瑞银货币A，当日万份收益也有0.8628元，即1万元的投资，两只基金一日收益相差也不过3毛钱。

记者还注意到，用户体验目前已成为各公司PK的法宝。日前刚刚获得货币基金金牛奖的工银瑞信$1货币基金，将购买起点降低至1分钱，被称为“最亲民”的货币基金。工银瑞信货币目前通过5种渠道都能免费购买，不但支持网上交易及电话委托，手机客户端或手机WAP站，其对应的“工银瑞信现金快线”业务更是不断优化用户体验。其近期还推出了工行$1自动还款业务，明显优于绝大多数“宝”类货基。

此外，嘉实活期乐已推出手机APP的货基产品，按按手机键就可随时随地购买，还做到了T+0快速赎回，十分适合暂时闲置的首付款理财。记者采访到正准备买房的张先生，如果将100万元首付款存入嘉实活期乐，Wind数据显示，4月1日至4月8日，嘉实活期乐区间7日年化收益率均值达6.33%，短短8天就能带来1178元的进账！不仅远远优于同期银行活期七八十元的收益，相较比余额宝、活期通也是“绩”高一筹。

（李涛.中华工商时报.2014.4.11）

余额宝们寄生根基何在

央视证券资讯频道执行总编辑兼首席新闻评论员钮文新呼吁取缔余额宝。其理由大概如下：一是它抬高了整个中国实体经济、也就是最终的贷款客户的成本，而这

一成本最终会转嫁到每个人身上；二是余额宝是趴在银行身上的“吸血鬼”，典型的“金融寄生虫”，没有经过经营风险便获得暴利；三是像日本同样是高储蓄国家，但却不允许余额宝的出现(2月22日《新华网》)。

虽然钮文新主张取缔余额宝的理由很牵强，但他提出金融创新必须有标准，必须符合中央关于“金融必须为实体经济服务”的原则，应当鼓励一切可以提高实业效率、降低企业成本的金融创新，则是非常正确的。各种类似余额宝的金融理财产品，确实无助于降低实业成本，但将拉高实业成本的罪名强加在余额宝们的头上，也是很荒谬的。恰恰是因为主流的金融企业没能很好地承担“金融必须为实体经济服务”的职责，余额宝们才有了生存的空间。

是的，我们的近邻、也是高储蓄的日本没有余额宝的出现，就是最善于金融创新的美国也没有余额宝的出现。原因并不是这些国家不允许余额宝的出现，而是因为这些国家根本就没有余额宝们生存的空间。因为日本在1994年就已经完成了利率市场化进程，美国的利率市场化更是在1986年就已完成。利率市场化完成之后，它们共同的特点就是实际利率与GDP增速基本趋近。我国余额宝们最大的现实意义，恰恰就是倒逼我国利率市场化的进程。我国余额宝们的本质，基本上都是货币基金。从国际经验来看，货币基金之所以受到欢迎，就是因为它具有很强的抗通胀功能。美国货币基金的迅速兴起，正是上个世纪70年代至80年代，背景是两次石油危机和严重滞涨。日本，也是上个世纪80年代的“泡沫经济”以及《广场协议》导致的日元“内贬外升”。如果没有货币超发和通货膨胀，币值稳定，不仅货币基金不会吃香，黄金、债券、分红保险等保本产品也不会热卖。

按照常理，在利率管制之下，货币超发，最受益的本应该是实业经济。然而，监管的数据显示，我国新增的相当规模的银行贷款并未实际流向用款企业，而是绝大部分流向了地方政府投融资平台和房地产、少数的大中型企业、利率更高的民间借贷市场以及银行间市场。实业经济、特别是绝大多数中小民营企业的融资成本依然高企，经济学家郎咸平在《财经郎眼》节目中说平均高达4分利，换算成年息就是48%。可见，金融没有真正为实体经济服务的根源，并不是余额宝们的出现，而是以银行为代表的传统金融业本身的问题。

余额宝们之所以如此受关注，只是因为它们被冠上了“互联网金融”的名称，而备受关注而已。之所以受欢迎，只是因为它们为百姓提供了一个比银行更方便、收益远大于3.5%左右定期利息、近于0的活期利息的现金管理工具而已。实际上，规模高达36万亿的影子银行对拉高实业经济的成本，远比规模不到一万亿的余额宝们要厉害得多，具有官方背景的信达更是被指为中国最大的影子银行。难道只因为它们往往具有官方背景，和传统银行结成了利益联盟，并且庶民难以参与获利就不被指责吗？

市场有空间，有需求，就会有相应的产品与服务，而且余额宝们其实根本上算不上什么金融创新。钮文新简单将矛头指向余额宝们，如果不是故意装糊涂，实质上就是在为既得利益做违心辩护。当然，钮文新对余额宝们的炮轰，也是具有现实意义

的，那就是再一次提醒金融决策如何真正回到为实体经济服务这一宗旨上来。显然，简单取缔余额宝们，根本不会有任何效果，除了百姓不能享受略高于银行的收益之外，买不起房的照样买不起房，找不到工作的照样找不到工作，想要加薪也注定只是一种奢想。

金融回归根本任务，市场要素完全由市场来决定价格，不用取缔，余额宝们的好日子也就自然到头了。当然，余额宝们也有自知之明，所以它们对“冲击的是中国全社会的融资成本，冲击的是整个中国的经济安全”的指责根本不予回应，只是简单回应“余额宝并非钮文新所称的2%的暴利，一年的管理费是0.3%、托管费是0.08%、销售服务费是0.25%，总共的结果是0.63%”。姑且不说那些影子银行，请问传统的正规银行敢于将暴利的构成，也如余额宝一样晒一下吗？敢晒一下它们为提高实业效率、降低企业成本的服务细节吗？

（郭文婧.中国商界，2014，3）

互联网:造就大众创新时代

大数据如此多娇

当下有个词很火,叫做“大智移云”。如今的大数据和云计算已经作为经济社会发展动力中新的创新平台。在大数据时代,运用好大数据解决各种经济社会问题成为新趋势。

大数据发威对老鼠仓零容忍

近来，一种异常的气氛在券商、保险公司、基金以及其他投资机构蔓延。监管部门借助“大数据”，可将基金经理所提供的所有亲属账户纳入监控，并对这些账户进行监控，圈定特定账户是否存在利用未公开信息交易的行为。分析人士认为，此次“老鼠仓”核查风暴是证监会在金融体系改革中的又一次“亮剑”，监管层已经开启对于证券违规违法的“零容忍”模式。

保险基金陷入“老鼠仓”风波

根据5月初证监会通报的查处情况，2013年以来受理涉嫌利用未公开信息交易股票案件线索38件，并陆续启动调查工作。此类案件性质恶劣，严重影响了投资者信心；涉案人员范围扩大，呈现链条化；涉案金额巨大，涉及机构数量较多。近期调查的最大涉案金额为10多亿元，最小涉案金额超2000万元，涉及基金公司10余家，涉及保险资管两家。

2014年4月，中国保监会发出《关于开展保险资金运用操作风险排查的通知》，要求各保险集团、保险公司、保险资管公司对2010年以来的资金运用是否存在内幕交易、利益输送等行为展开风险排查。相比基金行业，保险业并没有明文禁止从业人员进行证券投资。这使得近期公布的几起险资“老鼠仓”案件中，涉案金额巨大。

此前的5月9日，证监会通报平安资管原投资经理张治民“老鼠仓”案，涉案金额达4.87亿元。而在5月13日，北京市公安局通报，发现一起保险公司人员利用未公开信息交易案，操控“老鼠仓”的嫌疑人曾某落网，趋同交易累计成交金额约2.97亿元。有媒体报道称，曾某为中国人寿养老保险股份有限公司权益投资部总经理曾宏。这是今年曝出的第二例险资涉案“老鼠仓”案件。

通报称，2009年2月至2013年5月，犯罪嫌疑人曾某利用担任某保险公司权益投资部门总经理的职务便利，管理人寿资产和人寿养老企业年金账户的122个股东账

户并负责进行股票投资。其间,曾某伙同其妻刘某在外开设“王某”股票账户,操控该账户先于、同步于或稍晚于其负责管理的年金账户买入或卖出股票79只,趋同交易累计成交金额约2.97亿元。

打击“老鼠仓”未停歇

济安金信科技有限公司副总经理、济安金信基金评价中心主任王群航认为,近期“老鼠仓”案件涉及的是过去发生的交易行为,并不会影响行业的发展。王群航表示,这次对“老鼠仓”行为查处能从2009年查到现在,归功于大数据,是技术和认知的提高。在新的技术条件下,可以对原有的监管方法进行修改和提高,从而防范“老鼠仓”。可以借助新的观念和技术手段,将基金经理账户监管放在基金公司内部,或者委托第三方监管、交易所监管。例如,交易所现在有大量监管人员,也具备技术条件,可以做到实时监控。

大数据时代加强了对“老鼠仓”监管和防范能力,但今年以来的检查风暴并非首次。从2007年起,基金行业平均每年曝光一起基金经理“老鼠仓”,而2009年监管部门在这方面的监察力度显然有所加强。2009年,深圳证监局就曾对辖区内的基金公司进行现场检查。之后,三位基金经理被曝出涉嫌利用公司信息从事内幕交易。而在此之前数月,基金经理张野因“老鼠仓”获罚,被取消基金从业资格,没收违法所得229.48万元,并处400万元罚款。

证监会当时的通报显示,2009年证监会共计对13家基金公司进行稽查,对14名从业人员处罚,包括2名总经理、4名副总经理、4名督察长、4名基金经理。当时,业内掀起了一波监管升级的风暴。各基金公司在内部纷纷重申合规纪律、严格直系亲属投资股票情况上报制度,采取在投研部门加设摄像头、加强网络管理、为投研人员更换新的电脑硬盘等方法,防范内幕交易。

分析人士认为,对证券市场打击内幕交易行为、基金经理“老鼠仓”行为,是一个持续的日常性工作。显而易见,监管层已经开启了对于证券违规违法的“零容忍”模式。此次“打鼠风暴”这也是证监会在金融体系改革中的又一次亮剑。

(赵静扬.中国证券报.2014.5.22)

大数据时代中国“破障”

要想在大数据时代的激烈竞争中赢得主动，中国需要在公开信息资源、优化产业环境、发展核心技术等方面作出更多努力。

“预计明年全球网民平均每月下载的数据流量将达到10G，如果你的下载量还达不到这一水平的话，说明你已经落后了。”不久前，在中国信息化百人会于上海召开的“大数据：挑战与机遇”专题研讨会上，在作出一番令人瞠目结舌的数据比较之后，中国工程院院士邬贺铨半开玩笑地向与会者“宣告”：大数据时代已经来临。

“大数据是21世纪最重要、最关键的资产，蕴含着前所未有的社会价值和商业价值。”信息化百人会成员、中国电信集团政企客户事业部副经理韩臻聪表示，从企业的角度看，大数据已经成为现代企业的核心竞争力。

“表现在创造了透明度，通过一些可控的实验发现新的需求、揭示多样性、提升性能以及挖掘用户细分、开展客户化的定制化产品服务等，更重要的是大数据孕育了新的经济模式，将商业和经济带入一个重新洗牌的时代。”他说道。

这让许多人对未来充满憧憬。

“第一次工业革命，英国和法国成为了世界的领导者；第二次工业革命，奠定了美国世界霸主的地位直至今天。现在，摆在我们面前的一个疑问是，在这一次大数据和云计算共同支撑的工业革命中，有没有可能让中国走到世界舞台的中央?”电子科技大学互联网科技中心主任周涛雄心勃勃。

问题是，中国做好准备了吗?

“中国的大数据发展还处于起步阶段，数据处理技术不高，数据安全和知识产权保护面临比较大的挑战。”信息化百人会学术委员、工业和信息化部总经济师周子学的话代表多位受访专家的共同观点。

放眼未来，专家们表示，国家应进一步加强规划和引导、政策扶植和标准的制定，推进政府公共信息资源开放，优化完善大数据的发展环境，着力通过一批产业发展的

核心关键技术，提高创新能力和信息服务水平，加速推进重要领域的大数据的应用，大力推进大数据服务的产业化，更好地为经济社会发展转型服务。

数据采集面临“安全”考验。

只要有足够多的数据可以处理不管是手机上的数据、超市的购物清单、招聘网站上的个人简介或者是医院里的诊断书，利用对这些原始数据进行解码的计算能力，人们就可以获得数不胜数的洞察，从而发现规律、收集感悟和预言复杂问题的答案。在乐观者眼中，从制止恐怖分子，到消除贫困，再到拯救地球，似乎没有什么问题是大数据解决不了的。

不过，要采集到足够多的数据似乎并不轻松。

“尽管今天互联网经济和经济互联网都在快速发展，但以物联网为例，虽然未来能够实现人和物、物和物的连接，而目前只完成了1%，也就是说还有99%没有连接。”在上海市经济和信息化委员会主任李耀新看来，尽管大数据时代的浪潮已经到来，但是真正的汪洋大海还在未来，还有很长的路要走。

中国人口居世界首位，理论上也应该会产生世界上最大的数据量，但是邬贺铨告诉记者，2010年中国新存储的数据量只有250个PB，只及日本的60%和美国的7%，这表明有大量的数据并没有收集和存储下来。

相比较于技术因素，安全与隐私担忧才是最大的障碍。

“1993年的时候，美国一家报纸曾说过这样一句话，‘在因特网上没有人知道你是一条狗’，但到了2013年，实际上是‘在因特网上每一个人都知道你是一条狗’。”大唐电信集团公司副总裁陈山枝的一句玩笑话道出了许多人的担心。

“数据安全隐私很重要。”采访中，有专家点评道，有了大数据，也许不需要“棱镜”这样的计划，就可以轻松地对任何人实施监控。

或许正是基于这样的考虑，在不久前工信部网站发布的《电信和互联网用户个人信息保护规定(征求意见稿)》中明确规定，未经用户同意，电信业务经营者、互联网信息服务提供者不得收集、使用用户个人信息。

在不少专家看来，尽管这使得个人隐私得到保障，但却对信息共享环境造成了窒息。

“如果连基本的数据收集都不允许，要形成‘大数据大应用’的环境几乎是不可能的。”成都思维世纪科技有限责任公司董事长章林光直言，大数据时代，在个人隐私保护方面必然要作出一些让步，只有这样才能达到公共信息源的共享，否则只能是纸上谈兵。

“在欧盟，对于什么是信息隐私、什么是信息安全是有非常严格的规定，对于什么问题用什么法律去应对也都有很明确的规范。在美国，互联网企业比较强势，它们往往是先做了再说，如果出了问题再通过游说国会，通过立法的形式对它们的行为加以肯定、保护。在中国，由于法律上存在缺失及空白，给实际的解读与操作带来了难度。”韩臻聪说。

对此，邬贺铨建议要尽快制定“信息保护法”与“信息公开法”，既要鼓励面向群体而且服务于社会的数据挖掘，又要防止针对个体侵犯隐私的行为，既要提倡数据共享，又要防止数据被滥用。

但是，“和传统的公共政策相比，信息安全政策要更加的复杂、综合和多元。”中国国家安全评测中心主任吴世忠评价道，网络的开放性、渗透性，决定了信息安全政策的外部性越来越强，网络的连接性又使得信息安全政策的利益相关方越来越多。所以信息安全政策的制定，比任何一个公共政策的制定所要考虑的问题都要多。

（尚前名.瞭望.2013,7）

大数据的商业未来：几率就是机遇

不久前，有两份报道引起了我的注意。一是《时间简史》的作者斯蒂芬·霍金教授(Stephen William Hawking)用大数据为征战巴西世界杯的英国队支招——顺便说一句，不久前雅虎总部的一个科学家小组亦基于轻博客网站Tumblr的数据研究，发表了巴西队终将夺冠的预测；另一个报道是引发国内媒体广泛关注的Mary Meeker的2014版互联网趋势报告。

两份报道透出的信息很是有趣，特别是当代最杰出的物理学家也用自选课题以实践的方式对大数据的价值给予了肯定，站在雅虎北京全球研发中心刚度过五岁生日的时间点上看，这确实让我们对未来有了更多信心——毕竟大数据既是雅虎的一大资源优势，也是过去五年来团队为之努力的一个方向。

大数据创新要依托于大平台

作为雅虎的一名老员工和长期从事信息技术创新的工作者，我对两份报道相关信息的看法是：第一，大数据不会是昙花一现的行业话题——普通用户可能会对数据揭示出的一些看似风马牛不相及的事物之间的隐秘关联很有兴趣，比如为什么英格兰队身穿红色球衣便会提升约20%的夺冠几率，但对从事研发的团队而言则更关注

如何获取更多有价值的数据、如何使得数据分析结果能够精确到足以分辨小众乃至个体的差异与偏好、如何将发现的规律转化为激发需求的动力——一句话，对大数据的充分采集、分析和利用会彻底改变产业竞争格局乃至亿万用户的未来。

几率就是机遇。当我们有办法根据大数据衍生的结果来提升某项产品决策、某次广告投放、某些针对特定消费群体的诱导式促销的成功几率，也就意味着我们能将小机遇变成大机遇、将低概率变成高可能性。

然而针对大数据的研发也有着一些门槛：比如，要有足够多的用户源源不断地生成足够庞大的数据；再如，要能在确保用户隐私不受威胁的前提下，实现数据与制造数据的用户之间的安全、牢固、持续的链接；此外，还要有可验证、反复修正并因此越来越有效力的结果。

所以大数据创新最好能依托于一个大平台——这就引出了第二点：在用户数量、用户黏性、用户活跃度等方面，雅虎仍然具有不可低估的影响力与潜能。

Mary Meeker的报告显示，2014年3月，全球十大互联网服务商中，雅虎排名第四位（根据全球每月独立用户访问量统计），与2013年的位置相同——对一家互联网公司来说，没有比忠诚的用户更重要的资源和筹码——这为雅虎的再度崛起提供了最为坚实可靠的基础，但同时，全球逾8亿用户、4.3亿移动用户，这些数字也鞭策着我们不能浪费雅虎作为大平台的优势，而是要基于我们独有的大数据资源，以领先于趋势的洞察、贴近用户需求的视角和比过去更高的效率研发出更具竞争力的产品，在此方面，雅虎北研与雅虎总部的同事正在携手向前。

第三，中国互联网公司的崛起不仅是大势所趋，而且它们还会在大数据主宰全球商业的时代持续成功——根据Mary Meeker的报告，2013年还未进入全球十大互联网服务商榜单的阿里巴巴、百度和搜狐成为金榜新贵，分别排名六、七、九位，2013年上榜的腾讯从第十位跃至第八位。全球互联网十大服务商，美国公司占六席，中国公司占四席，影响力已近分庭抗礼——根植于世界首屈一指的移动互联网市场与人才基地，在独特的文化背景下为亿万用户提供产品和服务，中国互联网公司已在过去的十五年里逐步发展出跨国对手难于复制甚至于模仿的竞争思维与产品理念，而在依稀可见的物物互联、人人互联、人物互联的下一波风暴中，拥有13亿人口、约8.5亿互联网用户的中国必将成为全球最大的数据源、创新源与市场动力源。

雅虎北京全球研发中心也在向本土的成功企业学习和借鉴。过去五年，我们除了秉持“三赢”理念，为雅虎招募一流人才、研发核心产品之外，也在时刻关注与研究着国内IT行业的新模式、新现象。未来，不仅雅虎，预计会有越来越多的国际互联网公司与中国本地行业巨头携手开展形式多样的合作。

预见大数据的商业未来

Meeker的报告强调了互联网未来发展的几个关键趋势，包括像移动互联网使用量的激增，视频、照片和其他富媒体内容继续增长，平板电脑用户以前所未有的速度

增长，以及中国等新兴市场存在巨大机遇等。这里仅挑选展示一些关键数据：

互联网用户数增长已放缓至不到10%。智能手机用户数增长仍然强劲，但同样出现放缓。

智能手机用户仅占52亿移动用户的30%；平板电脑出货量2013年增长52%，虽然超过PC所有年份的增长率，但平板电脑用户仅为笔记本的56%，智能手机的28%，电视机的8%。

全球97%的智能手机采用了“美国制造”的操作系统，而在iPhone出现之前的时代中这一比例仅为5%。

2013年，互联网广告营收增长16%，移动广告增长47%，后者在互联网广告中占比增至11%。

虽然移动广告增长乐观，但移动应用营收占移动端整体收入的68%，远高于广告。

现存的比特币钱包数量约为500万个，达到去年同期的8倍。

WhatsApp和Secret代表了电话通讯录优于好友图谱，而这就是即时通信应用的未来。目前，全球OTT消息服务在5年内积累了10亿用户，人们的通讯方式也在发生改变，图片和视频共享猛增。

内容由消费者提供，社区是由用户创建，同时服务于用户；商务，即商品购买。

消费者在看电视的同时还使用移动设备，主要是浏览网页和购物，而智能手机已成为被浏览次数最多的屏幕。

中国移动互联网用户目前达到中国互联网用户总数的约80%。相对于其他市场，中国的移动互联网用户已达到“关键的大多数”，因此将主导移动商务的革命。

前10大互联网公司中只有6家为美国公司，少于2013年的9家。前10大互联网公司超过86%的用户位于美国国外。“中国市场正在快速发展”。

作为前摩根斯坦利分析师，这次Mary Meeker的报告是历年来分量最足的一次了，热点趋势无所不包，非常全面。里面列举了大量的公司，大量的商业模式，她展示的PPT多达165页，有兴趣的朋友可以找来看一看。

（环球网.2014.7.17）

房地产改革新征途

共有产权房试水

住房和城乡建设部总经济师冯俊表示，共有产权住房试点正在北京、上海、深圳、成都、淮安、黄石这6个城市推进，作为政策性住房的一种新形式，有人期望，有人观望。

共有产权 住有所居新杠杆

使异化为投资品的住房，逐步回归遮风避雨、美化人居的商品功能，这是“共有产权”向更广、更深层次拓展的底气与锐气。

一类新的住房正在悄然改变北京楼市。从本月开始，北京与其他5个城市一起，被列为全国共有产权住房试点城市。事实上，从2013年年底以来，北京已有三批这种售价低于周边普通商品房三成以上的“自住型商品房”入市，仅第二批便吸引了38万户家庭申购，东四环某项目中签率只有8‰。据悉，到2014年底，北京将以约每年5万套的规模提供共有产权住房，这个数字约为同期普通商品房供应量的一半。正因如此，“共有产权”模式的试点，深刻影响着购房群体的未来预期。

购房者与政府按比例出资，共同承担建设资金、拥有房屋产权，有能力后可以“赎回”另一部分产权，变“共有”为“自有”——探索中的“共有产权”早在2007年的江苏淮安便已起航。2014年，增加共有产权住房供应的要求被正式写入《政府工作报告》，相关指导意见也在议定之中。那么，受到热捧的“共有产权”，魔力从何而来？在市场化与保障房的二维坐标里，它的杠杆作用又将刻画出怎样的新象限？

城镇化的历史背景下，价格不断高企的商品房往往令有“刚需”者可望不可即，旨在兜底的保障性住房，又因土地、财力的限制，难以广泛覆盖“夹心层”群体。对此，“共有产权”大胆提供“跳出去”的思变与求新：土地低价出让，政府舍利支撑，让符合条件的家庭适度避开房价的侵扰；高于成本价、低于市场价，绕过了经适房、两限房可能的福利陷阱，也消除了廉租房、公租房的产权之憾。有论者言，这是赢方最多、最可持续下去的住房发展模式。

“民之为道也，有恒产者有恒心。”助力住房刚需、为“夹心层”创造住房希望，是“共有产权”核心的杠杆价值。一则产权从无到有。现有保障房大都以户籍为凭，只有公租房微开一条门缝，而不少试点已将稳定就业的流动人口慷慨纳入。二则产权从有到完整。上海一项调查显示，49.7%的家庭打算长住于斯，46.7%的家庭计划“小

换大”，反映出产权对自我改善积极性的激励。离开这种渐进式的产权构建，恐怕不少人终生都难以摆脱保障房的庇护。

买入有限价，卖出少赚头，“共有产权”明确的获利约束，也在有力地挤出投资、投机性需求，令一些地方的房价开始趋稳，发挥着宏观调控的杠杆作用。与这种柔性手段不同，不少地方偏好硬碰硬，或强设户型比例，检查一走，两户便被打通一户，或一刀切停建中小面积，游资未挤走，刚需反误伤。比较而言，“共有产权”善用有形之手负责模式设计、权利规范，而建设、运营与交易，仍在市场与法治的轨道上有序推进。

借助市场之力，体现政府作为，遵循量力而行、尽力而为的客观规律，尊重住有所居、居有产权的递进期待，这是“共有产权”存在的现实逻辑。权利与权力携起手来，使异化为投资品的住房，逐步回归遮风避雨、美化人居的商品功能，这是“共有产权”向更广、更深层次拓展的底气与锐气。

改革每进一步，风险便如影随形。共有产权发源地的英国，两党的扯皮抑制了住房合作的发展，颇具讽刺。而在美国，曾经的购房者与金融机构产权共有，让住房自有率从65%跃升至69%，却也埋下了次贷危机的隐患。今天，“花经适房的钱，买商品房的权”会不会被人趁机搭便车、发横财？开发商的“损失”会不会他处谋算，反倒形成助推房价的跷跷板？关注、反思、甚至警醒的声音告诫治理者，租赁与完整产权的中间地带，不等于监管的真空区域，更不能是各路利益的博弈场所。只有划清边界、慎重推广、及时完善，方能走好改革平衡木，释放政策撬动力。

新型城镇化不能再走一边高楼林立、一边棚户连片的老路，而须在“人的城镇化”理念下，通过共有产权等多维探索，把住房的供给与需求调节好，把市场的公平与效率统一好，蹄疾步稳地实现群众安居之心、产权之愿。

（周人杰.人民日报.2014.4.6）

警惕共有产权房沦为少数人盛宴　不宜全面推广

住房和城乡建设部近日公布了《住房和城乡建设部关于做好2014年住房保障工

作的通知》,通知提到,为探索发展共有产权住房,确定北京、上海、深圳、成都、淮安、黄石为共有产权住房试点城市。

所谓共有产权房,是指中低收入住房困难家庭购房时,可按个人与政府的出资比例,共同拥有房屋产权。而随着生活水平的提高,如果居民的购买能力达到一定水平了,也可以从政府手中将房屋产权"赎回",使其变成居民所有权房。

应当说,探索建立共有产权房机制,对于解决中低收入阶层的住房问题,确实能够发挥积极的作用。但是,由于主客观因素的影响,共有产权房政策在实施过程中,也会遇到很多矛盾和问题,操作难度很大。

首先遇到的一个问题,就是到底哪些群体可以享受共有产权房。要知道,凡是纳入到共有产权房范畴的住房,一般情况下,都注入了许多政府的优惠政策。也就是说,是政府"贴"了钱的,是为少数买不起房的居民提供的社会福利。那么,享受者的身份确认就非常重要。

虽然从表面看,地方都有中低收入的标准,也都建立了中低收入人群的资料库。但是,这些资料到底是如何建立起来的,其公平性、准确性如何,可能没有一个地方能够说得清楚。同时,资料库建立以后有没有进行过调整,也是一个问题。

而从前些年来看,一度非常流行的经济适用房,就成了许多权力拥有者的盛宴,成为一个黑洞。推广共有产权房,也必然会遇到这方面的问题。如何避免再次出现这样的问题,应当是一个考验。否则,共有产权房就又会成为权力的盛宴。

而且,共有产权房的推出,也会在一定程度上加剧居民必须有自主产权房的欲望,更不愿意通过公共租赁房等解决住房问题,势必会给住房问题带来更大的压力。

事实上,从其他国家,特别是新加坡等国家的经验来看,要想从根本上解决居民的住房问题,完全依靠产权房是不行的。尤其像中国这样的人口大国,人人都有产权房是根本做不到的,而必须有一部分人群通过公共租赁房等方式保证居者有其屋。

实际上,政府如果真的想解决居民的住房问题,还是应当从商品房、保障房和公共租赁房三个层面来解决。其中,保障房是为中等及中等偏下收入人群建立的,公共租赁房是为中低收入人群设立的。中低收入人群要想从公共租赁房中"解放"出来,就必须依靠收入水平的提高,靠付出更多的劳动和辛劳,而不是政府资助。否则,就只能享受公共租赁房,而不应当享受具有自主产权的住房。

共有产权房,严格地讲,应当给工作时间不长的年轻人。因为,他们才具有将来"赎回"产权的能力和机会。同时,也可以以这样的方式,帮助他们增强创业的热情和决心。当然,对申请共有产权房的年轻人,也必须有收入水平的限制,并不是每位年轻人都能享受这样的社会福利。

总之,进行一定范围的探索是可以的,但不适宜全面推广。尤其在对居民收入无法完整了解以及各种制度还不健全的情况下,共有产权房的问题会逐渐暴露。

(谭浩俊.经济参考报.2014.4.29)

共有产权房重要的是产权明晰

在一些房源充足的城市，地方政府可以买下一些现存的适中的房屋用作共有产权房。这非但可以使政府少花钱快办事多办事，而且可以分散城市中以收入阶层划分的居住社区。

住建部日前召集部分城市在北京召开共有产权住房试点城市座谈会。会上，北京、上海、深圳、成都、黄石、淮安6个城市明确被列为全国共有产权住房试点城市。

共有产权房，顾名思义其产权是购房者与当地政府共有的，购房者有多少比例的产权是根据其出资份额决定的，这样性质的房屋毫无疑问是针对既不属于保障对象但又买不起商品房的"夹心层"的需要，可以缓解政府建造保障房融资难，更可以实现大城市住房问题中的社会公平。

共有产权房其实完全可以取代经适房。

经适房也是有产权的房屋，但归属于地方政府的那部分产权最终多以福利的形式转移到了业主手中。虽然各地关于经适房中的福利含量有所差别，但产权优惠究竟有多少在各地都是含糊不清的。正由于产权结构不明晰，所以产生了一些不公平。以上海为例，过去申请经适房的家庭财产不得超过30万元，现在家庭人均年可支配收入不超过27600元也可申请经适房。政府给予的福利补贴，其实是整个社会在支付这笔钱。换句话说，一个拥有31万财产的家庭要补贴拥有29万的家庭、或者是人均27600元收入的家庭要给予人均27500元收入的家庭以房屋补贴，这公平吗？

相比经适房，廉租房、公租房、共有产权房、商品房，这些城市房屋的产权都是明晰的。对于需要住房保障的对象，财政给予的则是房租的补贴，不存在产权的补贴。共有产权房按照市场价格购房者买下的房屋产权比例是明确的，政府给予补贴的只是其没有买下的政府所拥有产权的那部分房租。将来要出售自己的产权或者购进政府的产权还须按市场价操作。

正因为共有产权房的产权明晰，在一些房源充足的城市，地方政府其实不必专门

花巨款建造保障房。地方政府可以买下一些现存的适中的房屋用作共有产权房。这非但可以使政府少花钱快办事多办事,而且可以分散城市中以收入阶层划分的居住社区。

在不含房屋产权福利的意义上,共有产权房购买者的申请条件还可以再放宽一点,因为大多数城市是有这个经济能力来承担这部分房租的补贴,而且有限的补贴也不会对社会公平有多大影响。

我们说,保障房是为了“居者有其屋”,足够的保障房可以抑制楼价非理性的疯涨。然而保障房和商品房不可能是互不相干的两块,连接两块的恰恰是各种房屋的产权明晰。因此,定义共有产权房是保障房还是商品房,意义并不大,重要的是共有产权房产权明晰。

(郁慕湛.新京报.2014.4.8)

“共有产权房”再探索

日前,住建部相关负责人证实,北京、上海、深圳、成都、黄石、淮安等6个城市被列为全国共有产权住房试点城市。

所谓“共有产权房”,是中低收入住房困难家庭在购房时,可以按个人与政府的出资比例,共同拥有房屋产权,而当市民有购买能力后,则可以向政府“赎回”另一部分产权,变“共有”为“自有产权”。即使住满5年后上市转让,购房者也要优先转让给共有产权人,也就是地方政府,由政府按市价购买产权获得完整产权。

共有产权住房究竟如何发展而来?相对于传统的各类保障房又有哪些优势呢?

共有产权住房的由来

共有产权房并不是一个新事物。早在2007年,江苏省淮安市就大胆尝试了共有产权住房模式。当时正是经济适用房大发展的时期,作为“异类”的共有产权住房还

不被认可。淮安共有产权模式的主要推动者、时任淮安市房管局局长邵明曾在博客中写道:当时力排非议而“孤军奋战”,用出让土地性质的共有产权房替代划拨土地的经适房,则成了“离经叛道”。

但之后由于媒体的揭露,经适房小区出现大量有钱人、高空置率和出租率等现象,让经适房背后的灰色地带呈现出来,经适房陷入质疑。同时,一段时间以来的房价高企,让很多人连经适房也买不起了。新变化让共有产权住房模式的试点缓慢铺开。

2010年,一种新型的针对“夹心层”的保障房——公租房横空出世,由于其能够解决“夹心层”问题又不会出现寻租腐败现象,被业界看好。从2010年到2013年,共有产权模式虽有发展,却鲜被提及,几乎已被舆论遗忘。至2013年初,探讨的焦点转移到“公租房廉租房并轨”,一时流行的说法是“用公租房一统保障房”。

2013年底,具有产权性质的保障房出现转机,共有产权住房走向了前台。其时,住建部、北京市领导以及社会舆论,都陆续对共有产权住房制度进行了讨论。2013年12月24日举行的全国住房城乡建设工作会议提出,“鼓励地方从本地实际出发,积极创新住房供应模式,探索发展共有产权住房。”2014年,政府工作报告中,“完善住房保障机制”部分首次写入了“增加中小套型商品房和共有产权住房供应”。

2013年10月末,上海共有产权保障房开始摇号选房,去年全年共筹集3万套房源。2014年北京市“两会”期间,北京市政府工作报告中也首次提出了共有产权这一概念,也就是2013年开始大量推出的自住型商品房。

与经适房相比有哪些优势?

共有产权住房之所以能走向前台,是因为经适房出现大量寻租行为,而公租房又不能满足人们对于私有产权的要求。上海易居房地产研究院副院长杨红旭表示:“共有产权住房降低了购房门槛,毕竟很多人还是希望有自己的私有产权房的。”

经适房只需补缴少量土地收益价款,即可获得巨额转正收益,这是经适房腐败的制度原因。但是按照共有产权模式,比如上海当地政府占共有产权房30%~40%的产权,60%~70%的产权归个人,使得溢价大幅缩小,杜绝了共有产权房的寻租现象。

邵明表示,传统经适房在政策上其实也是“有限”产权,但是事先没有对产权进行明确的界定。而共有产权房恰恰是把这个含糊的“有限”变为了明晰的产权“比例”,这样就简单明了,有据可依了。

杨红旭称,这一设计也有利于保障房的退出和管理。“经济适用房退出的时候应该是补交相应的土地出让金,但各地标准不一样,容易使业主和政府之间扯皮。而共有产权房的产权关系非常明晰,当业主想卖房时,按产权比例和政府分钱就可以了。”

深圳房地产研究中心高级研究员李宇嘉表示,发展共有住房,能够调动群众依靠自己努力改善住房条件的积极性,可以避免陷入福利陷阱。

“各地政府在保障房方面融资一直比较难,因为很多民间资本和房企不愿意参与

保障房的建设和投资。”杨红旭指出，共有产权住房出售部分的产权等于是政府可以回笼部分资金。

与此同时，相比租赁住房，产权住房不仅能缓解住房困难，而且能分享到房价上涨所带来的资产增值收益。专家称，如果完全以租赁住房为保障对象提供栖身之所，在收入分配失衡与房价持续上涨的双重背景下，许多保障对象可能会终其一生都脱离不了住房保障体系。

推向全国还需完善制度

“像买企业股票一样，去买房屋股权。你只是股东之一，却可享受董事长的待遇。”在杨红旭看来，在大都市地区，共有产权模式值得推广，但相关制度无疑还需要完善。

3月28日，据称因临时要增加“共有产权”相关内容而返工修改的《城镇住房保障条例》再次公开征求意见。虽然条例没有“共有产权”的字样出现，但是在书面合同签订、上市转让限制等相关条款中，体现了共有产权住房的内容。

在征求意见稿第二十三条中规定：承购人购买保障性住房未满5年的，不得转让保障性住房；确需转让的，由直辖市、市、县人民政府按照原购房价格并考虑折旧和物价水平等因素予以回购。承购人购买保障性住房已满5年的，可以转让保障性住房，并按照配售合同约定的产权份额向直辖市、市、县人民政府补缴相应价款，直辖市、市、县人民政府在同等条件下享有优先购买的权利；承购人也可以按照配售合同约定的产权份额补缴相应价款，取得完全产权。

但是，规定仍然过于模糊。住建部副部长仇保兴表示，共有产权住房将先纳入现行的保障房体系管理，此后将作为市场主体来供应。据其介绍，住建部正在针对共有产权住房的管理制定相关办法

李宇嘉认为，虽然方法不尽相同，但共有产权住房也面临着寻租的可能性。“只要将市场评估价降低几个百分点，共有产权住房购买者通过购买政府产权部分，即可获得从天而降的经济利益，少则十万元多则数十万元。”他说，要慎防市场化标签将这种新的保障房形式重新导入“类经适房的道德风险困境”。

（陈恒.光明日报.2014.4.10）

房地产改革新征途

楼市限购政策“松绑”来临

2014年以来，随着全国多个城市陆续松绑“限购令”，本轮调控中由46个城市组成的楼市限购大军已经将近“土崩瓦解”，仅剩下“北上广深”四大一线城市还在苦苦坚守。当初，限购令的纷纷出台，是为了遏制房地产这辆高速飞奔的列车，实现经济的软着陆；而今，解限令的遮遮掩掩，却让某些人又发出了“房地产才能救中国经济”的感叹。

楼市“放开限购”会否引发骨牌效应

在楼市面临所谓“拐点”的社会心态下，我们不妨借机深入反思“限购”本身的功过得失。

最近，呼和浩特率先放开限购的乌龙事件引起舆论关注。6月25日，该市房管部门发布文件，称该市居民购房不再需要提供房屋套数证明，但文件于当日下午被以“打印错误”为由从官网撤下；26日，其官方网站发布更正声明，称将文件中“含二套住房”改为“含二手住房”，即：取消商品房销售方案备案制度，居民购买商品住房（含二手住房）在办理签约、网签、纳税、贷款以及权属登记时，不再要求提供住房套数查询证明。

明眼人不难看出，“一字之改”并未本质上改变文件的中心思想。此文件的“改后重发”，意味着呼和浩特成为“全国首个正式发文确定放开楼市限购的城市”。专家认为，这一做法将对其他城市形成示范效应，一些二、三线城市将会跟进。这种声音正在日益成为主流。因为就在呼和浩特发文取消限购之前，已经有南宁、天津、无锡等数个城市变相或曲线为限购松绑。而商业机构发布的研究报告则显示，在国内大中城市中，温州、西安、福州、杭州、沈阳、青岛等15个城市存销比超过20个月，地方政府正面临限购松绑的冲动。

当然，从整体上判断，目前尽管经济下行有所压力，但从目前各方共识来看，中国已不大可能再押宝于房地产的拉动效应；同时，国家花了3年时间刚刚建立起刚需主导的相对健康的楼市，贸然全面放开限购将导致投机氛围变本加厉，令前期调控努力付诸东流。因此，中央对涉及限购政策的调整必然非常谨慎。

理性看来，此前一些所谓“楼市崩盘”信号，其实更多是企业促销出货的个别行为，一些人以此大肆唱崩楼市，或者是反应过度、或者是别有用心。对于这些论调，不妨探寻背后的利益纷扰和心态纠结，一方面兼听则明，另一方面也要看透纷扰。

同时，对部分因地制宜的地方性微调，也要辩证看待。中国各地发展参差不齐、

千差万别,必须强调实事求是。个别城市松绑限购,可能确实有着“救急”的特殊紧迫性;有些地方放宽限购条件,又可能是对以往“误伤刚需”政策的趁势纠偏。对此,也不可一概而论,不妨多些耐心,以观后效。

更重要的是,在楼市面临所谓“拐点”的社会心态下,我们不妨借机深入反思“限购”本身的功过得失。在前两年投机氛围过浓之时,相较之其他一些扬汤止沸的调控手段,这一狠招确实起到了釜底抽薪的遏制效果。但也必须清醒:抽掉的“薪”很容易被重新放回“釜底”,尤其是在楼市与地方经济捆绑过深的背景下,当“釜底”柴火太少,这锅“汤”温度过凉有些让地方经济吃不消时。

从更长远的视角分析,抑制需求终究不该是“杀手锏”,至少不应该是终极手段。“让市场在资源配置中起决定性作用”,楼市的运行当然也必须遵循这一要义。改变供求关系不能只从打压正常的市场需求下手,而更应增加不同层次的市场供给。毕竟,人为扭曲供求关系、人为隔断市场“无形之手”的自动调节,容易造成“需求堰塞湖”,从而一旦政策有所松绑或执行有所走样,则地方土地冲动与公众投机情绪极易卷土重来甚至变本加厉。这种调控动机和意愿上的“上下错配”,长远来看既不利于楼市秩序的深层优化,又可能令政令威信向下衰减。

楼市治乱,必须多些“系统性重构”的决心。与当前中国经济形势高度对应,中国楼市同样处于“三期叠加”阶段,即“增长速度换挡期”“结构调整阵痛期”“前期刺激政策消化期”,转型压力客观存在;而鉴于中国经济对房地产业的依存度,“土地财政”又与财税体制改革有着剪不断理还乱的关系,楼市转型的难度可想而知。越是在这种时候,越需要习近平总书记不久前所强调的“系统性重构”的理念、决心和魄力,绝不可再刻舟求剑、头痛医头,一味添加新的政策补丁,而应该力争既求一时之效,更谋一揽子解决。

(徐锋.广州日报.2014.6.30)

房地产转折点已到　限购政策应借势调整

最近半年以来,中国房地产市场出现了比较明显的变化,许多地区无论新房还是

二手房的成交量都显著下降，房价也呈不同程度的增速放缓甚至下滑态势。在这种情势下，过去3年来在全国70多个城市实行的房地产限购政策是否应该退出引起广泛的议论，也有消息说住建部正在考虑允许各地方政府放开其限购政策。那么，房地产限购政策该不该放开呢？

回答这个问题，首先必须对当前中国房地产市场的总体形势做出一个基本的判断，然后分析其下一阶段的走势，才能得出一个比较科学合理的结论。

房地产市场拐点已到

当前中国房地产市场的格局已经转变，通俗来讲就是，其拐点已经来到。为什么这么讲？因为这一市场的主基调已经由过去的疯狂上涨转变为温和上涨乃至于调整。支持这一判断的有三大基本因素。

第一个因素是金融市场的大格局已经改变。今天的金融市场，由于金融改革启动等因素的影响，已经出现了对储户比较有利的局面。与过去银行存款只能获得2%～3%的年利率相比，今天收益率在5%以上的理财产品层出不穷，明显高过2.5%左右的通胀率，也高于2%～3%的租金回报率。持有现金所获得的回报大大提高，而且风险较低，已经使得不少投资者的偏好发生了变化，由过去的买房保值，转变为更倾向于持有现金。

第二大因素是城市居民的住房需求已经逐步得到了满足，和以前急需改善住房的情况完全不同。这可以从两组数据加以验证。首先，从中国的人口结构看，建国后出现过三次婴儿潮。第一次是在1952年前后的3年间，平均每年有2000万人口出生。这批人现在已经步入老年，本身很少有新增的住房需求，相反倒是可能有大房换成小房的降级住房需求。第二波婴儿潮出现在上世纪60年代初，1963—1965年间，每年出生的婴儿有3000万人左右。这部分人已经进入50岁的知天命之年，住房需求基本满足，处于稳定状态。第三拨人出生在1978—1980年前后，是第一波婴儿潮人的子女辈，这部分人大多已结婚生子，住房需求基本满足，当然也不乏一部分人仍在寻找更大更好的住房，努力改善小家庭的生活质量。

另一组数据是，中国居民如今的资产结构已经过多地倾向于住房。据初步统计，目前全国的居民资产约为150万亿元，其中100万亿元为住房资产（与此相关的另一数据是，中国的平均住房自有率接近90%）；约40万亿元属于居民存款，这部分存款目前能获得比较高的回报；剩下的10万亿元左右则是债券和股票，由于当前证券市场持续低迷，这部分资产的配置比较稳定，不会骤增骤减。根据这一分析，城市居民不大可能在短期内将自已的资产配置到住房资产里去。

第三个支撑城市住房需求不至于大幅度上涨的因素是，目前已经在城市生活却没有获得城市户籍的外来工以及等待进城的农村居民，购买力相对有限。即使按照城市房价为5000～6000元/平方米来估算，一对外来的双职工夫妇买一套80平方米的房子也需要15年左右，相对比较吃力。当然，如果他们在老家的宅基地和建设用

地可以转让，则其在城市置业将获得比较有力的财政基础，但是，由于当前政府并不允许宅基地大规模入市，因此，他们在城市买房的动力并不是很强。

综合以上因素，我们认为，当前房地产市场已经呈现出一个价量放缓的新格局。那么，房地产市场会不会出现大规模崩溃的结局呢？这种可能性非常小。

房地产市场大规模崩溃的主要原因必须是有大量的存量房入市，从而对房地产价格构成冲击，而目前这种可能性非常小。

存量房入市无外乎两个原因，一是大量居民由于经济状况发生变化，不足以支撑现有房贷，因此要大规模抛售房子，这是2007、2008年美国的情景。而当今中国百姓购房的杠杆率是很低的，许多家庭是一次付清房款，许多家庭房贷仅占房价的50%，再加上中国人传统上有持有住房的偏好，因此，居民恐慌性抛售住房的可能性比较小。

另一种可能是很多媒体人分析的，在当前房地产登记以及反腐的浪潮下，许多贪腐官员大量抛售住房。我们认为这种可能性也很小，因为大量抛售住房反而会引火烧身，招致有关部门的注意，对于贪腐官员来说，倒不如按兵不动，将房产登记并转移出去。

总的来说，中国房地产市场已经迎来新格局，其基本特点就是交易量增长逐步放缓，很多地区的房价将出现一定的增长放缓或下降。在此要强调的是，这一新格局是多元化的，“北上广深”等一线城市仍然具有价格上涨的压力，因为这些城市的经济竞争能力和人口聚集能力仍然十分强劲，而且，其生态承载能力已经基本达到极限，不大可能出现房价的大幅、大面积下降。同时，问题的关键是，这一轮调整不能以过分牺牲交易量为代价，否则，交易量的下降将会导致整个经济活动的放缓，也会给房地产市场的健康发展带来不利影响。

限购政策应该适时调整

根据以上分析，未来若干年房地产市场发展的新动力将来自两大需求，一是已经进城但没有获得本地户籍的农村人口，以及期待进城的农村人口的住房需求。他们在定居城市的过程中，希望有自己的住房，这部分需求需要一定时间来释放。第二类需求则来自那些已经进城但希望在另外的城市定居或者发展的人。中国新一轮城市化的特点是户籍政策的放松，这必然会导致人口在不同城市间的重新布局。而人口和经济地理的重构，必然会使得一些热点地区出现外来居民住房需求的上涨，而另一些地区的住房需求则会相应下降。这将是中国住房需求未来发展的一大特点。

针对这两大需求，我们可以得出结论，限购政策应该灵活的调整。

具体说来，第一，“北上广深”等一线城市应该按兵不动。这些城市目前房价上涨的压力仍然存在，人口的聚集能力仍然上涨，如果过快放开限购政策的话，人口将会膨胀，城市规模将会很快超过生态承载能力，房价也会过快地上涨，不利于当地产业的发展。

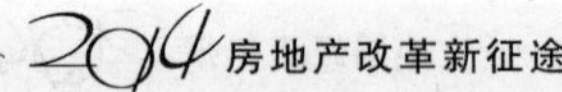

第二，其他城市应该因地制宜，放开外来户籍人口的购房限制。这实际上是顺应了中国下一轮城市发展的需要。那么，对于本地居民购买第三、四套房的限制是否应该放开呢？笔者认为应该谨慎行事。因为有能力购买多套住房的本地居民往往先知先觉，且资金实力较强，他们的投资行为会带动房价的炒作，从而使外地居民的买房需求难以满足。这将阻碍人口在不同城市间的流动，对于城镇化而言是不利的。

第三，配套的市场化调控政策应该跟上。在逐步放开房地产限购政策的同时，应该更加强调市场的调节作用，特别是要用好金融杠杆。对于居民首套住房、外地居民购房及本地居民多套房等的贷款政策应该更加明确，房地产登记制度以及房产税应该及时推出。房产税主要是给地方政府创造公共服务的机会，也是本地业主与地方政府良性互动的一个政策。

总之，当前中国房地产市场已经到达拐点，此时应该顺应变化，不失时机地灵活调整限购政策，并不妨先从放开外地居民购房限制开始；与此同时，市场化的调节政策应该实时跟进，从而利用好这一拐点，营造一个房地产市场发展的新格局。

（李稻葵.新财富.2014.5.29）

地方限购松绑“只做不说” 部分城市现回暖迹象

据新华社消息，最近福州坊间不断传出楼市限购松绑传闻，多个在售楼盘的销售人员均表示，目前福州户籍购房者只要一次性付款就不受限购限制，外地户籍购房者也可通过“补税”方式购房。这是继温州等地之后，近期出现的又一个放松限购的城市。业内人士预计，接下来一段时间会有一批类似城市出台放松限购的相关措施。

限购松绑“只做不说”

“福州本市户籍的只要是一次性付款，就可以买第三套甚至更多套的房子，不管是第几套，都按第二套上缴税费。这是最近才出来的政策，没有正式下文，只是口头通知。”福州当地不止一个在售楼盘销售人员如此表示，而且近期已经有成功操作的

案例。

据悉，2010年福州推出限购政策，规定拥有2套以上（含2套）住房的本市户籍居民家庭、拥有1套以上（含1套）住房的非福州市户籍居民家庭、无法提供在福州1年以上纳税证明或社会保险缴纳证明的非福州市户籍居民，暂停在福州5城区继续购买商品住房，现金一次性付清房款也不例外。

据业内人士透露，事实上，从5月底福州的限购政策就已经出现放松迹象，除了福州，厦门也有类似操作，只是没有公开发文。

"当前宏观经济下行，同时，房地产市场表现欠佳，这样的叠加因素也为南宁、天津等部分城市楼市调控政策定向宽松提供了转换空间"，同策咨询研究部总监张宏伟告诉记者，在接下来一段时间，预计将有一批类似于天津、南宁、沈阳、海口这样的二线城市，以及无锡、宁波、温州等这样的三四线城市会出台定向放松限购的相关措施。

部分城市现回暖迹象

随着多地陆续出台限购松绑等利好政策，部分地方的楼市出现一定程度的回暖。

6月21日—22日，恒大地产连开两盘，其中，位于安徽合肥的恒大中央广场开盘销售25.6亿元，住宅开盘销售13.4亿元，商铺开盘销售12.2亿元；位于平顶山的恒大名都开盘销售6.1亿元。两盘单价均持平甚至略高于当地周边市场均价，排队认购的客户均远超推货量。

恒大方面表示，合肥和平顶山两楼盘均以刚需产品为主，90平方米左右的刚需户型占总货量的70%以上，认筹人群中超过八成为自住型需求。两项目均刷新了楼市销售纪录，其中合肥恒大中央广场创造了全国楼市今年开盘销售纪录，平顶山恒大名都创造了2014年三线城市开盘销售纪录。

"目前整个中国房地产市场调整后已现平稳，特别从最近几周的情况来看，市场整体在回暖，市场参与方的信心也都在恢复。"恒大集团执行董事、副总裁何妙玲表示，不过，未来市场将更加理性，企业分化、市场分化是必然的。

（潘秀林.京华时报.2014.6.23）

房地产改革新征途

以房养老靠谱吗?

“你留下房子,我为你养老。”“以房养老”作为一种新型的养老方式,老人可以将自己的产权房抵押给银行等金融机构,定期获得一定数额养老金或者接受老年公寓服务。房主去世后,该房产出售用于归还贷款,其升值部分归抵押权人所有。然而试行以来却在部分地区遭停办,引发了人们的思考。“以房养老”到底可不可行?拥有了房产是否真的能保证老有所养?

“以房养老”如何养

随着上周“以房养老”保险试点正式落地，一时间，“以房养老”究竟该怎么养成为全社会讨论的热门话题。随着国内人口老龄化趋势的不断加快，养老将成为众多老人、甚至是中青年无可逃避的问题。

此前尽管各地已有不少试点，但相关业务开拓举步维艰，传统养老观念以及不可确定的房地产价值风险等都是限制“以房养老”推开的“拦路虎”。而此时推出“以房养老”保险试点，监管层意欲何为?“保险版”以房养老又有哪些不同？作为“以房养老”成功案例的美国究竟有哪些经验可供借鉴?

形势：2053年每3个人中就有1个老人

6月23日，酝酿多时的《关于开展老年人住房反向抵押养老保险试点的指导意见》终于出台。《意见》鼓励保险公司开展住房反向抵押养老保险试点，试点期间为2年，地区为北京、上海、广州和武汉，自2014年7月1日起。

“以房养老”保险政策落地，再次引发全社会的关注。对于保监会此次出台新政，有保险机构人士分析称，“以房养老”试点的提出，是基于当前国家养老面对的几大难题，如日益加剧的老龄化趋势，“4+2+1”的家庭模式令新一代生活压力过大等等。

事实上，当前国内人口老龄化问题已十分严峻。根据清华大学经济管理学院中国保险与风险管理研究中心与海康人寿共同发布的《2014中国居民退休准备指数调研报告》，截至2013年底，中国65岁及以上人口已达到1.32亿人，占中国总人口的9.7%，且每年以1000万人的速度增加。预计到2053年，老龄人口将达到峰值4.87亿，占总人口35%，即意味着每3个中国人中，就有1个老年人。人口老龄化已经成为摆在每个人面前必须面对和解决的课题。

对于推出试点的意义，业内人士认为，在养老市场中，金融机构的优势在于解决养老资金来源与盘活养老存量资产，当前推出试点，也意味着金融保险参与养老和基

本养老市场的政策支持力度在提升。伴随着中国社会的老龄化正不断加速，以房养老保险的推广将是大势所趋，不过，受当前商品房产权以及传统观念等因素约束，以及“以房养老”作为基本养老体系内的一种市场探索，“以房养老”保险短期内或难以迅速推广。

与此同时，上述人士认为：“住房反向抵押养老保险将住房抵押与终身养老年金结合起来，通过发挥保险机构产品和资金运用灵活性的优势，尝试一次解决养老资金从何而来和如何养老的问题，其政策意义要大于经济收益。”

那么，什么是“以房养老”呢？公众一般谈论的“以房养老”，其实官名叫做“反向抵押贷款”，也俗称“倒按揭”，是一种将住房抵押与终身年金保险相结合的创新型商业养老保险业务。

即60周岁以上拥有房屋完全产权的老年人，可将自有产权的房子抵押给银行、保险公司等金融机构，后者在综合评估借款人年龄、生命期望值、房产现在价值以及预计房主去世时房产的价值等因素后，一次性或每月给房主一笔固定的钱。房主继续获得居住权，一直延续到房主去世。当房主去世后，其房产出售，所得用来偿还贷款本息，其升值部分归抵押权人所有。

反向抵押贷款最早起源于荷兰，而运作最为完善、最具有代表性的则属于美国，除这两个国家之外，加拿大、新加坡、英国、法国、日本等国家的住房反向抵押贷款也发展得比较完善。

资料显示，国际上住房反抵押参与的主体为政府和保险、银行等金融机构，在日本还存在房地产企业以住房重建的形式参与。

问题：“以房养老”如何养？

其实，过去几年已有银行等机构在部分地区开展过“以房养老”试点。其中北京、上海、南京等地也曾尝试一些试点，主要是以地方财政、养老院、银行为主体，但目前大多已终止。

据银行人士介绍，对于银行来说，该项业务的收益情况与一般按揭业务无异。但如遇老年人去世，继承人无力或不愿偿还贷款，银行将面临处置房产的繁琐手续，而且还可能面临房产价值大幅下降的风险。

记者了解到，中信银行是目前市场上推出“以房养老”倒按揭业务比较早的银行。按照中信银行在广州推出的“以房养老”倒按揭业务规定，养老人须年满55岁，借款人为养老人本人或法定赡养人。贷款期限可根据借款人实际需要合理确定，但最长不超过10年。贷款利率按照中国人民银行公布的同档次基准利率或上浮执行，贷款每月实际支付养老金额不超过2万元。

“借款人需有两套或以上自有住房，所抵押的住房不属于抵押人和共有人生活的唯一住所，用于抵押的住房的共有人须同意将住房用于抵押担保。”中信银行业务人员此前在接受记者采访时表示，而对于借款人只有一套自有住房的情况，除了以该自

有住房抵押，还必须增加一名拥有自有住房的法定赡养人作为共同借款人，用于抵押的住房的共有人须同意将住房用于抵押担保。“同时，该按揭还可与租房互补，客户为了补充养老金的缺口，可以把出租的房子再向银行办理‘以房养老’业务。”

据了解，该银行也主要是通过打包，以综合理财的方式推出“以房养老”业务。不过，截至目前该业务进展仍相对困难，成交业务十分有限。

此次保监会推出“住房反向抵押养老保险”试点，意味着保险机构也将加入“以房养老”的队伍。据保监会相关负责人介绍，和银行推出的业务相比，由保险公司开展的以房养老业务有着两大优势。

“一方面，保险公司承担长寿风险，依照合同约定定期向老年人支付养老年金直至身故，确保老人的晚年生活后顾无忧；另一方面，老年人过世后，其房产处置所得在偿还保险公司已支付的养老保险相关费用后，剩余部分依然归法定继承人所有；如果房产处置所得不足以偿付保险公司已支付的养老保险相关费用，保险公司将承担房价不足的风险，不再向老年人的家属追偿。”上述人士称。

尽管如此，目前具体“以房养老”保险产品还暂未出现。据媒体报道，幸福人寿目前已经在北京和上海积极申报以房养老保险试点。保监会有关负责人表示，符合条件的金融机构不少，但真正有能力、有意愿来做这项业务的不会太多。

“因为这项业务关系到对风险的管控、对政策的把握、对背后的服务、对整个精算产品的设计等，比现有产品要复杂得多。即使满足各项试点条件，也不会有很多险企参与试点。”一位资深保险人士告诉记者。

不过，也正是基于保险公司所面临的利率、房价波动、长寿、现金流等风险，保监会将此次试点地区划定为北京、上海、广州、武汉四大城市。“作为一线城市，北京、上海和广州的保险市场相对成熟，老龄人口数量较多，房地产市场容量较大，且房价波动相对较小。”该人士称，而武汉入选也更多是因为已有保险公司开展养老社区探索，未来或可在二者的结合上做些文章。

专家：仍需突破多重障碍

金融机构为何参与积极性不高呢？事实上，国内“以房养老”仍需要跨越不少障碍。中国国情与老年人传统习惯决定老人或子女参与的积极性不高。中国老人认为将房子留给子孙是天性和本能，不愿意把房子卖掉或交给银行。不少老人将房产视为重要遗产，“以房养老”观念估计短期难以改变。

近日，记者走访了位于广州市越秀区的多个社区，受访的多位老人普遍表示，“最近总在电视上看到‘以房养老’的新闻，也知道一些，但对于具体如何操作并不清楚”。

有不少老人认为，有房子的老人大多家庭经济有保障，儿女贴补一些足够使用，哪还需要抵押房子；而且，“好不容易一辈子攒了一套房子，说什么也不会打房子的主意”。

对于69岁的王伯而言，“有房子租出去，也好过抵押给银行、保险公司，每月拿一

笔钱。”王伯告诉记者，自己现在有两套房子，除了现在居住的，还有一套用来出租，近40多平方米的房子每月能收2100元房租。

某地产中介负责人告诉记者，从房地产价值变化角度看，“以房养老”在一二线城市的可操作性要大于三四线城市，但一线城市“租房养老”的性价比明显更高。同时，“以房养老”最大的风险来自房产估值和资产的流动性风险，而资本市场不完善限制了金融机构的资金来源，这在一定程度上会限制“以房养老”的规模。

另外，现有住宅房屋产权70年，产权未到期或到期后如何处置依然存在政策“盲点”。到期后房屋是直接归银行等金融机构，还是作为遗产分配给老人子女，这也是值得关注的话题。

还有专家指出，目前我国养老配套服务设施不完善，老人即便有了钱，也未必能买到优质养老服务，“以房养老”与养老相关产业发展滞后矛盾突出。

“目前国内对‘以房养老’模式还有一个认识和接受的过程，国家也需要出台相应措施支持金融机构开展‘以房养老’业务，如房屋处置方式、土地使用权期限等问题，以便于保险、银行开展业务。”业内人士指出，目前来看，保险等金融机构开展养老按揭只是国家养老体系的补充，暂时还不具备作为主要养老方式的条件；而且参与“以房养老”主体，仅仅集中在拥有住房且房产价值相对稳定的群体，从这个意义讲，“以房养老”和养老社区都是进入门槛相对较高的养老模式。

需要注意的是，事实上“以房养老”也仅是一种自愿选择的养老方式，并不能替代国家基本养老保险体系。不过，鉴于中国国情复杂，经济发展不平衡的国情，未来中国的养老体系应该是多层次、多元化的养老体系。从现阶段来看，“以房养老”仍将处于探索阶段，短期内来讲还需要突破上述诸多问题，以满足日益增长的养老产业市场。

（郭家轩.南方日报.2014.6.30）

以房养老落地操作阻力多:传统观念制约　门槛过高

以房养老将改变单一养老模式

众所周知，“以房养老”又称为房屋“倒按揭”，是指老人将自己的产权房抵押或者

出租出去，以定期取得一定数额养老金或者接受老年公寓服务的一种养老方式。

早在2013年9月13日，中央人民政府网站公布由国务院印发的《关于加快发展养老服务业的若干意见》，明确提出，“开展老年人住房反向抵押养老保险试点”。具体操作办法和实施计划，有望2014年一季度出台。

2014年年初，保监会提出拟在北京、上海、广州和武汉四地率先开展试点发展“以房养老”，又引起市场对于“以房养老”焦点话题的关注。至今，“以房养老”试点城市已经在这四个城市落地，这意味着国外已很成熟的“以房养老”模式，将有规划地在国内规范发展；“养老金”的筹集渠道有望拓宽，不再仅依靠“存款”和“退休金”。

这对于国内养老地产市场来讲，也可以通过“以房养老”模式的创新，盘活存量房资产，使老年群体拥有相对宽裕资金进行养老，这对于国内跃跃欲试的开发企业及保险公司来讲，也会迎来新的市场发展机会。

尽管外界对以房养老的争议不断，但该险种的推出符合社会进步过程中人们多元化的需要，是对现有养老方式的一种补充。在欧美、日本、新加坡等，以房养老作为一种较“小众”的养老方式，发展已经较为成熟。同时，以房养老以市场化手段运作，而非政府强制推行，因此不影响政府原本应承担的养老责任。

广州有银行试点近一年无人问津

事实上，以房养老虽然刚刚确定在广州试点，但早有银行在去年就尝了“头啖汤”，遗憾的是该业务推行了近一年仍未吸引到一个客户。

据记者了解，早在2013年9月份，就已有银行在广州市场推出了“以房养老”的相关业务，“凡年满55周岁的中老年人或年满18岁的法定赡养人以房产作为抵押，可以向银行申请贷款用于养老。”

据悉，办理该业务后，银行会核定一定贷款额度后按月将贷款资金划入老年人账户。借款人只需按月偿还利息或部分本金，贷款到期后再一次性偿还剩余本金。如果到期后不能偿还本金，将以所抵押房产处置后资金偿还银行贷款。该业务并非限定一定是老人有房产，其子女抵押自己的房产也可以，不过要求老人和其子女至少有两套房产。

不过，据记者了解，到目前该银行的以房养老业务推出已有10个月，但尚无任何客户参与该业务。

前几年，“以房养老”也曾在南京、上海、北京、长春等城市的个别金融机构自发兴起尝试，但均因效果不理想而停滞萎缩。在成都，钟大爷被媒体称为“以房养老第一人”。2012年10月，时年79岁的他与当地社区管理机构签订协议，由社区出钱出力帮钟大爷养老送终，大爷百年之后，把自己的房子赠送给社区。然而，当地媒体近日回访钟大爷，钟大爷却说自己后悔了，原因是支取养老金存在困难，社区对他的养老服务也难以让他满意。

原因分析:传统观念仍是以房养老最大阻碍

“如果把房子留给银行,担心子女会有看法。”家住白云区的退休职工老张向记者坦言,虽然退休工资不高,但将就着用还过得去,如果实在想多拿点,可以搬回乡下,把城里的房子租出去,一个月也有几千元收入,这样以后房子还可以留给子女,“这比留给银行或是保险公司还是强多了。”

“中国的传统观念中对‘房’的重视根深蒂固,老年人通常会将房屋作为财产让子女继承。”CRIC研究中心分析师朱一鸣就认为,一方面,经济条件较好的老人并不需要以房养老补贴生活;另一方面,经济条件较差的老人房屋价值通常并不高,可从中获得的补贴有限,在房屋的具体估值上较难与保险公司达成一致,子女会给予的阻力也更大。

另外,现有住宅房屋产权70年,产权未到期或到期后如何处置依然存在政策盲点。到期后房屋是直接归银行等金融机构,还是作为遗产分配给老人子女?这也是值得关注的话题。

同策咨询研究部总监张宏伟就建议,政府应出台相应政策,使“以房养老”房产70年产权到期后如何处置有法可依。如补缴少量土地出让金,可最多延长一定年限住宅产权使用年限,可以增强“以房养老”方式的市场参与活力,使金融机构、养老群体及家庭都会有更多的受益机会和选择。

银行“挑肥拣瘦”吓跑客户

除了传统观念的束缚,银行、保险等金融机构为规避市场风险,针对“以房养老”的群体挑肥拣瘦,设置的门槛过高也是让以房养老面临难题的重要原因。家庭条件好的老人不太需要以房养老,而条件稍差、有以房养老需求的老人又难以申请到该业务。

据同策咨询研究部总监张宏伟介绍,国内有银行要求养老人“本人须年满55岁,累计贷款金额最高不超过所抵押住房评估价值的60%,且每月实际支付养老金额不超过2万元,贷款期限最长不超过10年”……这么苛刻的条件导致真正符合条件的申请人很少,最终银行等金融机构不得不停办该业务。

在张宏伟看来,目前的当务之急是完善市场定价与资产评估机制,建立公开化、公正化的市场化的“以房养老”操作体系,不再设置行业进入门槛,让民间资本充分参与养老产业的竞争,让银行等金融机构放下身段,以促进“以房养老”相关衍生产品的创新,降低养老群体通过“以房养老”的成本,让更多老龄群体享受到“以房养老”的实惠。

另外,房价波动也在一定程度上影响了银行与保险公司的积极性。CRIC研究中心分析师朱一鸣就表示,欧美的房价相对平稳,而在中国的房价在不断波动中,以房养老涉及的周期可能超过20年,保险公司不能分享房屋增值收益,却须承担老人离

世当年房价下跌的风险,房价未来走势不明朗是大多保险公司对以房养老反应并不积极的根本原因。

(陈齐.新快报.2014.7.4)

"以房养老"难成养老主流模式

对于汹涌而来的人口老龄化趋势,我们显然还没有做好准备。"以房养老"并不可能成为养老模式的主流,除了借鉴其他国家的经验之外,也要找到符合中国传统的现代养老模式。

6月23日,保监会公布《中国保监会关于开展老年人住房反向抵押养老保险试点的指导意见》,老年人住房反向抵押养老保险(俗称"以房养老")试点正式启动。北京、上海、广州及武汉将从7月1日起开展试点。

最近,只要媒体一有关于"以房养老"的信息,就会立即触动舆论的神经。其实,"以房养老"并非新鲜话题,早在2007年,北京、上海、南京等地就开展过相关试点,可是最终的效果却不佳。"以房养老"通俗来说,老人与金融机构之间的关系就是"你留下房子,我为你养老"。道理看似简单,可是做起来并不容易。

原理上,"以房养老"符合保险业的大数法则,即只要通过精算后,批量地从事该业务,金融机构就有利润空间。可是根据以往的经验,老人和保险公司存在看不见的博弈,实现统计学上的"大数",在推广之初并非易事,特别是房地产市场的不确定性,更加抑制了"以房养老"的规模。

正如古语所言,民知尊长养老而后能入孝弟。"孝"字反映了我国绵延上千年的家庭养老文化,对于国人来说,赡养父母不仅是法律义务,而且也是一项基本的道德准则。即使拥有退休金,不少老人心中仍深植着传统的"养儿防老"观念。所以,对于住了一辈子的房屋,很多人宁可去世之后留给子女继承,也不愿意抵押养老。因此,"以房养老"的模式在目前看来,只适合少数无子女或失独的老人。

即使是在国外,拥有成熟的"以房养老"模式,但也并非主流。2013年,新华社曾

报道，该养老模式在美国仍不普遍，符合申请标准的老人中仅有不到3%申请了。尽管“以房养老”的概念在媒体上火热，但在现实中，该养老模式只是社会养老保障体系之外的补充形式，难成养老的主流模式。所以，媒体无须过度解读，公众也无须过度关注。

目前，我国60岁及以上老年人口逾2.02亿，占总人口的14.9%。相关部门推出“以房养老”概念，确实可以起到一定的补充作用，但并不意味着政府的养老责任就可以“缺位”。按照规划，到2015年我国每千名老年人拥有养老床位数将达到30张，现在看来，要实现这一目标，任重道远。有关部门不妨在重视补充养老模式的同时，更要着眼于大众养老模式，注重我国本土的养老传统，创新现代养老方式，加大社区养老、居家养老的供给，鼓励民营的养老机构参与到养老市场中来，提高老人的养老质量。

对于汹涌而来的人口老龄化趋势，我们显然还没有做好准备。“以房养老”并不可能成为养老模式的主流，因此，除了借鉴其他国家的经验之外，也要见招拆招，找到符合中国传统的现代养老模式。唯有如此，面对养老需求，老人才不至于焦虑，社会也不会过于敏感。

（章正.光明日报.2014.6.26）

对外经济：以开放的主动赢得经济发展的主动

中国经济“超美”：冷静看待世界第一

中国经济最近三十年每年的经济增长率都在10%左右。2013年，中国超过了日本，成为世界第二大经济体。4年前，中国成为世界最大出口国。2014年中国超过美国，成为世界最大的经济国也在意料之中。

世行报告:按购买力平价计算中国经济世界第一

按购买力平价计算中国经济世界第一,世行报告高估中国GDP?

北京大学国家发展研究院教授黄益平表示:购买力平价的计算方法是一种好的方法,但鉴于数据的完全可得性及可靠性并不能得到保证,通常得出的结论并不靠谱。

日世行公布的一份国际比较项目报告(ICP)吸引了全球的关注。报告认为:按照购买力平价(PPP)计算,中国将在今年(2014年)取代美国,一举成为全球最大的经济体。

本次ICP的报告主要是对各国产出进行购买力平价调整从而得出的结论,其科学有效性在学界仍然存疑。北京大学国家发展研究院教授黄益平对《第一财经日报》表示:"购买力平价的计算方法是一种好的方法,但鉴于数据的完全可得性及可靠性并不能得到保证,通常得出的结论并不靠谱。"

ICP购买力平价计算中国超美

世行4月末公布ICP报告称,根据购买力平价等因素调整后,2011年美国仍然是全球最大的经济体,中国紧随其后,总量达到美国的87%,印度则跃升至日本之前成为世界第三大经济体。

报告援引国际货币基金组织(IMF)对中美经济的预测数据:在2011年至2014年期间,中国经济将增长24%,而美国将仅仅增长7.6%,进而得出结论称,如果忽略支出结构以及通胀程度的变化,那么2014年中国经济总量将超出美国0.12%。

ICP报告也提到:"中国国家统计局并不认可此结论作为官方统计数据,而且对本报告采用的方法论持保留意见。"

世行的另一个衡量经济规模的指标——国民总收入(GNI)显示,经过购买力平价调整后,中国经济规模仍然与美国相去甚远。

世行报告显示,经过购买力平价调整,2011年和2012年,中国的GNI分别为11.07万亿国际元和12.2万亿国际元,而美国同期分别为15.85万亿国际元和16.51万

亿国际元。国际元是在计算购买力平价时使用的国际货币单位，其与美元的计算比例为1:1。

由此可见，经过购买力平价调整后，在2011年、2012年期间以GNI计算的经济体量，中国占美国比重约为70%，同期的GDP的计算结果尽管稍高于GNI，但比重在75%以下，与ICP计算的87%相去甚远。

通常而言，如果使用购买力平价将物价和通胀等因素去除，由于发展中国家的一些商品、服务的价格比较低，如果我们把各国的GDP用购买力平价这个方法换算成为可以比较的经济总量，发展中国家的经济总量就会往上修正，甚至会出现印度经济体量超过日本的情况，而中国经济总量超过美国也不足为奇。

值得注意的是，根据IMF基于汇率指标估算，2012年美国GDP为16.2万亿美元，而中国的GDP为8.2万亿美元，也就是中国的经济体量刚刚超过50%。

购买力平价意义何在？

其实早在2011年，国家统计局局长马建堂就对此种计算方法表示质疑："由于各个国家购买力平价的比较是一项非常复杂的工作，到目前为止，包括联合国统计委员会组织的PPP的研究仍然被公认为还是研究性质、探索性质。所以，用PPP这个还处在研究中的办法来衡量中国和美国的经济总量也只有参考的价值，是种研究。"

北京大学国家发展研究院教授霍德明则对《第一财经日报》记者表示："购买力平价的前提是收入因素，GDP的购买力平价用于对比中国和发达国家是存在问题的，因为尽管在西方国家，GDP作为一个产出概念和收入是相等的，但在中国存在很大的缺口(gap)，中国的GDP并不等于居民收入，在这个前提下比较中国和美国的GDP(PPP)指标是存在很大问题的。"

霍德明和他的学生曾经计算过中国的产出和收入之间的缺口大概是25%～30%，也就是说，收入仅相当于产出的70%～75%之间。

黄益平举例称："购买力平价的计算方法假设各个国家的同类产品价格相同，但实际上在发达国家和发展中国家，同一类产品的质量有很大差别，自然价格也就存在不同，你可以认为一只鸡蛋在中国和美国应该是一样的价格，但一件经过多道工序加工的服装或者商品房价格就不应该是一样的。"

"而且在现实的国际投资和国际贸易中，仍然使用的是实际汇率，市场主体不会去考虑中国西部地区的物价水平如何，所以这个计算方法可以用来做研究，但现实意义不是很大，不能说明什么问题。"黄益平表示。

美国企业研究所经济学家德里克·西瑟斯与黄益平观点类似，他表示："在任何时点、任何国家之间用购买力平价来比较GDP总量并没有太大意义。"

"购买力平价更适合用于反映各国不同的个人收入水平。比如，一个孟加拉人500美元的年收入在一个澳大利亚人看来低得惊人，但500美元在孟加拉却可以买到比在澳大利亚更多的东西。在两国商品和服务价格可比的前提下，孟加拉的可比价

格比澳大利亚低，但这并不意味着孟加拉的经济体量就比澳大利亚大。”西瑟斯表示。

西瑟斯认为，如果要用购买力平价来比较孟加拉和澳大利亚的GDP，需要将两国全境的物价水平进行比较，还要考虑到商品和服务在两国非常不一样的成本、种类和稀缺程度。国家越大，进行这种比较的难度越大。购买力平价适用于反映收入水平，但如果延伸到个人、政府支出、投资和贸易等领域，由此得出中国马上要超过美国的结论未免超出了购买力平价本身具有的能量。

而黄益平也表示，购买力平价要真的做到科学就必须穷尽所有的商品和劳务价格统计，但这根本是不可能的。

人均GDP(PPP)中国仅为美国两成

黄益平强调：“过多的注意力放在经济规模上意义不大，中国仍然是一个发展中国家，人均GDP不足美国的四分之一。”

但其实按照ICP购买力平价的计算，中国人均GDP是美国五分之一，美国是5万国际元，中国仅为1万国际元，而如果按照世行的GNI(PPP)人均计算，中国人均收入尚不足美国人均收入的五分之一，2012年的GNI数据显示，按购买力评价计算，中国人均GNI为9040国际元，美国为52610国际元。

但其实相比人均GDP、人均GNI等指标，衡量一个国家国民财富情况的更有效的指标应该是GNP，但可惜GNP指标因为数据可得性以及计算庞杂等问题早在上世纪90年代后期就被割弃。

目前世行以及各经济体已经不再使用该指标，鉴于中国的GDP中因计算了大量非本国国民资产而被高估，如果使用更为有效的GNP计算中国经济体量或者财富创造能力，人均GNP更低。

（孙红娟.第一财经日报.2014.5.6）

评论称需冷静看待中国经济“超美” 富民是正题

根据世界银行日前发布的调查报告，不难得出“中国经济年内超越美国，成为世

界最大经济体"的结论。近年来,关于"中国经济何时超越美国"的话题,西方媒体与学术界众说纷纭。世界银行的调查报告采用购买力平价计算方法,而购买力平价计算方法的准确性存在争议,对大国而言尤其如此。事实上,中美之间的经济发展水平差距依然明显。看淡经济排名,一心务实发展,才是我们应有的心态。

世界银行国际比较项目4月29日发布其六年一度的调查报告,结果显示:"以购买力平价(PPP)计算,中国在2011年的GDP已达到近13.5万亿美元,与美国经济规模的差距已不到15%。"

对照世行2005年的报告数据,当时中国经济规模仅为美国的43%,短短六年之内,中美差距缩小的速度令人咋舌。更具轰动效应的是,如果以世行数据和中美近三年的经济增长水平为依据,不难得出"中国经济年内超越美国,成为世界最大经济体"的结论。这比国际货币基金组织(IMF)此前按照标准GDP数据预计的2019年提前了五年。

对"中国何时第一"众说纷纭

关于"中国经济何时超越美国"的话题,西方媒体与学术界近年来众说纷纭。除了此次世行报告预示的2014年和不久前国际货币基金组织评估的2019年,还有不少不同看法。慢者如英国经济与商务研究中心(CEBR),其2013年年底发表的报告称,中国的GDP将在2028年达到335700亿美元,超过美国的322700亿美元,成为世界最大的经济体。快者如美国彼德森国际经济研究所学者苏布拉梅尼安,他推断中国经济总量在2010年就已经超过了美国。

中国人有理由为国家的经济成就感到自豪。不论使用任何统计方法,中国都是三十年来世界经济增长最快的国家,发展成就举世瞩目。不过,对于此次世行报告令人意外的结论,我们需要保持冷静,不能被突如其来的"第一"障了眼,放慢改革发展和民族复兴的步伐。

世行国际比较项目意义不大

首先,购买力平价计算方法的准确性存在争议。为了消除价格水平差异导致的计算误差,从20世纪60年代开始,世界银行开始根据购买力平价(PPP)来评估不同经济体的规模,试图通过比较相同的商品或服务在不同国家销售的不同价格来估算各国的相对财富。这一消除误差的初衷虽好,但实现PPP自身的精确度却并不容易。世行自身也坦承,购买力平价计算方法的误差率在一些国家最高可达15%。

美国企业研究所学者史剑道更直言,世行国际比较项目意义不大。购买力平价的计算需要对不同国家的产品与服务价格进行全面比较,这一比较并不容易实现,对大国来说尤其如此。拿中美之间的对比来说,你很难确定纽约州与路易斯安那州的平均价格,也很难确定上海和西藏的平均价格。更大的问题是,购买力平价模仿基本上无关经济规模。GDP的内容包括个人和政府的消费、投资和贸易,而购买力平价

主要解决的是个人消费问题，并不适用于GDP的其他内容。

按照世行国际比较项目此次发布的结果，中国物价水平只有世界平均水平的70%，是美国价格的54%，甚至比非洲许多国家还都要低。这种对价格的低估导致人民币的购买力被明显高估，从而导致GDP规模被高估。

用国民财富比较中美经济规模更可靠

其次，中美之间的财富差距依然明显存在。按照国际货币基金组织以汇率为标准的计算方法，不考虑通货膨胀，2012年美国的名义GDP为16.2万亿美元，中国仅为8.2万亿美元。2013年，中美经济差距缩小到7万亿美元，但中国经济规模仍只有美国的56%左右。

史剑道认为："中国虽然数十年来比美国增长更快，但双方之间的差距依然明显。比较中美经济规模，用国民财富的概念更加可靠。因为GDP每年都会归零重算，而国民财富不用归零。"按照国民财富计算，中美差距更加明显。瑞士信贷银行评估认为：2013年，中国的私人财富总额为22万亿美元，美国为72万亿美元。美联储则评估认为：美国私人财富总额在2013年底为80万亿美元，扣除公共债务，美国财富总额在65万亿美元至70万亿美元之间。中国政府拥有大量的国有企业，资债相抵之后，可为中国增加10万亿美元的财富。如此计算，中国的财富总额在30万亿美元至35万亿美元之间，比美国少35万亿美元，这一显著差距不可能在短期内消除。

强国富民应是我们的真正关切

经过三十多年的改革开放，中国大幅缩小了与发达国家的发展差距，中美之间的人均GDP差距从30倍缩小到10倍以内，但目前我国的人均GDP为6700美元，仍远低于13460美元的全球人均水平中位线，仅排在世界第99位。按照世行的统计标准，中国仍有超过9800万人每天的生活开支在1美元以下，处于"极度贫困"状态。

"世界第一"的名头虽然响亮悦耳，但强国富民才是正题。在我国正全面深化改革、转变增长模式、增强惠民实效的当下，尤需看淡经济排名，一心务实发展。我们要保持信心，不骄不躁，追求扎扎实实的发展，这才是我们应有的心态。

（余晓葵.光明日报.2014.5.7）

如何看待中国GDP屡被“世界第一”

国际货币基金组织(IMF)在最新的研究报告中预测:中国2014年的GDP将达17.6万亿美元,超过美国17.4万亿美元,从而成为世界第一大经济体。同时IMF还指出,到2019年,中国经济规模将超过美国20%。如此有理有据的预判真的靠谱吗?

汇率法与购买力平价法

其实,出现有关中国将成为全球GDP第一大国的消息已经不是第一次了。早在2009年,当代最著名的经济历史数据考证与分析专家安格斯·麦迪森预测,中国可能在2015年恢复其世界头号经济体的地位,到2030年,中国占世界GDP的比重可能增加到23%,那时中国的人均收入水平也会超过世界平均水平的1/3。次年,国际货币基金组织(IMF)在一份公开报告中大胆预测,中国GDP总量将在2016年超越美国,2016年将成为“中国世纪元年”。2014年5月,世界银行在名为《2011国际比较项目发布汇总结果》的报告中指出,中国的经济规模在2011年已经达到美国的86.9%,比2005年的43.1%提高一倍多;从2011年到2014年期间,中国经济规模增长24%,而美国仅增长7.6%。据此,中国经济规模有可能2014年超越美国,将成为全球最大的经济体。现在看来,超过了所有的权威预测,中国GDP成为世界第一的日子可能提前到来。

对于各国GDP的统计,包括世界银行和IMF在内的国际经济组织目前采取两种方法,一种是汇率法,一种是购买力平价法。汇率法是将各国不同货币单位计量的经济总量折算成美元,并在此基础上进行国际比较。由于简单直观,折算方便,汇率法被全球所公认。但是,汇率只反映了国际贸易中的货物和服务的货币比例关系,并未考虑各国价格水平差异,同时汇率还容易受到利率和政治等因素的影响,特别是当汇率短时间内发生较大变动时,会导致国家间的比较出现混乱。因此,国际统计学界推出购买力平价法(PPP)。购买力平价是对比国商品价格与基准国同种商品的价格比

率，也就是基准国单位通货所能购买的商品数量，在对比国购买时需要该国通货的数额，如在美国买一个汉堡包需用1美元，在中国买需用5元人民币，购买力平价就是5。由于各国的GDP都是建立在以价格计算的商品或服务数量基础之上的，这样就可以将对比国的GDP转换成以某一基准货币（如美元）表示的GDP。前述著名学者与权威机构对中国GDP的计算所采用的都是购买力平价法。

购买力平价法也有自己的软肋

从技术上讲，购买力平价法不仅克服了汇率波动的致命缺陷，也能反映出不同国家商品与服务的真实成本。但是，使用购买力平价法的前提是有关国家的产业结构和消费结构相似、劳动生产率和贸易条件相同，而这一点，PPP只能望洋兴叹。同时，购买力平价法也有自己的软肋，如比较时所选商品与服务缺乏代表性、价格资料的收集和处理过于灵活、可能高估发展中国家的货币购买力等。以巨无霸汉堡包为例，2008年3月，用12.5元就可以在中国的麦当劳里买到一个巨无霸汉堡包，约合1.78美元，而同时在美国的麦当劳，要买一个相同的巨无霸汉堡包要4美元左右。就这一食品而言，人民币被低估2.22美元左右，也即56%左右。仅从数字来看，这一比较结果显然十分荒谬。

实际上，一个大众所熟知的事实是，在衡量不同国家经济规模对比时，使用汇率法和购买力平价法所得出的结果往往是天壤之别。如使用汇率计算，2011年全球GDP为70.3万亿美元，而用购买力平价法计算，世界GDP总量达到90.647万亿美元；用汇率法计算，当年中等收入经济体在全球GDP总量中的占比仅为32%，用购买力平价法计算，该比例上升到48%；用汇率法计算，2011年人民币对美元的汇率为6.46，中国GDP仅为7.3万亿美元，只有美国经济总量的43%，同时占世界的比重仅为10.4%。由此不难发现，如同汇率法一样，购买力平价法也无法真实反映一国的经济规模，其最终统计结果就不能信以为真。

客观看待中国GDP屡被“世界第一”

的确，在30多年改革开放进程中，中国以年均10%以上的经济增长速度加速赶超，正是有了GDP的增长，我们才有了社会产品的极大丰富，才有了城市面貌的日新月异，才有了快速发展的高速铁路，才有了星罗棋布的高速公路，才有了壮大军威的民族航母，才有了国际舞台上中国话语权的日渐提升。

然而，对GDP的顶礼膜拜和盲目追崇，也让中国经济车轮留下了道道沉重的印辙。虽然中国超过美国成为全球制造业第一大国，但在全球产业链的“微笑曲线”中，中国制造业依然处于最低端的加工制造环节；虽然中国超过德国成为世界第一大出口国，但过去10年中中国连续成为全球诸国反倾销的最主要靶心；虽然中国GDP已将日本甩在了脑后并日渐壮大，然而中国却为此付出了惨重的环境代价。据《中国环境经济核算研究报告》显示，最近10年，国内生态环境退化成本占当年GDP的比重都

在3%以上，同时依据“十二五”规划，未来中国用于环保的投资将达5万亿元。因此，如果将治理环境的所有成本计入GDP之内，中国GDP将会大幅急剧缩水。

退一万步说，即便是中国GDP超越美国而成为“世界第一”，同样不能改变中国发展中国家的事实。观察与比较2013年世界各国GDP的排名，虽然中国位居第二，但按人均算，中国GDP远远排在了世界诸国的第99位；而以人均收入而论，2013年中国人均收入6629美元，不仅低于世界平均水平，而且也被甩在了一些名不见经传的国家之后。重要的是，来自美国密歇根大学的分析报告指出，中国的贫富差距相比30年前已经扩大，代表收入不平等程度的基尼系数上升；同时中国还有两亿多人口生活在贫困线以下。看着这样的清单，我们又如何能领受GDP“世界第一”这份“殊荣”呢？

（毕夫.中国青年报.2014.10.20）

对外经济:以开放的主动赢得经济发展的主动

FTA竞争:上演亚太版“三国演义”

亚太区域经济合作已经形成了TPP、RCEP与中日韩FTA并存的局面,且任何一个谈判的进程都会对其他谈判产生影响。中日韩FTA的启动,既有TPP的外部压力因素,也是对东亚区域经济合作进展缓慢的反应。

亚太FTA竞争，中国如何应对

中国在短期内不能加入TPP的情况下，有必要大力支持东盟倡导的RCEP，同时继续推进中日韩FTA谈判。从长远着眼，中国也不妨积极主动探讨加入TPP的可能性。

7月15日至25日，“跨太平洋伙伴关系协议”(TPP)第18轮谈判在马来西亚举行，随着日本首次正式参与TPP谈判，TPP扩容到12国。7月30日至8月2日，2013年3月启动的中日韩自由贸易协议(Free Trade Agreement，简称FTA)谈判，将在上海举行第二轮谈判。9月23日至27日，2013年5月启动的、以东盟为主导的“区域全面经济伙伴关系”(RCEP)将在澳大利亚举行第二轮谈判。这3个涵盖范围存在交叉的多边FTA框架，在亚太地区呈现齐头并进的局面。

另外，2013年7月启动的“跨大西洋贸易与投资伙伴关系协议”(TTIP)谈判，引发外界对美国与欧盟将打造“经济北约”的猜想。但对于中国来说，影响更为直接、挑战更为明显的还是亚太地区的多边FTA进程。从外部环境看，中国目前没有在这波亚太FTA竞争中占据主动地位，事实上也不具备这样的条件。从内部环境看，中国能否实现经济结构转型、打造庞大的内需市场，将是中国在FTA竞争中优势能否发挥的关键。

亚太FTA“三国演义”

过去10多年来，亚洲是FTA发展最为活跃的地区。根据亚洲开发银行的统计，截至2013年1月，亚洲地区已经签署并生效的FTA从2002年的36个增加到109个。此外，还有148个FTA处在不同的发展阶段，数量远远超过世界其他地区。在亚洲257个签署生效以及正在谈判的FTA中，“东盟10+6”(6指中日韩澳新印)的FTA多达179个，占整个亚洲FTA总数的70%。以“东盟10+6”为主要经济体的东亚地区，成为区域多边FTA竞逐的舞台。

美国携TPP强势介入,淡化了区域多边FTA的“东亚色彩”,将其打上了更浓的“亚太烙印”。日本的加入,让TPP分量更重。在TPP成员国中,日美合占约80%经济份额,而TPP成员国GDP总量占全球40%。虽然TPP近乎苛刻的“白金标准”与成员国内部经济发展水平的巨大差异,让外界一直对其谈判前景存有疑虑,但美国所表现出的巨大决心也是TPP被看好的关键因素。从2010年3月开始第一轮谈判以来,截至2013年7月,TPP谈判已经进行了18轮。平均每年5轮,每轮长达10天的高频度、高强度谈判,凸显的不仅仅是决心和意志,更是美国作为TPP主导国的领导和掌控能力。尽管日本的姗姗来迟给TPP在今年10月能否达成协议增添了变数,但可以肯定的是这只是时间问题。

2011年11月的东亚峰会上,东盟首提RCEP构想,希望在“东盟10+6”基础上,通过整合目前多个“东盟10+1”FTA,打造水平更高的区域经济合作安排。2012年11月东亚峰会上,“东盟10+6”的16国领导人发表共同声明,宣布启动RCEP谈判,并计划在2015年完成谈判。RCEP谈判的范围涵盖货物贸易、服务贸易、投资等,虽与TPP的高标准有距离,却远高于现有的“东盟10+1”FTA水平。RCEP谈判带有明显的“东盟方式”痕迹,比如“平等协商”“循序渐进”等,故其在前期的谈判中阻力小于TPP。东盟与其他6国分别签订了FTA,但这些FTA水平各异,且其他6国间多数未签FTA,整合的难度不小。

早在2002年11月东盟系列领导人峰会期间,中日韩FTA设想即被提出,三国学术界也启动了共同研究。但由于日本领导人参拜靖国神社,中日韩峰会在2005年、2006年、2007年连续3年中止,中日韩FTA研讨陷入停滞。2008年起,三国领导人首次在“东盟10+3”框架外单独召开会议,再提中日韩FTA事宜。2012年5月第五次中日韩峰会期间,三国一致同意年内启动自贸区谈判。由于日本与中、韩的岛屿之争加剧,原定于2012年11月举行的中日韩FTA首轮谈判,直到2013年3月才在韩国首尔举行。与TPP和RCEP相比,影响中日韩FTA前景的因素不在经贸,而在政治层面。

从目前情况看,亚太区域经济合作已经形成了TPP、RCEP与中日韩FTA并存的局面,且任何一个谈判的进程都会对其他谈判产生影响。中日韩FTA的启动,既有TPP的外部压力因素,也是对东亚区域经济合作进展缓慢的反应。虽然TPP表示今后吸收新成员将优先考虑APEC成员,但短期内中国加入的可能性非常小。RCEP也表示将继续奉行“开放的地区主义”,但也明确暂不考虑邀请美国等其他成员加入。无论是RCEP还是TPP,缺少了中日韩这3个东亚主要经济体,都不能构成健康、良性的区域经济合作框架。同样,东亚经济合作中不考虑美国因素也不现实。

FTA背后的战略博弈

任何区域经济合作模式都涉及规则的制定,而制定规则的内在动机就是自身利益的最大化,其间的战略博弈是显而易见的。中国社科院亚太与全球战略研究院院长李向阳在接受《南风窗》记者采访时说:“在经济学上,‘规则有着巨大的利益’已经

成为共识,这也是国际政治经济学的一个基本结论。美国在战后确立的全球贸易、金融、技术等规则使其获得了巨大的经济利益,这是美国从全球获取财富的重要途经之一。"李向阳分析说,比如,知识产权是国际经济规则中最重要的规则,因为它决定了各国在国际分工中的"位次"问题,而"位次"又决定了一国在国际分工中所获得的利益。

澳大利亚学者彼得·德赖斯代尔(Peter Drysdale)认为,现阶段的TPP谈判,反映的更多的是美国的"意愿清单",而不是综合性的亚太区域贸易改革议程。从目前TPP谈判透露的信息来看,美国对知识产权保护、服务业开放等意图态度非常坚决。中国社科院亚太与全球战略研究院副研究员沈铭辉在接受《南风窗》记者采访时说:"贸易规则最根本的目的在于保障企业的国际竞争力,而企业竞争力就代表了国家竞争力。"沈铭辉分析称,美国经济的70%都是由服务业创造的,未来美国的竞争力也在服务业领域,美国重视服务业开放的原因就在于此。美国在这些领域制定高标准,再试图通过TPP的扩张,把这些规则逐步向外延伸,让更多的国家接受,最终就成了国际规则。

虽然中国并不是RCEP的主导国,但没有美国的RCEP与排除中国的TPP,还是被外界解读为中美之间战略博弈的舞台。不过,在这轮博弈中,中国面临着多重不利局面。一方面,中国体量大、发展快的现实,给周边国家造成心理压力,东亚国家也还没有做好接受"中国领导"的心理准备。在这种背景下,中国在区域经济合作安排中不得不有所顾忌。另一方面,尽管中国已是世界第二大经济体,但国内经济结构转型任务繁重,承受外部冲击的能力有限,这必将限制中国在区域经济整合中的行动能力。更为关键的是,作为新兴的经济体,中国还没有能力提供能媲美美国的区域"公共产品"。

如果没有TPP这个"外部因素"的刺激,东亚区域经济整合可能还停留在"东盟10+3"和"东盟10+6"的争议上。不可否认,东盟倡导RCEP,有担心被TPP边缘化,从而使区域经济合作中"东盟中心"地位受到侵蚀的考虑。不过,美国学者亚历山大·武温(Alexander L. Vuving)在接受《南风窗》记者采访时也指出:"TPP与RCEP,对于不同国家意义并不一样。对于那些同时加入TPP与RCEP的国家,互补性大于冲突性。对于那些没有加入TPP的国家,尤其是东盟国家,他们的主要考虑还是经济因素。对于中国或其他希望在RCEP中发挥领导作用的国家,以及美国这个TPP的领导者但却被排除在RCEP之外的国家来说,TPP与RCEP的竞争性更为明显。"

日本是中日韩三国中,唯一同时参与TPP与中日韩FTA谈判的国家,这表明日本在亚太区域经济合作中具有相对较大的回旋空间。但长期处在美国阴影下的日本,事实上也丧失了提供区域"公共产品"的能力,无法在东亚经济整合中发挥领导作用。作为发达经济体,日本本可以在中日韩经济合作中有较大的发挥余地,但中日之间根深蒂固的战略猜忌使这种可能变得渺茫。与中日相比,韩国没有在东亚经济合作中发挥领导作用的意愿,也没有被亚太区域经济整合边缘化的压力。在TPP的12

个成员国中，有8个与韩国签订了FTA，而且高质量的韩美FTA还被作为TPP谈判的参照，所以TPP对韩国的影响非常小，这也是韩国不急于加入TPP的重要原因。

内外承压下的“突围”

面对TPP的强势突进，中国没必要自乱阵脚。虽然东亚FTA发展迅速，但东亚经济一体化本质上还是市场驱动型，而不是制度驱动型。美国卡内基国际和平基金会的维克拉姆·尼赫鲁(Vikram Nehru)认为，中国是东南亚最大的贸易伙伴，TPP不可能改变这一事实，过去20年已经表明，市场与地理位置是东南亚经济上与中国整合的主要因素。从这个意义上说，中国有必要大力支持东盟倡导的RCEP，通过整合东亚区域贸易安排，提升东亚区域内贸易在总贸易额中的比重。此外，中国还应该通过加大对东南亚国家基础设施建设的投资，加强中国与东南亚的互联互通，充分挖掘地理邻近的潜力。

中国在短期内不能加入TPP的情况下，最好的选择还是推动东亚区域经济合作，用这些合作的收益来弥补不能加入TPP带来的损失。而在东亚经济合作中，中日韩FTA不能缺位。日本没有在做出加入TPP谈判决定的同时，舍弃中日韩FTA谈判，与中国率先启动中韩FTA谈判不无关系。由于日本与韩国在产业结构、企业竞争力上接近，日韩企业在中国市场上竞争性明显。正因为如此，日本选择加入中日韩FTA，以此化解中韩FTA可能给日本企业造成的竞争劣势。东亚经济合作是一个相互关联的动态进程，中国应该利用这种现状，使自身损失最小化、利益最大化。

“中国的最大优势还是巨大的国内消费市场。如果市场足够大，你定的规则最终就可能成为全球的规则，因为市场是统一的，区域外的国家要想进入就得遵守你的规则。”李向阳说。他分析道，韩国与日本都已经或者开始进入老龄化时代，国内消费需求已经开始萎缩，这是中国在跟日韩谈判时最大的筹码。在与美国的谈判中，中国最大的优势仍然是市场。在国际规则的制定中，不是取决于出口额有多大，而是取决于进口额有多大。“不过，这就涉及中国经济能否成功转型，能否培育出像美国那样巨大的终端消费市场，所以国际和国内战略是紧密相连的。”

对于TPP本身，中国完全可以持更加开放的态度，积极主动探讨加入的可能性。美国战略与国际研究中心学者马修·古德曼认为，美国的最终目标是将中国纳入到TPP这个区域贸易体系中，而不是将其排除在外，TPP倡议事实上与当年美国将中国吸收进WTO的战略是类似的。毫无疑问，如今美国主导TPP的心态，不太可能与当年中国“入世”谈判时完全一样，美国在TPP谈判内容中毫无疑问会考虑“中国因素”，但TPP也不是美国为了遏制中国而“量身打造”的。事实上，TPP条款中有关知识产权保护、环境保护、劳工标准等内容，尽管对现阶段的中国来说要求过高，但从长远看这些也正是中国改革的重要领域。

(雷墨.南风窗.2013,7)

推进亚太FTA建设中国必有担当

“美国新贸易政策让人想起克里斯托弗·哥伦布的旅程，这位伟大的航海家离开熟悉的世界，寻找从西方通往印度的道路，虽然他的目标很明确，但是不知道怎样到达，也没有期望发现一个新的世界。”卡内基国际和平基金会国际经济项目主任乌里·达杜什在谈到美国积极推动的《跨太平洋战略经济伙伴协定》(TPP)时这样说道。

当前，国际贸易体系正经历重大变革：以世贸组织(WTO)为代表的多边贸易体系陷入停滞，TPP、《区域全面经济伙伴关系协定》(RCEP)等区域贸易谈判势头强劲。变革大潮中，各国都面临着结果未知的战略选择。美国如此，中国亦然。

多边为主　区域为辅

世贸组织多哈回合谈判长期停滞，多边贸易体系是否还有未来遭到质疑。对此，中国商务部国际贸易谈判副代表俞建华表示，中国始终坚持以多边贸易为主、区域贸易安排为辅的立场。

俞建华日前在山东省青岛市举行的博鳌亚洲论坛“亚洲自贸协定论坛2013”上表示，各方应拿出诚意，继续推进多哈发展议程的谈判，力争2013年12月在印尼巴厘岛举行的世贸组织部长级会议上就“早期收获”达成协议。所谓“早期收获”，就是在贸易便利化、公共卫生健康、知识产权和对最不发达国家实行免关税、免配额待遇等方面先达成一致。

中国前驻世贸组织首席代表孙振宇在论坛上表示，当前区域贸易自由化势头强劲，但这只是一个特殊阶段，最终还是要回归多边。“由于多边走不通了，现在大家走自贸区，走区域一体化。但是，这个钟摆很难说什么时候还要摆回来。”

孙振宇认为，区域贸易安排存在诸多局限，将导致贸易规则的碎片化和对非歧视性待遇原则的侵蚀。各个区域自己搞自己的一套，虽然比原来的贸易条件要更优惠，但是对其他成员就是一种歧视，实际上偏离了世贸组织的非歧视性原则。

循序渐进　统筹布局

在继续推动多边贸易体系发展的同时，中国又将以怎样的姿态投入亚洲及亚太自贸区建设？

俞建华在论坛上作出了明确表态：中方将按照循序渐进的原则，以更加开放、包容和进取的姿态，积极参与亚太自贸区建设进程。他表示，中国将优先推进中韩、中日韩、中国与澳大利亚等国的自贸区建设；稳步推进RCEP谈判，充分尊重东盟国家的核心作用，最大限度寻找各方共同利益；与包括TPP在内的其他自贸谈判保持密切沟通，相互通报信息，共同推进贸易投资自由化和便利化，巩固和发展以规则为基础的多边贸易体系。

首先，优先推进中韩、中日韩自贸谈判。商务部国际贸易经济合作研究院院长霍建国认为，中日韩自贸区谈判的突破，对东北亚、整个亚洲乃至亚太地区的自贸谈判都将起到稳定和支撑的作用。中日韩自贸谈判的突破，将象征着中国在改革开放道路上又迈出重要一步，更多国家会因此涌向中国，期待享受中国开放的红利。

其次，稳步推进RCEP谈判。中国社会科学院研究员张蕴岭表示，RCEP堪称“微缩版的多哈发展回合”，覆盖了中国、印度、印尼等最具发展潜力的发展中经济体，如果能达成一个框架协议并逐步落实和深化，将产生重要的示范作用。

与其他自贸谈判相比，RCEP的优势在于：一方面，其目标是在东盟先前分别与中国、日本、韩国、印度以及澳大利亚和新西兰所签订的五个“10+1”自贸协定基础上，建立一个涵盖16个国家的自贸区。因此，现有五个“10+1”自贸协定及其实施为RCEP奠定了有利基础条件。

另一方面，RCEP成员间的开放程度虽然会高于目前东盟与周边国家达成的所有自贸协定，但还是会尽量考虑到各成员的舒适度和可行性，考虑到渐进性和过渡性，而不像TPP一上来就制定了非常高的开放要求，让人感到难度较大。

第三，与TPP保持沟通。TPP比RCEP在开放度方面的要求更高，在知识产权、劳工保护、透明度、国企私有化等方面都设置了高标准，对中国而言压力更大。

霍建国说，本着循序渐进的原则，中国目前应当积极研究和适应TPP，与之保持密切沟通。

推动规则演化

区域贸易自由化发展的过程，也是新的贸易规则形成的过程。

对中国而言，对待当前的区域自贸谈判，与当年加入世贸组织最大的不同之处在于：当时入世是“与国际惯例接轨”，现在争的是“推动规则演化”，即争取推动规则向更符合自身意愿的方向发展演化。

近十年来，一方面各国产业结构和竞争力发生了深刻变化，另一方面随着全球价值链不断深入发展，各国经济联系日益紧密。然而，多边贸易规则还停留在1994年

达成的乌拉圭贸易协议，其深度和广度都无法满足当前各国产业发展和彼此间更加密切的经贸联系的需要。各国迫切希望通过自贸区建设进一步加强市场的整合，并就新的合作重点领域制定出新的规则。

随着区域贸易自由化的发展，越来越多的新规则被提到谈判桌上来。而这些新规则往往是由发达国家提出的，更多地反映了发达国家的利益诉求。如果通过谈判，这些规则变成区域性规则，甚至最终变成全球、多边的规则，那么可能会出现规则上新的不平衡，进而导致新的发展不平衡。“要防止出现只是有些国家在船上，而更多国家在水里面、被排除在外的现象。如果这样的现象变成现实，那么对‘在水里面的’是不公平的，对‘在船上的’也是不安全的。”俞建华说。

（杜静，徐冰.国际商报.2013.7.4）

中韩FTA改变亚太地缘经济格局

习近平主席访韩，两国领导人达成了争取年底完成中韩自贸协定（FTA）的共识。中韩FTA谈判始于2012年5月，历经11轮事务性磋商。若在2014年底谈出“正果”，将使中韩贸易更上一层楼，为2015年两国贸易额达到3000亿美元提供奥援。

中韩FTA谈判，除了双边意义，更具地缘经济的深远影响。从对第三国的影响看，中韩FTA对日本影响较大，根据日本贸易振兴机构（JETRO）亚洲经济研究所预测，约有53亿美元的日本出口商品被韩国取代，影响的产品包括液晶设备和蓄电池等。亦可以说，在出口中国的商品中，韩日之间的竞争会受到影响。

此外，中韩FTA谈判在东北亚还会引起地缘经济的连锁效应。在东北亚乃至整个东亚，自贸区谈判已经形成“连环套”的大格局。除了中韩FTA，还有韩日、中日、中日韩和东盟分别和整体的自贸谈判。从经济全球化的路线图言，整个地球村都是自贸区。这也是世界贸易组织（WTO）的宏大理想。但罗马不是一日建成的，全球“大同”的理想，在现实主义的功利面前，各圈次的FTA往往掺杂了地缘政治的因素和大国博弈的算计。但殊途同归，若FTA能够实现星火燎原的抢逼围和最终合围，地缘

政治战略上的大国算计，也会被地缘经济的融合与共荣消弭。

譬如中韩FTA，对中日韩FTA是促进还是倒逼，都值得关注。有一点是肯定的，虽然中日关系陷入困局，但中日韩FTA谈判并未因而停顿。2014年年初，中日韩三国曾在马来西亚就推进三国FTA确定路线方针。中韩FTA对日造成的贸易损失，也使日本感受到了压力，并催化其加快推进三国FTA谈判进程。

这种逻辑亦可以拓展放大到整个亚太区域，甚至延伸至大西洋两岸。因为太平洋两岸和大西洋两岸，是世界上贸易最活跃也最发达的地区。两洋两岸几乎囊括了全球主要经济体和贸易体。

在亚太，美国主导的“跨太平洋战略经济伙伴协定”（TPP），包括了美日韩和东南亚的主要国家，而且谈判进入关键收官期。中国缺席，TPP被普遍视为美国亚洲再平衡战略中制衡中国的经济武器。考虑到大西洋两岸也在进行“跨大西洋贸易和投资伙伴关系协定”（TTIP）谈判，若“两T”谈判成功，则形成了以美国为中心、涵盖世界上所有价值观一致基础上的主要经济体，从而形成可以摆脱WTO架构的新的全球贸易体系。这对中国而言，绝非好消息。

在亚太地区，中国亦有宏大的自贸理想。一是力推停滞多年的亚太自贸区（APEC自贸区）；二是以中日韩和东盟国家为核心，和印度、澳大利亚、新西兰等16国，着力于东亚区域全面经济伙伴关系（RCEP）；三是和欧盟建立具有中欧贸易特点的自贸谈判。

显然，在和美国的博弈中，中国并不占据上风，虽然中国已经超越美国成为全球第一货物贸易大国。这凸显亚太地缘经济格局，依然受制于区域地缘政治格局。

中韩FTA谈判，给中国自贸战略突围提供了契机。由中韩FTA到中日韩FTA再到RCEP，是中国的自贸节奏，但中日韩三国外贸结构过于趋同，因而三国建成自贸区，是利均三方的大事。而且，中日韩三国完成自贸谈判，也能以经促政。中韩自贸谈判在两国领导人推动下提速加力，足见政治即可成为经贸合作的掣肘，亦是密切经贸联系的润滑剂。

中韩FTA自贸谈判已经解决了90%的问题，只剩下了10%左右的两方关切的保税税种。从WTO到TTP，谈判国微观上的产品关税保护，往往成为谈判拉锯而无结果的拦路虎。而韩国在这方面的执着又是全球闻名的，中韩FTA谈判应该着眼于大局，这将为中日韩FTA谈判提供经验。

中国担忧TPP孤立中国，美国害怕中日韩FTA影响美国在亚太的战略存在。但中美间存在着APEC自贸区的共同利益平台，从亚太和全球的地缘经济格局看，中美谁都无法将另一方排除于贸易体系之外。

（张敬伟.每日经济新闻.2014，7）

对外经济：以开放的主动赢得经济发展的主动

“大单”下的国际合作

在这个收获的秋天里，中国今年的外交又结下沉甸甸的新硕果。通过务实合作，让双方互利共赢。

中俄天然气大单，意味着什么？

5月21日，在国家主席习近平和俄罗斯总统普京的共同见证下，国家发展和改革委员会副主任、能源局局长吴新雄与俄罗斯联邦能矿部部长诺瓦克代表中俄两国政府签署《中俄东线管道天然气合作项目备忘录》；中国石油集团公司董事长周吉平和俄罗斯天然气工业股份公司总裁米勒签署《中俄东线管道供气购销合同》。

这份历史性的天然气大单意味着什么？

380亿立方米，30年

根据21日签署的《中俄东线管道供气购销合同》，从2018年起，俄罗斯开始通过中俄天然气管道东线向中国供气，输气量逐年增长，最终达到每年380亿立方米，累计合同期30年。

380亿立方米，30年意味着什么？

国家发展改革委提出，到2020年，中国的天然气供应能力要达到4000亿立方米，力争达到4200亿立方米。雾霾治理、能源结构调整都需要更多的清洁能源天然气的供应。但由于国内天然气资源的缺口，用气旺季的“气荒”逐年上演。

中俄东线供气项目合同期30年，前5年渐增期气量为年50亿至300亿立方米，第6年起每年合同气量为380亿立方米。资源主要来自俄恰扬金气田和科维克金气田。将优先考虑环境治理迫切的京津冀、市场承受能力较高的长三角和管道沿线东北地区作为目标市场。

卓创资讯分析师王晓坤分析指出，300亿立方米的天然气供应，占2013年中国进口天然气的一半左右。

中国缺“气”，俄罗斯多“气”，中俄两国又是近邻，输出天然气的成本不高，不需要跨越很长的地段。有关专家指出，两国能源合作是一种战略上的互补，可实现共赢，是中俄两国建立全面能源合作伙伴关系、深化全面战略协作伙伴关系的又一重要成果。

“中俄天然气合作协议的签署前后历经近20年，政府、企业和专家学者为此付出了大量心血。中俄两国经济具有很强的互补性，互利共赢是油气战略合作的基础。”中国石油集团公司董事长周吉平在接受记者采访时说。

中俄天然气合作将加快俄罗斯远东地区经济社会发展和油气资源开发，实现出口多元化。俄罗斯进口天然气目标市场主要是我国东北、京津冀和长三角地区，满足中国国内能源消费增长、改善大气环境、优化能源消费结构、促进能源进口多元化等需求，并带动沿线地区相关产业发展。

价格，中国合算吗

中俄天然气合作进入实质性谈判的近十年间，反反复复纠缠在价格和管道走向两个问题上，尤其是价格谈不拢，是陷入僵局的主要原因。

此次天然气大单成交价格如何，人们高度关注。但俄天然气工业股份公司首席执行官在接受媒体采访时称，向中国供应的气价是商业机密。

没有对外公开的价格，会是怎样的？中国合算吗？

国务院发展研究中心欧亚所研究员孙永祥在接受媒体采访时说，据他了解，俄罗斯最后提出的价格是388美元/千立方米，而中方的建议是380美元/千立方米，最终价格可能居于两者之间。这样的价格和俄罗斯向欧洲出口天然气的价格持平。

业内人士推算，依据合同总值约4000亿美元、期限30年、年供应380亿立方来推算，中俄天然气协议具体价格约2.19元人民币/立方米。

资料显示，俄罗斯天然气的开采成本大约是每千立方米100美元，供应本国的价格大约是150美元，供应白俄罗斯的价格是200美元，出口欧洲的价格则接近400美元。

目前，上海的天然气价格约为400美元/千立方米(2.50元/立方米)，这一价格与俄方出口欧洲的天然气价格基本持平。但国内其他地区的天然气价低于这个水平，俄罗斯进口天然气会不会拉高国内气价？

厦门大学中国能源经济研究中心主任林伯强认为，随着天然气价格改革的推进，中国天然气的价格肯定会有所上涨，与进口气价的联动也会更顺畅，等到2018年真正供气时，国内气价不一定会低于进口气价。

民生证券研究院副院长管清友认为，在天然气谈判之后可能还有其他贸易，“我觉得要充分相信谈判人员和企业，在商言商，都等了十几年，谁都不会干亏本的买卖”。

5000多公里管道，拉开建设序幕

可以预见，在天然气大单签订之后，大规模的管道建设将正式拉开序幕。

合同约定，天然气主供气源地为俄罗斯东西伯利亚的伊尔库茨克州科维克金气田和萨哈共和国的恰扬金气田，俄罗斯天然气工业股份公司负责气田开发、天然气处

理厂和俄罗斯境内管道的建设。中国石油集团公司负责中国境内输气管道和储气库等配套设施建设。

根据中国石油集团提供的信息，天然气管道建设将分为俄罗斯境内和中国境内两部分。

俄罗斯境内：科维克金气田至恰扬金气田管线长800公里，恰扬金气田至别洛戈尔斯克管线长1700公里，别洛戈尔斯克至黑河管线长180公里。

中国境内：管道宏观走向为黑河—北京—上海，拟新建管道约3060公里。入境点位于黑河开发区北侧约10公里，新建管道管径1016～1420毫米；配套建设5座地下储气库。

2018年，中俄天然气管线投产后，将与已经投运的中俄原油管道一起，构成中国油气进口东北战略要道、能源大动脉。

“中俄东线管道供气购销合同签订，是在中俄两国领导人亲自推动和大力支持下，在两国政府直接指导和参与下，在双方企业长期共同努力下实现的。”周吉平指出，“中国石油将和俄罗斯天然气工业股份公司一道，按照签署的文件和协议落实相关工作，确保项目圆满实施。”

（张翼.光明日报.2014.5.23）

“世纪大单”开启能源布局新版图

如果从1994年中俄两国签订天然气管道修建备忘录开始算起，一场艰苦谈判已经经历了20年。近20个寒来暑往，遭遇至少15次谈判失败，中俄天然气协议终于尘埃落定。

5月21日，中国国家主席习近平和俄罗斯总统普京在上海共同见证了中俄两国政府《中俄东线天然气合作项目备忘录》、中国石油天然气集团公司和俄罗斯天然气工业股份公司《中俄东线供气购销合同》（以下简称《合同》）的签署。

对此，有媒体如此形容，4000亿美元世纪能源大单博弈的背后，是正在变化中的

地缘政治关系和世界能源版图构成；也有媒体如此评价，这笔“世纪大单”打开了中俄能源合作的“新篇章”……

无论如何，这份“世纪大单”将对我国能源布局、环境治理、相关产业、百姓生活产生深远影响。

进口多元战略基本布局

天然气合作一直是中俄双方能源合作的焦点问题。对于《中俄东线供气购销合同》的签署，中国石油大学教授刘毅军表示：“这是中俄能源战略合作取得的又一重大成果。”

根据《合同》，从2018年起，俄罗斯开始通过中俄天然气管道东线向中国供气，输气量逐年增长，最终达到每年380亿立方米，累计合同期30年。

《合同》约定，主供气源地为俄罗斯东西伯利亚的伊尔库茨克州科维克金气田和萨哈共和国恰扬金气田，俄罗斯天然气工业股份公司负责气田开发、天然气处理厂和俄罗斯境内管道的建设。中石油负责中国境内输气管道和储气库等配套设施建设。

在中国社会科学院俄罗斯东欧中亚研究所专家李中海看来，中俄东线天然气管道最终瓜熟蒂落，是中俄关系合乎逻辑的发展。

中俄东线天然气项目将把来自俄罗斯远东地区的天然气资源输送至我国东北入境。这条管线将与已经投运的中俄原油管道一起，构成我国油气进口东北战略要道上的天然气进口大动脉。

资料显示，我国的全球天然气消费量被认为是世界上增长速度最快的国家，天然气消费量年均增幅为17.5%。从2004年中俄天然气进口协议谈判开始至今的10年时间内，中国天然气消费已经从2004年的407.7亿立方米飙升到了2013年的1676亿立方米，天然气对外依存度也达到31.6%。而同期，原油对外依存度也达到了57.3%。

“中俄东线天然气项目的最终落实，意味着我国天然气进口多元化的战略布局基本完成。”刘毅军说，我国天然气进口东北、西北、西南及海上四大通道的布局最终敲定，有助于实现天然气进口的多渠道、多来源与多品种，对于保障我国能源安全意义重大。

李中海认为，这标志着俄罗斯天然气出口多元化战略从构想向现实迈出重要一步。进入中国这一庞大、稳定的市场，对俄罗斯经济持续增长，特别是拉动远东地全国供气格局将有效平衡区经济发展意义重大。

数据显示，目前，我国天然气年产量基本稳定在1000亿立方米左右，且产量增速有所放缓。自2006年开始，我国成为天然气进口国，预计到2015年我国天然气缺口将达1200亿立方米以上，只能依靠大量进口来满足国内市场的需求。随着我国经济的迅猛发展，天然气消费量大幅上升，预计天然气消费量到2020年将达到4500亿立方米左右，届时中国的天然气自产能只能满足中国一半的消费量，另一半仍需要进口。而届时原油对外依存度将达到70%。显然，作为国民经济命脉和血液的油气资

源，未来超过半数依赖进口是中国不得不面对的尴尬现实。在过去10年间，中国用了大量资金购买海外油气资源。

中俄天然气合作的探讨启动于上世纪末我国天然气市场刚刚发展之际，历经10余年之久。管线的走向、资源的落实，乃至价格如何确定，都成为谈判的焦点。俄罗斯天然气对华供应，将有助于优化中国能源消费结构，也为中国全方位多气源供气格局打下深厚基础。

"这条管线目前设计输气量不算大，但对国际天然气市场的影响是潜移默化的。"中国现代国际关系研究院俄罗斯研究所所长冯玉军说，在中亚天然气既向东方又向西方供应的基础上，俄罗斯气源也实现了同时对欧洲和亚太市场的供应。这将使欧亚大陆天然气市场更加均衡，消费者和供应者利益也趋于均衡。

刘毅军认为，这条管线的落实，将使我国天然气市场与欧洲市场连接。在全球天然气市场中，以中国为中心的亚太市场重要性进一步提升。

随着俄罗斯供气协议的最终签订，我国全方位、多源头的油气供应格局已经成型。在天然气方面，初步形成了国产气、进口管道气和进口液化天然气（LNG）并存的多气源供气格局。

目前，中国进口液化天然气LNG，进口来源主要是澳大利亚、印尼等国。我国在沿海先后建成深圳、福建、上海、江苏、大连和宁波LNG接收终端，预计一期所有项目接收液化气能力达到470亿立方米。管道气方面，我国从中亚三国进口的天然气每年将达到800亿立方米。同时，中缅天然气管道年输气能力为120亿立方米。

据了解，此次俄罗斯正式签订每年供应380亿立方米的供气协议，将在更大程度上缓解我国"气荒"问题，也让我国改善空气质量行动有了清洁能源供应，将进一步满足我国对于清洁资源的渴求。此次俄罗斯进口天然气目标市场主要是我国东北、京津冀和长三角地区，并将通过管道联网，平衡全国供气格局。

这条管线的建成，将加快全国基础性骨干管网的建成，并拉动天然气管道沿线的民生就业和经济发展。

"这必将对我国加快推进天然气产业市场化改革进程、推动实施具有竞争性的结构性改革提出更高要求。"刘毅军说。

助力华北雾霾治理

为治理严峻的大气污染，天然气成为我国推动能源消费结构转型的重要选择。根据中石油经济技术研究院统计，2013年，我国天然气表观消费量达到1676亿立方米，同比增长13.9%，成为世界第三大天然气消费国。而未来数年，我国天然气消费可能继续保持每年10%左右的增长。

而就在半个月之前，国家发展改革委、国家能源局、环保部联合发布《能源行业加强大气污染防治工作方案》。该方案除了力促非化石燃料的消费，另一大清洁能源——天然气也被大力提倡。对此，海通国际的一份研报也分析称，天然气占一次能源

消费总量的比重有望从2013年的5.9%提升至2015年的逾7%，并在2017年超过9%。天然气的供应量预计在2015年达到2500亿立方米，在2017年达3300亿立方米，这意味着相对2010—2013年间16%的年均复合增长，2013—2017年的年均复合增长将提速至17%。

国家发展改革委提出，到2020年，中国的天然气供应能力要达到4000亿立方米，力争达到4200亿立方米。雾霾治理、能源结构调整都需要更多的清洁能源天然气的供应。

中俄东线供气项目合同期30年，前5年渐增期气量为年50～300亿立方米，第六年起每年合同气量为380亿立方米。资源主要来自俄恰扬金气田和科维克金气田。将优先考虑环境治理迫切的京津冀、市场承受能力较高的长三角和管道沿线东北地区作为目标市场。

对此，中国石油集团公司董事长周吉平表示，俄罗斯进口天然气目标市场主要是中国东北、京津冀和长三角地区，满足中国国内能源消费增长、改善大气环境、优化能源利用结构、促进能源进口多元化等需求，并带动沿线地区相关产业发展。

与此同时，中俄能源合作对解决华北雾霾具有重要意义。专家分析，380亿立方天然气的进口对改善我国的能源结构具有重要作用。这些进口量将使我国天然气的消耗比重在整体能源消耗中上升1%，如果其他能源消耗不变的话，我国煤炭的消耗比重将下降1%。这个事件对我国将起到非常重要作用。

中国社会科学院世界经济与政治研究所研究员徐小杰说："从结构上这个380亿立方米天然气的进口主要是解决华北地区的能源结构问题的，能够解决地区碳排放的问题，对解决雾霾具有重要意义"。

厦门大学中国能源研究中心主任林伯强在接受媒体记者采访时也表示："中俄能源合作，对我国今后的治理雾霾，改变能源消费结构和城市老百姓的生活等等都有正面的影响。"

（焦红霞.中国改革报.2014.5.30）

中英300亿美元大单意味深长

2015年中英双边贸易额达到1000亿美元，在伦敦设立人民币清算行，在核电、能源、金融等领域展开大力度合作。

中国国务院总理李克强此次英国之行，可谓硕果累累。中英双方共签署了数十项政府和商业间协议，总额超过300亿美元。

分析人士认为，中英签署的合作大单，不仅体现了双方互补优势，更彰显了双方合作质量不断提升、合作内涵不断深化，也必将为中国长期可持续发展拓展新的外部空间。

其一，中英签署多项政府和商业间协议，不是简单的"买卖"关系，而是有质量、更深入的投资关系。比如，此次英方欢迎中方积极投资参与建设英国新核电项目。双方认为，通过建立伙伴关系的方式在英投资能最大限度地利用英国核能市场的发展机遇。

与单纯的买卖关系相比，投资关系显然是双方更稳定、更有内涵的合作。英国媒体评论及主持人马丁·雅克认为，中国在核能和高铁技术等方面有很丰富的经验，中国投资英国核电领域，不仅会从中获得盈利，也能赢得广阔的市场，同时还有助于两国传统和文化的交融。

其二，这显示了中国更好地统筹"两个市场、两种资源"的能力。

今天的中国已经是全球第二大经济体，但后续发展面临能源资源的诸多制约。要实现长期可持续发展，既要立足国内，也要面向世界，不断提升在全球统筹和配置资源的能力。

近年来，中国能源需求强劲，进口天然气逐年大幅攀升。广泛推广天然气等清洁能源替代煤炭，已经成为中国能源结构调整的重点。此次中海油与英国石油公司在两国政府领导人的见证下，签署了一份为期20年的液化天然气供应框架协议，成为中英能源领域合作的一大亮点。

英国石油公司首席执行官鲍勃·达德利表示，这项长达20年的液化天然气供应协议，价格对双方都公平合理，这为两国合作建立了又一座桥梁。

分析人士认为，中国能源供给需要不断寻找新的渠道，实行多元化战略，此举对于确保中国能源长期安全供应、节能减排和实现可持续发展也有重要意义。

其三，在中英合作的不断深化中，中国必将获得技术、管理和金融服务等先进经验，助推自身发展升级。

英国拥有活跃的金融系统和先进的科学技术，在能源和环境保护等方面处于世界领先地位。而中国有巨大的市场、庞大的外汇储备，以及有竞争力的制造业。此次中英双方在两国外汇市场开展人民币对英镑直接交易，并确定中国建设银行作为清算行在伦敦承担人民币清算业务。另外，中国国家开发银行和伦敦金融城签署合作备忘录，双方将支持国开行在英国拓展其融资、借贷业务，包括基建相关投资。

此举使人民币国际化又迈出了实质的一步，将提升双方对于人民币在支持中英以及全球跨境投资中作用的认知和理解，并促进中英两国在人民币相关业务方面更广泛地合作。

伦敦金融城政策与资源委员会主席包墨凯说，中国在伦敦设立人民币业务清算银行，这是首次在亚洲以外的地区确定人民币清算行。人民币国际化是中国经济发展的一个基本因素，在伦敦建立人民币离岸中心可以长期促进中国经济增长，使中英两国都受益。

分析人士还认为，中国经济要实现从中高速到中高端的成功转型，需要借鉴包括英国在内的西方发达国家的先进技术和管理经验。此次中方大手笔推进与英国在金融、能源、基础设施等领域的深度合作，无疑释放出这方面的强烈信号。

英国首相卡梅伦表示，相关协议将帮助中英两国维持长久的经济增长并提供就业岗位。他说："我们的合作关系是真正的增长、改革与创新的关系。"

（陈二厚，明金维，吴丛司.中华工商时报.2014.6.20）

企业与企业家：传统与创新

传统企业的互联网转型

浩浩荡荡的互联网浪潮之下，一面是互联网企业的高歌猛进，一面是传统企业触网的慷慨悲歌，演绎了一场大变革、大转型时代的绝妙交响。

转型互联网:传统企业的救命稻草

“Fashion”这个单词在双解词典中有一条英文释义是:a way of behaving that is popular at a particular time。也就是说,一件事情要成为潮流,一定是限定在一个特定的时期里。而这个所谓的“Particular time”的确很特别。一般来说这个时机是某件事情开始高调地进入大众的视野,被所有人谈论,而实际上它又还没有被所有人看透和弄懂的时候。

传统企业进军互联网成为“Fashion”,正属于这个时期。

一方面,互联网正在大面积的制造奇迹,“天猫双十一”“小米模式”“内测的牛腩”……在围观人群中,尚未看懂却已经开始喝彩叫好的身影比比皆是,甚至就在一夜之间,就连所谓的“微信营销大师”都可以被量产,在名片上印满Title,辗转于各大二三线城市的酒店,他们在讲台上手舞足蹈,表现出比腾讯都还要信仰微信的热情,底下则是人头攒动、同样激动的传统企业老板。

于是在另一方面,受这些奇迹的鼓动,传统企业并没有太弄清楚“互联网化”的内功究竟如何炼成,就一头扎了进来,他们畏惧颠覆的力量,同时相信捷径的效率,当自称“诺亚”的老师销售方舟门票时,他们毫不犹豫的顶礼膜拜。

毕竟,在这种奇迹时代,不跟随似乎就意味着被抛弃,企业也会变得越来越不冷静。这种不冷静,大抵可以表现为两种:

一种是,互联网万能论。这类企业沉浸在一种美妙的幻想中,觉得互联网这个天赐之物能够拯救自己于水火。所以对于互联网的投入倾其所有,而且毫无章法顾虑,追着图书市场上畅销关键词跑是它们最大的秘诀。互联网思维、O2O、大数据……站在风口浪尖的是什么,它们就来什么。我曾接到过卫浴生产商的咨询需求,他说他想做基于产品的粉丝社交,通过一款连接马桶感应功能的App(物联网概念),这样所有同时坐在马桶上的用户,就能够相互识别并添加好友,共同交流使用马桶时的心情,马桶本身还是限量销售的,要达到“xx分钟售罄”的效果。我劝了半晌没劝动,后来

据说耗资百万什么都没做成，老板又开始研究如何通过增加液晶面板来实现“你的如厕速度今天打败了89%的用户”这种功能……

另一种，我称之为互联网功利者。这类企业顾虑忠纯，眼里除了销量就是收益。在它们看来，互联网就是另一条销售和揽客的渠道。无论是依靠公关公司踏足互联网，还是自己涉水探险，唯一的KPI就是卖得如何。一旦发现上了互联网自己的利润也没有上升多少，或是发现代价太过高昂，这些企业就开始萌生退意。以天猫女装品牌前五名的某品牌为例——其刚刚传出拆分消息，总部认为电商业务发展“还是太慢”且投入渐涨，加上又认为O2O的概念更为新颖，于是又要把电商业务拿到传统部门运营，快跑追赶O2O浪潮，在企业内部引起极大争议。这并非是孤立的例子，事实上，“猴子拣西瓜”的故事时常成为传统企业通过互联网进行转型的规律，今天请一家咨询公司来做诊断，明天挖来空降高管对其百依百顺，战略不断在变，美其名曰“管理上的敏捷迭代”，却又总是抱怨火候不够。

在传统企业大肆进军互联网的时候，互联网思维这个短语火了。这个短语的确是抛向广大传统企业的，但是有太多企业在理解的时候过于直白，以为自己搭上了互联网，就是有了互联网思维。而这种思维，是可以将自己带向新辉煌的。其实抛开互联网思维的真正内涵不谈，对于传统企业而言，在面对互联网时代的时候，更重要的是保持自己的“本行业思维”。

对传统企业而言，互联网到底是什么？它是一个平行世界。是我们每天面对的传统市场的另一个镜像表现。这个平行世界和传统世界一样，有广宣的看板，有销售的渠道，有形形色色的受众群体，有需要计较的市场份额，也有独立的成败计较。其实它和传统市场没有什么本质区别，而且随着互联网的发展，网民人数和网络覆盖面的拓展，这个平行世界会和传统市场越来越像。在这里，任何一个企业都需要考虑清楚自己的战略布局，而这种考虑之中，和传统市场中的思虑不会有太大的逻辑差别——都得从消费者、产品定位出发，追溯触点，培养忠诚度，布置消费动机。

面对互联网，传统企业不应该相信任何一个来自互联网的神话和谣言。应该沉下心去思考，就像在面对传统市场时一样，摸清楚自己的消费者在哪里——是一线城市还是二三线城市，是微博微信还是QQ空间和论坛？自己产品的核心卖点通过什么渠道传播出去最合适——报纸还是电台，是微博红人还是电子邮件？而支撑这一系列不盲从的决定，企业更需要建立基于互联网的整体战略规划，一如当年在面对传统市场时做出的纲领性战略一样。

互联网不是一个出名要趁早的名利场，进入的时机不会有绝对的早晚。这个平行世界里有太多被包装出来的光怪陆离的词汇，也有太多看似诱人的成功之道。套用最近流行的一个句式来给传统企业做点警示语的话，大概是这样——“不思考，却爱尝试；钱不多，还有双软耳朵。这两种企业是两种地狱。”

（阑夕.新浪科技.2014.5.16）

互联网再造传统企业:创新者的机遇与窘境

互联网如何改造传统行业?对于创新者来说,这究竟是窘境还是机遇?2014年10月16日,快公司Fast Company 2014中国最佳创新公司评选在北京进行,超过60家创新公司参加评选。该活动通过创新公司评选过程及榜单发布聚焦世界上最新的创新价值,发现中国本土的创新基因来激发中国创新力。

张天一(伏牛堂创始人、CEO):“古董商模式做的就是需求”

这半年来,我一直在想一个问题:当下中国阻止餐饮做大的最大问题是什么?中国餐饮业一年产值3.5万亿,比互联网产业高了三倍。中餐排名第一是真功夫,一年产值20亿,占不到三十分之一的份额。

为什么做不大?我最直接的感触就是人员流失率太高,哪个企业解决了这个问题一定可以做大。现在伏牛堂招一个服务员的待遇接近白领,为什么招不到人?因为现在做餐饮服务员以90后为主,他们不在乎工资高低,看重的是这个工作是否好玩、是否有成就感、是否有职业认同。

我把伏牛堂的商业逻辑总结为“古董商模式”,比如去潘家园买东西,如果不懂古董还讨价还价,店主肯定不理你。我做米粉就是在做一个艺术品,我有我的操守和坚持在里面,我做的是正宗常德牛肉米粉,坚决不改良,不需要外界给我提很多意见。这个逻辑其实一点都不新鲜——苹果教的。诺基亚什么手机都做,现在倒掉了,苹果的手机就一款,你要还是不要?——我做的就是需求。

有人质疑市场问题,我认为这恰恰是互联网带来的机会,只要你做的是个玩意儿,再小众肯定有人为你买单,北京的湖南人只有三十万,但是北京有3000多万人,中国有八大菜系,只要有八分之一的人想吃湘菜,就有400万,未来如果伏牛堂真的能做最正宗的常德牛肉米粉,肯定是有机会的。

还有一个是抑制发展策略,只有传统餐饮才靠疯狂开店来增加品牌影响力,这样

很容易死掉，今天的新型餐饮不是这样。伏牛堂第一家店开在地下室，只有37平米，估值超过1000万，在这个时代，有了互联网的放大效应，一个传统品牌的商业价值和市场地位，不再是和实体一比一的关系。

史海鸥（小南国华北区总经理）：“没有产品创新，餐饮行业举步维艰”

在任何一个行业，产品创新是每个企业都要面临的异常严峻的问题。尤其对非常传统的餐饮行业来说，如果产品再不创新，企业就会举步维艰。举个例子，河鲜、海鲜从冰箱里取出来的时候是需要解冻的，这不仅是一个非常麻烦的过程，而且容易损害食材的结构和口味。因此，小南国目前在中餐里使用了微冻的技术，解冻过程只需要几分钟，且不损害食材本身。

每一道菜品从诞生到推向市场最少需要五到六个月，通过我们的专业研发团队，从厨师的创意到原材料，再到工艺和定价，全过程是一个非常严格的体系。只要是客人喜欢的就是我们要考虑去做的，我们不是做厨师喜欢吃的菜，而是做客人喜欢吃的菜。

O2O也是餐饮行业未来必须要面对的，小南国有一个叫“大未来”的计划，把很多简单的食材放到线上，进入社区，就像很多投币购买的商品一样，方便更多人的需求。

在国家政策出现一些改变之后，餐饮行业如果不预先在细分领域做出调整，将很容易被淘汰掉。现在小南国拥有很多的产业和品牌，其中包括中餐，酒店，满记甜品，南小馆，小小南国，SPA和烧烤，以后将引进日本和北美的品牌，它们当中有很多是从国外直接拿过来的，比较成熟，对应人群也相对清晰。我们的经验是，多品牌管理千万不要混淆，从产品结构到锁定人群再到营销，都要有清晰的分界点，不能一概而论。

徐华（沪江网副总裁）：“互联网把教育不公平的现状改变”

2010年，我去世博会看城市未来馆，当时有一处20平方米的区域，展示着中国未来的教育：20年后，每周五天时间里，中国学生只有一天的时间需要去学校去上体育课，其他时间都在家里和中国最优秀的教师、全国各地甚至是海外的学生一起学习知识，这就是国家规划的教育蓝图。而现状是，从孔子以来的教育状况基本没有本质改变。但这些随着互联网的进入，都将发生变化。

沪江网用4年积累了300万付费用户，涵盖了早教、育儿、中小学、成人教育等等方面。在我们的模式下，每个学生每天只需一块钱就可以学到所需知识。

产品创新方面，我们既重视用户体验，同时也注重技术开发。SSO3.0是我们斥资一千万打造的一个系统，用这个系统，我们的老师制作一个45分钟课时的课件，所需时间是一个小时，而同行业的所需时间是40小时。

当前的在线教育共有三类，一类专注于互联网，一类是线下企业上升到云端，第三个阵营就是BAT这样的上市互联网巨头下沉做教育。第一类的优势在于互联网的基因，不会被固有的模式束缚，劣势在于资金、技术、用户量等等，这些企业如果不

提供在线教育服务，那就只是在搭建一个平台而已。BAT这样的巨头和传统企业在资金技术上都不缺，但是对于对方都有很多的不了解，要合作的时候就有很大问题。

2014年9月开学第一天，我们进入山东淄博某镇的一个农村中学，学生都带着镰刀来上课，下了课就去割草。沪江网进入这个学校，提供电脑，用上海最好的师资每天为他们分享课程。学生接触了互联网以后都非常积极，他享受的不再是山东一个农村学校的师资力量，而是来自全国第一线最优秀的师资力量，互联网正在打破时间地域的界限，把我们教育不公平的现状改变，互联网让学习更简单、更快乐、更公平。

叶大清（融360总裁）："形成中国人在线理财的观念"

融360是一个互联网金融的搜索引擎，通过互联网连接人和钱。对老百姓来讲，金融意味着什么？缺钱需要去贷款；有钱需要理财；最后就是花钱。我觉得中国老百姓对于钱是很盲目的，我们希望通过互联网搜索的方式，改变中国人对钱的观念。当然，我们既是金融搜索平台，也是生态服务体系，这种模式在美国是没有的。

创新是一个过程，当然也是一个结果。我认为P2P是互联网金融创新的一种模式，它突破现有的体系框架实现真正的颠覆式创新。中文的"创新"，"创"也是创伤的"创"，这也意味着，真正颠覆式的创新应该进入一个市场的核心和本质，打破现有的垄断。

从价值方面看，20年前，谁能想到在阿里巴巴或者京东上买商品？搜索也是一样。现在线下贷款的成功率是非常低的，微小企业的成功率只有3%到5%。通过我们的搜索平台，这个比率被提高了将近20%，增长了数倍，让你更简单地得到贷款，这个就是创新。

如果说50%的中国老百姓能够通过移动互联网找到他想要的金融信息，申请金融产品，这将是一个很伟大的创新模式。在美国，60%的人一年至少有一次通过互联网购买保险、申请信用卡、申请贷款或者买理财产品，这个比例在中国还不到20%。我们希望把这个比例提高到50%甚至更高，这恰恰是我们希望创新的结果——形成中国人在线理财的观念。

梁庭铨（原麦山丘总经理）："把卖面包这件事做到极致"

原麦山丘是一家只卖面包的面包店，这样说好像很奇怪，但是其他品牌，他们不只做面包，还卖蛋糕、饼干、甜点，中秋节卖月饼，端午节卖粽子。甚至有些面包品牌的饮料营收占比40%。原麦山丘91%的营收来自我们的单品：面包。我们把卖面包这件事做到极致。

在烘焙业，我们发现了两个可能是机会的观念。大家平常吃的多是日式面包，含糖量22%，含油15%，却被大家普遍接受，欧式面包非常健康，却渐渐衰弱，因为消费者没法接受这么硬的欧式面包。

所以我们认为机会来了，我们研发出少油、少糖、少盐、不加防腐剂、不加反式脂

肪、不使用香精的新产品。事实上我们整个团队两年前就在北京，花了14个月开出第二家店。这14个月都在做面包，把台湾好吃的面包带到北京来，要经受非常严格的考验：空气，湿度和用料完全不一样。我们认为自己站在风口上，但不承认自己是猪。

第二个是运营创新，我们把门店所有边柜都撤掉，让所有人进了门店，在灯光的照射下，看到硕大的面包，都惊讶于空间和气氛的营造，对我们的客人来说，享受的是时尚精英一样的购物方式。

我们将用户良好的体验做大。面包做得很大的原因，是因为客人一定吃不完，会拿回去和朋友亲人分享——我们用分享来达到产品推广的效果。很多人问，你们一个卖面包的要CTO干什么？事实上，从开店的第一天起，我们就有一套非常完备的系统，由团队自己研发，甚至连第一线的收银系统都包含在里面。任何一个高管打开我们的电脑就会知道正在研发的产品和目前已有的产品是什么，每一个面团精确到克的成本是多少。将来，我们的运营同仁打开电脑，就知道哪一秒卖出哪个面包，也知道每家门店的报废率是多少。

毕磊（春雨医生副总裁）："让医患产生更多的联系"

从前的中国医疗体系中，除了治疗外，医患之间是没有关系的；但我们觉得，未来的医患之间需要更多联系：对患者来说可以接受医生长期的健康管理和指导，对医生来说需要更多的病人来提升自己的收入。我们通过这个平台将用户和医生联系在一起，让用户有更多的个人医生，医生有更多的个人用户。

现在我们经常讨论可穿戴设备和硬件的数据采集，其实对于用户来说，更需要的不是数据的采集，而是对于一些状况的解决方案。

未来我们想做两个事情。现在中国的医疗体系中，人们生病了要直接去医院，医院会产生过度医疗，用户也会产生过度医疗的需求，我们通过春雨这样的平台，将用户的需求过滤一遍，把用户引导到他们需要的服务环境中。通过这样的中间环节可以降低医疗成本，从而实现医疗服务的增量。我们不想做医院内的事情，而是将医院的碎片时间聚集起来，放在一个新的平台上，用这样的时间为中国人提供更多的医疗服务。春雨不会增加更多的医生，但是能增加医生提供服务的渠道。第二是实现数据的自我价值，我们通过服务让用户对自身状况有更多的了解和评价，从而和医生就自己的治疗方案进行讨论。

（徐潇声，赵晓悦.21世纪经济报道.2014.10.18）

传统企业转型互联网的十大死法

2013年,被很多媒体称之为"电商年",因为2013年电商企业都得到了长足的发展,收获满满。而2013年又被很多媒体称之为"关店年",许多传统企业大范围关店,触目惊心,惨不忍睹。向互联网转型,被许多企业视为必走之路。但是已经尝试转型的这些企业效果如何呢?路边社记者江礼坤采访了胜利屯著名养猪大户张二蛋,他流着激动的泪水对笔者说:"没转型前,我感觉不转型互联网是等死;当我尝试转型后,发现转型互联网是找死。"张二蛋说出了许多传统企业的心声。另据某气象局的最新数据显示,十几年来,传统企业转型互联网的成功率不足5%,天气状态为雨夹风夹雪加上大冰雹。

互联网发展到现在,其趋势和转型的必然性,毋庸探讨,但为什么许多企业却纷纷折戟在转型路上呢?做为一名从业十几年的老兵,在与大量企业接触后,江礼坤总结出了传统企业转型互联网的十大死法:

步子迈太大,摔死

一些有先见之明的高富帅型企业,转型时决心特别大、力度特别大、投入也特别大。但是有时候行动力太好不一定是好事,越是投入大的,可能反而死得越快,比如被互联网界奉为经典反面教材的李宁,几年前全面转型互联网,结果败得很惨。再比如笔者有次在北京大学讲课,现场的一位学员L总投资几亿做了一个互联网项目,结果一年多过去了,网站都还没上线,团队也没有建好,甚至团队的负责人都还没到位,更别说团队工作流程、制度及KPI等运营体系的完善了。为什么?原因很简单,步子太大容易扯着蛋,蛋碎了,梦也就碎了。

如果说传统企业是在湖里捞鱼,那向互联网转型就是要到海里捕鱼:虽然一些企业在传统领域已经非常成功,在湖里驾船的水平及捕鱼的技术已经非常高超,但是湖

里的成功并不一定能复制到海里。大手笔的投入,就意味着首先要造一条很大的海船,造船本身就是一项难度不小的工作,这也是为什么L总一年多了,网站都没上线、团队也没建好;而将船造好仅是个开始,接下来还要掌握如何驾驶这个庞然大物、如何安全的在海里航行、如何成功捕到鱼,每一项工作,难度都不可小觑。其实最大的风险还不是以上这些:如果一下投入太大,一旦失败,可能连翻身的机会都没了。

所以传统企业初次触网,切忌步子不要迈的太大,江礼坤建议先小步快走:小投入、快行动、先试错、再调整。

信心不坚定,吓死

如果说第一种死法是因为初期信心太坚定,所以大手笔投入导致扯死的话,那第二种死法恰恰相反,是因为信心不坚定,犹犹豫豫,最后把自己吓死的。比如笔者碰到的另外一位生产机械设备的企业老总F总,尝试投放百度竞价,投入了小几十万后,效果不理想,于是他得出一个结论:网络营销不靠谱,不适合他的行业和企业,从此谈网色变。实际上网络营销很适合他的行业和企业,百度竞价也很靠谱,他的一些同行在网络上也做得不错。F总是典型被一点小小的失败给吓死,继而丧失了斗志,贻误了战机。

传统企业转型互联网相当于二次创业,创业路上几乎没有一番风顺的,初期吃点苦头、摔点跟头很正常,不能因为一点困难就放弃。当然,这个苦不能白受,跟头不能盲目摔,摔跟头是为了试错,传统企业转型互联网遇到困难几乎是必然的,所以在风险可控的情况下试错是非常不错的策略。别说没有互联网基因的传统企业,即使百度、腾讯这样的互联网巨头尝试新项目时,也会先试错。试错是为了从中总结经验,修正战略和战术,以求得最终的成功。

目标不靠谱,找死

也有的企业在节奏上把握得不错,但是却对互联网认识不清,以为互联网是灵丹妙药,有起死回生的神效,继而产生急功近利心理,定下一个不靠谱的指标,这摆明了是找死。比如有一次,一位企业主咨询笔者公司的同事,他的企业想通过互联网开展业务,目标定得挺高、要求也挺高,结果最后一说预算,每月200,而且还是RMB。当同事告诉他这个预算不靠谱时,对方很诧异地说:"不是说网络营销比传统营销成本低吗? 可以实现免费的营销吗?"

还有一次,一位读者找我咨询:他在一个新成立的饮料企业工作,负责网络营销。老板给他定的任务指标是:用一年的时间,将他们新的品牌饮料通过互联网销售到X千万,由于网络营销部只有他一人,所以老板很大方,批复的营销预算高达10多万元。他问我应该怎么办,有什么建议,我当时给了他两个字的建议:"跳槽"。

这个世界上总有些异想天开的人,注册个新品牌(也可能是已有不知名产品),随便招个网络营销高手,再随便给一点钱,就能通过互联网卖爆。如果生意这么好做,

人家凭什么给你打工？你的价值在哪里？难道人家就是缺个领导自己、指挥自己、然后和自己分利润的老板？如果真有这样的人，要么就是骗子、要么就是傻子、要么就是受虐狂，当然，也可能是暗恋你。

方法太单一，拼死

经常有企业和笔者抱怨说，现在的网络营销太难做，竞争太激烈。实际上在笔者眼里，现在传统企业转型互联网，开展网络营销，竞争远远没有到激烈的程度。那为什么很多企业却感觉竞争异常激烈呢?原因就是他们掌握的网络营销方法太少，都是在有限的渠道竞争。江礼坤总结了一下，传统企业开展网络营销，大部分只会三招：竞价、SEO、发小广告（邮件、论坛、分类信息、B2B、新闻、QQ、微博、微信等等，到处发小广告）。比如竞价，众所周知，第一页左部的付费排名，最多只显示10个结果。如果一个行业全国有100家同类企业不多吧?这一百家企业不用都做竞价，其中只要有20家企业做竞价，且都去抢同一个词的第一名，竞争就会很激烈，SEO亦如此。所以说不是网络营销竞价激烈，是现在的传统企业方法掌握得太少、渠道太单一，这些企业都集中在有限的渠道竞争，当然激烈，最后在激烈的竞争中被人拼死。对于方法掌握得很少的朋友，江礼坤做个小广告，推荐一下自己的《网络营销推广实战宝典》一书，此书主要讲方法，自2012年1月上市后，长期占据当当网网络营销类图书销量榜榜首。

方法没用对，怨死

其实即使传统企业常用的这三招，用好了效果也可以，但是问题是很多传统企业这三招都没用对，导致花了不少时间和金钱，效果却不理想，死了都不知道为什么，白白怨死。像前面说的投了几十万做竞价没效果的F总，当时我问他具体怎么操作的，F总说他的公司没有人懂网络营销，所以他本人亲自上，具体操作上就是设置账户结构、选词、出价等。我一听，没效果就对了。从战术层面来说，F总做的这些工作，都是基于百度竞价账户本身，咱们管他叫账户优化。很多企业认为竞价要做好，核心是做好账户的优化，这是错误的。账户优化这个环节，只占竞价整体效果的30%。

再说个常见的例子：很多企业都建立了网站，在这里笔者告诉大家一个数据，现在互联网上90%以上的企业网站都是垃圾网站（我给垃圾网站的定义是：若一个企业网站不能很好地给企业带来订单和利润，则为垃圾网站）。为什么会这样?原因是很多企业没有正确理解网站的作用，大部分都认为网站是宣传工具、展示工具，建站时奔着高端大气上档次的方向来建，结果就是建出来一个垃圾网站。

老思想作怪，病死

现在很多企业主都抱怨环境不景气，生意不好做。我认为环境等外在的因素固然有，但更多的是内在因素，通俗地说现在的企业生病了，而这个病的根本是在思想

上。所以转型互联网首先要转思想,思想不变,早晚病死。送给大家一句话:“老思想加新模式解决不了新问题!”

很多企业认为自己建一个网络平台,做做网络推广就叫转型、就叫与时俱进,此乃大错特错:开个网店、建个网络平台根本不叫转型,因为企业的本质一点没变。很多企业在线下开个工厂或开个商铺,然后通过打广告拉业务、销售员跑业务。线下生意不好做了,跑到网上建个平台,通过网络广告拉业务、网络销售跑业务,想一想,本质变了吗?哪里变了?其实很多企业把互联网当成了一个新的销售渠道,这是典型的老思想加新模式。很多人管互联网叫第三次工业革命,为什么叫革命?因为互联网这种新技术的出现,改变了人们的生活习惯、覆盖了许多行业,一些行业也随之被淘汰,所以叫革命。所以想真正转型,不是变渠道的问题,是变思想的问题。可以说转型互联网就是闹革命,而首先要先革自己的命。

内部不统一,耗死

对于一些大型公司,在转型互联网的路上还有一个要命的问题,就是内耗,内耗耗死人呀。比如江礼坤曾协助某大公司进行互联网转型,在这个转型的过程中,老总很重视,关注度很高,他的想法是希望成功;而具体负责这事的是某事业部老总,此老总也很重视,但是他的想法是不能出事,要不然地位不保,在这个基础上再谈成绩,所以在具体规划布置、计划制订和预算批复上,都非常谨慎和保守,前期先选了某分公司试点;具体负责执行和协调此事的是一位经理,这位经理倒是非常想干事,但是由于上级领导求稳,所以制约了他的积极性,而试点分公司貌似又没那么容易协调;试点分公司负责人态度上很积极,直接把这事甩给了分公司的总监,分公司的总监又甩给分公司的主管,到了主管这一级,很郁闷,因为他根本不想揽这事,但是又没办法。在具体操作过程中,一个很小的工作,都要拖很久,因为大家都知道这是烫手的山芋,都不想负责任,所以你推我我推你,结果转型非常不顺利。

用人不得当,误死

传统企业转型互联网,基本上都需要组建全新的互联网团队,因为专业的事需要找专业的人,但是很多传统企业,却不具备正确识别互联网人才的能力,经常是找到一些不靠谱的人甚至被不靠谱的人忽悠,最后被人误导至死。比如前面提到的L总,之所以转型得不顺利,是因为在选人上连犯了两个错误:首先他有一位互联网方面的顾问,此顾问是台湾童鞋,专家型的选手,顾问的方向是战略,但是只管杀不管埋,怎么落地不负责。这是极不靠谱的行为,台湾互联网的环境和内地的不一样,且内地的网络营销水平也要优于台湾,最关键的,如果找,一定是找实战出身的;在组建互联网团队时,L总又挖了一个国企高管来领导此团队。国企的文化、模式、思想和互联网能匹配吗?半年后,这位国企高管以离职收场,而新的领导人迟迟没有到位。

团队搞不定，拖死

再好的计划，没有好的团队实施，也会被拖死。而很多企业在转型路上，恰恰就是团队出了问题。经常有企业主和我说："这些搞互联网的80后、90后太难管。"而在推一把论坛上(网络营销推广领域的行业论坛，注册会员百万)，很多从业人员也明确地表示不愿意进传统企业，为什么会这样呢?其实不是搞互联网的难管，问题是出在沟通上。举个例子，有一次，一位传统企业老板C总请我吃饭，希望我能帮他推荐一位网络营销总监取代他现有的总监。实际上他现有的总监我认识，能力不错，而且也帮他干得有声有色，收益也不错。我就问他为什么，C总说："这个总监不务正业，总是到处参加各种活动，说是整合资源，太不踏实!"我问他想招个什么样的人，有什么要求，C总说："网络营销不就是发贴子吗?我的要求很简单，能天天在办公室呆着，带着网络部的人踏踏实实发贴子就行。"

最后的结局相信大家都猜到了，C总招来了一个踏实发贴子的总监，新总监到任后业绩毫无悬念地下降，当他幡然醒悟希望请回原有的总监时，晚了。实际上那天吃饭时我已经提前和C总讲过这个道理了，问题是他不信呀，还感觉我不理解他。江礼坤在这里建议各位，如果想带好互联网团队，首先你要了解互联网，这样才能和下属同频，顺畅沟通，否则就会和C总这样，悔之晚矣。

体系不完善，坏死

最后一个令传统企业转型失败的原因，是体系问题。大部分传统企业转型互联网时，没有一个完善的体系，很多企业上来就是先建个网站，然后选个推广方法就开始实施。而在选方法时，往往也都是随大流：前几年微博火，纷纷研究微博；这两年微信火，纷纷上马微信。互联网不是这么转型的，网络营销也不是这么做的。网络营销分三个层面：战略层、策略层、战术层，战术层又分战术策略和战术执行。具体操作时，自上而下，循序渐进，要先选择方向，再考虑模式，然后选择策略，接下来战术计划，最后操作实施。像微信、微博属于战术层，是工具，这类战术方法是在末端。而很多企业是先选择方法，一切以方法为核心，这是典型的本末倒置，很难有理想的投入产出比，甚至最后以失败收场。

(江礼坤. IT时代周刊.2014.8.28)

2014传统企业转型互联网的十大考验

据第一赢销网,所有传统企业都有非常严重的危机感,就是大家突然都找不到路标了,都不知道在互联网时代如何转型,未来之路如何走,利润好的企业发愁,利润不好的企业更发愁。企业最大的危机,不是当下的利润多寡,而是对未来能否清晰把握。

传统营销的势没有了

不管在哪个行业,传统营销都找不到“势”了,主要表现在资本市场上。如果你的企业商业模式还是老一套,生产、加工、产品、招商、广告,这一套路早已经成为传统企业尤其是大企业的行活,闭着眼睛都会干。大家突然产生了疲劳感,发现兴奋不起来。无论怎样的成功学培训,也难以激发团队的斗志,这就是最大的问题,这就是传统行业的穷途征兆。

任何事物,不怕小,就怕没有势。小米雷军说,站对了风口,母猪都能飞上天,风口就是势,没有这个势,企业就是一潭死水,是非常可怕的。如何找回如火如荼的发展之势,是所有传统企业老板最大的命题。

不转型等死,转型怕转死

转型,这个词汇已经被2013年说烂,但这两个字的确关乎企业生死。尤其是大企业,年销售额过10个亿的企业,靠的就是传统的渠道和团队,转型谈何容易。转得动吗?很难。诺基亚的企业文化、管理规范、专利创新都是全球顶尖的,但为什么消失?答案很简单,诺基亚和成就他的时代一起被消失了。

对于企业,转型有两种。第一种,被迫转型,当问题集中到不能解决的时候,倒逼企业转型,这种转型成本是很大的,也是很痛苦的,但不手术必须死亡。第二种转型,是预见式转型,是企业领导人的战略洞察能力超强,这种企业家是稀缺的,比如IBM当年把PC业务卖给联想,就是在PC机快不值钱的时候提前卖了个高价,IBM提前完

成转型，非常成功。但这种企业家在全世界也是凤毛麟角。

人，往往不愿意割舍过去的成功与光荣，恋旧情节是人之常情，但商业不能恋旧，李嘉诚警告自己的儿子绝对不能喜欢上任何一个行业或业务。往往动感情的时候，就是失败的开始。

传统企业的高管年龄大了

中国传统企业老板平均年龄在40岁以上，高管年龄在35岁以上，这些人在传统营销领域经验丰富，但随之而来的问题是对互联网不精通。企业改革的最大障碍就在这两个人身上，底层员工都是年轻人，不存在问题。

40岁以上的，在传统企业打工的高管，未来3年有可能面临着失业的风险，而且是大概率事件。一个企业，或者一个人，往往因为什么成功，就往往因为什么失败。让老板换掉一批高管，然后引进一批年轻人，这种风险谁能扛住?咨询公司不能，企业自己更是发抖。所以，这就是企业转型的矛盾和痛苦。

对于新崛起的互联网企业，他们没有历史包袱，他们可以轻装上阵，而传统企业不能，他们的肩上扛着全国数百家渠道经销商，怎么办?这是最痛苦的地方。

传统企业家对网络营销心里没底

对互联网这玩意儿，传统企业家是拿不准的，尤其很多老板手机上都没有微信或者微博，他们对这东西感觉不到成就感。与新事物中间隔着一道墙。

其实传统企业家感觉没错，目前为止，互联网电子商务还没有诞生过100亿的实体群体，只有零星几个新公司做到了，比如雷军的小米手机。天猫和淘宝上的企业以个体户为主。如果让鲁花这种百亿级别的企业搞转型，必须告诉他百亿级别的互联网操作模式，否则小打小闹的网络营销激发不起他们的兴趣。

雷军和董明珠的10亿赌注，背后是新旧思维的碰撞。雷军的模式，是粉丝经济模式；格力的模式，是传统产业链模式。究竟谁输谁赢，我看没有答案。格力积累了巨量财富，光纳税就100亿，如果想转型，那是太轻松了，毕竟格力手里握着遍布全国的售后服务系统，这个是互联网解决不了的。所以，雷军可以卖不需要服务的手机，但卖需要售后服务的空调就有点难了。

我遇到很多企业家，他们普遍对网络营销心里没底，企业家对不确定的东西是不敢投入的，风险是他们的第一考量。所以，企业家到底如何才能做到对互联网心里有底，我看办法只有一个，自己下水玩玩互联网，掏点钱当学费。

错把网络当销售渠道之一

我与很多传统企业高管谈互联网，他们很大一部分人把互联网当作一个渠道。比如我曾经服务过的公牛插座，4年时间从3个亿做到30多个亿，走的就是传统分销路线。安全吗?一点都不安全，虽然我们给创意的“安全插座概念”在传统市场很管

用,但今天的时代已经让公牛很危险了。比如,雷军如果发现小插座的高利润,搞出一个设计更漂亮,以出厂价作为零售价,那公牛的经销渠道会哀鸿遍野。这就是说,互联网是一个销售渠道,但互联网思维是一种新商业模式。

就像马云说的,传统企业对互联网模式往往先是看不见,然后看不起,最后来不及。很多传统企业正在这么做,未来的确非常凶险啊。

传统营销思维根深蒂固

面对未来,我想奉劝所有传统企业人:不要用已知否定未知。

比如传统营销,产品需要广告语,需要提炼独特销售主张,这些都已经形成思维定势,尤其平面设计理论更是行活。但我们发现,广告语在推销产品的力量越来越差,你能想起来小米手机的广告语是啥吗?你能回忆起苹果手机的广告语是什么吗?但这两个品牌都大成了。

仍然有很多传统企业用传统思维做互联网营销,这是一件很可怕的事情。比如马应龙做的一个视频广告《屁股欢乐颂》,放在互联网上,以为是网络营销,其实传统得不能再传统,创意感非常弱,典型的传统思维创意方式。

其实,不一定非要在互联网上卖,而是要用互联网思维方式卖!什么是互联网思维方式,就是与目标人群打成一片的思维方式,就是C2B,最后形成粉丝经济,建立起企业自己的粉丝帝国。

产品越来越不好卖了

大家上网查查,三只松鼠休闲食品卖得很火,包装设计的动漫化,销售语言的动漫化,充满了互联网时代的创新精神。其实里面的坚果和大街上卖的没啥区别。那消费者为什么趋之若鹜?因为今天的年轻一代买的不是产品,买的是一种精神或者乐趣。

传统食品越来越不好卖,尤其很多传统历史悠久的食品企业,仍然在搞什么文化包装,这种做法是把企业往绝路上推。中国及中国企业再也不要贩卖过去的传统文化了,可以作为品牌故事背景,绝对不能作为第一诉求。

白酒是传统文化的典型贩卖者,结果怎么样?白酒股票皆被市场腰斩,不是因为限酒令,而是传统文化的贩卖之路走到头了。江小白,搞出了时尚白酒概念,与传统文化切割,只针对年轻人说话,卖了几个亿,让传统白酒直呼看不懂。

未来一定拼的是创意文化,而不是传统文化。产品必须充满人情味,而不是自我的夸张与包装。产品必须成为消费者肚子里的蛔虫,才能成功。

五年战略规划失去意义

凡客陈年说了一句话,我永远不知道明天互联网会发生什么。他说对了,互联网时代做3~5年战略规划,是没有任何实际意义的,是自己骗自己的。

今天你看到阿里巴巴很火,明年后年不一定,说不准就被微信替代了。腾讯曾经

搞过类似阿里巴巴的电商，但失败了，今天的微信却成功了。所以，企业在互联网日新月异的变化下，只能制定有效的1年战略，策略战术变化以周为单位，这样才能保证企业的与时俱进。因此，互联网时代，企业会越来越累，因为越来越快，传统企业时代的舒服日子一去不复返了。

所以，我经常建议传统企业家，未来出路有两条，第一条出路，赶紧卖掉企业，就像IBM提前卖PC机一样，现在卖还能卖上价，再过3年就卖不出去了，然后把钱投给年轻人，做他们的股东；第二条出路，自己冒险转型，向褚时健学习，80岁也可以搞互联网，当然前提是有好产品。

搞不懂商业模式创意

因为互联网世界是平的，没有区域市场之分。传统时代，还可以做区域品牌老大，互联网上没有这个机会。所以，一个商业模式只能存活一个企业，这就是为什么腾讯模仿阿里巴巴失败的原因，反过来阿里巴巴模仿微信搞来往，我也不看好。

能否直接面对消费者搞出新商业模式，我看是对所有传统企业转型的考验。未来是直销时代，渠道必然消亡。三种直销模式会畅行天下，互联网直销、人联网直销、社区连锁直销。离开这三种直销模式，传统企业没有其他出路。

大分销的时代未来不存在了，因为渠道的存在是因为过去物流、信息不发达造成的，今天渠道的价值没有了。消费者不会为渠道成本买单，消费者需要出厂价购买，这就是阿里巴巴存在的价值。

所以，传统企业必须好好思考，你的产品如何能直接到达喜欢你的消费者手中，而且让他们爱不释手和广为传播。

2014年考验老板的一年

2013年，准确地说是后半年，让中国众多传统企业觉醒了，开始着急了，也开始彷徨了，因为我们没有前车之鉴可参照，只有不再管用的过去经验。一个企业的成功，99%归功于老板；一个企业的失败，99%归咎于老板。2014年，考验的是老板。时代会无情地淘汰那些所谓传统企业家明星，会不断地迸发新颖甚至是新奇的商业模式，草根创业英雄会崛起。

对于规模过10个亿的传统企业，转型最难，但因为手里有钱，一旦痛下决心转型，成功概率很大；相反，对于5个亿以下的中小企业，存在颠覆行业的弯道超车机会，船小好掉头，找对商业模式，开发好产品，就能一夜之间火爆。

在互联网时代，所有行业都不能置身世外，都必须转型。转也得转，不转也得转，倒逼转型会发挥威力，不以人的意志为转移。

2014年，注定是中国传统企业转型元年！

（郭成林.网易财经综合.2014.1.6）

企业与企业家:传统与创新

“全球第一募”阿里巴巴传奇

这场史上最大规模的IPO不仅打破了全球资本市场多项纪录,在融资规模、市值规模上也创造了中国公司在海外上市的奇迹。

阿里巴巴上市:“全球第一募”到底会有多大?

即将于纽交所上市的中国电商巨头阿里巴巴,美国当地时间18日确定发行价为每股68美元,其上市融资总额有望达到250亿美元,不仅超越维萨公司创下的美国股市最高融资额,更超过中国农业银行2010年创下的221亿美元的全球最大IPO融资额。那么,即将加冕“全球第一募”的阿里巴巴,究竟会有多大?

招股书显示,阿里巴巴此次IPO共发行3.2亿股美国存托股(ADS),其中阿里巴巴公司将销售3.2亿股中的1.23亿股,而献售股东则将销售剩下的1.97亿股。此外,阿里巴巴公司还赋予承销商最高4800万股美国存托股的超额认购权。

以最新确定的发行价68美元计算,阿里巴巴公司此次发行的3.2亿股将募得217.6亿美元,超越全球信用卡巨头维萨公司2008年196.5亿美元的美国股市最高融资额。

如果4800万股超额认购权全部行使完毕,阿里巴巴此次IPO的总募资额将达到250亿美元,超过中国农业银行2010年上市时创下的221亿美元的全球最大融资额。

从全球科技公司的维度来看,如果阿里巴巴募得250亿美元,将是10年前谷歌公司IPO募得16.7亿美元的约15倍,是24年前苹果公司IPO募得1亿美元的250倍。在阿里巴巴上市之前,科技股IPO“百亿俱乐部”中只有脸谱公司一家,2012年时该公司上市首日募得160亿美元。

在美国上市的中国公司中,此前最大IPO是由京东于2014年5月创下的17.8亿美元,而阿里巴巴此次募资总额是京东的14倍。此外,腾讯2004年香港上市时募得14.4亿港元,约为阿里巴巴募资额的百分之一。

此次IPO后,阿里巴巴的总股本将升至约25.71亿股,仅以68美元发行价计算,阿里巴巴总市值就将达到1748亿美元,一跃成为全球互联网企业中市值第三大公司,位列谷歌及脸谱之后。

在美股科技类公司中,阿里巴巴排名总市值第7位,位列苹果、谷歌、微软、脸谱、

IBM、甲骨文之后。此外，阿里巴巴的市值将是其大股东雅虎(418亿美元)的4倍，网购“鼻祖”ebay(653亿美元)的近3倍。

在中国企业市值榜中，阿里巴巴位列中国移动、中国石油、工商银行之后居第4位。而在国内互联网BAT三大巨头中，阿里巴巴相比腾讯(11508亿港元，折合约1484亿美元)和百度(799亿美元)的市值总量优势也十分明显。

根据国际货币基金组织公布的2013年世界各国GDP排行榜，阿里巴巴总市值这个数字，居于第56位的越南(1705亿美元)及55位的乌克兰(1762亿美元)之间，“阿里国”之富可匹敌全球一百多个国家。

（吕昂，张遥.新华网 .2014.9.19）

阿里巴巴上市：一个时代的终结，还是开始?

北京时间9月19日晚，全球瞩目的阿里巴巴终于敲响纽交所的开市钟。按照其68美元/ADS的发行价计算，其融资额超越VISA上市时的197亿美元，刷新了美国市场的IPO交易纪录。

无论是上市前路演时投资者的排队盛况，还是上市后近2000亿美元的高估值，均将阿里巴巴推向了巅峰。

阿里的股票是该买还是不该买？这个问题一直困扰着很多散户投资者。甚至有媒体通过微信展开民意调查，了解人们的投资意愿。而要解答这个问题，无疑绕不开一个问题——阿里未来的成长性。

淘宝、天猫和聚划算，阿里巴巴给资本市场讲的故事其实并不新。毋庸置疑的是，从其披露的各项数据来看，阿里的电商业务依然遥遥领先，这种格局恐怕短时间内也不可能发生改变。

但不可忽视的是，电商市场正在发生变化。京东、唯品会、聚美优品等平台的崛起，正在打破阿里巴巴在PC端一统电商江湖的格局。同时，移动互联网则将电商带入一个新的时代，在移动电商这个生态中，各个物种正在发生变化，而这个变化，是否

还足够支撑阿里一如既往的高速增长和一统江湖的霸主地位?

商家的微妙变化

商派主管销售的副总裁蔡鹏告诉21世纪经济报道记者,近两年,公司的高端产品Commerce系列销售每年以翻倍的速度增长,2013年同比增长甚至达到180%。商派目前已是国内最大的电商第三方服务商之一,其Commerce系列是一套完整的电商解决方案,帮助商家在不同的网络渠道开展电子商务,对线上销售渠道统一管控,建立更统一的网络销售布局。

一些大型商家开始全网大规模布局其电商业务。蔡鹏表示,购买此服务的商家的电商渠道均呈现多元化,天猫、京东、唯品会,以及自建的独立网络商城、移动端等均有覆盖。

代运营公司悦纬互动副总裁王涛透露,他刚签约了一家国外品牌,2014年入驻天猫,2015年将上线京东。他称,目前很少有品牌将鸡蛋放在一个篮子里。从代运营商的发展来看,商家选择多个平台早已是趋势。

一家民间联盟——电商梦工厂的秘书长王剑平介绍说,从2013年开始,代运营行业开始出现一些新的变化,一些代运营公司不再什么客户都接,而是聚焦于某个或几个垂直类目运营。据了解,由此带来的结果是,代运营商必须横向发展多个电商平台才能实现业绩增长。

蔡鹏表示,成规模的传统企业经过多年的互联网实践,已经开始重新思考其业务模式,试图通过电商的方式打通其前端需求链和后端供应链,建立自己的业务闭环,因此会寻找更多的互联网触点,除了天猫、京东外,还有微信、微博、App、独立官网等,由此也改变了之前以平台为中心的模式,企业成为主体,各大电商平台反而成为其整个业务模式中的一个环节。

值得注意的是,部分企业开始重新重视其独立官网。背后的原因在于,通过天猫淘宝、京东等平台,只能完成简单的销售,而无法进行会员管理,因为由平台带来的用户依然归属于平台,无法与商家已有的会员体系打通。因此,部分大企业试图通过自建商城的方式搭建自己的电商闭环。

企业拓展电商平台的驱动力在增强,但显然,多平台的运营将导致商家在天猫淘宝投入的比例有所下降。一家大型服装品牌商负责人表示,之前其电商的投入大部分都在天猫平台,目前虽然还在投入,但在整体投入预算中,也会分一定比例的资金在其它电商平台。至于具体比例,他并未透露。

广州一家销售皮包的中型企业创始人也称,2013年其电商的预算100%投入到天猫和淘宝店中,2014年开通京东、亚马逊等店铺后,会分流部分投入。

据21世纪经济报道记者了解,尽管商家每年在电商方面的预算不断增加,但鲜有成倍增长的,而投入到天猫淘宝之外平台上的资金比例却在逐步增加。

接受21世纪经济报道记者采访的几位商家均表示,电商最大的投入是营销。因

此，对于以广告和佣金为主要盈利模式的天猫、淘宝和聚划算而言，京东、唯品会等平台的崛起显然分流了一部分阿里电商的收入。同时，从目前几家电商上市公司披露的公开数据看，其营业收入均实现大幅增长。

移动打破流量垄断

王剑平近期走访了数家销售额千万级的电商企业，发现其销量的50%～70%均来自移动端；蔡鹏也表示，每天来咨询业务的客户，其中一半会提出移动端的需求；壳壳果公司是詹氏集团旗下的互联网品牌，其CEO胡松称，壳壳果移动端的销量已达到60%。

移动电商已经由概念成为现实。目前，在移动电商领域，阿里依然遥遥领先。据其招股书披露，二季度，阿里巴巴移动电商平台的交易额超过1640亿元，同比增长约3倍，占比达到32.8%；移动端的收入达到24.54亿元，同比增长923%，占比达19.4%，比2013年同期上升16.6%，较2014年第一季度高出7%。第三方机构发布的数据显示，手机淘宝+手机天猫占据了手机购物市场交易份额的85%。

但蔡鹏指出，移动互联网时代，最大改变在于打破了PC时代流量垄断的格局，移动流量是碎片化的。因此，对于商家而言，不再被某几家巨头的流量所控制。

这一变化已在手机淘宝中有所体现。胡松表示，在移动端，壳壳果的流量主要来自于自媒体、QQ空间和微博等，而手机淘宝则只是一个完成交易的地方，未来其他渠道引流的比例会越来越高。

在移动互联网时代，商家的流量来源也开始多元化，这对于手机淘宝来说，意味着挑战。

目前的手机淘宝包含了淘宝、天猫、聚划算等业务模块，其业务和盈利模式基本是PC端的复制：淘宝主要依靠广告收入，天猫收入则由佣金和广告组成，聚划算同样以佣金和广告（坑位）为主。因此，一旦手机淘宝的商家开始在“淘外”寻找流量，势必减少在“淘内”的广告投入。

与此同时，受限于手机屏幕过小，无论是广告位还是搜索，相比PC端，原有的广告模式将大打折扣。

蔡鹏表示，移动互联网是基于社交和分享聚集流量的，获取流量的方式不同直接导致谁抓住流量谁就可能得到发展。因此，在流量碎片化的移动互联网时代，社会化营销开始普及，改变了简单的广告导流模式。

商家在手机端出现的微妙变化也正逐步改变着移动电商的生态，阿里需要在移动端探索新的模式。

O2O之战

阿里巴巴的招股书显示，淘宝+天猫+聚划算三大电商业务依然是其主要收入来源，但对于资本市场而言，未来更大的想象力或许还有O2O。

接受21世纪经济报道记者采访的几家传统商家均表示，目前在O2O方面依然处于尝试，但肯定是一个趋势，工具方面主要通过微信和支付宝钱包。

目前，阿里系的支付宝钱包已在O2O领域攻城略地，涉足医院、公交、零售、餐饮等多个行业。但不同于PC时代的独步天下，基于移动互联网的O2O时代，腾讯旗下的微信成为阿里最强大的对手。尽管目前微信在O2O领域还未形成“霸权”，但在战略上，阿里不得不重视这个对手。

同时，值得注意的是，支付宝钱包属于阿里小微金融服务集团，并非此次阿里巴巴上市的资产。

上市公司阿里巴巴的O2O概念只能依靠淘点点以及全资收购的高德地图和UC。但从目前的情况来看，无论接入的商家数量，还是贡献的收入，淘点点依然处于起步期，即使内部对比，也无法与支付宝钱包相提并论。

近两年来，地图和搜索被视为O2O的两大入口。目前高德地图与快的联手进入打的领域；同时与UC旗下的神马搜索开始整合，将形成基于LBS和搜索的O2O模式。据了解，未来支付宝钱包的商家数据将逐步整合至神马搜索，用户通过移动搜索，结合高德地图的定位和导航，由线上寻找到线下的商品和服务。

但在这个新领域，阿里还面临着百度、腾讯和搜狗在地图、搜索方面的挑战。

无论是传统电商对线下零售的渗透率，移动互联网商业化的探索，还是新兴的O2O对线下商业改造，目前均处于低水平，未来市场空间巨大。

但对于巅峰上市的阿里巴巴而言，旧时代已经终结，一个硝烟弥漫的新时代已然展开。

（滑明飞.21世纪经济报道.2014.9.20）

阿里上市之后

美国东部时间9月19日早9时30分，随着纽交所一记清脆钟声，这家证券交易所史上最大IPO正式挂牌交易，也标志着阿里巴巴忙活了一年多的赴美上市终于尘埃

落定。

此前一天纽交所大厅内的交易台上，贴满了橙色系的阿里巴巴Logo，这是纽交所给予阿里的一种特殊礼遇。纽交所历史上，只有在重大IPO时，才偶尔有这样的展示。

尽管上市当天市值突破2300亿，但阿里并非高枕无忧，不仅其业务模式容易被复制，更为重要的是，在移动互联网上的偏“弱”，导致其股价也面临风险。

意料之外：8个客户敲钟

阿里本次IPO最终定价定为每股68美元，为此前定价区间的上限。开市钟声两个多小时后，代码为BABA的阿里巴巴开盘交易，直接开在了每股92.7美元，并在开盘后的短短几分钟时间内，迅速逼近了每股100美元。

事实上，如同上市前后马云的平静一样，经历了一年多的准备、两个星期的路演，随着消息不断的释放，有关阿里上市的诸多细节早已剧透。

发行价预计在每股60～66美元，后来上调至每股66～68美元等等，除了现场交易的开盘价需要当场确定之外，包括阿里将成为商业史上最大IPO等信息都已经耳熟能详。

在开市前，纽交所高级副总裁大卫·艾斯里奇仍给了我们一个“包袱”，他说，阿里上市，是一个见证奇迹的时刻。

很快，这个“包袱”在马云创造IPO历史的同时抖了出来。这就是独特的阿里敲钟时刻。

当所有人都以为马云会亲自敲钟时，阿里却别出心裁选择了八个代表阿里生态系的客户上台敲钟，马云以及阿里的合伙人、员工只是在台下，为他们鼓掌。

“我们奋斗了这么多年，不是为了让我们自己站在那里，而是为了让他们站在台上。”马云在纽交所现场这样说道。

上市敲钟是交易所最隆重的庆祝仪式，其象征意义不言而喻。几乎所有上市公司都是由创始人、高管团队来敲钟，但唯独阿里选择了“全球最独特”的敲钟方式。

更重要的是，阿里有意选择了八个能代表阿里生态系的客户，突显了阿里的“生态圈”。从阿里的路演PPT中可以看到，“生态系统”是阿里对投资人强调的重要词汇，也是目前阿里特别强调的核心。

在接受媒体采访时，马云说：“我们不是靠某几项技术创新，或者几个神奇创始人造就的公司，而是一个由成千上万相信未来，相信互联网能让商业社会更公平、更开放、更透明，更应该自由分享的参与者们，共同投入了大量的时间、精力和热情建立起来的一个生态系统。”

华尔街为何钟情阿里

纽交所高级副总裁大卫·艾斯里奇表示，在他所经历的企业在纽交所上市过程

中，所有企业创始人通常不会为敲钟流泪，但好多企业家为第一笔交易而流泪。

敲钟是仪式，开盘交易则是真正的资金、金融、商业。

大卫称，马云私下跟他说，他很感动、激动，马云想让他的公司在纽交所至少呆87年。

成立于1999年，已经有15年历史的阿里，如果再加上87年，那就是横跨三个世纪、长达102年历史的百年老店了。马云在上市之际，他最大的梦想，是让阿里成为百年企业。

阿里的首场路演在纽约华道夫·阿斯托里亚酒店举行，当天的盛况让很多久经沙场的基金经理都“惊呆”了。当天的推介会在酒店的18层召开，但大厅却排起了长龙。据路透报道，阿里原本预计会有大约500名投资者参加首站路演，但最终参与人数达到800人左右，一些人被挤到了会议室外厅。

一位华尔街基金经理称，在纽约搞投资十多年，IPO阵仗见多了，但还是被阿里巴巴震撼了：“华尔道夫酒店排队拐了18个弯，据说有1000人来看马云，电梯等了40分钟。”

这次马云成功了，他赢得了华尔街的认可。事实上，可以看到，华尔街对阿里异乎寻常的巨大热情其实来源于两点：

首先，阿里最让华尔街看重的应该是其天量在线交易额以及从中获取的巨额收益和其间表现出的高成长性。

2013年，阿里的天猫、淘宝与阿里巴巴三大交易平台交易额总计达2480亿美元，而eBay2013年总交易额是830亿美元，接近阿里的三分之一。

高利润与高成长性向来是华尔街最看重的因素，在这方面，阿里交出的显然是一份足以让华尔街兴奋的答卷：在最近的一个季度，阿里自其天量交易额中斩获了约20亿美元的高额利润，是2013年同期的三倍。相形之下，eBay同期收益仅为6.76亿美元，亚马逊更是出现了1.26亿美元的亏损。

与eBay相比，阿里雇用员工数量相对较少，人力成本控制出色，大幅降低了整体运营成本。而且，阿里巴巴也有效规避了亚马逊自营物流配送中心营运成本高昂的问题，进一步降低了成本，提高了利润率。

其次，阿里巴巴在纽交所上市之所以让华尔街喜形于色，还主要在于阿里为其提供了一个分享中国高科技行业高增长成果的一个最直接方式。

根据来自官方的估计，2015年，中国互联网用户将达8亿，在线用户雄踞全球之首。如此庞大的用户群，为中国的在线交易市场提供了近乎无限的想象空间。此前，华尔街虽然极为垂涎这块巨大的市场蛋糕，却苦于没有分享的投资渠道。

而此次阿里在纽交所上市，终于让华尔街有了一个分享中国在线交易产业诱人大蛋糕的机会。

在阿里上市的晚宴上，马云不期而至。谈到此刻的心情，马云对记者表示：“我对首富没感觉，现在开始就要忘记股票，融资是为了做事，把钱花出去，要做的事太多。”

机会与风险同在

毫无疑问，中国在线交易市场的高速成长还只是个开始，随着移动互联网的崛起，中国在线交易市场蛋糕有望进一步做大做强。2014年夏天，阿里还在美推出了一个类似于Etsy、连接消费者与精品店等小商户的在线交易平台。同时，阿里IPO路演期间，马云也直接表达了其向全球市场拓展的野心。

不过，对于华尔街而言，阿里也绝非是天上掉下的一块馅饼，投资机会显著的同时，风险也将如影随形。

首先是阿里巴巴的合伙人机制与中国相关法律的限制，可能意味着美国个人投资者无论持股数量多少，至少在数年内，很难影响或改变阿里巴巴的公司治理结构，因而很难行使真正意义上的股东权力，这可能有悖于美国投资者根深蒂固的投资理念。同时，中国的金融监管与证券法规与美国存在着诸多差异，美国投资者也需要一段时间的适应。

其实，对于华尔街而言，有着史上最大IPO之称的阿里巴巴最大的风险是可能会面临两年前Facebook同样的问题，这就是公司内部持股的抛售对股价的打压。据悉，本次发行的总股本中，有高达61%的股份将落入公司执行人员与雅虎及日本软银等前期投资者囊中。这部分可能被抛售的股票总计近2亿股，对于股价的压力可想而知。

根据阿里此前的招股说明，通过承销商销售的股份不足四成，高达1.23亿的股份由阿里自行包销，这意味着公司内部持股比例将会进一步加大，将会显著超过Facebook的内部持股比例，当时Facebook发行的股本有43%落入了公司内部，导致其短期沽压太大，对股价造成严重打击。

按照每股68美元的发行价计算，阿里这次IPO可为公司募集83亿美元的资金，而为内部持股人员带来134亿美元的财富。与Facebook一样，阿里巴巴向公众投资者销售的股份只占了总股本的很小一部分。

按照惯例，大多数IPO都有一个锁定期，机构投资者获得的批量配售股都需要等待数月，过了锁定期后，才能上市交易，而阿里巴巴本次IPO中，有总值约为80亿美元的三分之一股本没有锁定期，这也必然会在一定程度上影响股价。而在明年6月末，阿里还有多达23亿的股本进入流通，将会进一步影响股价表现。

而且，由于阿里总部位于中国，因而不可能被纳入以美国股票为成分股的标普500指数，这意味着与该指数挂钩的指数型基金没有被动配置阿里的必要，这也是影响阿里股票上行的一大不利因素。

另外，阿里的业务模式不难被复制、竞争对手很容易跟进，也是其将来面临的最主要风险之一。随着移动互联时代的到来，迄今在移动互联领域尚无明显建树的阿里能否继续保持领先优势仍是一个未知数。

（李瀛寰.时代周报.2014.9.23）

企业与企业家:传统与创新

邵逸夫:贵在坚持

“逸夫”早已经不是一个人名,而是一个美好的符号,代表着漂亮的教学楼、完善的仪器,更代表着“达则兼济天下”的爱国情怀。

热心公益　爱国爱港:邵逸夫三大传奇写人生

邵逸夫是永远的影视创意传奇。邵逸夫一生醉心光影世界,对华语影视事业的卓越贡献,无出其右。他先创办邵氏兄弟公司,成功开创了华语电影潮流,“邵氏出品,必属佳片”风靡全亚洲,在港设立的邵氏影城更为港赢来“东方好莱坞”的美誉;后创办电视广播公司(无线电视),一直在港电视市场占据领导地位,电视佳作迭出,风行世界;台前幕后的人才辈出,享誉全球业界。

邵逸夫的文化影视商业帝国、辉煌创意业绩,来自于勇站时代潮头、不懈打拼,极好地诠释了狮子山下的香港精神;同时也为香港经济和文化创意产业的发展作出了不可替代的贡献。

邵逸夫是永远的公益慈善传奇。邵逸夫是海内外有口皆碑的大慈善家。他乐善好施,热心公益,毕生捐赠总额约百亿元。除了每次都踊跃捐助各类赈灾,还尤其重视人才培养,对科学和教育事业都遗下了功德无量的捐助,润泽万千学子和人类的科研事业。有内地调查显示,逾八成受访者指邵逸夫令人最先联想“逸夫楼”,这遍布神州大地的一座座“逸夫楼”,正是一座座慈善和关爱的丰碑,彰显着邵逸夫对教育事业了不起的贡献。

令人津津乐道的还有“邵逸夫奖”的设立,这个被誉为“东方诺贝尔奖”的科技奖项,专门表扬在天文学、生命科学与医学、数学科学方面的出色成就,而这些都是诺贝尔奖未有涵盖的,基金总额目前已逾半百亿元,其对世界科研事业的贡献将不可限量。

邵逸夫是永远的爱国爱港传奇。他爱香港,事业根基在香港,他的TVB和邵氏已成为香港生活的一部分,亦是港人的骄傲和集体回忆。他热心参与回归过渡期的工作,为香港回归和特区建设作出应有的努力。他热爱自己的国家。他认为“国家振兴靠人才,人才培养靠教育,培养人才是民族根本利益的要求”,所以倾力捐资帮助国家教育,爱国之情溢于言表,更见于践行。

(吕小炜.人民日报海外版.2014.1.9)

邵逸夫的企业家精神在于“坚持”

2014年1月7日早上8时许，著名电影制作人、爱国人士、娱乐业大亨、慈善家与富豪邵逸夫先生去世，享年107岁。社会各界追述邵氏的精神、品质，期待以学习的方式纪念他。邵逸夫从事的是娱乐业，但事业却不是娱乐，他首先是一名成功的企业家，这也是他其他身份和地位的基础。那么，邵逸夫先生体现出来的企业家精神，或者说他的企业成功之道，才是需要我们琢磨和学习的。其实，邵逸夫的自信，或者说成功的核心，就是来自“坚持”。

当代著的管理专家吉姆·科林斯，《基业长青》和《从优秀到卓越》是他两本著名畅销书，前者主要通过对十八家基业常青公司的研究揭示共同特征，后者对前者进行了修订和补充，最后他将企业长青之道归结为“保存核心理念和刺激进步”。通过对照，我们可以发现我国许多企业只能“领风骚几年”的主要原因就在于：战略的缺失、管理的混乱、企业家心态的浮躁；崇尚“短、平、快”，崇尚盲目的“多元化”，缺乏坚持，投机的味道过重。

邵逸夫的座右铭是：“我喜欢不停地工作，工作是我的嗜好。我永不会退休。成功之道要努力苦干，并要对自己的工作有兴趣，运气只是其次。我深深体会到拍电影是很大的刺激，它能带给我无穷的乐趣，这正是推动我努力工作的动力。”坚持“苦干”，邵逸夫是出名了的，无论是早期“扛着电影机和影片，在烈日下长途跋涉去放露天电影”，还是一年看尽千部影片，成为世界上“看电影最多的人”，还是坚持察看邵氏影业下200家影院。

坚持做一位“造钟师”，而不是“报时人”，无论1922年上海的“笑舞台”，还是上世纪30年代的新加坡创业、抑或是香港的“邵氏影业”，还是后面的“TVB”，术业专攻，他从来没有离开过自己的主业。而且要像“造钟师”一样坚持把事情做到极致，邵逸夫曾说：“我做事的态度，便是要把每件事都做好，即使是最微细的部分，也要彻底做好。一样事情不做到十全十美，我是绝对不放松的。”

"高瞻远瞩公司都有利润之上的追求,这就是他们的核心理念或价值观。"科林斯如此说。邵逸夫除了对主业的坚持,更重要的就是对他核心价值的坚持。1922年将"小舞台"改名为"笑舞台",一字之差,已将他的价值追求一目了然:此地为娱乐大众而立。邵逸夫说:"我要拍一部纯艺术的电影,我不敢肯定这套戏有多少人看。少人看的戏就少人得益,所以,我宁愿向大家都中意的娱乐片着手。"

对经营企业来说,坚持还有一个很重要的内涵就是坚持求变。邵逸夫的成功,不仅在于他坚持把娱乐当作一项生意来经营,而不是作为艺术品来打磨,不仅把娱乐当作一种赚钱的工具,而且把它作为一项事业来追求。邵逸夫将自己的经营之道比作女士选择高跟鞋,一会儿粗跟,一会儿细跟,美与丑的取舍只在于是否合时宜。所以,邵氏的娱乐帝国也在不断地求变,从剧院到影院,从影院到无线电视,从上海到南洋,从南洋到香港,包括TVB的经久不败,很重要的一个原因,就是紧跟潮流,不断求变。

其实,邵逸夫的坚持,不仅体现在对企业的经营之上,坚持慈善也是如此,仅他向中国内地捐助的巨额慈善资金累计就达100亿元港币,以他的名字命名的校园建筑、医院遍布内地各个城市。对待婚姻也是如此,邵逸夫爱的人是他的结发妻子黄美珍,直到1987年黄美珍85岁时于美国洛杉矶病逝;爱邵逸夫的人是曾经的一代红歌星方逸华,她等了邵逸夫40多年,直到1997年,邵逸夫90岁了,妻子黄美珍逝世10年后,他们才登记结婚。

坚持之所以如此重要,一是因为坚持是一种能力,特长、专长是持久竞争力的基本,如果不坚持、不专注,精力和资源就会分散,不仅可能被不熟悉的领域吞噬,熟悉的也可能被自己放弃掉;二是因为坚持是一种品质,好的时候都很容易做,但在困难的时候,大的市场环境、市场低迷、恶劣的情况下,坚不坚持,怎么坚持,就是一个考验了。邵氏自信来自于"坚持"的企业家精神,无疑是值得我们好好学习、效仿的。

(郭文倩.中国网.2014.1.11)

时代需要更多的"邵逸夫"

1月7日早上,邵氏兄弟电影公司的创办人之一邵逸夫先生逝世,享年107岁。作为香港知名的电影制作人、娱乐业大亨,邵逸夫在文化领域有极高的地位。但他更

被人称道的身份还是慈善家。多年来,他捐助数以百亿计款项,为内地、香港两地建设了大批教育、医疗设施。

每个人的心中都有一座逸夫楼,“逸夫楼”早已是很多人对邵逸夫先生最为直观的印象。这源于他从1985年开始,在中国内地持续巨额捐献,尤其是资助办学。据不完全统计,邵逸夫共捐赠内地的科教文卫事业近47.5亿港元,捐建项目总数超6000个,内地很多高校和中学都有以邵逸夫命名的建筑物。

随着邵逸夫先生离世,有人回忆起自己看“邵氏电影”的时光,更多的人感念他捐资教育的拳拳爱国心。在很多人的心目中,“逸夫”早已经不是一个人名,而是一个美好的符号,代表着漂亮的教学楼、完善的仪器,更代表着“达则兼济天下”的爱国情怀,嵌入到每一个80后、90后的读书记忆中。

作为一个商业英雄,邵逸夫无疑是十分成功的。1000部以上“邵氏电影”,让邵逸夫赚得了1000亿港币以上的财富。对商人来说,电影是挣钱的大买卖,只要有钱挣,什么电影都可以拍。但邵逸夫不仅是把电影当作一种赚钱工具,更是将它作为一项事业来追求。从1958年到1973年,邵氏公司拍摄的影片,在历届亚洲电影节中共获得大小奖项46个,创造了中国电影史上的奇迹。

不满足于挣钱,还要做出更好的文化产品,让人们在电影当中得到精神慰藉和力量感召,这是邵逸夫对于电影的认识。但他并没有在此止步,而是走得更远,从为人们拍更好的电影,到为国家创造更美好的未来,开始对整个国家的命运和希望有了思考。邵逸夫曾说:“国家振兴靠人才,人才培养靠教育,培养人才是民族根本利益的要求。”正是在这种理念之下,他后半生花费大量的财力和精力,投身到了中国的教育和医疗事业。

正如一位商人所说:“生意场上来不得半点儿慈善,但企业家不能没有善心。”其实,一个人挣十万块,可以只靠个人勤劳;如果能挣一百万,就得靠会经营的头脑;如果能挣一百个亿,那就得靠时代的机遇。而这个机遇是时代给予的,更是千千万万人共同创造出来的。一个人认识到了这一点,有了对民族未来的担当精神,就会让自己的人生和事业有进一步的飞跃。

当下中国不缺富豪,市场经济的繁荣发展,让很多商界弄潮儿可以凭借自己的勤奋和意识挣得大笔财富;我们也不缺少慈善,每逢大灾大难,无数国人奉献出自己的爱心。但此刻人们怀念邵逸夫先生,更多的,还是期待这个社会有更多的“富而好礼”,出现更多的“邵逸夫”,以他们的赤子精神、担当精神,为了民族的未来和希望,发挥自己最大的力量。

(周潜之.光明日报.2014.1.9)

企业与企业家：传统与创新

转型中国：寻找中国的企业家精神

每个企业都有一种理念，有一种文化，企业家就朝着这个理念努力拼搏，时间长了就形成一种文化，企业家的成功就是靠这种精神的支撑。

中国企业家需要“黄牛”精神

中国历来就是一个缺乏创新基因的国家。2500年前，一个名耳、字聃、姓李的楚国人，写了五千言的《老子》（即《道德经》），提出了“居后不争，不敢为天下先”的理念。直到中国近代打开国门以后，尤其是最近30多年来的改革开放，极大地开阔了国人的眼界，提升了国人的欲望。富裕生活，成为国人创新的原动力。

其中，最典型代表群体是渗透于各个领域的“黄牛”。他们中的很大一部分是知青返城人员，不良的生存环境培育了他们灵敏的市场嗅觉。他们无孔不入，随需应变，与时俱进，是最活跃的市场因素。如今他们甚至以高科技武装自己，能破解360订票系统。他们不仅创造了营生，还培育了“体制缺陷发现机制”，黄牛是市场规则漏洞的发现者。

按理说，改革开放三十五年，随着体制与监管越来越严格，他们的营生空间越来越小，这才是正常的。但实际上，黄牛如雨后春笋，层出不穷，花样不断翻新，技术不断更新，模式不断提升，日子还过得挺滋润。如果企业的每一个经营者，都有那么一点“黄牛精神”，我相信中国商业创新的巨浪将席卷全球。

考察黄牛的盈利模式，有三个要点：一是发现需求，二是提供价值，三是成本控制。

黄牛们首先要钻研的是市场需求，他们从来不做没有需求的营生。比如折腾商场返券的黄牛发现，返券的潜在顾客不仅仅是终端消费者，甚至还包括专柜经营者。所以，黄牛把自己定位于零供关系的协调者。我国商人创业初期都很有创意，也十分善于去发现市场新需求，但企业做大以后，这种发现需求的能力似乎降低了，渐渐演变出一种固化的模式，这一模式的特点是：以我为主、狂妄自大、固步自封、坐井观天、孤芳自赏，其结果是远离顾客，与市场法则背道而驰，这终将成为自取灭亡的导火线。

传统企业尤其是成功的大企业，为什么会被颠覆？“三只松鼠”创始人章燎原讲到了一个要点——线下好一点的企业，在网上评分反而最低，它们不受欢迎是因为根本

不了解用户，这是传统企业被颠覆的原因。但他也告诫大家，不要低估这些对手。我以为，这些传统企业曾经也拥有类似黄牛的敏感性，只是企业做大以后，被“称霸行业”的梦想迷惑了方向，一旦他们回归本源，就会再度迸发出巨大的能量。梦想太大，想那些不切实际的东西，想称王称霸，常常是企业没落的助推器。

我国消费者有太多需求(包括心理需求)被忽视，他们在寻觅消费价值的道路上走过了千山万水，吃遍了千辛万苦，仍然没有找到可以让他们安心的归宿。于是，他们变得越来越理性、越来越不忠诚。关键是他们没有获得与期望一致甚至能超越期望的“价值”!

什么是价值？价值是消费者能够感知到的、符合消费心智模式的、获得社会认同的、体现特定群体风格的要素组合。例如去年夏天，可口可乐在大陆开展的“昵称瓶”营销活动，就为消费者创造了一种全新的价值体验。可口可乐瓶子上写着“分享这瓶可口可乐，与你的XX。”如小萝莉、白富美、天然呆、高富帅、纯爷们、邻家女孩，等等。这些昵称大多数原创于互联网，昵称营销迎合了互联网文化。可乐还是可乐，加上这么一句话以及一个昵称，消费者的感觉就完全不同了，这就是消费价值。

我国市场的地域差异性、分层性、节令性等特征特别显著，消费需求以及消费价值的核心要点也就会随着这些要素的变化而千差万别。所以，商人们要提供的绝不是某种单一的东西，中国消费者更偏向于“喜新不厌旧”的消费习惯。

黄牛之所以有利可图，关键就在于他们能提供客户价值。N多年前，买软座火车票提供“县团级”证明，但从黄牛哪里可以轻易买到软座票。那一次我对黄牛说，你得给我陪上火车，他满口答应，而且信守承诺。他们在赚钱的同时，也坚守着行业底线。

黄牛们谙熟成本控制的重要性，并且身体力行，不该花的钱决不花，花出去的每一分钱都要讲究有回报有效果。这是黄牛精神之所以有价值的核心要点。

我们的工资不高，为什么东西就那么贵？贵在成本高。社会管理成本高、腐败成本高、高管成本高、税负高、会议多无效劳动多，就连“反对浪费”这样一个非常实在的要求，也要在全国印发一个类似“语录”之类的小本本供大家学习，这本身就是极大的浪费。这样的运作思维、运作模式与运作方式，成本肯定高。成本推动物价，最终使百姓不能充分分享改革开放的成果。如今党中央决心以壮士断腕之精神反腐到底，这是国人之福。小小一个五粮液集团，居然能有300多辆公务车可以被用来拍卖！还有如东阿阿胶类的产品，消费者对商品价格的忍受力到底还有多少空间？这对于热衷于依靠品牌与传播来拉升商品价格的经营者来说，是一个值得深思的问题。

在中国，泡沫不仅在房地产，更在政府主管部门，甚至在小学、中学、大学，还有每一个家庭，每一笔日常开销之中。如果泡沫消失，有那么一部分人也就必须消失。这是需要有决心、毅力与韧性的，更需要有一把锋利的钢刀，大刀向“鬼子们”的头上砍去。

在当下社会化媒体时代，越来越多的人推崇互联网思维、互联网产品、互联网营销，但有一点不能丢弃：任何一个行业之所以有价值，那是因为有内容；某些“内容”之

所以受亲睐，那是因为有特色。但如今，产品本身似乎被人忽视，甚至并无多大特色的东西，在一夜之间、一年之中能获得疯狂追捧。

网友评论“店面很小、环境较差、空调不凉”的名不见经传的黄太吉煎饼，为什么会在2013年火爆到——不知道“黄太吉”就真的OUT了——的程度？再说习大大吃过的“庆丰包子铺”，加盟金高达30多万元，这算是加盟营生中的一个奇迹！是什么创造了奇迹？是社会关注的“焦点”。

上述两个目前暂时成功的例子，都离不开“传播”两字。不是在做营生，而是在做传播。人们终究不能光靠传播吃饭，要吃饱肚子，还得有饭有菜有汤，而且必须真材实料。我作为消费者，十分期待“真材实料”的互联网时代的到来。对“真材实料”孜孜追求，是中国消费者最大的“梦想”。

在线下，消费者连抱怨的成本都很高。在商家主导的线下买卖根本容不下消费者发出声音，连呐喊也得不到任何同情。在线上，消费者个人虽然也并没有真正获得“敬重”，但至少能感受到点滴的“尊重”。正是这点滴感受，使消费者趋之若鹜，并宁可忍受由此带来的困惑与不爽。年轻人看了我的文章后给我留言说：有改变总是好的。

是的，这是急切期盼改变的一代人。技术改变了人与人之间的沟通方式，并由此派生出新的服务方式、营生模式与营销技巧，但这一切改变似乎还不够，总觉得多了一些伎俩，少了一些支撑。由此我感受到：我们仍然处于赌博时代，没有进入竞技时代。两者有什么区别？竞技是一种技术、能量与艺术的展示，赌博是一种营生，有很多不可告人的“伎俩”，所谓“十赌九骗”就是这个意思。

中国企业家精神中应该包含一种叫做“黄牛”的精神，除上述要点外，黄牛精神还具有双重含义：一是埋头苦干的精神，如“人无压力轻飘飘，井无压力不出油”的大庆精神；二是巧干精神，自从改革开放至今，一代代“黄牛”，推动了中国市场经济与法制经济的发展。我觉得，中国当代文化的核心也在于“黄牛”精神。那是一种为了翻身求生而奋斗的精神，是一种游走于计划、法律、行政管制边缘的营生，这不仅需要无孔不入的商人本性，更需要有技术的支撑。如果每个人有那么一丁点儿“黄牛”精神，那就工作无忧、衣食无忧了。

（周勇.中国商界杂志.2014.2.12）

中国企业家需要“匠人精神”

什么是匠人精神？匠人精神就是为了把事情做好而把事情做好的欲望。一个具有匠人精神的木匠，会专注于把正在制作的家具做得尽善尽美，即使这么做会影响到他的产量和收入；一个具有匠人精神的学生，会精益求精地把专业技能学好，而不是浅尝辄止；一个具有匠人精神的企业家，会对产品和管理的任何细节都充满无限的爱，甚至是一个偏执狂。

我们来看看匠人精神在一些国家的表现。

第一，匠人精神在日本

在日本，如果你被称为匠人，这意味着你得到了极大的尊重。只有一个行业内非常专注、做得非常出类拔萃的人，他才能被称为匠人或者职人。如果你做面食做得很好，旁边的人就会称赞你是一个擀面的匠人，这个人的口吻里一定充满着敬佩。手艺人会根据今天的空气、温度和湿度，结合今天面粉的实际来和面，然后做出独此一家的面食。

当下备受中国企业家推崇的、创建了两家世界500强公司的、日本“经营之圣”稻盛和夫也是一个具有匠人精神的企业家，他曾说：“要用率真的眼睛目不转睛地观察现场。就在这种审视、倾听、贴心当中，我们才能第一次听到‘产品对我们的私语’，找到解决问题的对策。”“手拿放大镜仔细观察产品，等同于用耳朵静听产品的‘哭泣声’，如果找到了不合格产品，就是听到了产品的‘哭泣声’，我就会想，‘这孩子什么地方疼痛才哭泣呢？它哪里受伤了呢？’当你把一个个产品完全当做自己的孩子，满怀爱情，细心观察时，必然就会获得如何解决问题、如何提高制成率的启示。”

不止这些企业，日本有五大商帮，其中之一是名古屋商帮，这一商帮的精神特征是“具备彻底的匠人精神”。就在这个商帮中有一批著名的企业，比如丰田、本田、三菱、日立、新日铁等。

第二，匠人精神在德国

关于匠人精神，德国管理大师赫曼·西蒙有非常独到的观点。他认为，在欧债危机中，公认为德国是最有能力解救欧盟各国的，但德国靠的不是享誉全球的大型跨国公司，而是隐身德国乡间、却在本领域拥有世界第一称号的众多中小企业。在他的《隐形冠军：21世纪最被低估的竞争优势》一书中，揭示了德国保持所在领域出口世界第一的秘密，就在这群“隐形冠军”身上。这群“隐形冠军”有一个共同特点，就是都有非常优秀的手工艺传承，工人们具有令人尊敬的匠人精神。德国人认为一个专注的技能操作工人和科学家没什么两样，这无疑给予了匠人极高的社会地位。

第三，匠人精神在中国

我们有一个成语，叫做“匠心独运”，用“匠心”来形容做事的高妙境界。而中国人最为推崇的匠之鼻祖就是鲁班。可见，中国自古还是有“技进乎道”的文化源流的。然而，独尊儒术的中国文化把劳动分出了贵贱和上下，万般阶下品，唯有读书高；同时，现代化进程不断加速又使人类拥有技能的有效期快速缩短，这都使得人们坚守和潜心于某一职业技能劳动显得更加不易。这看上去是匠人的缺失，却主要还是因为匠人精神的流失。尤其对于企业家来讲，需要真正培育出匠人精神。匠人精神与企业家精神的诚信、担当、创新和坚持，都是同根同源、一脉相承。匠人精神不仅仅可以帮助企业能够生产出高品质的产品和服务，而且是企业传承的重要基因。

（颜伦琴.价值中国.2014.1.3）

企业家精神需要公平市场熏陶

企业家精神不是与生俱来的，而是在公平竞争的环境里培育出来的，是健康健全的市场经济熏陶出来的。

对民营企业家，政府不仅要信任，而且还要依靠。民营企业已经成为国民经济中

最具活力的一部分。根据全国工商联的统计，民营企业的税收贡献率超过50%、就业贡献率超过80%、GDP占比超过60%。虽然当下的进一步深化改革，释放了很多政策红利，但是，民营企业在公平发展上依然面临很多难题。国家应尽力一碗水端平，公平是催生改革内生动力的重要元素。

首先，公平体现在法律上。十八大报告提出各种所有制经济要"同等受到法律保护"，但这一点在法律上还有不完善的地方。比如，刑法有"失职罪、滥用职权罪"等条款，对国有企业提供法律保障。但是，民营企业人员发生同样的行为，却不构成犯罪。

如果法律地位不够平等，对民营企业的保护力度不够，在一定程度上造成民营企业没有安全感。

其次，公平体现在资源、政策的合理配置上。当前，对于民企的税收、信贷、土地、准入门槛等政策及资源配置不足，尤其是人力资源配置不合理，政策导向不明朗。

举个例子，那么多的大学毕业生、研究生挤独木桥考公务员，而民营企业需要大量人才却少人问津。长此以往，企业的创新能力、管理水平如何提升？实体经济如何做大做强？希望国家能切实从政策层面加以引导，营造好的舆论环境，创造条件引导各类要素资源合理配置。

第三，要确保改革成功，必须政令畅通。当前新一轮改革的力度很大，中央的思路很清晰，群众的要求很迫切，但我们感觉，有些文件执行起来打了折扣，速度有点慢、效率有点低，削弱了改革的力量。

这样的环境，造成中国缺乏真正意义上的企业家精神。企业家精神不是与生俱来的，而是在公平竞争的环境里培育出来的，是健康健全的市场经济熏陶出来的。

如果套在民营企业头上的条条框框多，市场经济中的竞争要素就会遇到很多干扰，影响效率，企业家的创业、创新精神也会受到束缚，能力无法得到充分发挥，甚至追求短期行为。

当前，新一轮改革出台了很多营造公平竞争环境的顶层设计，出台了政府机构简政放权、减少对微观经济干预的具体措施，这些都有利于更好发挥企业竞争主体的作用，给企业提供更多机会。我们相信，随着改革的全面深化，资源会更加集约，效率会更加提升，企业能更加受益，民生会更有保障，社会公平正义能得到最广泛的弘扬。

（熊建.人民日报.2014.5.29）

经济学与经济学家：改革理论

新自由主义与中国改革

新自由主义这个词看上去挺诱人也很吓人，有的人将其奉若神明，恨不得立刻分毫不差地照搬过来；有的人将其视为洪水猛兽，恨不得以雷霆万钧之势将其秒杀；有的人一知半解人云亦云，看见一根毛就以为那是核磁共振的片子通透无比。其实大可不必，仔细研究一下，那只是一种理论，如果应用也不过是一种政策，相当于一种工具，没必要人为神话，也没必要刻意贬低。

新自由主义的经济"成绩单"

20世纪70年代末80年代初，新自由主义正式走到历史前台，由经济思潮逐步转化为一整套政策主张和一系列改革实践，进而被西方作为主导性的治理范式推向全球。如今30多年过去了，新自由主义付诸实践的效果究竟如何，它交出了一份怎样的经济"成绩单"？弄清这个问题，对我们进一步认识新自由主义的本质和危害，具有重要的警醒意义。

新自由主义的兴起及基本政策主张

作为一种经济学说，新自由主义起源于20世纪二三十年代，但由于其保守的立场及不切实际的政策主张，长期被西方学界边缘化，也无法获得当局的青睐。60年代末70年代初，西方国家出现经济增长停滞和通货膨胀并存的"滞胀"局面且日趋严重，战后一直处于主流地位的凯恩斯主义宏观经济政策失效。于是，国际垄断资本选择了符合它们最大利益的新自由主义理论作为新的官方经济学。

撒切尔夫人和里根先后于1979年和1981年在英美两国上台执政后，实施私有化、放松市场管制、"金融去监管化"等自由化改革，进而在西欧掀起了80年代的私有化浪潮。进入90年代后，随着"华盛顿共识"的出笼，新自由主义的理论体系趋于完备成型，具体转化为以自由化、私有化、市场化为核心和标志的政策纲领。此后，在一些西方国家和国际组织的推动下，新自由主义迅速向拉美、原苏东社会主义国家和亚非发展中国家蔓延开来。

20世纪80年代中后期，在拉美一些国家爆发债务危机之际，美国迫使阿根廷等国接受以新自由主义为基础的"贝克计划"；此后，美国政府及其主导下的国际金融机构还更多地利用贷款的附加条件，强制拉美国家进行新自由主义经济改革。80年代末90年代初发生剧变后，原苏东地区一些国家在美国的支持下纷纷重用以盖达尔为代表的新自由主义者，全面执行"休克疗法"等新自由主义政策。在亚洲，受美国影响

并在美国会议员和知名学者的游说下，泰国、韩国、印度尼西亚、菲律宾等国从90年代初开始推行新自由主义改革。在非洲，80年代中后期，埃及等国家为了获得国际金融机构的贷款，被迫接受新自由主义结构调整方案。

就其核心而言，以“华盛顿共识”为代表的新自由主义政策主张可以概括为“三化”，即自由化、私有化和市场化。自由化，就是主张推行自由贸易，放松甚至取消金融管制，全面开放金融领域。私有化，就是主张一切财产应属于私人，对国有企业及公共服务实行普遍私有化。市场化，就是反对政府干预，主张让市场机制自发调节包括生产要素、私人产品和公共产品在内的一切社会资源。

新自由主义泛滥的经济后果

新自由主义政策推行前期，西方发达国家的“滞胀”困境有所缓解，一些拉美国家也一度恢复了短暂的经济增长。然而，与有限的成绩相比，它带来的问题更多、矛盾更严重，并很快以不同形式先后在各国爆发。

1.经济增长减速甚至陷入衰退

拉美新自由主义改革的首要目标是恢复经济增长，结果却令人失望。20世纪90年代后，拉美经济增长呈现明显的前高后低、逐步衰退的态势：1991—1994年，经济增长率不足4%；1998年后由于接连发生经济危机或金融动荡，1999年和2001年的经济增长率仅为0.5%和0.3%。据联合国拉美经济委员会公布的数字，拉美在世界经济总量中所占比例在1960年为8%，到21世纪初仅为4%。

在原苏东地区，俄罗斯实行转型的10年里经济大幅下滑：1989年，俄罗斯的国内生产总值（GDP）是中国的两倍多，而10年后仅为中国的1/3。到2003年，在26个原苏东地区国家中，只有7个国家的GDP超过了1990年的水平，其中格鲁吉亚和摩尔多瓦2003年的GDP只有1990年的40%左右。世界银行的一份报告也不得不承认，这次“转型萧条”要比20世纪30年代大萧条造成的后果更为严重，相当于发生了一次大规模战争。

1997年亚洲金融危机时，印尼曾邀请国际货币基金组织进行干预，可在这一年却经历了历史上最严重的衰退，负增长达到12.8%。泰国、韩国、菲律宾等国家也在亚洲金融危机中蒙受重大损失，有些国家的经济甚至倒退了十多年。

作为发达国家新自由主义政策实践的始作俑者，英美两国的经济也在世纪之交走向衰退。互联网虚拟经济泡沫破裂不久，美国似乎走出了经济低谷，一度被视为新自由主义的最佳范例。然而，2008年金融危机的爆发，标志着美国新自由主义模式再次遭到致命性重创。

2.私有化造成国有资产流失和经济主权削弱

大规模的私有化造成了巨大的社会和经济损失。1993—1996年为俄罗斯私有化的高潮时期，而这一期间私有化的收入只占其GDP的0.02%～0.04%、政府预算收入的0.13%～0.16%。据统计，俄罗斯在私有化期间的损失总计约合1.7万亿美元，相

当于其1996年GDP的4.2倍、第二次世界大战期间损失的2.5倍。

大规模的私有化以及迅速的自由化、市场化，使那些推行新自由主义政策国家的产业很快向私人资本特别是外国资本集中。1992年，阿根廷由外资控制的银行资产仅占12%，到1997年就上升到52%。伴随着金融自由化，阿根廷的外债迅速增长，金融主权受到削弱，最终导致2001年爆发金融危机，进而发生波及全国的社会动乱。在外资的控制以及进口商品的冲击下，拉美国家的民族工业遭到严重损害，国家经济安全大为削弱，政府应对危机的能力大大降低。曾被标榜为推行新自由主义典范的埃及，随着国有企业、国有银行的集中出售，以及对国际资本流动监管的放松，民族工业日益衰退，成为名副其实的"依附经济"，贫困化和两极分化现象日趋严重。这些经济问题成为埃及动荡、穆巴拉克倒台一个重要的深层次原因。

东欧大部分国家的经济，尤其是工业和银行业也为外国资本所控制，丧失了主导权。在匈牙利、波兰、克罗地亚、捷克、爱沙尼亚、斯洛伐克、斯洛文尼亚这7个国家中，有4个国家外国资本占银行业资本的65%以上；外资对这些国家工业的控制程度也很高，有3个国家超过了50%。外资的涌入并没有为东欧带来经济繁荣，以匈牙利为例，在私有化运动期间，经济增长不进反退，尤其是在1990—1993年间，GDP下降了近20%。

3.失业问题凸显

实行新自由主义政策后，许多国家以降低通货膨胀率、稳定经济和市场化为由，限制工会权利，解除对劳动力市场的管制，结果出现失业率居高不下的问题。比如，英国的失业率在1979年撒切尔夫人上台时为4.5%，到1981年猛增至9.1%，1985年更高达13%。美国失业率在1948—1973年间平均不足4.8%，而1974—1999年间则为6.6%。在拉美，高失业率与经济萧条相伴：20世纪90年代后期，巴西、阿根廷、智利、玻利维亚等国失业率平均都在7%以上，到本世纪初，拉美平均失业率达到9%以上，其中阿根廷2002年失业率高达23%。

4.全球范围结构失衡和金融泡沫膨胀

新自由主义政策的实施，在一定程度上导致世界范围有效需求增长缓慢甚至减少，进而出现严重的生产能力相对过剩现象。美国制造业的产能利用率在1948—1980年间平均为82.9%，而在新自由主义泛滥时期平均只有78.1%，到金融危机发生后的2009年更是下降到66.2%。欧洲的情况和美国类似。拉美的产能利用率在20世纪最后20年也在低位徘徊。过剩的生产资本为获利而转入非实体经济领域，催生了大量资产泡沫。

在新自由主义泛滥时期，经济全球化和美元霸权使世界经济积累了严重的结构性矛盾。在过去的几十年里，美国从国外大量进口，产生了愈演愈烈的贸易逆差。从2003年开始，其经常账户赤字超过5000亿美元，2006年甚至高达8000亿美元。而顺差国家则积累了大量以美元资产为主的外汇储备，为保值增值又回投到美国金融市场，推动美国资产价格上涨。

随着全球资本过剩和经济失衡不断加剧，金融泡沫加速膨胀。金融自由化解除了对金融部门的管制，更为各种金融欺诈、投机铺平了道路。在新自由主义泛滥时期，几乎所有的西方市场经济模式国家都出现了经济金融化的现象。比如，美国金融业在国内总利润当中所分割的比重越来越大，从20世纪80年代初的不足20%上升到30%左右，并在本世纪初一度达到45%，而同期制造业利润的比重则大幅下降。

5.金融危机和经济危机频发

发展中国家和新兴市场国家推行新自由主义的后果之一，就是发生了一连串的经济和金融危机。以拉美为例，1994年，墨西哥爆发金融危机；1998—1999年，巴西在亚洲和俄罗斯金融危机的冲击下出现严重货币危机；2001年，阿根廷因经济衰退和债务问题引发了金融危机；2002年，巴西和乌拉圭又陷入金融动荡。

在第二次世界大战结束后的近30年时间里，美国等西方国家没有出现过一次严重的金融危机，没有一个重要的金融机构破产。而20世纪80年代以来，每隔10年左右就会发生一次较大的金融危机，大型金融机构破产也不时发生。此次由美国次贷危机引发的国际金融危机，甚至使欧洲国家也普遍深陷主权债务危机。危机爆发后，全球GDP在2009年下降了2.2%，失业率为6.6%，失业人口总数近2.12亿人，比2007年增加了3400万人。

在危机的发源地美国，经济总量跌幅达到了4.2%，失业率从4.4%上升到10%，失业人口从673万上升到1535万。危机中，大量家庭失去住房。据估计，从危机爆发到2014年3月，已经有500万套住房被银行收回。按照美国官方统计，美国贫困人口在2010年达到了史无前例的4618万，大约每7个美国人中就有一个人处于贫困之中。

很多推行金融自由化和利用金融业的发展推动经济繁荣的国家受到沉重打击。冰岛人均收入一度排世界首位，但随着国际金融危机的爆发，其金融体系遭受沉重打击，货币大幅贬值，外债高筑，国家濒临破产。危机还广泛波及亚洲、东欧、拉美、非洲的许多国家和地区。在原苏东地区，2009年整个地区产出下降近6%，拉脱维亚、乌克兰、立陶宛、亚美尼亚甚至出现了超过14%的经济大倒退。

对新自由主义的反思和纠正

新自由主义交出的这份经济“成绩单”，深刻地揭示出它内在的重大缺陷。随着新自由主义经济后果的逐渐显现，对它的批评和反思越来越多，一些曾经将其奉为救世良方的国家也在不同程度上改变和纠正了原有的一些政策做法。

诺贝尔经济学奖获得者斯蒂格利茨撰文指出：新自由主义一直是为某些利益集团服务的政治信条，从来没有得到经济学理论的支撑。曾长期担任政府智囊的日本经济学家中谷岩，由新自由主义的急先锋转变为忏悔者，批评新自由主义让世界蒙受了巨大灾难。巴西理论家多斯桑托斯将里根经济学称为“灾难政治经济学”，认为拉美国家“落入了新自由主义陷阱”。即使是致力于维护资本主义制度的西方政要，也开始反思新自由主义的错误和危害。在2009年二十国集团峰会闭幕新闻发布会上，

英国首相戈登·布朗公开宣布了“华盛顿共识”的终结。2009年2月，澳大利亚总理陆克文专门撰文批判新自由主义，指出“本次危机正是过去30年来自由市场理论主宰经济政策的最终恶果”。

广大民众也在亲身经历中逐步认识到新自由主义的危害。2011年秋季，美国“占领华尔街”运动的抗议者们高举“我们是99%”标语，抗议华尔街贪婪无止境、指责政府救助少数金融机构而使多数人陷入经济困境。这一行动不断升级，并迅速蔓延至英国、法国、西班牙、日本等80多个国家和地区。2012年，分布在世界四大洲19个国家的大学生联合签名，呼吁取消以新自由主义经济学为主流的标准课程设置。

从实践来看，在率先启动新自由主义变革的英国，撒切尔主义早已衰落。20世纪90年代后期，英国在陷入经济衰退后即疏远了新自由主义模式，西欧诸国也藉由“第三条道路”与之拉开距离。进入21世纪后，英国的保守党、工党更是公开表示与新自由主义划清界限。由于新自由主义改革效果不佳，1998年的美洲国家首脑会议，明确提出了强调国家在社会发展进程中的作用、减少经济改革的“社会成本”等为核心内容的“圣地亚哥共识”，以替代“华盛顿共识”。经过对新自由主义政策的抵制和纠正，拉美正在逐步走向经济自主和复苏。在俄罗斯，随着1998年金融危机的爆发，“休克疗法”陷于破产。甚至连当年参与主持“休克疗法”改革的盖达尔，后来也不得不承认“改革是失败的”。普京任总统后，采取一系列有力措施，加强国家对经济的干预，反击寡头对经济的控制，实际上宣告了新自由主义改革在俄罗斯的终结。

（王兆斌.求是.2014.8.15-16）

警惕新自由主义思潮误导我国改革开放

以完善和发展中国特色社会主义制度为根本目标的改革开放，是一场深刻的革命。回望我国30多年的改革历程，每当改革关键时期，各种错误思潮便会冒了出来，企图干扰乃至误导改革进程。当下，我国发展进入新阶段，改革进入攻坚期和深水区，必然会遇到各种错误思潮的干扰。这里，尤其需要警惕的是新自由主义思潮。

新自由主义是在亚当·斯密古典自由主义思想基础上建立起来的一个新理论体系。它是一种以"市场原教旨主义"为核心,适应国家垄断资本主义向国际垄断资本主义转变需要的理论思潮。就当前美英新自由主义主流学派而言,其主要观点:在经济理论方面主张自由化、私有化和市场化;在政治理论方面强调否定公有制,否定社会主义,否定国家干预;在战略和政策方面极力鼓吹以超级大国为主导的全球经济、政治、文化一体化,即全球资本主义化。自上世纪90年代之后,新自由主义在全球的蔓延曾一度呈加剧之势。

党的十八届三中全会闭幕以来,国内外新自由主义者纷纷粉墨登场,说什么全会《决定》用"市场起决定性作用"取代原来的"基础性作用",就是主张"由市场说了算",就是要建立一个"消除了行政干预的市场",这"符合私有资本和西方投资人利益"。这明显是在用新自由主义的"市场原教旨主义"误导我国下一步的改革开放。

由此,准确理解并阐释全会《决定》关于"核心问题是处理好政府和市场的关系,使市场在资源配置中起决定性作用和更好发挥政府作用"的论述,是当前我国经济理论界面临的一项重要任务。我们要清醒地看到,全会提出的"使市场在资源配置中起决定性作用"同新自由主义的"市场原教旨主义"是具有本质区别的。

新自由主义根本排斥政府对市场、对经济活动的任何干预和宏观调控

新自由主义的"市场原教旨主义"根本排斥政府对市场、对经济活动的任何干预和宏观调控。从哈耶克到科斯,到弗里德曼,无一不认为政府对经济活动、对市场的任何干预和调控行为都是无效率的、不必要的。他们主张的自由市场、自由经营等是绝对的自由。

而在马克思主义看来,市场在资源配置方面确实具有灵敏性、灵活性的优势,可以推动企业按照价值规律改善经营管理,推动企业根据供求规律主动适应市场供求变化,促使资源在竞争规律的支配下流向经效益好的企业或行业、部门,从而在一定时间段内提高资源的配置效率。

但必须看到,市场同时又具有盲目性这一先天性的缺陷,特别是在宏观经济领域,正是市场的盲目性这一先天的致命缺陷,往往给社会酿成巨大灾难——经济危机。从19世纪20年代英国发生第一次经济危机开始至今的近200年间,每隔10年左右的时间,资本主义世界就暴发一次严重的经济危机或金融货币危机,对社会生产力造成巨大破坏,便是证明。

也正是基于此,马克思主义揭示了生产社会化同生产资料私人占有的资本主义的基本矛盾,必然造成资本主义经济单个企业内部的有计划同整个社会生产的无政府状态,进而引发周期性经济危机这一客观规律。也正是由于这一客观规律,推动"由市场说了算"的资本主义经济制度必然被以公有制同市场经济完美结合为基础、以有计划按比例发展为基本特征、以实现共同富裕为目标的社会主义市场经济体制所取代。

遵循马克思主义揭示的这一客观规律，全会《决定》以“使市场在资源配置中起决定性作用”取代此前的“基础性作用”，当然不是要回到“由市场说了算”，其出发点是为了处理好市场调节与政府宏观调控这两者间的关系。就是说，其前提是市场调节与政府宏观调控两者并存，既要发挥市场在调节方面的灵活性、灵敏性，以解决干预过多的问题；又要发挥政府事前的规划或计划的指导，事中的监督和事后、特别是在市场失灵时的宏观调控功能，以解决监管不到位的问题，确保国民经济协调平稳运行，减少波动、杜绝危机发生。

新自由主义主张在经济活动的所有领域都是“由市场说了算”

新自由主义的“市场原教旨主义”主张市场调节支配经济活动的一切领域，也就是所谓在经济活动的所有领域都是“由市场说了算”。

《决定》提出的市场的决定性作用仅仅限于资源配置，而且这里的资源，主要是指一般性资源，并不包括地下资源及其他关系国计民生的必须由国家控制的战略性资源、特殊资源。尤其重要的是，在马克思主义看来，资源配置问题绝不是经济活动的全部，它仅仅是经济活动的一个方面。比如，文化、教育、医疗甚至金融领域等提供服务性及其他公共产品的领域的经营活动，关系国计民生。这些提供公共产品的领域，不能完全以赢利为目的，可以引入市场的竞争性机制，但不能让“市场起决定性作用”，不能“由市场说了算”。

以往一个时期，一些人在文化、教育等领域推行市场化改革，提出所谓文化、教育、医疗领域实行“产业化”“市场化”，结果如何呢？导致一些文化产品低俗、媚俗、庸俗，严重冲击社会主义核心价值观；有的教育单位“去意识形态化”、进而“西化”，偏离党制定的多年行之有效的“德智体全面发展”的方针，导致邓小平同志20多年前就已指出过的“最大失误在教育”局面长期不能扭转，甚至在有些方面越来越严重；卫生医疗领域一度形成因价格高企致使普通百姓看病难、买药难等就医难的局面。

20世纪90年代初，苏联剧变不久，以盖达尔为代表的一部分食洋不化的俄罗斯青年精英，对美国的新自由主义模式十分痴迷。于是，推行了他们所谓的“休克疗法”式经济转轨方案，并把“西方化或全盘西化”作为战略和政策的主导思想。俄罗斯在不到10年的转型中，经济、社会几近崩溃，推行的“休克疗法”以失败告终。但对于西方垄断资本来说，摧毁苏联遗留下来的以公有制为基础的经济体系，就是胜利。前车之鉴，不可不警觉。

“使市场在资源配置中起决定性作用”同新自由主义的所有制基础不同

“使市场在资源配置中起决定性作用”和新自由主义的“市场原教旨主义”，两者的所有制基础是根本不同的。

新自由主义的“由市场说了算”，是以彻底私有化为前提或基础的。按照新自由主义的理论逻辑，公有、国有必然导致垄断，不可能“由市场说了算”，经济活动也不可

能有效率。因此，所有的新自由主义者都反对任何形式的公有经济、特别是国有经济。他们利用一切场合、一切机会，给公有企业、国有企业泼脏水，抹黑公有经济、国有经济。

要看到，社会主义市场经济制度的最本质特征是：公有制 + 市场机制。所以，《决定》在用“使市场在资源配置中起决定性作用”取代此前“基础性作用”的同时还强调：“必须毫不动摇巩固和发展公有制经济，坚持公有制主体地位，发挥国有经济主导作用，不断增强国有经济活力、控制力、影响力。”

这就清楚地表明，“使市场在资源配置中起决定性作用”，不仅不是要削弱公有制的主体地位，削弱国有经济的主导作用，而是要进一步巩固和发展公有制经济，强化国有经济的主导作用。换句话说，“使市场在资源配置中起决定性作用”，是在以公有制为主体的基本经济制度为前提下进行的，而不是以私有化为前提的。

可见，国内外新自由主义者借“解读”《决定》之机，攻击国有经济的主导地位，攻击国有经济的控制力、影响力为垄断，叫嚣要消除这种“垄断”，搞垮国有经济，居心不良，值得各界高度警惕。

新自由主义坚持“资本优先”，目的是为资本说话、为资本服务

“使市场在资源配置中起决定性作用”同新自由主义的“市场原教旨主义”表现在分配领域，是坚持“劳动者优先”和依法保护资本的合法利益，还是坚持“资本优先”。

新自由主义者深知，在市场经济体制下，特别是在私有化为基础的市场经济体制下，资本与劳动这一组关系，资本总是处于强势、支配地位。资本为了攫取尽可能多的剩余价值，总是有意识地保留一支失业大军，以便造成在劳动力这种特殊商品的供求关系中有利于资本的“市场决定”格局。这也就是为什么所有的新自由主义流派均反对、批判国家运用财政等手段解决社会保险、社会福利等以刺激需求和增加就业机会的原因所在。

20世纪80年代初，美国里根总统所自我标榜的“里根经济学”，实际上是采纳以拉弗、费尔德斯坦等为代表的供给学派理论。供给学派极力鼓吹“资本优先”，主张国家的收入分配政策、国家财政向资本倾斜，尤其主张降低资本所得的边际税率，以刺激资本投资，增加供给。这也就是所谓“效率优先”的由来。很明显，新自由主义供给学派的这一套理论是为资本说话、为资本服务的理论。

自里根之后的美国历届政府均延续这一政策，其后果是导致美国严重的贫富不均。据法国经济学家皮克提的新作《二十一世纪的资本》统计揭示：近100年来，美国的国民收入分配导致的贫富差距经历了“U”型曲线变化，上世纪经济大萧条前夕的1929年，美国最富有的10%的人口占有全美50%的财富。罗斯福推行以凯恩斯主义为基础的“新政”，使美国的贫富差距在二战期间及其以后有所缩小。进入80年代以来，新自由主义成为美国的主流经济学，美国贫富差距的走势发生逆转。2010年，美国最富有的10%的人口占有全美财富的比例高达75%。

30多年来两极分化越来越严重，造成了美国社会99%与1%严重对立的社会格局，并最终导致2007年的严重金融危机，并蔓延至全世界、祸害全世界，美国也因此沦落为人类灾难的制造者。

美国发生的灾难，对于我们来说是一面绝好的镜子。近些年来，在收入分配方面，我们是有经验教训可以总结的：按照邓小平的设想，上世纪末或本世纪初，在收入分配方面应注意解决不平等问题。但由于新自由主义思潮的干扰，有的地方政府迷信“市场决定”，将屁股坐到了资本一边，对有些私人企业、私人资本对工人施行的超低工资、近乎零劳保福利的现象熟视无睹。

正是这种由所谓“市场决定”的不公平的分配政策，造成当前的一系列严重后果：贫富差距扩大，社会矛盾、不稳定因素四伏；由于广大中低收入群体有效需求不足，国民经济转型升级困难重重。更为严重的是，这种不公平的收入分配政策，使我们党和政府在广大中低收入群体中的信誉降低，发展下去，将会动摇我们党执政的群众基础。

所以，《决定》的“使市场在资源配置中起决定性作用”，并不完全适用于分配领域。虽然在社会主义市场经济的分配领域，也要引入市场竞争激励机制，但拒绝“由市场说了算”，而应由市场和政府各自发挥应有的调节作用：初次分配中市场的作用可以而且也应该大一些，但政府也不是置身事外，必须注重宏观指导，如完善最低工资和工资支付保障制度，并通过立法等途径不断提高劳动报酬在初次分配中的比重；再分配则应主要发挥政府的调控作用；在收入分配的全过程中，要下大力气解决当前已经存在的收入分配不公、贫富差距过大的问题，保障经济发展成果全民共享。

《决定》用“使市场在资源配置中起决定性作用”取代此前的“基础性作用”，是中国特色社会主义市场经济理论的一个重大创新。真理再多迈出一步，就成谬误。这一点用在理解“使市场在资源配置中起决定性作用”问题上十分恰当。“使市场在资源配置中起决定性作用”同新自由主义的“市场原教旨主义”之间是有边界的。如果我们不注意划清边界，准确地拿捏好、掌握好分寸，多迈出一步，就会堕入新自由主义的万丈深渊，我们就有可能犯颠覆性的历史性错误。

（何秉孟.党建.2014,7）

经济与经济学家：改革理论

缅怀改革理论开拓者：于光远

从新中国成立开始，一直到上个世纪末，于光远、薛暮桥、孙冶方三个人，是我国经济学界里最有影响、最起引领作用的带头人，对中国经济学术发展，对政府经济政策制定，起了重大作用的经济学家。

于光远:改革理论的开拓者

——缅怀经济学泰斗于光远

光远是2013年9月26日凌晨走的,他1915年7月5日出生,享年98岁。记得他在多年前的一次小聚会上曾戏说:我肯定比他老人家活得长!掐指算来,光远的确比他老人家多活了15年!

安息吧!光远,你是一位杰出的跨时代而又学贯自然科学和社会科学的博学多才、睿智勤奋的科学家;你以自己渊博、敏锐、勤奋、宽厚的强大人格魅力获得了众多的一代又一代的追随者;在经济学浩瀚的大海中,你以创建中国自己的经济学体系为己任,独立思考,不断探索,以极大的理论勇气,冲破极左意识形态的束缚,是构建经济学新体系探索道路上的斩棘者;你以敏锐的思维见解,不断提出经济理论的新思想,是改革理论的开拓者。

经济学界公认,光远是经济学界一个时期的一面旗帜!

上个世纪60年代的经济学专业学生,有两本教科书:一本是苏联的政治经济学教科书;另一本就是于光远与苏星合著的政治经济学(社会主义)教科书。随着社会经济的发展和时代变迁,他所编写的教科书及其观点,可能已渐渐被人遗忘。可是,这部适合中国人自己阅读的经济学教科书,其中所使用的范畴、概念以及对经济规律运行的描述,为数千万经济学家奠定了经济学思考的基本功。在我学生期间,就认认真真地学习了于光远、苏星合编的这部经济学教科书,把握了经济学思考的基本功能。"文化大革命"前,我经济学本科毕业,虽然进入了科学院,但却在连续不断的政治动乱中,不得不去农场多年种红薯。70年代,又转至京城粮食仓库,严寒、暑天装卸火车、堆码粮囤,虽然说很接地气,获得了深深了解中国社会的机会,但却也很苦,200斤的粮袋能扛起来上粮囤,对一个文弱书生来说,也得好好练练啊!但那时,我仍念念不忘爬格子,70年代中期,正值世界发生能源、粮食危机,我苦苦思索,撰写了世界粮食问题、世界能源问题的系列文章,这些文章不知通过什么样的渠道,传到了光远的案头,他很是赞赏。1976年左右,于光远所在的国务院政治研究室奉邓小平的意

愿,正在中国科学院哲学社会科学学部筹办《思想战线》杂志,除从本学部调人外,也计划从全国选调人才,准备组调10名年轻的记者、编辑。我被光远选中,他指令《思想战线》编辑部将我从粮库调回编辑部,让我从装卸工直接转成了学术刊物的编辑,这是我人生轨迹的一大转折啊。对此,我很感恩!

筹备中的《思想战线》杂志随着"四人帮"的"批邓"被夭折了!但不久,"四人帮"违背民意也垮台了,其控制下的口舌《红旗》杂志的编辑骤然停摆。我有幸被调去《红旗》经济组做编辑工作,按新的指导思想继续《红旗》刊物的出版。但我的兴趣一直是经济学基础理论,后来找机会调到了经济研究所,有幸随孙冶方撰写《社会主义经济论》。这期间,孙冶方以深邃严谨的经济学思想对我进行经济学的再教育,光远以敏锐博学的多学科知识对我进行脱毛式的补课。可以说,那几年是我思想更新、知识累积长足进步的时期。70年代底80年代初,中国的思想界从冬眠中渐渐苏醒,经济学界首先掀起了思想解放的运动。那时,光远充分发挥了他的学术组织才能,组织了许多影响中国经济建设的经济学理论问题讨论会,诸如:资产阶级法权和按劳分配、社会生产目的、经济社会发展战略、社会主义初级阶段、社会主义市场经济,还有消费等问题;还举办了多种学术报告会,倡导发展生产力经济学、技术经济学、教育经济学、环境生态经济学、还有灾害经济学等,这些学术活动对推动经济学界的思想解放起了不可估量的作用!大多数活动我也都有幸参加了,受益匪浅!

就经济学而言,光远对中国经济改革起着理论开拓功能的经济学思想基本上都凝聚在《政治经济学社会主义部分探索》1—7卷中。其中就有《中国社会主义初级阶段的经济》《社会主义市场经济主体论》等。他走了,这几天,我怀着一种深深的追念,将这七部著作排列在我案头,一部一部重新翻阅,感触刻骨幽深,这里主要有三点:

一是提出社会主义市场经济主体论,为确立社会主义市场经济的目标模式奠定了经济学思想基础。

"社会主义市场经济主体论",是光远在上个世纪80年代中期在多次学术报告、对外学术交流、论文中提出的一个大论题。这一论题的核心是在论证:社会主义经济本身应该作为一种现代市场经济来理解,这个"主体论"曾引起学界的激烈争论。首先发生在对"主体"的理解上。从哲学的意义上,要讲"主体",必然要论及"客体",质疑者总是问:说社会主义市场经济主体,那么社会主义市场经济的客体是什么?进一步还质疑说:如果把主体理解为起主导作用的成分,那么非主要的部分又是什么?因此,学界不少同仁说:社会主义市场经济主体论,实际上就是把计划经济为主,市场经济为辅倒过来的意思。光远对这种质疑很宽容,他从经济思想发展史做了详细的论述:上个世纪初,列宁最早给市场经济定性,说他是一种"无法消灭不平等的剥削";而计划经济"才可能消灭剥削",所谓市场经济姓资、计划经济姓社,就是由此开始的;进入50年代,学界对市场经济与计划经济性质的认识有所松动,但市场经济存在的范围仍然受到严格的限制。列宁的论断仍然控制着原社会主义国家的思想界。但进入70年代,市场化改革成为世界潮流,转型国家的改革在弄清什么是社会主义的大前

提下，首先确立了市场化改革的决策思想。以中国而言，1984年10月，党关于经济体制改革的《决定》中指出："社会主义是公有制基础上有计划的商品经济"，明确提出改革的任务就是要逐步完善市场体系；1987年10月，党的十三大更是明确提出：社会主义经济体制中的计划与市场都覆盖全社会，而有计划的商品经济体制，是计划和市场内在统一的体制。但是，左的残余势力仍然死死地守住列宁早期的思想，一有风吹草动，就要诋毁市场化改革，他们在论述什么是社会主义时，重点依然是计划经济，不同的是，他们打出了有计划的商品经济的旗号，以此极力诋毁市场经济。针对思想界的这种情况，光远说：与其让他们钻有计划商品经济的空子，倒不如提出社会主义市场经济主体论，其要旨是：在新的历史阶段中，社会主义经济中不再有市场经济与计划经济并存的局面，整个社会经济只有市场经济，即市场经济成了主体，但市场经济并不排斥计划，市场经济也是有计划发展的。这个有计划发展的主体不是别的，也正是市场经济。

1992年10月，中国的改革有了明确的目标：社会主义市场经济新体制。与社会主义市场经济理论相比较，社会主义市场经济主体论显得不够鲜明，但"主体论"对社会主义市场经济理论的形成所起的思想推动功能仍不可磨灭，一是在80年代，"社会主义市场经济主体论"给市场经济改了姓，让市场经济与资本主义脱钩，颠覆了列宁最早的定义。二是鲜明地提出计划经济与市场经济并存的局面将不复存在，市场经济是整个社会经济的主体。这在1992年10月的十四大前，起到了市场化改革的旗帜功能。年青的一代经济学人可能还不大清楚那段历史。那时在极左意识形态的笼罩下，谈市场，是会有血的斗争。有理论家就公开说：搞市场经济就必然要搞私有化，要取消计划管理，要实现西方的和平演变，更有甚者竟然断言：搞市场经济，就是要取消共产党的领导！那时讨论市场经济，真是充满了刀光剑影啊！现在看来很荒唐，那时一些人却觉得自己很革命！

自确立了社会主义市场经济的改革目标后，光远明确表示：我拥护社会主义市场经济新体制的提法。而且认为要积极开展现代市场经济的研究、教学和传播工作；要花大力气推进与之相适应的社会观念的变革工作。其中有件大工程是组织经济学界同仁编撰了大部头的《社会主义市场经济的理论与实践》的学术著作，收录了吴敬琏的4篇、厉以宁的4篇、龚育之的3篇，光远本人就撰写了8篇，都是论述社会主义市场经济理论的学术文章。我有3篇文章也有幸被选中编入书中，一篇是《中国经济改革大趋势：向社会主义市场经济过渡》(1992年6月赴美国华盛顿大学学术访问的演讲稿，发表在《工业经济研究》1992年第4期)，另一篇是《经济改革理论的新进展：社会主义市场经济》(原载《江淮论坛》1992年第10期)，还有一篇是我阅读国内外文献时，对不同国家经济学家对商品、商品经济以及市场、市场经济含义的论述资料整理。光远说："本书是一本经济学家集体创作的高水平的学术著作，具有深刻的理论意义与重要的现实意义"(详见于光远主编：《社会主义市场经济的理论与实践》中国财政经济出版社1999年11月)

二是提出"社会所有制"理论,批评了全民所有制的弊端,为国有经济改革拓展了大思路。

光远费了很大的精力,从德文的翻译中来把握社会主义所有制的基本性质,这在我国经济学界也许是独一无二的。光远在考证中发现,"公共所有制"和"社会所有制"是完全不同的两个概念。马克思、恩格斯在使用这两个概念时,是非常严谨的。当他们讲到社会主义社会的所有制是对古代公有制的否定的否定时,使用"共有制"这个概念;而讲到社会主义社会的所有制时,他们非常严格而有异常明确地使用"社会所有制"。他特别强调,在讲到社会主义所有制时,只有准确地使用"社会所有制",才能真正反映社会主义所有制的基本性质,他在多种场合批评说:翻译界把"公共所有制"和"社会所有制"统统都翻译成一个词即"公有制",这是不对的!

光远认为,"社会所有制"是社会主义所有制的基本性质而不是基本形式。原南斯拉夫就把这个理论问题搞混了,因而出现了一些弊端。作为社会所有制,可以有多种形式:首先,如何看待"全民所有制"?"全民所有制"的概念,其发明权归属列宁,是列宁在十月革命前全俄农民第一次代表大会上提出。但在长期实践中,所谓全民所有制的生产资料根本不能由全体人民来支配,全体人民在经济上也不能实现自己对生产资料的所有权,全体人民也不能从这种所有权中获得经济利益。实际生活中,所谓全民所有制,实际上都是由国家来支配的,而国家理所当然的以全民生产资料的所有者的代表来获取经济利益。所以,准确地说,国家所有制是社会所有制的一种实现形式!当然,国家所有制能否称得起是不是具有社会主义所有制的性质,前提是:这个国家首先必须是社会主义的国家,是真正代表人民利益的国家,否则,国家公务员行使财产所有权的功能,要比私人资本家还坏!他们从国库、企业中捞取财产,比私人资本家从自己的钱柜中提取还顺畅。所以,应该说,全民所有制,乃是一种虚拟的概念。其次,如何看待劳动群众集体所有制?劳动群众集体所有制要能体现社会主义性质,如同国家所有制一样,按教科书说:劳动群众集体所有制要成为社会主义社会所有制的前提条件,要首先有合格社会主义国家所有制,否则,那仍然是一种集体的资本主义所有制,这种议论的根据仍然是列宁在《论合作制》中的有关条条。对此,光远很不赞成。但他在探索中还没有形成比较成熟的结论,只是说提出了问题!第三,光远认为:社会所有制体现了社会主义所有制的基本性质,属于社会主义基本制度问题。但其基本形式,未必都一定要体现基本制度的归属性。他指出:转型国家在某一个历史时期,有可能社会所有制的基本形式都不占据主要地位,光远依据改革开放的实践,指出:国家的、集体所有制的企业,通过横向联合、合作组建了新的企业,会比原来比较单纯的所有制企业的资产组成变得更为复杂、多样,而且这种新的财产组织形式会越来越多。因此,社会所有制的实现形式会是多种多样的,各种不同的所有制会以更复杂的形式组成适合市场经济运行的财产组织形式!这有利于社会生产力的发展。

光远在提出社会所有制概念时,还对最基本的概念做了研究,比如:所有与占有

经济学含义，提出“使用中的占有”“经营中的占有”“所有中的占有”之间的经济学界限，这对清理“穷过渡”的祸害以及维护产权改革中不同经济主体之间的经济利益，都具有重大的实践意义。

三是提出社会主义初级阶段理论，弄清什么是社会主义！

光远对社会主义初级阶段理论的提出，有个简单的回顾：他在《论中国经济50年》这部著作中说：党的十一届三中全会最早系统提出社会发展阶段问题是苏绍智、冯兰瑞。我把他们的思想概括为社会主义初级阶段。在起草若干历史问题《决议》时，是我力争把“社会主义初级阶段”几个字写到《决议》第33条中去的。1982年，我参加胡耀邦在党的十二大政治报告的起草时，我再次提出写进了“社会主义初级阶段”，形成的文字也比较满意。但这两次我们能做到的事只是把“社会主义初级阶段”的提法写进了中央的重要文件，后来，在十二届六中全会上有个精神文明建设的《决议》，其中也讲到了“社会主义初级阶段”，但在起草过程中，不少同志认为，社会主义初级阶段是个涉及全局的大问题，在这个决议中没有深入发挥论述是个明显的缺点。因此，主张将对这一问题的全面论述留给十三大政治报告中去完成。这个任务就落在赵紫阳的身上。1987年，赵紫阳给邓小平写了一封信，信中提出：他想在十三大政治报告中“着重指出我国正处在社会主义的初级阶段，这是我们之所以必须采取现在这样的方针政策而不能采取别的方针政策的基本依据。”赵紫阳还提出：“初级阶段这个提法，在党的文件中已经三次出现，但都没有发挥。”邓小平同意赵紫阳的看法，因此，党的十三大政治报告全面地论述了社会主义初级阶段的理论。

1988年，光远亲自执笔，撰写了《中国社会主义初级阶段的经济》(1988年8月，中国财政经济出版社)他从现实的生产力、生产关系出发，全面而系统地重新认识了什么是社会主义的大问题！1994年，光远围绕社会主义初级阶段的理论，总结中国经济建设的教训，写过一篇短文：《三个“三十年”》，江苏人民出版社看到了这篇短文，希望能写成一部专著。光远答应了约稿，但却“不想一个人去做这件事”，因此约请了何伟、晓亮，还有我，共同来撰写这部巨著。光远召集我们谈了他的基本思想，我们四人中，光远是我们的老师，但他虚怀若谷，宽以待人，开宗明义说，我是这部书稿的主编，但也是四个作者之一，按照写作分工，我撰写第一篇，有计划经济向市场经济转变；第二篇由晓亮写所有制问题；第三篇由何伟写分配问题。待我们大体完稿后，由光远写序，对全书有个交代，而且明确要写一篇有实质内容的“主编者言”，占用的全书总篇幅的十分之一，说：“我写的文字长度相当于其他三位经济学家所写总和的十分之一。”他撰写的“主编者言”其中有一段话非常感人：如何在一本书里百家争鸣与百花齐放，他说：“在这部书稿中，我以外的三家各写一个题目，彼此观点上交叉的观点不会太多，因此，实行双百方针主要在我与别的三位作者之间。人们以为作为主编的我想在一部书中有一个统一的观点。本人无此主张和要求。三位作者都是我的老朋友。他们对我很了解，因此用不着商量，他们就会在写作中无所顾虑地表达自己的观点。”(详见：于光远主编：《论中国经济50年》1999年中国财政经济出版社，第22页)

的确,我们在书稿的撰写中,是毫无顾虑地写了我们要写的思想。大树底下好乘凉,与大师合作,为我们独立思考提供了极为广阔的空间!

80年代初,孙冶方因病住院,光远去探望他,在床头,两人有一段对话,我在场,回来后做了追忆记录。光远说:冶方,过去你在研究部门工作,我在党的意识形态部门工作,你曾就经济学理论和实践,提出了不少很有见解的观点,由此受到了很不公正的待遇,全国范围内对你进行了批判,这种做法我不能承担责任,也没有能力去保护你,但我的确也对你的观点的现实意义理解不深。这些年,我离开了意识形态部门,比较多地贴近了经济实际工作我才清楚了你许多观点的实践意义!两位经济学界的泰斗,谈得非常痴情!

光远走了!

我轻轻地抚摩着《政治经济学社会主义部分探索》1—7卷本,感慨万千!我苦苦地思索着,像光远这样智慧超群且又学贯各类学科的大师,数十年来,难道就一直只能“探索”一门经世济民的实用科学!为什么就仅仅是“探索”呢?就光远的亲身感受,我们的意识形态部门,对经济理论发展的新思想不熟悉,对经济实践出现的新问题不了解,但却对什么问题可以写可以说,什么问题不可以写不可以说,有着绝对的控制权!处处刀光剑影,学者怎么能去独立思考呢?所以就“探索”吧!

(冒天启.孙治方科学基金会.2013.10.8)

一代宗师于光远:斯人已逝 其志光远

著名经济学家、哲学家于光远昨日凌晨逝世,享年98岁。

大师远去,其志光远。他的“弟子”,经济学家张卓元、赵人伟用平实的语言向上海证券报记者追忆了一代宗师于光远的学养和成就。

“从新中国成立开始,一直到上个世纪末,于光远、薛暮桥、孙冶方三个人,是我国经济学界里最有影响、最起引领作用的带头人,对中国经济学术发展,对政府经济政策制定,起了重大作用的经济学家。”

张卓元说，与薛暮桥、孙冶方两位不一样的是，于光远知识面更广更宽，甚至包括哲学，都有很深造诣。于光远原来是学习物理的，他自己说自己是"杂家"。尽管各个方面都有造诣，但他研究成就最主要是在经济学，主要科学成果表现在经济学界。

经济规律不可抗拒

张卓元说，于光远在经济学界的主要贡献在五个方面。

一是最宽派的商品观点。在上世纪50年代，于光远是我国社会主义发展、商品生产和交换方面的最宽派代表。他认为，只要加入交换范围内的，就属于商品，商品范畴非常广泛。他建议充分发挥商品生产和商品交换，来发展我国经济。尽管当时是计划经济体制，但观点是非常超前的，已经突破了传统理论框框。

二是作为哲学家，他认为经济规律是不可抗拒的。如价值规律，不能说价值规律起积极和消极作用，也不能说是自觉起作用。规律就是客观起作用的，有商品生产就有价值规律，是自发的、必然地在起作用。要是限制规律，或者让规律只起积极作用、不起消极作用的观点是不对的，做不到的。人们只有尊重价值规律，按照客观经济规律办事，才能取得比较好的效果。

在上世纪60年代初期，于光远、薛暮桥、孙冶方他们三人在北京组织了著名的双周座谈会。人员包括北京学界、甚至各个财经部门领导，尤其是对经济学和经济研究有兴趣的在一起进行讨论。他们针对"大跃进"带来的错误，共同发起和组织了三个小组，包括社会主义再生产、经济规模、经济效果等。对于总结"大跃进"教训，以及如何尊重经济规律，按照经济规律办事，严格经济核算，讨论起到了效果。

上述研讨引领全国从1961年到1963年对这些问题进行研究和讨论，在中国经济学界产生了很大的影响。讨论很有针对性，主要是针对"大跃进"出现的问题，包括比例失调、不顾成本、浪费严重、效果很差等，对于国民经济恢复和发展起到了很好推动作用。

三是他曾是经济学界首个拨乱反正的组织者和发起人。"文化大革命"结束后，于光远第一个出面组织和发起经济学界的拨乱反正。记得在1976年底1977年初，他就召开了经济学界的第一个拨乱反正会议，而且先后开了5次。经济学界拨乱反正就从这里开始。可以说，他是经济学界拨乱反正的倡导者、组织者。经济学界思想解放，纠正"四人帮"当时的极"左"理论，是从这里打开了缺口。

四是他是社会主义初级阶段理论开创者和阐述者。他在1979年到1980年、1981年，写了一本《社会主义初级阶段理论》，是中国迄今为止对社会主义初级阶段论述最系统、最全面的一本书。该书全面系统地对初级阶段进行理论论证，这在经济理论界影响很大。后来，中国社科院经济研究所、经济研究部以及孙冶方基金会共同选出中国经济最有影响的10本书，其中就有这本。可以说，于光远对于当时的主张和提出中国经济处于社会主义初级阶段，具有开创性贡献。

五是于光远对于政治经济学社会主义部分进行了积极探索。他出了很多书，对

社会主义初级阶段体系进行了探索。可以说,于光远是按照马克思主义立场观点来研究,也影响了中国经济学界和理论界。

学界一代宗师

张卓元说,1959年,大概有二、三个月的时间,我天天到他办公室。和社科院另外一位同事,帮着他找资料,探讨问题,协助他写文章,这就是后来的《社会主义商品生产问题》。文章发表在1959年的《经济研究》第七期。这是一篇很长的文章。由于每天都在一起工作,我当时的一个印象是他的知识面特别广,理论研究造诣很深,智商也非常高,在讨论中会不断出现很多创新的想法。他是一个很有才华的人,1955年就被中国科学院评为学部委员。在经济学方面非常有造诣,思想一贯很解放,勇于探索问题。

"文革"前他有很多观点和孙冶方不一样,如价值规律观点、利润是评价企业主要指标等。但"文革"后,他们之间相互探讨问题,关系非常亲密。孙冶方病重在北京医院住院期间,当时张卓元在孙冶方身边呆得时间很长,会经常碰见于光远。他们两人一起讨论问题,相互争议的问题开出清单,关系很融洽。他们之间指名道姓公开讨论问题,利于良好的学术研讨之风形成。

孙冶方1983年去世后,于光远仍活跃在经济学舞台上,经常发表文章。从文章中可以看出,他的思想很解放。另外,他对于比较超前的观点,都是采取支持探索的态度。因此,当时很多思想比较解放的经济学家,都很崇敬他,经常向其请教。

他是我们的老前辈,尽管年纪大了,但一直没有脱离经济学界。一直到前年,春节期间,于光远还给经济学界写了一封信,告诉自己一年都干了哪些工作。

他还很前卫,还学会上网,在网上发表自己的观点。

值得一提的是,他写了很多教科书和培训读本。如政治经济学资本主义部分的教材,发行量非常大,影响面非常广,对培养新一代经济干部和经济学家,起了很大作用。

张卓元说,对于他的去世,我感到很悲痛。我们要很好继承他的求真精神,只要是正确的观点,就坚持,不随风倒。他是真正做学问的长者,也是学界的一代宗师。

张卓元评价说,他是在真正研究马克思主义,是真正的马克思主义者。他研究马克思主义,不是僵化的和教条的。

探索精神永存

赵人伟回忆说,我在中学的时候就十分仰慕他,拜读过他的文章。上个世纪50年代我考上北大,于光远经常到北大经济系做报告,我经常聆听他的教诲,他给我们讲解了很多经济学知识。可以说,我的经济学启蒙老师之一,就是于光远。

"于光远也是我的导师,也是中国经济学界学术带头人。1955年他被遴选为中国科学院哲学社会科学部学部委员,1977年至1986年任中国社会科学院副院长,直

接领导我们，非常关心和关注我们社科院经济所的发展。对于他的去世，我很伤心。他的创造性思维和探索精神永存，永远值得我们学习。”

赵人伟说，未来是年轻人的世界，不能苛求老一辈经济学家穷尽所有理论问题。未来经济学界很多问题还需要青年一代进行探索。

（卢晓平.上海证券报.2013.9.27）

纪念于光远，把握改革大时代的脉搏

于光远这一代的经济学老前辈，虽在系统理论方面大都存在一定的时代性缺陷，但对大时代变迁的把脉却极其精准，也更多地介入到社会具体改革事务。

每一个时代，都有属于它的标志性人物，对于34年前掀开的改革开放新时代而言，于光远无疑是其中一个标志性人物。

1915年出生的于光远，早在1942年就开始专业性的经济学研究，是新中国成立后第一批经济学家，1978年参与起草十一届三中全会之前的中央工作会议上邓小平的讲话，可谓是我国当代历史极其重要的见证者和参与者。

作为新中国第一批真正意义上的经济学家，于光远曾与陈翰笙、薛暮桥、杜润生并称“经济学四老”。而于光远于9月26日凌晨的逝世，使得曾经的“经济学四老”，当下仅剩下杜老仍然健在，他们均曾为改革开放序幕的拉开，提供过可贵的经济学理论支撑。

以于光远为代表的新中国第一代经济学家，虽没有接受过西方系统的经济学训练（张培刚除外），但是，凭借睿智和勤奋，他们仍然突破了当时的思维局限，用相对严谨的经济学理论，在意识形态冲突激烈的上世纪70年代，为改革开放提供了经济学正当性解释。

不可否认，于光远这一代的经济学老前辈，在经济学的系统理论方面，大都存在一定的时代性缺陷。但是在对大时代变迁的把脉方面，他们却极其精准，他们更强调理论联系实际，也更多地介入到社会具体改革事务，故而所取得历史功绩也更令人尊

崇。

在于光远这一代经济学前辈之后，董辅礽、吴敬琏、厉以宁和高尚全则是新中国成立后的第二代经济学家代表性人物。在治学态度上，他们与于光远这一代经济学家有相似之处，他们亦强调理论联系实际，并更多地进行实地调研，他们能够幸运地抓住人生中年的尾巴，在国门打开之后，恶补世界先进经济学理论，他们最为重要的经济学贡献，主要体现在价格改革和国企改革这两大领域。

自此以降，则是以林毅夫、张维迎、樊纲等为代表的新一代经济学家，他们大多于上世纪50年代左右出生，一般都在欧美名校经历过系统的经济学训练，故而他们的经济学理论与前两代经济学家相比，往往更为扎实。

以于光远为代表的第一代经济学家，他们身上的许多可贵品质，如注重“理论联系实际”、直接介入改革实务，必将长期值得后来者学习。因为不管经济学研究方向如何变化，经济学归根到底都是“经世济用”之学问。

纪念于光远，他是改革开放大时代的背影，斯人已去，精神永存！

（杨国英.新京报.2013.9.27）